Churchill et la France

DU MÊME AUTEUR

Lawrence d'Arabie, Paris, Perrin, 2014.
Le Moyen-Orient pendant la Seconde Guerre mondiale, Paris, Perrin, 2011.
Ce que savaient les Alliés, Paris, Perrin, 2007.
Louis Massignon, le «cheikh admirable», avec Jean Moncelon, Lectoure, Le Capucin, 2005.
Opération Garbo. Le dernier secret du jour J, Paris, Perrin, 2004.
Louis Massignon, avec Jean Moncelon, Paris, Plon, 1994.
Les Militaires : être officier aujourd'hui, Paris, Orban, 1990.

Christian Destremau

Churchill et la France

PERRIN
www.editions-perrin.fr

Cet ouvrage est coédité avec le ministère de la Défense,
secrétariat général pour l'administration, Direction de la mémoire,
du patrimoine et des archives

La Direction de la mémoire, du patrimoine et des archives (DMPA) est une direction du ministère de la Défense placée sous l'autorité du secrétaire général de ce ministère. La DMPA a notamment en charge la politique culturelle du ministère au travers des collections de ses musées, de ses services d'archives et de ses bibliothèques. Elle détermine et finance les actions nécessaires à la gestion et à la valorisation de ce riche patrimoine. C'est dans cette perspective que la DMPA développe également une politique de publication et de soutien aux productions audiovisuelles permettant à un large public de découvrir l'histoire et le patrimoine du ministère de la Défense.

Jean-Yves Le Drian, ministre de la Défense,
Cédric Lewandowski, directeur de cabinet,
Hubert Tardy-Joubert, conseiller culture,
Myriam Achari, directrice de la mémoire, du patrimoine et des archives

12, avenue d'Italie
75013 Paris
Tél. : 01 44 16 09 00
Fax : 01 44 16 09 01
www.editions-perrin.fr

ISBN : 978-2-262-03324-8

Préambule

«Français, c'est moi, Churchill, qui vous parle.» Le lundi 21 octobre 1940, les auditeurs français de la BBC entendent pour la première fois la voix du Premier ministre britannique qui s'adresse directement à eux, et, au surplus, dans leur langue. Il est dix heures du soir en France, neuf heures à Londres, lorsque Winston Churchill s'installe devant le micro des studios d'enregistrement. Ce n'est que quarante-huit heures auparavant qu'il a pris la décision : une première intervention en anglais, puis en français. Churchill a toujours été un remarquable orateur, même si à la Chambre des communes, ses collègues le trouvent souvent trop grandiloquent, trop théâtral. Il a une confiance totale en lui-même : il rédige ses allocutions tout seul. Au cours de l'été 1940, il a déjà prononcé plusieurs discours très marquants.

Cette fois, l'épreuve est d'une autre nature. Il s'adresse à une nation pour laquelle il éprouve une grande affection, mais qui est au fond du gouffre. Un pays qui a été vaincu, qui a renoncé à combattre, et qui l'a déçu. Le contexte de ce discours est particulier; dans ses relations avec la France, Churchill est à la croisée des chemins. En juin, il a accueilli le général de Gaulle avec un certain enthousiasme, mais il a beaucoup espéré que l'homme du 18 Juin serait vite rejoint par d'autres personnalités d'envergure, et c'est avec un grand dépit qu'il a vu débarquer des aventuriers courageux, en rupture de ban, mais pas un seul des dirigeants qu'il avait fréquentés avant la guerre. Totalement surpris par l'effondrement si rapide de la France, tout en regrettant la faiblesse de la contribution de la Grande-Bretagne, il a perdu confiance en un pays et un peuple. A l'un de ses proches conseillers, il déclare en juillet que la France est pourrie, pourrie de l'intérieur.

En ce mois d'octobre 1940, la situation de la Grande-Bretagne semble meilleure. Selon toute vraisemblance, Hitler a renoncé à l'envahir, la bataille de l'air a été gagnée. Churchill cherche désormais par tous les moyens à repasser à l'offensive. Il compte sur l'Empire, s'attaque au maillon faible de l'Axe, l'Italie, qu'il espère chasser d'Afrique du Nord. Mais en dehors de la conviction profondément ancrée que le nazisme sera vaincu, il paraît bien démuni. Il a certes prouvé aux Français, et plus particulièrement à ceux qui prônaient l'armistice, que le Royaume-Uni était décidé à poursuivre le combat, ne s'inclinerait pas et ne signerait jamais une quelconque paix de compromis ; mais il n'a pas montré comment il pouvait atteindre cet objectif, hormis l'hypothétique espoir de l'entrée en guerre des Américains.

Churchill va, durant de longs mois, espérer rallier les Français. Mais s'il s'adresse directement à eux, en ce mois d'octobre, ce n'est pas pour lancer un appel au ralliement, et encore moins au soulèvement ; il sait qu'il n'a aucune chance d'être suivi. Il parle au peuple de France pour le rassurer, et lui rappeler principalement une chose : le Royaume-Uni ne cédera pas et le jour viendra où les torts seront réparés et la France rétablie dans ses droits et sa grandeur.

John Peck, membre de son secrétariat privé, racontera plus tard avec humour les heures qui précédèrent le discours. C'est la première fois qu'il parle en français à la radio, et il a fait savoir qu'il aurait peut-être besoin d'un peu d'aide pour la version française. «Ce fut une journée chaotique et pleine de rebondissements : a) Winston insistant pour l'écrire tout seul en français. b) Winston reconnaissant sa défaite et l'écrivant en anglais. c) Le ministre de l'Information expédiant à Chequers [la résidence de campagne des Premiers ministres britanniques] un jeune Anglais terrifié parlant un français de fin d'étude dans le but de traduire (b). d) Winston menant un combat acharné pour défendre sa propre version française. e) Un charmant citoyen français, véritablement bilingue, déterré à la BBC et envoyé précipitamment à Chequers. Très sagement, il donna l'impression qu'il ne faisait que polir le texte de Winston alors que pratiquement, il a réécrit totalement la chose, laissant Winston enchanté par son chef-d'œuvre[1].»

Le « charmant Français » est l'acteur et metteur en scène Michel Saint-Denis, *alias* Jacques Duchesne. Son intervention est d'ailleurs beaucoup moins radicale que ne le raconte Peck. Il est hautement probable que le texte initial de Churchill devait être sérieusement corrigé sur le plan de la forme et de la grammaire, mais le Premier Ministre veut précisément que son texte ne soit pas parfait, qu'il soit dans un français « pas trop français » et que les auditeurs de France aient ainsi le sentiment qu'il est authentique et non le résultat d'un travail de cabinet.

Churchill a engrangé au cours de son existence un assez vaste corpus d'expressions françaises typiques et colorées, des trouvailles qu'il aime utiliser en public et dont il sait qu'elles produiront infailliblement un certain effet. Saint-Denis l'a bien compris et suggère par exemple « la guigne » ou à la place de l'anodin « tout finira par bien aller », « rira bien qui rira le dernier ». Churchill est lui-même enchanté d'avoir pensé à utiliser une expression qu'il avait vue sur les affiches à Paris durant la Première Guerre mondiale : « Les oreilles ennemies vous écoutent. » On peut imaginer que cette séance de travail s'est déroulée dans une atmosphère bon enfant, car parler français réveille toujours chez lui son côté le plus potache. Saint-Denis va s'apercevoir que, lorsqu'il s'agit de la France, le collégien anglais qui sommeille chez Churchill n'est jamais bien loin. S'étant absenté pour prendre une rapide collation, le Premier Ministre revient dans la pièce où attend patiemment le Français de la BBC et demande sans prendre de gants : « Alors, où est mon discours pour les mangeurs de grenouilles[2] ? », *« Where is my frog speech ? »*.

En dépit de ces interventions extérieures, le produit final est bien « churchillien », même si la version publiée diffère de celle que Churchill a effectivement prononcée. John Peck lui-même évitera *in extremis* une erreur assez grossière. A la fin du discours, Churchill cite les fameuses paroles de Gambetta, à propos de l'Alsace-Lorraine : « Pensons-y toujours, n'en parlons jamais. » La citation est d'ailleurs incorrecte, puisque Gambetta avait dit « Pensez-y toujours, n'en parlez jamais », mais il est fort possible que Churchill ait de lui-même estimé que la première personne du pluriel était mieux adaptée pour rappeler la solidarité entre l'Angleterre et la France. Reste qu'il a initialement attribué cette citation à Adolphe Thiers. Cette confusion prend d'ailleurs un relief un peu cocasse lorsque Churchill racontera, bien des années plus tard, qu'une des rumeurs les plus invraisemblables qui avaient couru au sujet de son ascendance était qu'il était le fils naturel de Gambetta... Il est vrai que Jennie, la mère américaine de Winston, avait eu de nombreuses liaisons extraconjugales, et que Randolph Churchill, son père, connaissait personnellement Gambetta. On ne sait cependant pourquoi et comment une telle rumeur a pu naître, et il suffit de regarder les portraits des protagonistes potentiels de cette curieuse partie à trois pour en mesurer toute l'absurdité. Cependant, en retirant à Gambetta la paternité de ces célèbres paroles, il est amusant de spéculer qu'il aurait commis à cet instant un petit acte manqué... D'ailleurs, la version officielle qui sera publiée conserve, étrangement, le nom de Thiers.

Le ton est familier, personnel, plein d'assurance aussi. Churchill aime parler la langue, avec un goût prononcé pour les expressions pittoresques et les proverbes. « Il appréciait la saveur de certains mots ; c'était comme s'il goûtait un fruit », se souviendra Saint-Denis.

« Français, c'est moi, Churchill, qui vous parle. » Ces premiers mots, suivis d'une petite pause, ne figurent pas dans le texte officiel. Ils sont pourtant essentiels et montrent à quel point il a compris la nature particulière d'un discours à la radio. Pas de Premier Ministre, pas de Winston : Churchill tout simplement, prononcé, tout de même, à l'anglaise. Ce n'est pas en Premier Ministre, c'est en ami, en camarade de longue date qu'il s'adresse aux Français dans le malheur. « Pendant plus de trente ans, dans la paix comme dans la guerre, j'ai marché avec vous et je marche encore avec vous aujourd'hui sur la vieille route. » La fille de Winston, Mary Soames, dira un jour que pour comprendre véritablement qui était son père, il fallait se souvenir que, très rapidement après avoir achevé ses études à Sandhurst, il était devenu journaliste. Or, Churchill a le don de trouver les bonnes « accroches ». D'où ces « trente ans » qui deviendront parfois « trente-cinq », et qui vont être très fréquemment employés dans les années qui suivront, notamment face au public français ou en présence de dirigeants français, durant la guerre et après : Churchill cherche ainsi à marquer son amitié dans une temporalité précise.

Puis il se fait, brièvement, plus solennel : « Cette nuit, je m'adresse à vous dans tous vos foyers, partout où le sort vous a conduit. Et je répète la prière qui entourait vos louis d'or : Dieu protège la France. » La suite n'est pas du tout du même acabit, et il n'est pas certain que le ton ait été apprécié par les auditeurs français, sans doute quelque peu surpris par certaines plaisanteries un peu douteuses du Premier Ministre, qui auraient sans doute fait s'esclaffer les *« Right honourable members »* de la Chambre des communes, mais qui ont dû tomber un peu à plat. « Nous attendons l'invasion promise de longue date. Les poissons aussi. » Churchill a décidé de ne pas dramatiser les choses. En Grande-Bretagne, on lui a beaucoup reproché d'employer des tournures et des phrases excessivement dramatiques. Il parle sans cesse de danger « mortel » et une telle dramatisation est souvent perçue comme exagérée par ses auditeurs britanniques habitués à des paroles plus mesurées. Cette fois, s'adressant à un public français, c'est tout l'inverse. Il a choisi la familiarité et la proximité, voire le comique de bas étage, qui éclairent un peu sa vision des Français : un peuple doué, éminemment sympathique, mais manquant de maturité et qu'il faut guider dans le droit chemin. « Quand les honnêtes gens se trouvent bousculés par les attaques et assommés par les coups que leur portent des coquins et de vils malfaiteurs, ils doivent prendre bien garde de ne pas se laisser aller à se dresser les uns contre les autres. Les Allemands essaient toujours de provoquer des querelles, et naturellement, dans le malheur, dans la guigne, bien des choses arrivent qui font le jeu de l'ennemi. » Hitler – « Herr » Hitler – est vilipendé : « Cet homme de malheur, monstrueux avorton de la haine et de la défaite » utilise des moyens « sournois et féroces » et avec ses « gangsters nazis » cherche à faire de l'Europe une « Bochie uniforme ». Mussolini et lui sont de « vilains messieurs ».

Puis Churchill revient aux causes de la défaite, et ne s'embarrasse pas de subtilités. « Avec ses chars d'assaut et ses autres armes mécaniques, et aussi, n'oubliez pas, grâce aux intrigues de sa cinquième colonne, avec des traîtres et des sots, il a réussi pour le moment à conquérir la plupart des races les plus belles de l'Europe ; et son petit complice Mussolini, plein d'espoir et d'appétit, continue à trotter craintivement à son côté. Tous deux veulent découper la France et son Empire comme une poularde. L'un veut la cuisse, l'autre l'aile, ou peut-être une partie du blanc. »

Parfois, les paroles s'élèvent à nouveau au-dessus de cet humour potache : « Non seulement l'Empire français sera dévoré par ces deux vilains messieurs, mais l'Alsace-Lorraine va une fois encore repasser sous le joug allemand ; et Nice, la Savoie et la Corse, la Corse de Napoléon, seront arrachées du beau domaine de la France... Ce que nous voulons, c'est frapper jusqu'à ce que Hitler et l'hitlérisme passent de vie à trépas. Nous ne voulons que ça, mais nous le voulons sans cesse ; nous le voudrons jusqu'au bout... »

Des noms brillent par leur absence : Pétain n'est pas cité, le général de Gaulle non plus. Il s'agit en effet de ménager le Maréchal, car Churchill a toujours bon espoir qu'il finira par se réveiller, et il est hors de question de le heurter directement. Il est conscient que celui qu'il appellera plus tard « l'antique défaitiste », mais pour lequel il éprouvera toujours une certaine forme de respect, est encore populaire dans une large partie de la population française. Il fait allusion à l'existence d'une cinquième colonne qui aurait facilité la tâche des envahisseurs ; mais, justement, cet argument est utilisé par le régime en place pour expliquer que la défaite est en grande partie due à une trahison interne. L'argument est contre-productif. Il y a, certes, les « traîtres et les sots », mais personne n'est directement visé. Quant au général de Gaulle, il traverse une très mauvaise passe, après l'échec de Dakar, et Churchill a commencé à avoir quelques doutes sur sa capacité à rallier les Français.

Le peuple français, lui, est appelé à garder espoir : il n'est guère question de la guerre elle-même, pas de propositions concrètes, pas de grand appel à la révolte ou à la guérilla, la prudence est de mise. C'est un appel à la camaraderie toute simple : « Si vous ne pouvez pas nous aider, au moins que vous ne nous fassiez pas obstacle. » Churchill fait même preuve d'une dose assez considérable de mauvaise foi lorsqu'il tente de rassurer tous ceux en France, et en premier lieu les marins de la Royale, qui ont encore à l'esprit la destruction, par leur ancien allié, d'une partie de la flotte à Mers el-Kébir moins de quatre mois auparavant. « Ne vous imaginez pas, comme la radio contrôlée par l'Allemagne essaie de vous le faire croire, que nous autres Anglais cherchions à saisir vos navires et vos colonies. » « Allons, bonne nuit. Dormez bien, rassemblez vos forces pour l'aube, car l'aube viendra ; elle se lèvera brillante pour les braves, douce pour les fidèles qui auront souffert, glorieuse sur les tombeaux des héros. » La chute est un peu plus martiale : « Vive la France ! Et vive aussi le soulèvement des braves gens de tous les pays qui cherchent leur patrimoine perdu et marchent vers les temps meilleurs[3]. »

Il est 21 h 15 lorsqu'il en termine. Tout le monde, dans le studio, reste figé, profondément ému. Churchill se lève alors, les yeux remplis de larmes. « Nous avons fait l'histoire, ce soir. »

Au vrai, si son discours comporte des passages forts et émouvants, dire qu'il est historique est pour le moins exagéré. On est en effet très loin des chefs-d'œuvre de l'été : il n'annonce aucune décision, aucune mesure concrète. Mais c'est surtout le ton qui étonne, comme si le Premier ministre britannique s'adressait à une classe de collégiens qui, ayant commis une très grosse bêtise, doivent savoir que tout est pardonné et que rien ne viendra troubler l'esprit de camaraderie. L'émotion de Churchill est incontestable, cependant, comme presque à chaque fois où, au cours de ces années de guerre, il parlera de la France. Car au-delà du sort du pays, il y a eu chez lui le sentiment coupable de n'avoir pas apporté une aide suffisante durant la bataille de France. L'affaire de Mers el-Kébir est également récente, et il mettra longtemps à se remettre d'avoir été contraint de prendre la décision de bombarder la flotte d'un pays qui était encore il y a peu le principal allié du Royaume-Uni.

Churchill est très fier de sa péroraison et demande qu'elle soit rediffusée à intervalles réguliers. Il est difficile de savoir ce que fut la réaction de ceux qui étaient parvenus à écouter l'émission, et les informations à ce sujet parvinrent à Londres par bribes. Pierre Dupuy, le chargé d'affaires du Canada à Vichy – son pays ayant conservé, avec l'approbation de Londres, des relations diplomatiques avec la France du maréchal Pétain –, rapportera une petite anecdote au sujet de la réception du discours. Le proviseur d'un lycée à Versailles avait déclaré à ses élèves le matin même que ce n'était pas un jour « ordinaire ». « Nous allons entendre le chef des forces alliées. En dépit des circonstances, nous restons les alliés de la Grande-Bretagne et vous devez tout faire pour essayer de l'écouter. La transmission sera sérieusement brouillée ; je demande à chacun d'entre vous de noter toutes les phrases qu'il peut entendre correctement et nous mettrons tout cela en ordre ensemble demain. » Cela fut fait, et tous ceux qui purent entendre des bribes revinrent en classe le lendemain pour reconstituer le discours dans sa totalité.

Pourtant, l'impact est faible. En France, le camp de ceux qui avaient parié sur une défaite de l'Angleterre a de quoi être rassuré : Churchill n'a montré aucune agressivité. Un ami français du Premier Ministre, le peintre Paul Maze, lui écrivit dès le lendemain pour lui faire part de son émotion : «Chaque mot que vous avez prononcé a été comme une goutte de sang dans une transfusion. Je sais que les gens en France auront pris tous les risques pour vous écouter car vous leur êtes irrésistible et ils ont besoin d'entendre vos appels si humains. Je vous aime de ne pas désespérer d'eux en ces temps difficiles[4].»

1

L'autre côté du «Channel»

Jennie Jerome, la jeune héritière américaine que Randolph Churchill, descendant du duc de Marlborough, épouse en 1874 à Paris est la mère tant aimée de Winston. Malgré son nom, sa famille n'est pas française, mais d'origine écossaise, de souche puritaine. Son père, Leonard Jerome, a fait une certaine fortune aux Etats-Unis avant 1850 et séjourne régulièrement en France, en compagnie de son épouse, puis de ses filles. En 1858, la famille s'installe pour deux mois à Paris et loue un appartement situé sur les Champs-Elysées. Ils sont invités à un grand bal aux Tuileries et présentés à l'empereur Napoléon III et à Eugénie.

Dix ans plus tard, c'est dans d'autres circonstances que Clara Jerome décide de retourner à Paris avec ses trois filles. Si les années de la guerre de Sécession n'ont pas été bonnes pour les finances de Leonard, la famille dispose cependant d'un capital : trois filles, vives et jolies. Clara et ses filles s'installent donc dans un immeuble haussmannien, boulevard Malesherbes. Pour marquer la francophilie familiale, ils vont ajouter des accents français sur le e et le o de leur nom.

Jennie tombe de nouveau sous le charme de l'impératrice Eugénie, «la plus belle femme d'Europe». Elle est elle-même ravissante, et se fait aussitôt remarquer par son absence de timidité. Elle parle un excellent français, comme l'attestent les lettres à son mari, parsemées d'expressions françaises utilisées à bon escient. Jennie ne laissera jamais les hommes indifférents, même une fois mariée; ses amours sont internationales et parmi ses soupirants, on trouve une bonne poignée de Français. Alors que le mariage avec Randolph approche, en 1873, les invitations s'accélèrent. Boni de Castellane, le comte de Fénelon (qui, comme elle le confie à son fiancé, l'ennuie à périr), le prince de Sagan (qui l'invite à la chasse à courre, lui fait parvenir des tickets d'entrée pour les courses ou la patinoire; Randolph lui reproche d'aller patiner avec des hommes autres que lui), Henri de Breteuil, et Philippe d'Orléans, le comte de Paris, exilé en Angleterre, et qui lui adresse une lettre en 1885 – Jennie est mariée depuis plus de dix ans – dans laquelle il a placé en guise d'offrande quelques poils de sa barbe[1]... C'est sans doute avec l'écrivain à succès Paul Bourget qu'elle aura les relations les plus intimes, qui dureront plusieurs années.

Jennie, cependant, n'est pas qu'une mondaine un peu écervelée, à la recherche d'un mari au nom ronflant; elle lit beaucoup et se passionne pour la vie politique en France. C'est ainsi qu'elle va assister, en 1873, au procès du maréchal Bazaine dont elle rédige un compte rendu pour Randolph. Elle est, plus tard, séduite par la prestance et la barbe avantageuse du général Boulanger. Le prince de Galles lui écrit à ce sujet; il lui est revenu que Jennie et ses sœurs sont devenues «des boulangistes passionnées». Bref, Jennie Churchill, bien qu'ayant pris comme mari le porteur d'un des plus beaux noms du Royaume-Uni, est une véritable francophile.

Jennie continuera à séjourner régulièrement en France après son mariage, et après la naissance de son premier enfant, Winston, qu'elle met au monde sept mois seulement après avoir échangé les consentements avec son mari dans une église toute proche de l'ambassade de Grande-Bretagne à Paris, rue du Faubourg-Saint-Honoré. Après une éducation très classique de petit Anglais privilégié, son fils est envoyé dans une école située à Ascot, St George's, au sud de Londres. Le régime y est particulièrement rude – même pour l'Angleterre – et les châtiments corporels très fréquents. C'est là que Winston commence à apprendre le français, sa mère y tient particulièrement. A l'issue du dernier trimestre de 1882 – Winston a huit ans –, son maître note qu'il connaît quelques phrases, mais que ses connaissances en grammaire sont encore très rudimentaires. Les choses s'améliorent progressivement et, en juin 1884, son niveau est considéré comme «bon». D'ailleurs, contrairement à une légende tenace, Winston n'est pas un cancre, loin de là. S'il est, en dehors des heures de classe, particulièrement remuant, ses notes dans les différentes matières se situent dans la moyenne. Par sa mère il est tenu informé des événements en France : lorsque Victor Hugo meurt, en 1885, il demande à Jennie de lui faire parvenir tous les articles parus dans la presse anglaise. Toujours soucieux de plaire à une mère adorée, il ajoute qu'il «progresse bien en français et en latin».

Durant les vacances d'été, son père l'emmène en France. Randolph s'y rend en effet souvent, principalement dans le Sud et dans les Pyrénées, à Pau et Bagnères-de-Bigorre, qui sont devenues très à la mode en Angleterre. C'est le premier voyage à l'étranger de Winston. Plus tard, en 1946, au cours d'un discours prononcé à Metz, il évoquera le souvenir poignant d'une traversée de la place de la Concorde durant l'été 1883 : «Etant un enfant très observateur, j'ai alors remarqué que l'un des monuments était recouvert de voiles et de crêpe et j'ai tout de suite demandé pourquoi. Il répondit : Ce sont les monuments qui représentent les provinces de France. Deux d'entre elles, l'Alsace et la Lorraine, ont été prises aux Français par les Allemands durant la dernière guerre. Les Français en sont très malheureux et espèrent un jour les récupérer ! Je me souviens très distinctement avoir pensé : J'espère bien qu'ils vont les récupérer[2].» Cette jolie anecdote paraît un peu trop belle pour être tout à fait vraie. On repense à la réflexion de sa fille : «Mon père était d'abord un journaliste», perpétuellement aux aguets, mais aussi avec le sens du raccourci qui fait mouche, et l'on peut aisément imaginer à quel point cette réflexion du grand homme a dû frapper l'assistance à Metz.

A la fin du XIXe, pour un jeune Anglais féru d'histoire, descendant d'un des grands adversaires de la France, dont le nom même est à l'origine d'une comptine universellement connue, celle-ci demeure le «meilleur ennemi». Les guerres de Cent Ans, le souvenir des stoïques archers qui ont décimé la chevalerie française à Crécy et à Azincourt, les rivalités coloniales, Montcalm et Wolf au Canada, Clive et Dupleix aux Indes ; Napoléon et Wellington : l'univers d'un jeune Anglais est structuré autour de cette rivalité historique. Le XIXe siècle a pourtant été plus calme, même s'il existe des sujets de friction en Afrique. Les relations se sont, globalement, beaucoup améliorées. On rencontre en France, du moins dans les milieux aisés, beaucoup d'anglophiles. Les Britanniques, de leur côté, se rendent en villégiature sur le continent. Dès 1844, à Londres, Louis-Philippe a parlé d'une «entente cordiale». Napoléon III et l'impératrice Eugénie sont régulièrement invités en Angleterre et la reine Victoria se rend à Paris, et, en Crimée, les deux armées luttent côte à côte.

Il y a eu malgré tout quelques chaudes alertes : l'empereur Napoléon – «Boney», avec lequel on fait peur aux petits enfants – est encore présent dans les esprits et on craint toujours qu'un disciple cherche à le venger en tentant d'envahir les îles Britanniques. La Royal Navy est sur le qui-vive, surveillant tout ce qui se passe dans les ports français de la Manche, considérés comme la première ligne de défense du royaume. Au moment de la guerre de 1870, le Royaume-Uni fait savoir très rapidement qu'il restera neutre, ce qui provoque, en France, une grande amertume.

Avec son immense empire, une économie florissante et une population en croissance, les Britanniques s'estiment en position de force. Le pays a atteint sa maturité, les dirigeants éprouvent une très grande confiance en soi. De l'autre côté du «Channel», les choses paraissent plus fragiles : un pays qui vient de subir une défaite écrasante et l'amputation d'une partie de son territoire, et dont la population stagne. Pour un jeune Anglais, la France fait décidément partie des nations de second rang et elle est dépassée par l'Allemagne. En politique étrangère, c'est le splendide isolement, en tout cas en ce qui concerne l'Europe : il faut, autant que possible, rester à l'écart des affaires du continent.

Il est pourtant de bon ton d'apprendre le français, en particulier si l'on vise le métier des armes. A Harrow, sa «*public school*», Winston continue à pratiquer la langue : il envisage désormais une carrière dans l'armée. Ses parents se rendent de plus en plus souvent à Monte-Carlo, séparément. Ils se sont mis à jouer avec assiduité, à tel point que Winston avertit sa mère, avec son aplomb habituel : «Ne va plus à ce casino. Investis ton argent sur moi, c'est plus sûr[3].» Elle ne tardera pas à lui transmettre l'amour du jeu.

L'académie militaire de Sandhurst se profile à l'horizon, et ses maîtres veulent qu'il améliore son français avant de passer le concours par un séjour en France durant les vacances scolaires. Winston, après avoir, dans un premier temps, accepté l'idée, se montre très rétif. «J'ai abordé ce sujet qui lui est si pénible au cours d'une conversation et je ne doute pas que cela soit pour lui un sacrifice personnel», écrit son professeur à ses parents[4]. La perspective d'un séjour de quelques semaines outre-Manche va déclencher une bataille rangée tragi-comique entre le fils et sa mère vénérée. Churchill a dix-sept ans, il veut entrer dans l'armée, mais quatre semaines dans une famille française lui apparaissent dignes d'un séjour au bagne. «Je suis absolument certain que vous n'aimeriez pas me voir partir durant la plus grande partie des vacances dans quelque épouvantable famille française.» Il fait flèche de tout bois, avec une certaine mauvaise foi : «Comme on va s'ennuyer. Je ne pourrais voir Jack ni toi, et Everest [sa gouvernante, qu'il a en adoration]. Bien sûr (comme le dit Welldon) tout est entièrement entre tes mains. Mais je suis certain que tu ne vas pas me faire subir cette abominable corvée de ton plein gré[5].» Winston annonce même qu'il est prêt à renoncer au métier des armes si cela peut lui permettre d'éviter ce séjour funeste, allant jusqu'à menacer – à moitié sérieusement sans doute – de s'orienter vers une autre carrière : «Vraiment chaque jour qui passe je me sens de moins en moins attiré par l'armée. Je crois que l'Eglise m'irait beaucoup mieux[6].» Ce qui l'inquiète le plus, c'est de se retrouver durant quelques semaines étouffé dans une atmosphère étriquée, petite-bourgeoise, nécessairement bornée. Dans sa vie, déjà, chaque heure compte, il n'y a pas de temps à perdre...

Une solution de compromis est envisagée : un tuteur pourrait être embauché pour des cours particuliers durant quelques semaines. Fin août, Jennie annonce la bonne nouvelle, elle a déniché un jeune étudiant de Cambridge. Winston est réticent, car il a entièrement confiance en sa capacité à maîtriser le français sans aide extérieure, mais un tuteur, c'est toujours mieux qu'un séjour en France. L'affaire est cependant relancée par son directeur quelques semaines plus tard, à l'occasion des vacances de Noël. Cette fois, Winston est contraint de céder sur le principe, mais il est décidé à se battre pied à pied avec sa mère sur les détails pratiques : «Je dois certainement faire un séjour en France durant les vacances, mais je vous prie et vous supplie de ne pas m'envoyer dans une *Famille* française, qui ne peut être qu'exécrable, infecte, vieux jeu et méchante[7].» La tension atteint son comble lorsque M. Welldon suggère une famille d'accueil à Rouen. Passer quelques semaines en France, soit, mais certainement pas au fin fond de la province, à des heures de Paris ! Son pire cauchemar semble destiné à se réaliser. C'est une véritable punition, mais, bien pis, une perte de temps pour celui qui a une peur bleue de s'ennuyer.

Rouen est assez rapidement éliminé, et l'on reparle de Paris, mais il est question que Winston parte pour la France directement après la fin du trimestre, sans rentrer chez lui pour Noël. « Maman, ne sois pas cruelle et ne me rends pas malheureux. J'ai pris la ferme décision de ne pas partir pour l'étranger avant le 27[8]. » Son arrogance fait bondir sa mère : « Je comprends parfaitement tes inquiétudes et ton souhait de rentrer à la maison pour Noël, mais en dehors de cela, le ton que tu as choisi dans ta lettre ne mérite pas l'indulgence. Lorsque l'on veut quelque chose sur cette terre, ce n'est pas en lançant des ultimatums que l'on peut espérer l'obtenir... je te préviens très franchement que c'est moi qui vais décider et pas toi[9]. » Winston ne se laisse pas faire : « C'est de moi que l'on exige de renoncer à ses vacances – pas de toi. On me force à aller chez des gens qui m'ennuient excessivement – pas toi. [...] Jamais je n'aurais cru que tu aurais pu être aussi méchante avec moi[10]. »

Jennie, dont le caractère est aussi trempé que celui de son fils, remporte la partie et Winston ne passera pas Noël à la maison. Le 21 décembre 1891, après avoir traversé la Manche, il arrive à Versailles, au 18, rue de Provence. « Nous sommes arrivés à Dieppe où nous nous sommes restaurés *de bon café au lait. Le chemin de fer était très incommode. Pour quatre heures.* Je n'avais rien à faire. *Nous arrivâmes à la gare Saint-Lazare. J'ai déclaré ma boîte de cigarettes.* Mais ils ne m'ont rien fait payer et n'ont pas ouvert ma malle. Nous sommes arrivés à Versailles à 9 heures. J'ai envoyé un télégramme à Everest immédiatement : Bien arrivés à destination. Avons fait bon voyage. Après le déjeuner nous sommes sortis nous promener. Nous avons vu des soldats, partout des soldats. *De Seine de l'artillerie* [*sic*] *des cuirassiers et de chasseurs à pied... C'est une nation bien militaire.* »

Au bout de quelques jours, la situation s'améliore légèrement. « Maintenant je me sens mieux et je crois que je resterai ici tout le mois mais pas un jour de plus. [...] La nourriture est très étrange. Elle est abondante, et en général, c'est bon. » La France est un pays exotique, pas vraiment évolué, mais, au fond, plutôt amusant. « Ils sont vraiment étranges ici », constate Winston. Everest tente de lui remonter le moral : « Allez, bon courage, mon chéri, amuse-toi bien et sois content, tu peux te montrer très reconnaissant pour tout ce que tu as et pense combien ce sera bien quand tu seras capable de *parlez-vous français*[11]. » Winston se plaint de ne pas avoir de nouvelles des amis aristocrates de Jennie, en particulier d'Henri de Breteuil qui devait le sortir un peu de sa prison. «Je n'ai qu'une envie, c'est de rentrer... je compte chaque heure. »

Enfin libre, il rentre en Angleterre et, fin janvier 1892, il peut écrire à son père qu'il «trouve qu'il a fait de gros progrès en français», persuadé au fond que tout cela n'est pas bien difficile, qu'il n'est pas nécessaire d'assimiler la terrifiante grammaire pour bien parler, mais qu'il suffit de connaître un certain nombre de formules et d'expressions pittoresques grâce auxquelles il sera très aisé de faire illusion.

Désormais il parsème ses lettres d'expressions françaises, le plus souvent fautives, dans le but de prouver à ses parents qu'il a en effet fait des grands progrès. A la veille de tenter une nouvelle fois le concours d'entrée à Sandhurst, sa mère, pour l'encourager, termine sa lettre par des mots affectueux en français : *«A demain mon cher enfant. Travaille bien et aime-moi encore plus.»* Lors de ses deux premières tentatives, ses notes en français ont atteint tout juste la moyenne. Cette fois, c'est lui qui obtient le meilleur score parmi ses condisciples de Harrow.

C'est en Suisse, début août 1893, qu'il apprend son admission et le tour du pays qu'il effectue en compagnie de son frère est une nouvelle occasion de pratiquer la langue. Il a fallu auparavant traverser la France en train et une bonne partie du voyage a été gâchée par la présence dans le compartiment de cinq personnes «affreuses» qui sont montées à Amiens. Un certain Little, jeune enseignant à Eton recommandé à Randolph, accompagne les frères tout au long du périple. Il constate que Winston, déjà, parle un français très «volubile» et que Jack, impressionné par son aîné, n'a jamais l'occasion de placer un mot. «Tu devrais m'entendre parler la langue – cela impressionne immensément les serveurs. Mais je leur dis toujours que je ne suis pas français, ils ont donc de bonnes raisons d'être impressionnés», explique Winston à son père[12].

S'il n'est pas devenu francophile comme sa mère, il commence à prendre goût à ces courts séjours par-delà la Manche. Pour le futur journaliste, il y a toujours matière à raconter lorsqu'on revient d'un voyage au pays des *frogs*. Lorsque son père lui annonce son projet de l'envoyer en Allemagne parfaire sa connaissance du « continent », Winston, qui s'est jusque-là vanté de sa bonne maîtrise du français, utilise l'argument inverse : « Si je dois aller à l'étranger je préfère aller en France et acquérir une connaissance approfondie du français – plutôt que quelques bribes comme c'est le cas actuellement. »

Après la mort de Randolph, en janvier 1895, Jennie retourne vivre une partie de l'année à Paris, logeant dans un appartement situé non loin de l'Arc de triomphe. Elle est restée très belle, et a de nombreux soupirants. Winston lui écrit avec son aplomb coutumier pour lui raconter que la mère de Jennie, qui est restée en Angleterre, a critiqué le fait qu'elle ait choisi de s'installer « dans la partie la plus joyeuse des Champs-Elysées[13] ». A la sortie de Sandhurst, Churchill est muté dans un prestigieux régiment de hussards qui doit bientôt partir pour les Indes. Entre-temps, il part pour Cuba comme correspondant de guerre, en compagnie de son camarade Reginald Barnes. A l'issue de ce séjour de quelques semaines – sa première grande aventure –, il écrit à sa mère pour lui annoncer son retour en Europe et lui fait part de son espoir qu'elle sera à Londres et que leurs retrouvailles seront l'occasion d'une petite *parti carré* [*sic*], à laquelle seraient conviés Reggie Barnes et son frère Jack[14]. Ce n'est pas la dernière fois que Winston fera un contresens involontaire de ce genre. On ne sait quelle fut la réaction de la frivole Jennie à la lecture de la lettre de son fils aîné, mais on peut imaginer qu'elle fut quelque peu troublée.

A Bangalore, en plein centre de l'Inde, la vie oisive d'officier de cavalerie lui laisse beaucoup de temps pour lire. Il évite en effet la société anglo-indienne, trop vulgaire à ses yeux, et partage son temps libre entre la chasse aux papillons, le polo et la lecture. Il ne cesse de réclamer l'envoi de nouveaux livres : Gibbon et sa grande *Histoire du déclin de l'Empire romain*, les œuvres de l'historien Macaulay, mais aussi des romans, souvent français. C'est un grand lecteur, et il assimile très vite. Il réclame à sa mère les Mémoires du duc de Saint-Simon, très probablement dans une version abrégée, ainsi que les *Provinciales* de Pascal. Un choix un peu hétéroclite, qu'il justifie parce que Macaulay recommande la lecture de Saint-Simon et Gibbon celle des *Provinciales*, mais qui est peut-être aussi destiné à faire bonne impression. Devenu chef de famille, soucieux de prouver qu'il a le sens des responsabilités, il encourage Jack, pour lequel il éprouvera toujours une grande affection, à poursuivre son apprentissage de la langue française : «Le français ouvre les portes de tout un délicieux univers littéraire qui, je le compte bien, ne se refermera jamais pour moi, et une année en France peut être agréable et ne peut manquer d'être profitable[15].» Après que Jack a passé quelques mois à Versailles, Winston écrit à son petit frère sur un ton protecteur : «Je suis heureux que ton séjour en France soit terminé. Tu vas trouver que c'est une grande chance dans la vie de bien parler le français. J'aurais aimé que cela soit mon cas. J'espère pouvoir retourner à Paris quelques mois après mon départ de l'armée et m'améliorer[16].»

En Inde, Churchill a eu tout le loisir de réfléchir à la situation internationale et au rôle de l'Empire britannique. Sur l'Europe, il commence à se forger des idées précises et s'il lui arrive de critiquer la politique du gouvernement, il est dans la ligne de la tradition diplomatique britannique, et il exprime son point de vue de manière lapidaire à sa mère qui elle-même se passionne pour les relations de la Grande-Bretagne avec la France : «La politique vis-à-vis de l'Europe. Non-intervention. – Eviter absolument de se retrouver emmêlé – Isolement, si tu préfères[17].»

Les choses, en vérité, ne sont pas si simples et Churchill va bientôt découvrir que le «splendide isolement» est une politique difficile à maintenir lorsque les intérêts de la Grande-Bretagne à travers le monde se trouvent confrontés à ceux des autres puissances continentales. A son retour des Indes, après avoir goûté au baroud face aux tribus pathanes, Winston obtient de partir pour l'Egypte, malgré l'opposition de Lord Kitchener, le commandant en chef des forces britanniques. Celui-ci doit faire face à la révolte du Mahdi et Churchill veut absolument être présent lors des opérations de reconquête. Il s'embarque à Marseille à bord du *Sindh*, un bateau des Messageries maritimes, un vapeur d'une «saleté répugnante» avec un équipage composé de marins français «détestables».

Le 2 septembre 1898, il assiste à la bataille d'Omdurman au Soudan au cours de laquelle les hommes du Mahdi sont massacrés. Au même moment, il écrit à sa mère pour lui faire part de la rumeur de l'arrivée à Fachoda, modeste bourgade du Haut-Nil, à près de 700 kilomètres au sud de Khartoum, d'un détachement de troupes françaises. Churchill ne va pas assister aux événements qui vont suivre, mais, à son retour en Angleterre, il se met aussitôt à rédiger le récit de ses aventures au Soudan qui paraissent dans un ouvrage intitulé *The River War*, et l'épisode de Fachoda est l'objet d'un chapitre. Il décrit avec talent le moment dramatique où une flottille de canonnières britanniques, remontant le Nil, arrive en vue de Fachoda et se trouve confrontée à un petit bateau à rames dans lequel se trouve un sergent sénégalais, porteur d'une lettre du commandant Marchand annonçant officiellement l'arrivée des troupes françaises dans la région et l'occupation du Soudan au nom de la France. Non sans faire preuve d'un aplomb qui enchante Churchill, Marchand congratule le *Sirdar*, Lord Kitchener, pour sa grande victoire à Omdurman, et lui souhaite la bienvenue à Fachoda. Churchill relate les sentiments d'admiration des Britanniques présents pour l'audace et le courage dont a fait preuve la modeste expédition, composée de 8 officiers et sous-officiers français et de 130 soldats indigènes, au long de sa traversée de l'Afrique qui l'a menée jusqu'au Soudan. Cette admiration, il la fait sienne : la nation française est encore capable de produire de magnifiques héros. «Deux années avaient passé depuis qu'ils avaient quitté la côte Atlantique. Quatre mois durant ils avaient été totalement isolés du monde extérieur. Ils avaient combattu les sauvages; lutté avec la maladie; ils avaient gravi des montagnes et percé les forêts les plus sombres. Pendant cinq jours et cinq nuits ils avaient progressé dans un marais, l'eau jusqu'aux épaules. Un cinquième d'entre eux avaient péri; mais, finalement, ils avaient accompli leur mission et hissé le drapeau tricolore sur le Haut-Nil[18].»

Kitchener fit comme s'il n'avait pas vu le drapeau français, et donna l'ordre de lever l'Union Jack et le drapeau de l'Egypte avec le cérémonial habituel. Il installa une garnison à Fachoda même, avant de poursuivre avec sa flottille de canonnières en direction du sud. Winston décrit l'amertume du gouvernement et de l'opinion britanniques, qui ont le sentiment d'une véritable agression de la part de la France. «Il n'existe pas de puissance en Europe que l'Anglais moyen considère avec moins d'animosité que la France. Cependant, sur cette question, ils étaient tous d'accord. Ils devaient s'en aller. Ils devaient se retirer de Fachoda, sinon la puissance, la majesté, le pouvoir de tout ce que l'on peut appeler "britannique" devaient être mobilisés pour les faire partir.» C'est un avertissement. Les Britanniques, stupéfaits par tant d'«insolence» et voyant l'initiative française comme un coup de poignard dans le dos, «furent confrontés au fait qu'une puissance amie avait, sans être provoquée, tenté de lui voler les fruits de sa victoire». Le «complot» contre le Royaume-Uni – c'est ainsi que Churchill qualifie l'expédition – échoue. Marchand se retrouve dans une situation très précaire, et la France est obligée de céder au bout de quelques semaines. Le fringant cavalier qu'est Winston ne peut s'empêcher d'admirer Marchand et sa petite bande, et l'audace avec laquelle ils ont voulu imposer la volonté de la France à un adversaire bien plus puissant. L'inutilité de l'exploit ne fait que renforcer son admiration. S'il salue la réaction d'unité nationale en Grande-Bretagne, il ne soupçonne à aucun moment à quel point l'incident de Fachoda va marquer durablement les esprits en France, en particulier chez les militaires. Bien des années plus tard, notamment au cours de la Deuxième Guerre mondiale, le général de Gaulle l'aura constamment à l'esprit, soupçonnant les Britanniques des plus noirs desseins.

Si l'Empire français peut faire éclore des héros, la nation française elle-même est mal en point. L'affaire Dreyfus conduit Churchill à la juger avec la plus grande sévérité : ce ne sont pas des choses qui peuvent arriver en Grande-Bretagne. Il est au Soudan lorsque le colonel Henry avoue la paternité du célèbre faux qui a accusé le capitaine Dreyfus. Winston est dreyfusard, sans hésiter. Après «J'accuse!», il écrit à sa mère du fin fond de l'Afrique : «*Bravo Zola!* Je suis enchanté d'être le témoin de la débâcle complète de cette conspiration monstrueuse[19].» Une année plus tard, c'est une vraie éruption de francophobie qui éclate chez lui en raison des rebondissements de l'Affaire et il n'hésite pas à confier à sa mère, qui connaît intimement plusieurs personnalités antidreyfusardes : «Les nouveaux développements dans l'affaire Dreyfus sont magnifiques. Jamais depuis que les combats de gladiateurs ont été abolis a-t-on assisté à un tel spectacle dramatique. Les Français sont vraiment une nation méprisable. La Nature doit affirmer ses droits en les faisant disparaître de la face de la terre[20].»

Churchill restera philosémite toute son existence, mais l'affaire Dreyfus est à la fois repoussante et fascinante. Les Français sont un peuple vil, certes, mais comme tout cela est amusant et quel rôle aurait pu être le sien dans les joutes qui divisent le pays et les familles s'il avait été le produit d'un des amants français de sa mère ! Le spectacle de l'affaire Dreyfus l'a certainement renforcé dans le souhait de s'engager dans une carrière politique, même s'il est malgré tout convaincu de la supériorité du système britannique et du rôle essentiel de la Chambre des communes, où le combat politique, encadré et civilisé par des siècles de pratique, doit permettre d'éviter tous ces débordements si caractéristiques de la société française.

2

Churchill, germanophile

Au début du XXe siècle, la question qui concentre l'attention des diplomates britanniques est celle d'un rapprochement avec l'une ou l'autre des puissances continentales. La grande majorité du peuple britannique n'en est pas conscient, mais le monde est devenu un peu plus incertain. La Grande-Bretagne pourra-t-elle maintenir encore longtemps une position hautaine de « splendide isolement » ? L'Allemagne est devenue la première puissance sur le continent et elle a désormais de grandes ambitions, qui la conduisent notamment à soutenir les Boers, lorsque, en Afrique du Sud, les descendants des immigrés hollandais se soulèvent contre l'Empire britannique en 1899. Lors de son discours inaugural à la Chambre des communes, le 18 février 1901, après son élection dans la circonscription d'Oldham, Winston Churchill, le combattant, le guerrier, se place résolument dans le clan isolationniste, en tout cas non interventionniste, dans la ligne de la grande tradition libérale. Le Royaume-Uni doit rester à l'écart des conflits européens parce qu'il a un destin exceptionnel parmi les nations de la terre. Le pays vit d'ailleurs en paix, prospère et heureux, depuis la guerre de Crimée, en 1854. Une petite armée, composée de soldats professionnels, surveille l'Empire. Personne n'imagine qu'il puisse un jour être nécessaire d'effectuer une levée en masse. Pour Churchill, les guerres sont provoquées par les armées trop importantes : les conflits majeurs sont les produits de la militarisation de la société, et non l'inverse.

Au Parlement, il est un des très rares parmi ses collègues à avoir goûté au baroud et entendu siffler les balles. Il a pu voir, comme correspondant de guerre, les corps de « bons Anglais » mutilés par les guerriers pathans à la frontière de l'Afghanistan et, peu après, les cadavres enlacés de ses compatriotes dans les maigres tranchées de la colline de Spion Kop, en Afrique du Sud, site, en janvier 1900, d'une des plus sanglantes défaites britanniques contre les Boers. Churchill, quand il évoque la guerre, sait vraiment de quoi il parle. Il s'oppose à toute augmentation importante du budget militaire : « J'affirme que dépenser 30 millions de livres sterling par an pour l'armée de terre britannique est une politique qui n'est pas sage, et contre laquelle la Chambre doit s'élever. [...] Nous ne savons pas ce qu'est la guerre. Nous en avons eu un simple aperçu en Afrique du Sud. Même en miniature, elle est hideuse et effroyable ; mais malgré cette expérience accumulée, la guerre n'a pas le même sens pour nous que pour un Français, ou un Allemand ou un Autrichien. [...] Quelle est notre Arme principale ? La seule arme avec laquelle nous pouvons affronter les autres grandes nations est la Navy. [...] Les armées permanentes, qui abondent sur le continent européen, ne sont pas chez elles sur la terre britannique ; elles ne s'épanouissent pas sous nos climats, elles ne sont pas adaptées à notre caractère national. [...] Nous devons nous abstenir d'imiter servilement les empires militaires bruyants et clinquants que l'on trouve sur le continent européen. »

« Les peuples et les dirigeants savent tous deux que de façon générale l'influence britannique est salubre et bienveillante, et qu'elle a pour objectif le bonheur et le bien général de l'humanité. Nous ferions un pari fatal si nous laissions dépérir la force morale que ce pays a exercée depuis si longtemps[1]. »

Le militarisme, voilà bien l'ennemi, mais la menace est, pour l'instant, contenue. Alors que, au cours de l'année précédente, l'Allemagne s'est lancée dans la construction d'une flotte de guerre importante, pour Winston, la première nation du monde n'est pas en danger tant que la Royal Navy conservera, à travers le monde, sa position quasi hégémonique.

Dans les années qui suivent, le jeune membre du Parlement se concentre sur les questions de politique économique et sociale. Sa réputation ne cesse d'ailleurs de grandir et traverse la Manche. En 1904, Henri de Breteuil confie à Jennie qu'en France on le considère comme le « *coming man* », l'homme qui monte. Mais il néglige les questions internationales. Le 8 avril 1904, Lord Lansdowne, ministre des Affaires étrangères, et Paul Cambon, l'ambassadeur de France à Londres, signent les clauses de l'Entente cordiale ; une suite de conventions, déclarations et articles secrets dont le plus important est un « deal » autour du Maroc et de l'Egypte. La Grande-Bretagne sera désormais la puissance dominante en Egypte, et il en sera de même pour la France au Maroc.

Deux décennies plus tard, dans un article consacré à Lord Rosebery, grand leader du Parti libéral et Premier Ministre en 1894-1895, qui paraîtra dans *Great Contemporaries*, « Nos grands contemporains », une suite brillante de portraits de personnalités de premier plan des trente premières années du siècle, Churchill reviendra sur ce thème de l'Entente cordiale. « Lorsque Lord Lansdowne a signé l'accord anglo-français d'août 1904 [*sic* : avril], avec tout le prestige du parti conservateur derrière lui, et avec l'approbation des libéraux et des pacifistes à travers le monde, Rosebery s'exclama en public que cet accord avait bien plus de chances de conduire à la guerre qu'à la paix. Je considère ceci comme la meilleure démonstration de son esprit pénétrant. J'étais un très jeune homme à cette époque mais je me souviens de la situation avec une grande clarté. Les conservateurs régnaient. Mais il y avait l'ancienne querelle avec la France – des canonnières à Bangkok, puis le ressentiment français au moment de Fachoda ; tous les libéraux en appelaient à la paix, à la réconciliation avec la France, à la mise sous l'éteignoir de cette animosité dangereuse et vivace. "Accordons-nous avec notre voisin le plus proche. Faisons les concessions nécessaires et éliminons tout risque de guerre avec la France." Rarement le pays a été aussi unanime. Le ministre des Affaires étrangères s'est avancé au milieu de l'acclamation générale, presque universelle. Le pacte entre l'Angleterre et la France fut signé, toutes les petites disputes furent balayées à la joie sincère de presque tous. Une seule voix – celle de Rosebery – manifesta son désaccord. En public : "Bien plus de chances de conduire à la guerre qu'à la paix." En privé : "Cela va nous mener tout droit à la guerre[2]." »

Rosebery n'avait peut-être pas été aussi radical, mais Churchill traduit sa pensée, non sans faire preuve d'une certaine sagesse rétrospective : entre-temps, il y aura eu, en effet, la Première Guerre mondiale. L'Entente cordiale avec la France est aux yeux de Rosebery – et de Churchill – un moment historique, car elle marque la fin d'un principe de base de la politique étrangère britannique : pas d'alliances écrites avec un Etat européen. Aux yeux des négociateurs britanniques, il ne s'agit pourtant pas d'une alliance formelle et l'Entente n'est en aucune manière orientée contre l'Allemagne. Ils s'en tiennent aux faits : l'Entente permet avant tout de régler un certain nombre de litiges coloniaux qui ne concernent en rien la situation en Europe même. C'est aussi une manifestation d'amitié entre les deux pays, rien de plus. Pour les Français, en revanche, l'Entente est d'abord une idée qui est appelée à se développer. Sans jamais l'exprimer ouvertement, il est clair à leurs yeux que ce n'est qu'un début, et que l'Entente doit, un jour prochain, se transformer en une véritable alliance qui aura, forcément, une dimension militaire, qu'elle soit défensive ou même offensive. Se posera alors, inévitablement, la question du rôle de cette alliance face à l'Allemagne, et la Grande-Bretagne, malgré elle, se sera ainsi laissé entraîner sur une pente très dangereuse.

S'il s'intéresse avant tout aux questions sociales depuis qu'il a rejoint le Parti libéral, sous l'influence de son mentor David Lloyd George, Churchill se rend régulièrement à l'étranger, et, en 1907, il est l'invité, en France, de l'armée de terre.

Les grandes manœuvres se déroulent, en septembre, dans la région d'Angoulême, sous le regard du général Michel, ministre de la Guerre. En Angleterre, avec sa toute petite armée de terre composée de volontaires, revêtus de ternes uniformes kaki, il n'existe rien d'approchant à ce spectacle grisant, sauf à l'occasion des grands défilés des Guards à Londres. «En ce temps-là, raconte Churchill, les soldats portaient des tuniques bleues et des pantalons rouges, et ils manœuvraient encore en ordre serré. Lorsque, au plus fort des manœuvres, je vis les grandes formations françaises enlever une position au son de la *Marseillaise*, il m'apparut que ces vaillantes baïonnettes qui avaient conquis les Droits de l'homme sauraient aussi les défendre, et que les libertés de l'Europe seraient bien gardées.» «Dès 1907, dans les bons et les mauvais jours, j'ai été un ami sincère de la France», écrira-t-il un jour au général de Gaulle, après une des multiples crises qui marqueront leurs relations.

Jennie, qui a dansé à Paris dans sa jeunesse avec les beaux et élégants officiers de Napoléon III, s'intéresse de près à la visite de Winston : «Je me demande comment tu t'en sors avec les *Froggies*.

Ton français doit être très amélioré par ta fréquentation de tous ces soldats français – je t'en supplie dis-moi comment cela s'est passé, et donne-moi ton impression comparée à l'armée allemande[3]. » « Je suis tellement jalouse de ton séjour », lui écrit-elle un mois plus tard[4]. L'armée française conserve, malgré la défaite de 1870, malgré l'affaire Dreyfus, bien des attraits.

Winston est enthousiasmé par l'accueil qui lui a été réservé. Le 19 septembre 1907, il écrit à Pamela Plowden, devenue Lady Lytton, une jeune femme à laquelle il avait brièvement fait la cour en Inde, que les « manœuvres françaises ont été vraiment intéressantes et cela a été une expérience très agréable pour moi personnellement. Le traitement que les Français nous ont accordé était presque royal et je pense que des chefs jusqu'au simple soldat ils ont été sincèrement contents de nous voir assister à leurs évolutions militaires[5] ». Winston cherche constamment à se mettre en valeur, et explique que les deux amis – il est accompagné de F. E. Smith, futur ministre – étaient les « seuls étrangers présents » et que, par conséquent, ils monopolisaient l'attention de tous, ce qui était tout à fait inexact, puisqu'un certain nombre d'attachés militaires étrangers étaient présents, ainsi que le général Timmermans, chef d'état-major de l'armée belge, et même un ministre anglais.

Passons sur l'idée que les pantalons garance portés par les soldats français pouvaient constituer les « remparts » des Droits de l'homme : les massacres de l'été 1914 montreront toute l'absurdité de cette envolée lyrique, d'autant plus surprenante que Churchill n'ignore pas, depuis la guerre des Boers, l'importance du camouflage face à la portée des fusils modernes. Dans son livre consacré à la Première Guerre mondiale, *The World Crisis*, il aura d'ailleurs l'occasion de revenir sur son jugement de 1907 et de dénoncer l'absurdité des uniformes français. Ce n'est pas tout. Contrairement à ce qu'il raconte, pour la première fois semble-t-il, l'armée française a pris la décision – à la grande déception du public, toujours nombreux, qui s'attend à assister à une sorte de grand défilé du 14 juillet – de faire procéder à des manœuvres qui soient les plus réalistes possibles, les plus proches, sur un plan tactique, des situations de guerre. Il n'est plus, constate le correspondant du *Petit Parisien*, question de « cinquante mille hommes évoluant dans une plaine, contre toute vraisemblance, avec le seul souci de donner une impression de force et d'harmonie dans le nombre.

Les généraux se sont efforcés de reproduire, pour eux et pour leurs troupes, toutes les phases d'une véritable opération de guerre ; et de cela, on ne saurait que les louer[6] ».

Le rapport technique qu'il rédige à l'issue de son séjour et qu'il adresse au général Hamilton confirme l'impression que l'armée française a enfin évolué. Hamilton lui répondra le 18 novembre : « Je constate que vous insistez sur la différence entre ces manœuvres françaises qui se rapprochent des situations réelles et les absurdités grossières que nous avons vues l'an dernier en Silésie [lors des manœuvres allemandes][7]. » Contrairement à ce que racontera Churchill trois décennies plus tard, il n'est donc plus question de monter à l'assaut en ordre serré en chantant la *Marseillaise*. L'armée française s'entraîne toujours en vue d'une guerre défensive et les généraux français n'ont pas encore succombé aux charmes funestes de l'offensive à outrance qui provoquera l'hécatombe d'août 1914. D'ailleurs, le public, venu nombreux, est déçu.

A plusieurs reprises au cours des décennies qui suivront, Churchill parlera dans ses discours de cette visite comme d'un tournant dans sa vision des affaires européennes et de ses relations avec la France. Orateur de premier plan, il sait qu'il faut d'abord trouver un moyen d'« accrocher » le public. Cette visite aux grandes manœuvres, cet hommage à l'armée française vont lui permettre de placer ses sentiments amicaux pour la France dans la durée.

La réalité, il faut le dire, est bien différente, même si la sincérité de l'enthousiasme de Churchill face au spectacle des armées françaises ne peut être mise en doute. Durant cette période en effet, le jeune et très brillant homme politique, promis à un très bel avenir selon la presse française, est loin d'être un fervent soutien d'un rapprochement avec la France. En fait, et il n'en parlera guère par la suite, il fait partie d'un petit clan qui, à défaut d'être réellement germanophile, est partisan d'un rapprochement avec l'Allemagne.

Il est d'ailleurs invité à deux reprises par le Kaiser pour assister aux manœuvres de l'armée de terre allemande. En 1906, les choses se déroulent en Silésie, nous l'avons vu. Guillaume II est « au sommet de sa gloire ». « L'image la plus vive que j'ai retenue est celle de son entrée dans la cité de Breslau au début des manœuvres. Il était sur un cheval magnifique, à la tête d'un escadron de cuirassiers, avec leurs uniformes blancs et leurs casques dont les cimiers représentaient des aigles. Les rues de la capitale de la Silésie étaient remplies de ses sujets enthousiastes, et bordées, non de soldats, mais de milliers de vétérans chenus, dans leurs manteaux noirs usés et leurs chapeaux hauts de forme, comme si le passé grandiose de l'Allemagne saluait son avenir encore plus splendide. » Churchill note que les manœuvres elles-mêmes ressemblent à une grande revue militaire et manquent totalement de réalisme. Le rôle prépondérant du feu, les leçons de la guerre des Boers n'ont pas été assimilées[8].

Trois ans plus tard, il est de retour en Allemagne. Cette fois nous sommes à Würzburg, en Bavière. Les réceptions sont certes toujours aussi fastueuses et Winston est totalement grisé de pouvoir se promener de long en large sur un excellent cheval provenant directement des écuries du Kaiser. Au banquet, le soir, dans un palais bavarois, il est contrarié de devoir converser, dans un français incertain, avec ses voisins de table, le général von Lundquist et le ministre de la Guerre de la Bavière, mais il est ébloui par le spectacle. « Tout était illuminé par des milliers de bougies », écrit-il le 15 septembre 1909 à Clementine, née Hozier, qu'il a épousée un an auparavant. « C'est ainsi que Napoléon tenait ses *levées* militaires lorsqu'il parcourait l'Allemagne en triomphateur... Je suppose que cela n'a tenu qu'à un fil que la Bavière, la Saxe ou le Rhin soient français ou prussiens. Tout cela a été bien digéré désormais. » Ces contacts personnels avec les dignitaires allemands sont utiles. « Ces gens sont si *routinière* [*sic*] que tout ce qui sort de l'ordinaire, tout ce qu'ils n'ont pas étudié officiellement pendant des mois les perturbent terriblement[9]. »

L'armée de terre allemande a changé et accompli de grands progrès sur le plan tactique. Elle s'est modernisée et s'est adaptée aux conditions réelles de la guerre. « On a à peine vu la cavalerie, et seulement au loin, sur les flancs. L'infanterie a avancé en lignes successives, et il y avait des mitrailleuses partout. Bien que ces formations fussent encore beaucoup trop denses aux yeux d'un observateur britannique, elles constituaient une énorme avancée par rapport à 1906. » Cette armée est une « machine terrible ». « Elle avance de 60 kilomètres par jour. Elle est pléthorique et dispose de tous les équipements modernes. [...] La guerre m'attire et me fascine, avec ses situations grandioses, et malgré cela, j'en ressens de plus en plus chaque année, et encore plus ici au milieu de toutes ces armes – toute la folie et la barbarie[10]. »

Churchill est impressionné et un peu inquiet de cette démonstration de force, mais la grande nation allemande comporte aussi, à ses yeux, des aspects extrêmement séduisants. Dès son entrée au Parlement, il a noué une relation d'amitié avec le leader de l'aile gauche dite « radicale » du Parti libéral, Lloyd George. En attaquant la politique *tory* d'augmentation des budgets militaires, il a rejoint les positions du très brillant homme politique gallois. Il a fini par franchir le Rubicon en 1904 : très bon calcul, puisqu'en février 1906 les libéraux triompheront aux élections législatives. En 1908, Herbert Asquith devient Premier Ministre, et Churchill est nommé à la présidence du Board of Trade, la Commission du commerce, qui a un rôle de conseil auprès du gouvernement pour les échanges commerciaux, avec rang de ministre plein, à l'âge de trente-quatre ans. Son alliance avec Lloyd George est maintenant scellée et ceux que l'on surnomme les « jumeaux terribles » vont être à l'origine d'une série de lois et décrets qui changeront radicalement la relation entre le peuple et l'Etat britanniques. Lorsqu'il regarde à l'étranger pour trouver ce modèle social qu'il ambitionne d'introduire en Grande-Bretagne, c'est vers l'Allemagne que le descendant de Marlborough, né sous les ors du palais de Blenheim, se tourne.

Devenue au tournant du siècle la principale puissance économique du continent, l'Allemagne a développé un système de protection sociale novateur et universel. Fin décembre 1908, Churchill écrit au Premier Ministre : « Le ministre qui mettra en œuvre dans notre pays les expériences réussies de l'Allemagne en matière d'organisation sociale sera ou ne sera pas approuvé lors des élections, mais il aura au moins laissé derrière lui un monument sur lequel le temps n'aura pas de prise. » Il veut même « projeter une grande tranche de Bismarckisme [*sic*] sur l'ensemble des fondations » du système industriel britannique, et « observer les conséquences[11] ». L'année suivante, il a l'occasion d'étudier les choses grandeur nature. Il visite les Bourses du travail à Francfort, mais aussi à Strasbourg. Se rendre en Alsace annexée ne paraît guère le troubler, malgré ce qu'il dira, à Metz, trois décennies plus tard… Il se montre passionnément intéressé par le système de protection sociale à l'allemande. « Il ne fait pas de doute que j'ai mis la main [*sic*] sur quelque chose de considérable avec ces Bourses. L'honneur de les introduire en Angleterre serait une très belle récompense[12]. »

Son admiration à l'égard de l'Allemagne paraît sans bornes. Il rencontre des ouvriers allemands au chômage et peut discuter avec eux. « Certains parmi ces pauvres hères, au plus bas dans la hiérarchie sociale, étaient retournés vingt fois aux Bourses du travail pour trouver un emploi, en vain. » Mais, il ajoute : « Pas un seul parmi les quarante ou cinquante individus que j'ai interrogés qui n'avait pas dans sa poche une carte d'assurance tamponnée et à jour, qui ouvre le droit à une pension, en cas de maladie, d'invalidité, d'infirmité, ou lorsqu'on est très vieux. » « Mon cœur s'est rempli d'admiration pour le génie patient qui a ajouté ces remparts sociaux aux nombreuses gloires de la race allemande, et j'étais plein d'espoir que nous verrions peut-être bientôt dans notre propre pays, avec sa bien plus grande richesse nationale, [...] l'avènement au bénéfice du plus grand nombre et pour toujours, d'un système national de protection sociale qui irait encore plus loin que ce que les Allemands ont lentement acquis, et qui inclurait, en plus, la protection contre le chômage[13]. »

L'image de l'Allemagne, en Angleterre, au moment où il rédige ces lignes, est d'ailleurs plutôt bonne : c'est une nation civilisée, mais qui, contrairement à une autre grande nation de culture, la France, s'est modernisée et connaît la prospérité.

Churchill se trouve cependant en porte-à-faux avec le nouveau ministre des Affaires étrangères, Edward Grey, qui est partisan d'une politique d'amitié avec la France, dans la suite de l'Entente cordiale, tout en évitant d'entrer dans une alliance formelle qui contraindrait le Royaume-Uni à intervenir lors d'un conflit armé entre la France et l'Allemagne. En 1906, le royaume a soutenu la France lors de la conférence d'Algésiras réunie à la suite de la visite impromptue et provocatrice du Kaiser à Tanger. Grey comme le Foreign Office ont identifié l'Allemagne comme le pays qui peut rompre l'équilibre des puissances sur le continent.

Avec Lloyd George, Churchill passe désormais pour le membre le plus germanophile du gouvernement de Sa Majesté. En août 1908, à Swansea, au pays de Galles, pendant que son mentor séjourne en Allemagne, Churchill se lance dans un extraordinaire plaidoyer en faveur de relations beaucoup plus étroites entre les deux pays et en faveur de la nation allemande, dont l'image a été, selon lui, trop longtemps bafouée : «J'ai été stupéfait et attristé de lire les propos insensés tenus récemment par des personnes qui devraient faire preuve de plus de jugeote. [...] J'estime qu'il faut s'opposer avec la plus grande vigueur à la croyance que certaines personnes estiment utile de répandre selon laquelle la guerre entre la Grande-Bretagne et l'Allemagne est inévitable. Cela n'a aucun sens. [...] J'affirme qu'il n'y a pas de conflit entre les intérêts essentiels – je parle d'intérêts substantiels, importants – de la Grande-Bretagne et l'Allemagne, où que ce soit dans le globe... Sur quoi nos deux pays peuvent-ils encore se battre? Rien, hormis des champs de plantation sous les tropiques et des stations de charbonnage dispersées dans des endroits reculés. [...] Je suis venu vous demander cet après-midi de venir me rejoindre pour dire haut et fort que dans la grande majorité des dominions britanniques il n'existe aucun sentiment d'hostilité à l'égard de l'Allemagne. J'affirme que nous devons rendre hommage au peuple allemand, fort, patient, travailleur, et qui a été, durant tant de siècles, la victime des intrigues européennes et le souffre-douleur des nations du continent. Maintenant, après tant d'années, après tant de malheurs, ils ont, par la force de leurs vertus et de leur courage, conquis une place au premier rang de la civilisation. Je dis que nous ne jalousons pas leur bonne fortune; nous ne jalousons pas leur puissance et leur prospérité. Nous nous réjouissons de tout ce qui leur arrive de bon; nous leur adressons nos vœux du fond du cœur, et nous croyons avec la plus grande fermeté que les victoires qu'ils obtiendront dans la science et le savoir contre la barbarie, contre le gaspillage, ces victoires nous les partagerons aussi, car si elles leur bénéficient, elles nous bénéficieront aussi[14]. »

Winston est maintenant surveillé de près, car plaider un rapprochement aussi étroit avec l'Allemagne ne peut qu'être particulièrement mal vu en France. Fin décembre 1908, il se rend à Paris, et Grey prend soin de l'avertir de rester le plus discret possible. Lorsque le gouvernement libéral avait été formé en décembre 1905, Paul Cambon s'était montré rassurant. Il avait exposé au ministre des Affaires étrangères, Maurice Rouvier, que si l'inclinaison traditionnelle des libéraux était en faveur de l'Allemagne, ils étaient avant tout pacifistes : l'Entente cordiale était suffisamment solide. La grande majorité des dirigeants français ne sont pas aussi confiants que l'ambassadeur à Londres quant à la solidité des engagements britanniques. Certains pensent que ceux-ci sont encore trop ambigus, et qu'en cas de conflit entre la France et l'Allemagne, la Grande-Bretagne, comme le préconise Churchill à cette époque, se contenterait d'un soutien naval minimum. Même Clemenceau, partisan de l'Entente, est inquiet de la très petite taille de l'armée de terre britannique et pousse les Britanniques à adopter un système de conscription. Grey a été quelque peu rassuré par les déclarations françaises au cours de l'année 1908, et l'ambassadeur à Paris, Lord Bertie, a, à plusieurs reprises, souligné devant les dirigeants français qu'aucun rapprochement durable avec l'Allemagne n'est possible tant que l'Alsace et la Lorraine font partie de l'Empire allemand.

Dans ce contexte, les déclarations germanophiles d'un de ses ministres ne peuvent qu'introduire de nouveau le doute à Paris et Grey demande donc à Winston de s'abstenir de tout commentaire officiel : «On me dit que Clemenceau et Pichon, qui sont les hommes importants en ce qui concerne les affaires extérieures, préfèrent ne pas discuter de ces questions avec d'autres personnalités que les Premiers ministres, les ministres des Affaires étrangères, et les correspondants diplomatiques. Si c'est effectivement le cas, je pense qu'ils ont raison... Pour le reste, vous, et vous tout particulièrement, ne devez pas discuter de politique avec des hommes politiques de premier rang à l'étranger lorsque vous faites un déplacement d'ordre privé. Dans le contexte actuel, on attachera une grande importance à tout ce que vous direz; cela sortira probablement dans la presse française, ce qui peut provoquer des incompréhensions[15].» Quelques jours plus tard, Grey, alerté de nouveau par le Foreign Office où prédominent les francophiles, obtient que Churchill renonce à son voyage : il redoute fort que, malgré ses avertissements, son jeune ministre, dont la réputation de franc-tireur est déjà bien établie, expose ouvertement son opposition au soutien militaire du Royaume-Uni à la France en cas de conflit avec l'Allemagne.

Admiratif du système social allemand, désireux de prendre modèle sur lui et d'en «importer» une partie au Royaume-Uni dans le cadre d'une très vaste réforme sociale, celui qui deviendra, quelques années plus tard, le patron de la Royal Navy s'oppose vigoureusement au programme de construction des « dreadnoughts », un nouveau type de cuirassé doté de canons d'une puissance sans précédent, mais qui représenterait une dépense nouvelle considérable pour l'Etat, qui n'aurait plus les moyens de financer la protection sociale. Entre le beurre et les canons, Winston a fait son choix. Lorsque le Premier lord de l'Amirauté, Reginald McKenna, recommande en décembre 1908 le lancement de la construction de six de ces bâtiments, les opposants les plus virulents au sein du Cabinet sont les « jumeaux terribles ». Churchill et Lloyd George déclarent que la domination maritime du Royaume-Uni n'est pas menacée et que la Royal Navy a encore une avance très importante sur les flottes de guerre concurrentes. Ils prônent plutôt la recherche d'un accord naval avec l'Allemagne qui aurait pour objectif de ralentir, voire d'arrêter, une course aux armements très onéreuse pour les deux pays. Churchill déclare que le programme d'expansion navale de l'Allemagne est, de toute façon, freiné par le ralentissement économique et les difficultés budgétaires que traverse le pays. Le Cabinet britannique est divisé entre « navalistes » et « économistes », et les Français observent le débat avec une inquiétude grandissante. Les « navalistes » vont gagner la partie, et Churchill est vaincu : les Britanniques vont continuer à construire leurs « dreadnoughts » et, en face, sous l'impulsion de l'amiral von Tirpitz, la flotte de guerre allemande devenir une force redoutable. Devenu Premier lord de l'Amirauté en 1911, Churchill mettra aussitôt de côté ses aspirations sociales : la Royal Navy doit rester maîtresse des océans, c'est sa priorité. Avec ses nouvelles responsabilités, le modèle social allemand qu'il a défendu et qu'il a voulu introduire en Grande-Bretagne sera rapidement oublié. La situation internationale sera au premier plan de ses préoccupations, et celle-ci le portera de nouveau vers la France.

3

La recherche de l'équilibre

L'Entente cordiale entre la France et la Grande-Bretagne demeure fragile. Ce n'est pas une alliance formelle, les Britanniques ne cessent de le rappeler. Elle dépend largement de l'interprétation qu'en font les personnalités au pouvoir dans les deux pays ; surtout, elle dépend du comportement de l'Allemagne. Si celle-ci renonce à ses ambitions extérieures, se concentre sur son développement économique, ralentit l'expansion de sa flotte de guerre, l'Entente apparaîtra moins utile. C'est, en tout cas, le point de vue des Britanniques, la Revanche, l'Alsace-Lorraine étant des questions qui ne la concernent pas. Edward Grey cherche à surmonter ces complications et à trouver un équilibre : il veut parvenir à des relations amicales avec l'Allemagne, tout en assurant à la France que l'Entente cordiale est solide et pérenne.

Depuis 1904, le Royaume-Uni a laissé les mains libres à la France au Maroc, mais l'Allemagne n'a pas renoncé à y jouer un rôle. En mai 1911, le gouvernement français envoie une expédition militaire à Fès, officiellement pour protéger des ressortissants français menacés par un mouvement de rébellion, mais, en réalité, dans le but d'imposer un protectorat. Le gouvernement allemand déclare aussitôt que l'initiative française rouvre la question du Maroc dans son ensemble. Le 1er juillet, il adresse au monde un signal dramatique en expédiant la canonnière *Panther* dans le port d'Agadir. La modeste *Panther* est le symbole de la toute nouvelle puissance navale allemande. Cinquante ans plus tard, Winston Churchill, vieilli et la mémoire souvent défaillante, saura encore la décrire devant son hôte, Aristote Onassis, sans omettre le moindre détail : son blindage, son armement, et même la composition de sa fanfare[1].

Le Premier ministre français, Joseph Caillaux, ne souhaite pas la guerre et se rapproche des Allemands pour découvrir leurs intentions : ceux-ci, en échange de leur acceptation d'un protectorat français au Maroc, réclament la cession par la France à leur profit de la totalité du Congo français. Jusque-là, l'affaire semble concerner exclusivement les relations entre les deux pays continentaux en Afrique. Les Britanniques ont toutefois maintenant une crainte : que cette crise soit résolue et débouche sur un accord global entre la France et l'Allemagne, aux dépens de la Grande-Bretagne. Il faut donc soutenir la France, afin qu'elle ne soit pas tentée de se jeter dans les bras de l'Allemagne.

La surprise est pourtant générale lorsque le 21 juillet 1911, Lloyd George, qui passe toujours pour faire partie du clan «germanophile», déclare dans un discours solennel que ce serait pour le Royaume-Uni une humiliation intolérable que d'être tenue à l'écart des discussions, comme si elle ne comptait pour rien dans le concert des nations. Cette déclaration est perçue à l'étranger comme particulièrement «franche», voire agressive, et les Allemands s'estiment directement visés. En privé, Grey explique que sa politique est d'empêcher que la France cède totalement à l'Allemagne, qui, en envoyant la *Panther*, a voulu bousculer l'ordre normal des choses.

Churchill, qui a été nommé Home Secretary – ministre de l'Intérieur – l'année précédente, prend aussitôt des mesures d'urgence en prévision d'une très hypothétique invasion, et donne l'ordre de placer des gardes armés sur tous les ponts importants au sud-est de l'Angleterre. Le 3 juillet, il écrit à Clementine : «L'initiative allemande au Maroc a causé un mouvement de flottement. Les Français veulent que nous envoyions un *bâtiment* [*sic :* de guerre] à Agadir. C'est un pas que nous ne devrions pas faire sans être prêt à aller jusqu'au bout si nécessaire.» Quarante-huit heures plus tard : «Nous avons utilisé un langage très ferme à l'égard de l'Allemagne pour qu'elle comprenne que si elle pense que le Maroc peut être divisé sans que John Bull ait son mot à dire, elle se trompe du tout au tout[2].»

La crise d'Agadir connaît finalement une résolution pacifique. Au sein du Cabinet, plusieurs ministres sont consternés de découvrir que le pays a pu ainsi être impliqué dans une affaire découlant d'une querelle coloniale entre Français et Allemands et dans laquelle les intérêts britanniques sont très lointainement concernés.

Solidaire de son ami Lloyd George, Churchill a senti de nouveau monter l'odeur de la poudre. Pour lui, Agadir est un tournant, et il saute sur l'occasion pour faire entendre sa voix. Ses collègues savent qu'il faut compter avec lui. Il est personnellement parvenu à la conclusion que les intérêts de la Grande-Bretagne sont désormais dans un rapprochement avec la France non par un accès de francophilie inattendu, mais parce que l'affaire d'Agadir démontre que c'est l'Allemagne qui a le comportement le plus agressif. Deux ans auparavant, il ne cessait pourtant de clamer qu'entre son pays et le Reich il n'existait aucune querelle, aucun véritable contentieux, si l'on exceptait quelques petites frictions coloniales. Or, voici qu'une de ces frictions, impliquant une simple canonnière, le conduit à changer totalement de posture. Après avoir défendu le modèle allemand, il devient le principal partisan de la France. Pour beaucoup de ceux qui ont suivi le déroulement de sa carrière avec un agacement croissant, c'en est trop.

Le Comité de défense impériale est convoqué pour une séance secrète le 23 août 1911. Quelques jours auparavant, Winston a fait circuler un mémoire dans lequel il envisage, dans le détail et avec beaucoup de prescience, le déroulement des opérations en France en cas de conflit ouvert avec l'Allemagne. Il décrit en termes imagés la route que prendra l'offensive allemande et les premiers succès du rouleau compresseur. Le déferlement des armées du Kaiser semble irrésistible. Tout bascule, pourtant, aux environs du quarantième jour d'opérations. C'est le moment où la corde est tendue au maximum, où toutes les ressources du pays, civiles et militaires, sont mobilisées au plus haut de leurs capacités. A ce stade de la guerre, à moins d'un effondrement brutal de ses adversaires, l'Allemagne ne pourra plus continuer. Elle s'est avancée trop loin et risque même, si la France, appuyée par la Grande-Bretagne, contre-attaque au bon moment, une défaite décisive. S'appuyant sur cette vision de la guerre future, Churchill aborde les mesures que la Grande-Bretagne devra prendre, et en premier lieu l'envoi en France, dès l'ouverture des hostilités, d'un contingent expéditionnaire de plus de 100 000 hommes[3].

Simple exercice d'anticipation, théorique et relativement inoffensif, comme en produisent régulièrement les états-majors et qui servent de base à des «jeux de guerre»? Le fait même de l'avoir rédigé est considéré par certains de ses collègues comme dangereux. Si l'on ne veut pas la guerre, il faut éviter de la préparer... Rien, pour l'instant, ne permet d'ailleurs de justifier une entrée en guerre des Britanniques aux côtés de la France. Il serait presque impossible de convaincre l'opinion publique de la nécessité d'intervenir militairement pour soutenir la France dans une querelle concernant quelques arpents de terre marocaine. Le gouvernement, et même ses membres les plus francophiles comme Grey, s'est toujours efforcé de maintenir l'amitié avec la France dans un cadre strict : entente oui, mais pas d'alliance, et surtout pas d'alliance qui prévoirait des mesures automatiques. Le gouvernement de Sa Majesté doit avoir, jusqu'à la dernière minute, l'entière liberté de décider si oui ou non il est de l'intérêt du pays de soutenir militairement la France. Cette liberté totale de décision implique qu'il faut même s'abstenir de réfléchir et d'anticiper ce qui pourrait se passer. Etablir des plans précis risque d'influer, le moment venu, sur la prise de décision. De plus, vis-à-vis des nations européennes, il faut maintenir l'incertitude la plus totale sur les intentions de la Grande-Bretagne[4].

Churchill sait tout cela, mais il considère qu'il est impossible de ne rien faire. Si le problème se présente un jour – et il pressent que ce sera le cas –, il ne veut pas se retrouver démuni. Mieux même, il veut être en avance d'un coup.

Qu'est-ce qui pourrait néanmoins pousser le Royaume-Uni à envoyer un corps expéditionnaire en France si l'Allemagne attaquait? C'est durant ce mois d'août 1911 que Churchill découvre le *casus belli*. La Grande-Bretagne est liée à la Belgique par un traité, signé en 1839, reconnaissant son indépendance et garantissant sa neutralité. Elle n'est pas la seule : la France, l'Autriche, la Prusse, la Russie et les Pays-Bas ont également signé ce texte. Ce traité a-t-il encore une quelconque valeur? Le chancelier allemand Bethmann-Hollweg aura, au moment du déclenchement de la guerre, une formule restée célèbre : c'est un chiffon de papier. Mais c'est à ce traité auquel pense Churchill, convaincu notamment par un brillant exposé du général Henry Wilson, directeur des Opérations militaires, francophile absolu, qui a montré avec force détails comment une invasion allemande de la France passerait très probablement par la Belgique, violant ainsi sa neutralité.

Le 30 août 1911, les idées maintenant bien en place, il écrit à Grey : « Peut-être que le moment approche où une action décisive sera nécessaire. Veuillez prendre en considération les suggestions suivantes si et quand les négociations marocaines échouent. Proposez à la France et à la Russie une triple alliance dans le but de sauvegarder *(inter alia)* l'indépendance de la Belgique, de la Hollande et du Danemark. Dites à la Belgique que, si sa neutralité est violée, nous sommes prêts à venir à son secours et de nous allier avec la France et la Russie pour garantir son indépendance. Dites-lui que nous prendrons toutes les mesures militaires nécessaires et efficaces dans ce but[5]. »

Il fait flèche de tout bois et bombarde ses collègues de notes et de lettres. Le lendemain, il écrit ainsi à Lloyd George : « Nous sommes obligés par le traité de défendre la neutralité belge. Sa violation serait sans nul doute un *casus belli*, indépendamment des autres sujets de friction. » La suite de sa lettre révèle ses véritables motivations : « Ce n'est pas pour le Maroc, ni même pour la Belgique, que je prendrais part dans ces affaires terribles. Une cause et une seule justifie notre participation – éviter que la France soit écrasée et pillée par les junkers prussiens – un désastre qui entraînerait la ruine générale et qui serait rapidement fatale pour notre pays[6]. »

Comment expliquer ce changement complet d'orientation ? Celui qui, deux ans plus tôt, encensait la civilisation, la culture allemandes et son système unique de protection sociale évoque maintenant la vision cauchemardesque d'une France sous la botte des junkers et d'une Grande-Bretagne contrainte, malgré la Royal Navy, de se soumettre rapidement après. Sa volte-face en faveur de la France justifie amplement les craintes de tous ceux – et leurs rangs ne vont cesser de grossir – qui estiment qu'il est dangereusement imprévisible, décidément immature et d'une ambition sans bornes. Même avec ses proches, ses raisonnements partent dans toutes les directions, comme si l'odeur de la poudre, fût-elle en provenance d'un port marocain, lui faisait totalement tourner la tête. Il est même persuadé qu'une offensive est imminente, sur la foi d'un renseignement – démenti dès le lendemain – provenant de Belgique selon lequel une douzaine de régiments de cavalerie seraient concentrés de l'autre côté de la frontière en face de la ville de Malmedy, et d'achats de quantités inhabituellement importantes de fourrage par l'intendance allemande.

Churchill est intelligent, dynamique, imaginatif : beaucoup peut lui être pardonné. Mais cette fois, même Lloyd George trouve qu'il est monté trop vite à l'abordage et lui répond le 5 septembre : « Mon cher Winston, je pensais que j'avais été totalement clair que, si j'approuve l'idée générale que vous évoquez dans votre lettre – je m'abstiendrai cependant d'approcher la Belgique, le Danemark et la Hollande maintenant. Ce serait bien trop risqué. Si cela venait aux oreilles de l'Allemagne, cela risquerait même de précipiter la guerre[7]. » Quant à Grey, il va tout faire dans les mois qui suivent pour amadouer l'Allemagne et mener une politique d'amélioration prudente et graduelle des relations. Churchill est parti sur le sentier de la guerre et il a fallu le retenir. Mais il a mis le doigt sur le problème de fond : le caractère nébuleux de l'Entente avec la France.

Durant l'automne 1911, après le coup de chaud de l'été, la tension retombe nettement. Entre gens raisonnables et civilisés, il suffit de se retrouver autour d'une table et de faire travailler les diplomates. La résolution pacifique de la crise d'Agadir aura pour conséquence que, en juillet 1914, la très grande majorité des Britanniques restera, presque jusqu'à la dernière minute, persuadée que la guerre est très improbable. Churchill va cependant ouvrir un nouveau front. Le général Wilson, nous l'avons vu, pense qu'une guerre aura lieu à court terme et qu'elle se déroulera sur le territoire français. Il parle couramment le français et a noué des relations d'amitié avec le futur maréchal Foch. Churchill reconnaîtra plus tard sa dette : « L'homme duquel j'ai appris le plus était le directeur des opérations militaires, le général Henry Wilson. [...] Il connaissait l'armée française sur le bout des ongles. Il était dans les petits secrets de l'Etat-Major général français. Depuis longtemps, il travaillait en vue d'un objectif unique, que si la guerre avait lieu, nous soyons immédiatement aux côtés de la France [...]. La totalité d'un pan de mur de son petit bureau était couverte par une gigantesque carte de la Belgique, sur laquelle toutes les voies praticables que les armées allemandes pouvaient emprunter pour envahir la France étaient peintes en couleurs vives. Il passait toutes ses permissions à sillonner ces routes et à parcourir le pays environnant[8]. »

Une alliance formelle avec la France attendra. Mais rien n'empêche de la préparer discrètement. Churchill encourage donc l'idée d'un rapprochement militaire sous la forme de « conversations ». Pour que le gouvernement britannique puisse vraiment choisir, dans l'éventualité d'un conflit, il faut que les termes du choix soient parfaitement clairs. L'exercice est délicat ; il ne faut pas éveiller l'attention des Allemands. « Lors de la prochaine réunion du Cabinet vous devriez prendre une position très ferme concernant l'ouverture de consultations militaires avec les Français. Une guerre n'aurait pas été possible à moins que les Allemands violent la neutralité de la Belgique et aient envahi la France dans un acte d'agression flagrant. Dans de telles circonstances le Cabinet a le droit absolu de choisir librement entre la paix et la guerre ; et il n'aurait pas eu ce choix, et ne pourra l'avoir à l'avenir, sans des consultations constantes et détaillées entre les autorités militaires britanniques et françaises », écrit-il à Grey[9].

La discussion est, une fois de plus, très serrée. Certains des collègues de Churchill au Cabinet se montrent résolument opposés à ces conversations militaires secrètes avec la France, qui leur semblent provocatrices. La Grande-Bretagne peut se trouver, malgré elle, entraînée sur une pente dangereuse : ces « conversations » ne risquent-elles pas un jour, au bout de quelques années, de se transformer en alliance militaire, presque incidemment, et sans que le gouvernement britannique s'en rende compte ? C'est bien précisément ce que cherchent les Français. Le Premier Ministre Asquith conclut la discussion par une formule de compromis qui ne répond pas aux objections des opposants de Churchill : les conversations peuvent se poursuivre, mais il doit être bien clair pour tous – et pour les Français notamment – que tout échange sur les questions militaires ne constitue en rien un engagement de la Grande-Bretagne à soutenir la France en cas de conflit avec l'Allemagne. Churchill a remporté une victoire : la balance penche désormais subtilement du côté de la France, dans la mesure où l'éventualité de conversations militaires de même nature avec l'Allemagne n'est absolument pas abordée.

Début octobre 1911, l'idée de nommer Churchill au poste prestigieux de Premier lord de l'Amirauté, l'équivalent du ministre de la Marine en France, a fait son chemin. C'est qu'au cours de la crise de l'été 1911, les chefs de la Royal Navy ont fait preuve de manque de réactivité, contrairement aux patrons de l'armée de terre : selon eux, la Grande-Bretagne est bien gardée, les bâtiments de la Navy dominent les océans, ces ridicules querelles entre nations continentales ne méritent pas que l'on s'y attarde un instant. Les marins savent convaincre le gouvernement de construire des bateaux de plus en plus gros et de mieux en mieux armés, leur compétence est incontestable, mais la réflexion stratégique fait cruellement défaut. Or, il se peut malheureusement qu'un jour ces « querelles » aient des conséquences beaucoup plus graves et il faudra bien, alors, que les amiraux soient préparés à éclairer le gouvernement sur la conduite à tenir, à défaut d'imposer leurs vues.

Un vent frais est donc nécessaire. Ce sera Winston. Il s'est agité durant tout l'été – par ambition personnelle, pensent ses détracteurs –, mais une fois en place, solidement installé dans son prestigieux bureau d'Admiralty House, il s'assagit. Grey lui recommande maintenant la plus grande prudence dans ses déclarations en ce qui concerne les rapports avec la France et l'Allemagne : « Vous allez lire le compte rendu de ma récente conversation avec Metternich [ambassadeur d'Allemagne au Royaume-Uni]. Nos négociations avec l'Allemagne ont pris une tournure amicale, et je serais très réticent à rendre publics des éléments concernant les questions navales qui pourraient faire naître la controverse[10]. »

Après le coup de chaud de l'été précédent, Churchill rentre dans sa coquille. Il semble ne plus craindre le déferlement des « junkers » sur la Belgique et la France, bien au contraire. L'avenir s'annonce paisible : « Il est bien plus probable, je le dis avec conviction et sincérité, que nous n'aurons pas la guerre de sitôt et que celle-ci n'aura peut-être jamais lieu, en tout cas aussi loin que notre imagination dans ses moments les plus aventureux peut nous entraîner. » Titulaire d'un des postes les plus prestigieux qui soit, il est désormais totalement obsédé par la Royal Navy. « Vous êtes devenu une créature aquatique. Vous pensez que nous vivons tous dans la mer, et toutes vos pensées se portent vers la vie maritime, les poissons et autres habitants aquatiques. Vous oubliez que la plupart d'entre nous vivons sur terre[11] », lui reproche Lloyd George.

« Nous sommes nourris par la mer, nous formons un peuple qui est dépourvu d'armes terrestres ; nous avons une très petite armée de terre [...] nous ne pouvons pas menacer l'indépendance ou les intérêts vitaux des Etats européens, quels qu'ils soient », lui répond le Premier lord. Churchill étant devenu un marin, les affaires continentales retrouvent, à ses yeux, leur juste proportion et les intérêts vitaux de la Grande-Bretagne ne sont plus directement liés à ceux de la France. Il ne s'agit plus de savoir s'il faut intervenir ou non, dans le cas où l'Allemagne menacerait la France, mais de considérer avant toute chose la menace globale et directe à la suprématie navale britannique, clef de sa puissance mondiale. Au sein du gouvernement, Churchill a changé d'attributions : il voit donc le monde sous un tout autre angle qu'auparavant...

Le 11 juillet 1912, lors d'une réunion du Comité de défense impériale, il déclare, en prenant beaucoup de gants, que le risque de guerre est écarté, même s'il faut rester vigilant : « J'allais dire, mais ceci est bien sûr l'affaire du Foreign Office, que nous n'avons pas de sujet de querelle avec l'Allemagne. Il y a des petites questions de politique étrangère, mais il n'y a pas du tout de querelle, et tout le monde a fait de son mieux pour éviter tout ce qui pourrait alimenter les antagonismes. Mais le fait demeure, et personne ne peut en douter, que si la Royal Navy disparaissait, soit qu'elle soit vaincue au combat ou qu'elle ne soit plus un facteur important, l'Allemagne aurait devant elle des perspectives d'action bien plus vastes et plus brillantes. [...] Je ne prétends pas suggérer que les Allemands pourraient se lancer dans une attaque surprise contre nous. Ce n'est pas à nous de présumer qu'une autre grande nation pourrait descendre aussi bas par rapport aux règles de civilisation que nous nous sentons obligés de respecter ; mais nous, à l'Amirauté, devons prévoir non qu'ils n'agissent pas ainsi, mais qu'ils n'en aient pas la capacité[12]. »

L'Allemagne, sous l'impulsion de l'amiral von Tirpitz, est en train de bâtir une puissante flotte de haute mer. Si les choses continuent, l'hégémonie de la Royal Navy peut être menacée. « Plus nous admirons le travail qui est fait pour développer rapidement la puissance navale allemande, plus nos sentiments d'inquiétude et de préoccupation grandissent », écrit-il à Ernest

Cassel, un important homme d'affaires qui a été l'ami de son père et qui le conseille de temps à autre pour ses placements financiers[13]. En mars 1912, il préconise, devant la Chambre des communes, l'établissement d'un nouveau « standard », un accord anglo-allemand qui prévoirait que la Royal Navy ait toujours un tonnage supérieur de 60 % à celui de la Kriegsmarine.

Après avoir tenté de justifier une intervention aux côtés de la France en cas d'invasion, il est de nouveau opposé à toute idée d'alliance automatique. Il continue cependant à soutenir le principe de « conversations » militaires avec l'armée de terre française. Le développement de la flotte de guerre allemande le conduit, en juillet 1912, à ouvrir des discussions avec la France portant cette fois sur les questions navales. Une question le préoccupe. Le Premier lord est convaincu qu'il ne faut pas que la Navy soit trop dispersée : il est impératif qu'elle maintienne une supériorité très nette sur le théâtre d'opérations le plus important, autour des côtes britanniques. Or la Royal Navy est encore très présente en Méditerranée. Appuyé par ses amiraux, il veut convaincre les Français de placer plus de bâtiments de guerre en Méditerranée, pour faire face à la menace éventuelle représentée par les flottes austro-hongroise et italienne, ce qui permettrait à la Navy de transférer la majorité de ses gros navires de guerre en mer du Nord.

L'affaire, on le voit, est complexe, car les Britanniques ne veulent pas non plus d'un accord formel. Après plusieurs mois de discussions, la marine française accepte de prendre en charge la protection des intérêts britanniques dans tout l'ouest de la Méditerranée, tandis que la Grande-Bretagne se voit confier la surveillance, sous certaines conditions, des intérêts français en mer du Nord et dans la Manche. Churchill marche sur des œufs. Lorsqu'en août, le Cabinet donne son autorisation à l'ouverture de « conversations navales » avec la France, il donne son assurance à Asquith et Grey que cet accord restera totalement informel, et qu'il n'engagera pas automatiquement la Grande-Bretagne en cas de guerre. « Le point que je suis très désireux de sauvegarder est notre liberté de décision. [...] Cette liberté serait sérieusement fragilisée si les Français peuvent dire qu'ils ont dénudé leur espace maritime atlantique, et concentré leurs forces en Méditerranée, sur la foi d'un accord naval avec nous[14]. »

Churchill se veut rassurant, mais certains de ses collègues estiment que ces nouvelles dispositions auront comme conséquences inévitables des liens plus étroits avec la France et une modification de la stratégie globale de la Grande-Bretagne. La presse conservatrice est extrêmement critique : la Royal Navy renonce à un volet de sa mission et la défense d'une partie des intérêts impériaux du pays est confiée à une puissance avec laquelle il existe une simple entente, et non une alliance en bonne et due forme. « Churchill manque à ces devoirs impériaux et cela est absolument inacceptable pour les masses du peuple britannique », écrit le *Daily Express*. Cette politique « marque les limites de ce qu'un peuple qui se respecte peut endurer », note un autre éditorial.

En réalité, c'est surtout du côté français que l'accord peut sembler très critiquable, puisque la Royale a pris le risque de dégarnir une partie de ses côtes. La France, cependant, fait un calcul stratégique : cet accord n'est qu'un début, et il engage la Grande-Bretagne. Même si rien n'est écrit et rien n'est automatique, il crée une obligation morale qui pourra se révéler tout aussi contraignante. Si l'Allemagne attaque les ports français dans la Manche, la Grande-Bretagne faillira à l'honneur si elle n'intervient pas. L'ambassadeur à Paris, Lord Bertie, confirme qu'il faut s'attendre à ce que la France, confrontée au départ des bâtiments britanniques, utilise cette décision pour obtenir quelque chose de tangible en échange. Quoi qu'il en soit, la Grande-Bretagne a désormais une dette morale qu'il faudra bien respecter, sous une forme ou une autre.

Churchill a une lecture purement technique et non politique de l'accord, c'est en tout cas la position qu'il expose devant le gouvernement. Après la guerre, il reviendra sur cette question complexe : « Les discussions navales purement techniques ne pouvaient être conduites que sur la base du principe que la flotte française devait être concentrée en Méditerranée et que, en cas d'une guerre à laquelle les deux pays prendraient part, il reviendrait à la flotte britannique de défendre les côtes du Nord et de l'Ouest de la France. Les Français, comme je l'avais prévu, soulevèrent naturellement le cas où la Grande-Bretagne ne prendrait pas part à la guerre ; dans ce cas leurs côtes du Nord et de l'Ouest seraient complètement sans protection. Tout en reconnaissant qu'il y avait là un point sensible, nous avons fermement refusé de permettre à un accord naval de nous lier politiquement de quelque façon que ce soit[15].» Il est finalement décidé que si la guerre menace, les deux gouvernements ouvriront des consultations afin de déterminer si des actions doivent être décidées en commun. Les Français, répétera Churchill, qui ne veut pas que l'on puisse l'accuser d'avoir dissimulé la réalité, furent obligés d'accepter ce point de vue et de réaffirmer de façon claire et nette que les conversations navales n'impliquaient pas l'obligation d'agir en commun.

Durant les deux années qui suivent sa nomination à la tête de la Navy, Churchill va continuer à mettre un frein à ses ardeurs que d'aucuns qualifient de bellicistes. Certains de ses amis voudraient le voir prendre une position moins tranchée et revenir à des positions plus favorables à l'Allemagne. Par le truchement d'Ernest Cassel, il reçoit, de la part du Kaiser, une description détaillée de la nouvelle loi navale allemande. C'est, de la part de Guillaume II, un geste de bonne volonté. Mais Churchill se montre prudent face aux offres d'ouverture de négociation, et réclame que l'Allemagne soit la première à mettre un frein dans la course aux armements navals. Dans toutes ses prises de parole en public, comme dans ses lettres, il ne cesse de réaffirmer que l'Allemagne est une puissance amie et que les différends peuvent être réglés très rapidement. Mais en attendant, la menace persiste. La marine allemande en voie de construction n'a pas pour vocation de protéger les colonies ou le commerce : elle a clairement pour objectif suprême «une grande confrontation décisive en mer du Nord ou dans l'océan Atlantique[16]».

«Je déplore profondément la situation car, comme vous le savez, je n'ai jamais éprouvé autre chose que des sentiments d'amitié à l'égard de la grande nation et de son illustre souverain et je considère que l'antagonisme qui s'est développé est insensé. Je ferai avec joie tout ce que je peux pour y mettre fin. Mais la seule voie que j'estime comme possible est un chemin dans lequel, je le crains, l'Allemagne sera réticente à s'engager», avait-il écrit à Cassel en janvier 1912[17].

Dans un discours prononcé à Glasgow, deux semaines plus tard, il rappelle que la raison d'être de la puissance navale britannique est essentiellement défensive : «Nous n'avons aucune intention, et n'avons jamais eu aucune intention agressive, et nous n'attribuons pas de telles intentions aux autres grandes puissances. Il existe cependant, cette différence entre la puissance navale britannique et la puissance navale de l'Empire allemand, ce grand Empire auquel nous lient des sentiments d'amitié – et j'espère que cela sera toujours ainsi : la marine britannique est pour nous une nécessité, tandis que, d'un certain point de vue, la marine allemande est plus pour elle de l'ordre du luxe[18]. »

Le discours a un grand retentissement en Allemagne, et les Allemands sont particulièrement furieux de cette dernière phrase. « La *Luxus Flotte* devint une formule courante, exprimée toujours dans un mouvement de colère », écrira Churchill dans *The World Crisis*, assez satisfait de sa trouvaille et de se retrouver ainsi la cible de l'opinion publique du pays[19]. Le Kaiser qualifie lui-même les propos du Premier lord d'« arrogants » et lorsqu'en avril ce dernier lance l'idée d'une pause dans la construction de nouveaux bâtiments, un « *naval holiday* », Guillaume II réplique qu'une telle mesure ne peut découler que d'un accord général entre pays alliés.

Derrière la sérénité de façade et les bons mots, l'inquiétude de Churchill est patente. Lorsqu'il inspecte les formidables cuirassés britanniques rassemblés près de l'île de Wight, il prend conscience qu'un conflit européen sera un véritable « Armageddon ». Avec la nouvelle puissance navale allemande, la situation stratégique est profondément modifiée. La Grande-Bretagne se sent directement menacée par un programme qui donne en effet la priorité à la marine sur l'armée de terre. Churchill craint une invasion de l'Angleterre par une opération amphibie, un thème évoqué, au même moment, dans des ouvrages de fiction qui connaissent un grand succès. Il rédige lui-même, à ses heures perdues, une nouvelle qui a pour sujet le débarquement de l'armée allemande sur la côte de l'East Anglia.

Difficile pourtant de se convaincre qu'une guerre est à l'horizon. Quels en seraient les motifs ? Churchill reçoit une lettre presque désespérée de Lord Balfour : « Une guerre dans laquelle l'Allemagne se lancerait avec nul autre but que de restaurer l'Empire germanique de Charlemagne dans une forme moderne m'apparaît si stupide et mauvaise qu'il m'est presque impossible d'y croire ! [...] On me dit que de nombreux observateurs avisés en France considèrent qu'une guerre au mois de mai est inévitable. Mais comment imaginer que l'on puisse parler de la guerre comme inévitable lorsqu'il n'existe aucun sujet de querelle, et rien sur quoi se battre ! Nous vivons des temps étranges[20] ! »

Tout au long de ces mois, Churchill pense comme son aîné : il n'existe pas de contentieux politique avec l'Allemagne. Lorsque Balfour ajoute que de nombreux Britanniques, comme lui-même, feraient « tout ce qui est en leur pouvoir pour sauver la France de la destruction mais n'ont aucunement l'intention de se laisser entraîner par elle dans une guerre pour recouvrer l'Alsace et la Lorraine », le Premier lord l'approuve entièrement. Si, bien des années plus tard, Churchill parlera de son émotion d'enfant en apercevant la statue de Strasbourg place de la Concorde recouverte de crêpe noir, les provinces perdues sont en réalité très loin de ses pensées.

4

Peintures de guerre

«Le printemps et le début de l'été de 1914 furent, en Europe, une période d'exceptionnelle tranquillité», écrira Churchill dans *The World Crisis* avec un art consommé de la surprise dramatique[1]. En juin, l'Amirauté britannique envoie une escadre à Kiel, le grand port allemand de la Baltique, en signe d'amitié. «Il y eut des régates, il y eut des banquets, il y eut des discours. Il faisait beau, l'Empereur était présent. Officiers et matelots fraternisaient [...]. Ils se promenaient bras dessus bras dessous dans cette ville accueillante, et prenaient leur repas ensemble dans les mess et les carrés dans une atmosphère amicale. Côte à côte, ils assistèrent tête nue aux obsèques d'un officier allemand qui avait été tué dans l'accident de son hydravion fabriqué en Angleterre[2].» Edward Grey envisage de se rendre en Allemagne pour consulter un oculiste réputé : il joue régulièrement au squash et a de plus en plus de difficultés à suivre des yeux la petite balle noire. Churchill souhaite que l'on avance dans les accords navals avec l'Allemagne. Le 20 mai, il écrit à Asquith et à Grey pour leur demander s'ils sont prêts à rencontrer l'amiral von Tirpitz. Son idée est d'essayer de mettre un terme à la course navale; ce qui ne peut, à ses yeux, qu'entraîner une amélioration générale des relations bilatérales, et dans l'ensemble de l'Europe. Le ministre des Affaires étrangères est réticent : il n'y a rien d'urgent. Tout le monde est d'accord : la Grande-Bretagne n'a aucun sujet de querelle avec l'Allemagne.

Pourtant, sur le continent, le réarmement se poursuit à marche forcée. En juillet 1913, l'Assemblée nationale française a voté l'extension du service militaire à trois ans; le même jour, le Reichstag entérine le budget militaire le plus élevé de son histoire. «Le monde est en train de s'armer comme jamais auparavant», prévient Churchill pour justifier sa demande d'une nouvelle augmentation des moyens budgétaires de la Navy. La position que prendrait la Grande-Bretagne en cas de conflit reste cependant totalement incertaine. Lorsqu'en 1913, le général Joffre présente la nouvelle mouture du Plan 17, le plan de mobilisation de l'armée de terre française en cas d'agression allemande, il n'intègre pas la présence d'un corps expéditionnaire britannique, même de taille minime. Le doute subsiste, malgré les efforts constants des diplomates français pour obtenir de la Grande-Bretagne un engagement plus tangible. La seule décision contraignante est celle contenue dans la correspondance entre Grey et Cambon de novembre 1912 : si un événement ou une décision menacent la paix globale, les deux gouvernements s'engagent à ouvrir aussitôt des discussions afin de déterminer s'ils doivent agir ensemble.

Le 28 juin 1914, lorsque le Serbe Gavrilo Princip assassine François-Ferdinand à Sarajevo, l'attention du gouvernement britannique est totalement polarisée sur la situation en Irlande. Les problèmes des Balkans ne semblent pas devoir constituer un danger pour la paix en Europe. D'ailleurs, depuis le début du siècle, plusieurs crises internationales graves ont pu être résolues au bout de quelques semaines de contacts et de discussions, et rien n'indique que cette fois, les choses se passeront différemment. Pas plus que ses collègues ou que l'opinion publique, Churchill n'aperçoit dans l'assassinat de l'archiduc les prémices d'un conflit militaire majeur.

Pourtant, au cours d'un dîner privé, Albert Ballin, un des magnats allemands du transport maritime, un proche du Kaiser, lui confie que la situation est bien plus grave qu'il ne le croit. «Je me souviens, raconte Ballin, du vieux Bismarck me disant, l'année précédant sa mort, qu'un jour la grande guerre européenne aurait pour origine un incident totalement stupide dans les Balkans.» Ballin cherche alors à en savoir plus quant à la position de la Grande-Bretagne : «Si la Russie marche contre l'Autriche nous devons marcher et si nous y allons la France doit y aller aussi. Que fera alors l'Angleterre ?» Ce serait au Cabinet de décider, répond le Premier lord. Rien n'est automatique et le gouvernement jugera selon les événements, mais il est probable qu'il ne laisserait pas cela passer sans rien faire. Cependant, insiste Churchill, si l'Allemagne attaque la France, il n'existe pas d'alliance formelle qui pourrait obliger l'Angleterre à intervenir. Ballin reprend : « Supposons que nous soyons contraints de faire la guerre à la fois à la Russie et à la France, et supposons que nous soyons victorieux de la France mais que, en dépit de cette victoire, nous ne lui prenons rien sur le continent européen, pas même un pouce de son territoire, seulement quelques colonies pour nous indemniser. Cela pourrait-il modifier l'attitude de l'Angleterre ? Supposons que nous nous engageons dans ce sens, avant même d'entrer en guerre. » Churchill répète prudemment que le gouvernement jugerait en fonction des événements[3].

Grey avait indiqué à plusieurs reprises au cours des années précédentes, oralement, que la Grande-Bretagne ne resterait pas sans rien faire face à un conflit continental ; mais il n'y avait rien d'écrit, rien de défini, et le ministre des Affaires étrangères était assez fier d'avoir toujours su résister aux pressions de la diplomatie française, en quête d'engagements formels.

L'Autriche-Hongrie, de son côté, est déterminée à humilier la Serbie et lui adresse le célèbre ultimatum du 24 juillet, qui rompt totalement, par la virulence du ton, avec le langage diplomatique en vigueur. Le Cabinet est en train d'évoquer l'Irlande lorsque Grey interrompt la discussion pour lire les termes de cet ultimatum. Autour de la table, tous les ministres sont choqués par l'agressivité des Austro-Hongrois. « Les comtés de Fermanagh et de Tyrone disparurent dans les brumes et les averses d'Irlande et une lueur étrange apparut immédiatement... sur la carte de l'Europe. »

Asquith écrit cependant à son amie et confidente Venetia Stanley, dont il est éperdument amoureux, que, fort heureusement, il n'y a toujours aucune raison de penser que la Grande-Bretagne soit contrainte d'abandonner un rôle de simple spectateur[4]. Grey refuse d'être poussé dans ses retranchements par ces événements inattendus. Il tente de concilier deux objectifs : empêcher la guerre par tous les moyens mais ne pas abandonner la France si elle devient, malgré tout, inévitable. Le 27 juillet 1914, il pose formellement la question aux membres du Cabinet : le gouvernement doit-il déclarer la guerre si l'Allemagne envahit la France ? Plusieurs membres influents font savoir aussitôt qu'ils démissionneront en cas de réponse positive. Churchill est plus enthousiaste ; il est devenu belliciste ; il l'est d'autant plus facilement qu'il est le patron d'une Royal Navy qui semble invincible, qui est techniquement au point, et qui est le symbole même de la puissance de l'Empire. Avec Asquith, et les poids lourds Haldane et Crewe, il soutient Grey, mais celui-ci est mis en minorité.

Churchill a fait son choix. Il est un des premiers hauts responsables britanniques à prendre conscience du risque d'une guerre totale ; on a même nettement le sentiment qu'il l'appelle maintenant de ses vœux. Le 28, il écrit à sa femme : « Tout tend vers la catastrophe et l'abîme. Je suis passionné, totalement prêt, et heureux. N'est-ce pas atroce d'être fabriqué ainsi ? Tous ces préparatifs en vue de la guerre ont une fascination hideuse pour moi. Je prie Dieu de me pardonner ces terrifiants moments de légèreté[5]. » Le 29, Grey, Asquith et Churchill sont encore en minorité. Les trois quarts des membres du Cabinet estiment que la Grande-Bretagne doit maintenir sa position traditionnelle de splendide isolement et s'abstenir de se mêler d'une querelle européenne à moins qu'elle ne soit elle-même attaquée, ce qui a peu de chance de se produire. Le Royaume-Uni n'a pris aucun engagement auprès de la France, et toutes les voies doivent être explorées avant la décision fatidique. Bethmann-Hollweg, le chancelier allemand, reprenant de son côté la proposition d'Albert Ballin, suggère à l'ambassadeur à Berlin, Edward Goschen, que la Grande-Bretagne reste neutre en échange de la promesse qu'en cas de victoire de l'Allemagne, l'intégrité territoriale de la France sera maintenue, mais son offre est repoussée.

Churchill avance tambour battant, et se retrouve même en pointe. Reste à trouver les arguments pour convaincre le Cabinet et l'opinion publique que la Grande-Bretagne et son empire ne peuvent rester l'arme au pied. Une autre question concerne plus directement le Premier lord de l'Amirauté : en application de l'accord informel de 1912, la France a concentré une grande partie de sa flotte de guerre en Méditerranée. Churchill avait répété que cette répartition des rôles n'aurait aucune influence sur la prise de décision du gouvernement britannique en cas de conflit. Mais maintenant, non sans un certain cynisme, il utilise cet argument pour justifier une intervention et tentera de s'en expliquer après la guerre : « Quelles que soient nos dénégations à propos du fait que nous n'étions pas engagés par cet arrangement, pouvons-nous rester tranquillement à ne rien faire alors que sous nos yeux, à portée de canon de notre flotte principale, les côtes françaises allaient être ravagées et bombardées par les cuirassés allemands[6] ? »

Le 29 juillet, il a d'ailleurs obtenu du Cabinet la mobilisation de la Royal Navy. Le soir même, au cours d'une nouvelle réunion du Cabinet, le jeune Premier lord décide de lui-même d'interpréter le regard sévère que lui jette le Premier Ministre – il émit même une sorte de « grognement », se souviendra plus tard Churchill – comme le signe qu'il est autorisé à envoyer la flotte sur ses postes de combat en mer du Nord. Il écrira qu'il n'avait pas souhaité consulter ouvertement le Cabinet sur cette décision, de peur que ses collègues considèrent qu'elle avait un caractère provocateur qui risquait de compromettre toute chance de paix.

Au cours de l'après-midi du 30 juillet, l'attaché naval français à Londres, le capitaine de vaisseau de Saint-Seine, se rend à l'Amirauté pour proposer que les livres de code qui avaient été préparés pour communiquer entre les flottes de guerre des deux pays dans le cas d'une alliance « active » et qui se trouvaient dans des cartons scellés prêts à être distribués soient immédiatement envoyés aux différents navires. Churchill ne veut rien précipiter. Il sait qu'il est allé très loin déjà. Malgré les échanges en cours entre les deux pays, malgré les « conversations militaires », le partage de codes entre les deux marines a une valeur symbolique capitale : c'est le signal qu'une alliance militaire effective est en place, et à ce titre c'est une mesure qui ne peut être prise qu'en application d'une décision politique.

Ce n'est que le 1er août 1914 que Churchill autorise le chef d'état-major de la marine et le chef d'état-major général à conférer avec l'attaché naval français à Londres pour déterminer les mesures qui devront être prises de concert, « dans le cas où le Cabinet et le Parlement décideraient que la France et l'Angleterre devraient être alliées dans la guerre ». C'est aussi ce 1er août qu'il acquiert la conviction que l'Allemagne est sur le point d'attaquer la France et de violer la neutralité de la Belgique.

Dix ans plus tard, dans un passage de *The World Crisis* destiné à justifier sa position et son rôle face à l'Histoire, mais aussi face à une opinion publique qui, en Angleterre, estime que l'entrée en guerre du pays aux côtés de la France était une faute, Churchill défendra l'attitude du gouvernement britannique et, surtout, celle du gouvernement français. Les Britanniques n'étaient intervenus qu'après avoir tout fait pour éviter la guerre et les Français s'étaient comportés de la façon la plus civilisée qui soit : « Il faut rendre justice à la France en disant clairement que la conduite de son gouvernement dans ces moments terribles fut impeccable. Elle accepta instantanément d'examiner toutes les propositions qui rendaient la paix possible. Elle s'abstint de toute action provocatrice. Elle compromit même sa propre sécurité en retirant à une grande distance des frontières ses troupes de couverture ; et retarda la mobilisation générale jusqu'au dernier moment alors qu'en face les forces ne cessaient de croître en nombre... Plus je réfléchis à la situation à cette époque, plus je suis convaincu que nous avons choisi la seule voie réaliste qui nous était ouverte[7]. »

Conscient de sa réputation de tête brûlée, Churchill cherche à donner le sentiment à ses lecteurs que l'entrée en guerre de la Grande-Bretagne a été une décision réfléchie, qui n'a été prise qu'en dernier ressort après que toutes les éventualités ont été soigneusement étudiées. Il est certain qu'Asquith, Grey et les autres ne voulaient pas la guerre et ne se sont pas engagés à la légère. Ces hésitations leur seront d'ailleurs durement reprochées par la France. Quant au Premier lord, il essaie au cours de cette période de se donner l'apparence d'un homme d'Etat décidé mais plutôt pacifique. « Tout converge vers un conflit... Cependant tout espoir n'est pas perdu », écrit-il le 31. Puis : « Nous avons fait de notre mieux pour sauver la paix et nous continuerons à le tenter jusqu'au bout. Mais la marche des événements est menaçante... Il serait erroné de prendre une décision définitive de quelque nature en ce qui concerne nos devoirs ou nos intérêts[8]. »

Il saute pourtant aux yeux des membres du Cabinet que leur bouillant collègue piaffe et n'attend qu'une chose. Certains voient même des raisons totalement cyniques à son enthousiasme pour une intervention aux côtés de la France. Ainsi Asquith écrit-il à Venetia Stanley, le 28 juillet, que Winston « de son côté, est totalement en faveur de cette manière d'échapper aux troubles en Irlande, et lorsque les choses se présentèrent plutôt mieux hier soir, il s'est exclamé de mauvaise humeur que finalement il semblait que nous allions devoir nous contenter d'une "foutue paix"[9] ».

Winston avait, trois ans auparavant, identifié le véritable *casus belli* : l'invasion de la Belgique, dont l'indépendance et la neutralité étaient garanties par la Grande-Bretagne (ainsi que par la Prusse, la France, l'Autriche et la Russie) depuis le traité de Londres de 1839. Le 1er août 1914, le Cabinet se réunit dans des conditions dramatiques. Lloyd George, l'ami des premiers jours en politique, avec lequel Churchill a mené un combat pour une révolution du système social britannique sur le modèle de l'Allemagne, mais qui a pris une position dure après le «coup de chaud» d'Agadir, est maintenant opposé à l'intervention britannique. Il tente de pousser Churchill dans ses retranchements, et celui-ci pèse chacun de ses mots avant de se retrancher derrière l'avis de l'opinion publique. Quelle est votre politique? lui demande le Gallois. Son cadet, bien conscient de la réputation d'impulsivité qui lui est faite, se retrouve sur la défensive : «A l'heure actuelle, j'agirais de telle sorte que l'Allemagne comprenne bien notre intention de préserver la neutralité de la Belgique. Tant de choses sont encore inconnues concernant les buts réels de l'Allemagne que je n'irais pas plus loin. De plus l'opinion publique peut se retourner à tout moment si la Belgique est envahie et nous devons être prêts à satisfaire cette opinion[10].» Mais la rupture avec Lloyd George est consommée.

Le lendemain, Churchill apprend que l'Allemagne a déclaré la guerre à la Russie. «Je ne peux penser que la rupture [de l'Allemagne] avec la France sera repoussée encore longtemps.» En réalité, ce sont la France et la Grande-Bretagne qui sont presque au bord de la rupture. Grey veut encore négocier. Le Cabinet britannique n'a toujours pas décidé de soutenir la France et, le 31 juillet, Grey a, peut-être contre son gré, annoncé à Paul Cambon que le Cabinet refusait de faire la moindre déclaration explicitant les intentions de la Grande-Bretagne dans le cas d'une guerre. Il estime que les intérêts français ne sont pas directement menacés par l'affaire des Balkans et que la France se retrouve impliquée dans le conflit uniquement en raison de son alliance avec la Russie, qui ne concerne pas directement la Grande-Bretagne. Le 1er août, devant Paul Cambon, Grey est inflexible : si la France entre en guerre en raison de cette alliance, son pays restera en dehors du conflit et il sera exclu d'envoyer sur le continent un corps expéditionnaire. L'ambassadeur de France quitte

Whitehall consterné et furieux et déclare au *Foreign Editor* du *Times*, Wickham Steed : « J'attends de voir si le mot "honneur" doit disparaître de la langue anglaise. » Il est clair que les Français, et leur ambassadeur à Londres au premier chef, ont mal lu les intentions britanniques. L'Entente cordiale, le développement de « conversations » militaires, les arrangements concernant la répartition des flottes de guerre avaient, dans l'esprit de Cambon, un objectif suprême : une alliance militaire en cas de conflit avec l'Allemagne sur le sol européen. Les Britanniques ne voient pas du tout les choses ainsi.

Dans une lettre personnelle du 9 août 1914, Grey écrira : « S'il n'y avait eu la Belgique nous serions restés en dehors du conflit[11]. » Le 3 août, en effet, l'Allemagne adresse à la Belgique un ultimatum exigeant le droit de passage de ses troupes. Churchill n'est pas surpris. Pour les opposants à la guerre, la situation devient subitement plus délicate. « Que fait-on maintenant ? » demande sèchement Churchill. « Maintenant, répond Grey avec un calme de façade, je vais leur adresser un ultimatum exigeant l'arrêt de l'invasion de la Belgique dans les vingt-quatre heures[12]. »

Vingt-quatre heures ? C'est presque trop pour le Premier lord de l'Amirauté : « Je me vois obligé de vous demander l'autorisation immédiate d'ordonner que les dispositions anglo-françaises combinées pour la défense de la Manche soient mises en œuvre. Les Français ont déjà rejoint leurs positions et cette disposition partielle des forces navales ne garantit pas la sécurité. Mes collègues de la Navy et mes conseillers souhaitent que j'insiste auprès de vous ; et à moins que l'on me l'interdise j'ai l'intention d'agir en conséquence. Cette décision n'implique bien sûr nullement que nous entreprenions des actions offensives, à moins que nous soyons nous-mêmes attaqués[13]. »

A 5 heures du soir, Churchill reçoit l'accord du Premier Ministre et de Grey. Avant même que l'Allemagne fasse connaître sa réponse à l'ultimatum britannique, l'Entente cordiale est devenue une alliance, en tout cas navale, par le fait d'une décision présentée comme purement « technique ». Ceux qui étaient opposés aux « conversations militaires », à toute forme d'échange naval entre la France et l'Angleterre, voient leurs pires craintes confirmées.

S'il existe un doute concernant ses intentions, un incident en Méditerranée va montrer à quel point Churchill souhaite en découdre. Le 2 août, il donne l'ordre aux croiseurs *Indomitable* et *Indefatigable* de se lancer à la recherche du croiseur allemand *Goeben* et de suivre de près les déplacements du croiseur léger *Breslau.* Au cours de la journée du 4 août, le *Goeben* parvient à canonner Philippeville, en Algérie, pendant que le *Breslau* s'en prend au port de Bône. Le Premier lord demande à Asquith et à Grey d'approuver après coup un message qu'il a *déjà* envoyé au commandant des forces britanniques : « Si le *Goeben* attaque les bateaux de transport français vous devez engager le combat aussitôt. » Asquith écrit à Venetia Stanley : « Winston, qui a mis toutes ses peintures de guerre, a très envie d'un combat naval à l'aube avec pour résultat la fin du *Goeben*[14]. »

Cette fois, les « pacifistes » ne vont pas se laisser faire. Lorsque Churchill tente de convaincre le Cabinet qu'il est nécessaire de passer à l'action offensive immédiatement, il est mis largement en minorité. Il est exclu d'apporter un soutien naval à la France avant une déclaration de guerre formelle et avant l'expiration de l'ultimatum. Contraint de céder, il adresse aux bâtiments anglais un contrordre : « L'ultimatum britannique à l'Allemagne expire à minuit GMT. Aucun acte de guerre ne doit être commis avant minuit GMT, heure à laquelle un télégramme donnant l'autorisation de commencer les hostilités sera envoyé par l'Amirauté[15]. » Déçu, il lui faudra attendre quelques heures encore, mais il est convaincu que l'Allemagne ne se pliera pas à l'ultimatum de son pays.

Aujourd'hui encore, la participation de la Grande-Bretagne à la Première Guerre mondiale est l'objet de débats nourris. Un historien reconnu comme Niall Fergusson – il est loin d'être le seul – estime que son pays a commis une erreur fatale, dont les conséquences ont été tragiques pour l'Europe. Il aurait mieux valu rester à l'écart et laisser l'Allemagne obtenir une victoire rapide sur la France. La Grande-Bretagne aurait alors pu intervenir pour faciliter une négociation qui n'aurait pas été totalement défavorable à la France – hormis la question de l'Alsace-Lorraine. Fergusson tire de cette hypothèse des conséquences à plus long terme : une victoire allemande en 1914 aurait permis d'éviter l'émergence du nazisme et l'ascension au pouvoir d'Adolf Hitler et, par voie de conséquence, la Deuxième Guerre mondiale et toutes ses horreurs...

Dans ce contexte, la responsabilité directe de Churchill est en cause. Au sein du Cabinet, il est celui qui pousse le plus pour une intervention. Est-il mû par des sentiments francophiles ? Rien n'est moins sûr. En 1914, il connaît peu la France, hormis les quelques semaines qu'il y a passées au sortir de l'adolescence. Les liens noués par le biais de sa mère sont superficiels. Certes, il a assisté aux grandes manœuvres de 1907 et fera grand cas, plus tard, de l'accueil qu'il y a reçu et des liens ainsi forgés. Mais la réalité est qu'il n'y a passé que quarante-huit heures. La francophilie supposée de Winston est une explication bien insuffisante et elle pèse bien peu de chose face aux intérêts « éternels » de son pays auxquels il est profondément attaché. De plus, il a été, par moments, très germanophile et conserve une grande admiration pour l'Allemagne, celle de Bismarck en tout cas.

Un facteur plus important, en particulier pour le Premier lord de l'Amirauté, est le développement de la puissance navale allemande. Cependant, en 1914, la Navy conserve une avance confortable, notamment sous son impulsion. La crainte de voir les ports de la Manche aux mains des Allemands est une préoccupation supplémentaire, mais personne ne pense que l'Allemagne cherchera à occuper durablement la France. La Revanche, les provinces perdues ? Tout cela ne concerne en rien le Royaume-Uni. Difficile de croire qu'un pur produit de Harrow se sent prêt à mourir pour l'Alsace et la Lorraine. Reste, enfin, le cas de la Belgique et de sa neutralité, garantie par les grandes puissances européennes ; pour Churchill, il s'agira plutôt d'un prétexte pour justifier l'entrée en guerre de son pays.

C'est sans doute ailleurs qu'il faut chercher. Pour les élites britanniques, l'Empire vit une période glorieuse, mais il est périodiquement menacé par l'anémie. Un grand peuple doit de temps en temps faire la guerre – brièvement si possible –, sinon il risque d'entrer dans le déclin. Contre les Pathans et les Boers, Churchill a connu le baroud. Premier lord de l'Amirauté, il est à la tête d'un outil admirable. Construire de nouveaux bâtiments, choisir les amiraux qui vont les commander, disposer la flotte sur l'ensemble du globe pour la plus grande gloire de son pays est certes passionnant. Mais à quoi servent les énormes dreadnoughts de la Navy, avec leurs canons de 15 pouces, si de modestes canonnières imposent, de temps à autre, leur loi ? Un outil est fait pour que l'on s'en serve.

Après guerre, Churchill prendra fréquemment la plume pour justifier et expliquer son engagement raisonné en faveur de l'intervention, sans toutefois parvenir à convaincre tous ceux qui l'ont vu, au cours de ces journées, dans un état presque second, frétillant à l'idée de passer à l'action. Et sans ses interventions et son dynamisme, il n'est pas certain que durant ces heures où le Royaume-Uni a hésité, Asquith et Grey aient vaincu l'opposition de leurs collègues.

5

L'honneur est sauf

Le 4 août 1914, à 11 heures du matin, l'Amirauté britannique adresse à l'ensemble des bâtiments de la Royal Navy le message attendu : «Commencer les hostilités contre l'Allemagne.» Le Royaume-Uni et la France sont ensemble, en guerre, avec un objectif commun. Ce même jour, pourtant, Grey explique à Paul Cambon que le gouvernement britannique n'a pas encore pris la décision d'envoyer immédiatement un corps expéditionnaire sur le continent.

Le lendemain, à 4 heures de l'après-midi, le Cabinet se réunit. Churchill est présent, ainsi que les plus hautes autorités militaires. Après s'être assuré que la Royal Navy est en mesure de garantir la défense du pays contre toute tentative d'invasion, la décision est prise d'expédier en France 6 divisions, au grand soulagement des Français, qui accueillent la nouvelle avec enthousiasme, mais pour lesquels les atermoiements des Britanniques n'avaient duré que trop longtemps. «Maintenant nous avons notre guerre, déclare le lendemain le Premier lord de l'Amirauté, avec une satisfaction non dissimulée, la prochaine étape est de décider comment la faire[1].»

Churchill est désormais sur la passerelle de commandement. Il faut assurer le transport sans heurts vers la France du corps expéditionnaire britannique. C'est une réussite complète. Lorsque Margot Asquith, l'épouse du Premier Ministre, le croise au 10 Downing Street, il est rayonnant. Le 7 septembre, elle constate qu'il est en grande forme, et qu'il est le seul homme vraiment heureux au sein du gouvernement[2]. Quelques semaines plus tard, elle l'entendra s'exclamer : «Mon Dieu! Nous sommes en train de faire l'Histoire. Tout ce que nous faisons est palpitant – des générations entières liront ce que nous avons fait, tu te rends compte ! » En Allemagne, début août, le général von Falkenhayn lui fait écho : «Même si nous finissons en ruine, c'était beau ! »

Après avoir débarqué dans les ports de la Manche, le corps expéditionnaire, commandé par le général French, avance rapidement jusqu'en Belgique, où, le 23 août, il se heurte à la 1re armée du général von Kluck. C'est la bataille de Mons, la première fois depuis près de soixante ans que des troupes britanniques sont engagées dans des combats sur le continent. A la fin de la journée, elles se voient contraintes de se replier dans une certaine précipitation, une retraite qui, malgré de solides actions défensives, notamment le 25 août au Cateau, va durer une quinzaine de jours, dans une chaleur étouffante. Les pertes, cependant, sont relativement faibles, alors que durant ces quelques semaines d'août, la France, elle, paraît sur le point de subir une défaite totale et sans appel lors de la bataille des Frontières. Cette perspective dramatique permet à Churchill de justifier *a posteriori* la décision britannique : «Quoi que fût le sort de la Belgique, il y avait la France dont l'existence même était en jeu, dont les armées étaient selon moi nettement plus faibles que celles des assaillants, et dont la ruine nous laisserait seul face à une Allemagne triomphante : la France, à cette époque tournée vers la paix et la prudence, profondément démocratique, déjà dépouillée de deux belles provinces, sur le point d'encaisser le coup final délivré avec une force brutale et surpuissante. Seule la Grande-Bretagne était en mesure de rétablir la balance, de permettre au monde de vivre de nouveau dans un esprit de fair-play et de respect mutuel[3]. »

Cet état d'infériorité de la France, Churchill expliquera en avoir pris conscience depuis au moins trois ans. Lors de la réunion du 23 août 1911, le Cabinet britannique avait été impressionné par un exposé brillant du général Wilson, francophile notoire, on le sait. Il avait décrit, avec une extrême précision, les plans allemands et avait prévu le vaste mouvement tournant opéré par l'aile droite des armées allemandes conformément au plan Schlieffen et le rôle essentiel que pourraient alors jouer les Britanniques à l'extrême gauche du dispositif français.

Churchill dira plus tard qu'il était beaucoup moins optimiste que Wilson quant à la capacité des Français à faire face : «J'estimais que l'Etat-Major général avait des vues trop optimistes concernant l'armée française. [...] Il était inévitable que les militaires britanniques, désirant ardemment que leur pays intervienne aux côtés de la France, et convaincus que la destruction de la France par l'Allemagne mettrait en péril tout l'avenir de la Grande-Bretagne, aient tendance à surestimer la puissance relative de l'armée française et à lui accorder des perspectives meilleures que celles qui étaient véritablement justifiées. La grande majorité de l'information provenait de sources françaises. L'état-major français était résolu et optimiste. Le principe de l'offensive était le fondement de leur art militaire et le principal moteur du soldat français... Les généraux français entretenaient de grands espoirs que la saisie de l'initiative et une offensive vigoureuse en Alsace-Lorraine auraient pour effet de disloquer les plans allemands soigneusement pensés qui prévoyaient d'envahir la Belgique avant de se diriger vers Paris. Ces espoirs étaient reflétés dans les évaluations d'état-major général britannique. Il ne m'était pas possible de les partager[4]. »

Sur quoi se fondait Churchill pour tenir, contre la majorité de ses pairs, une telle conviction ? Il a assisté avec enthousiasme aux manœuvres françaises de 1907, a vu les soldats en pantalons garance et en tunique bleue monter à l'assaut dans un ordre impeccable et n'y a rien trouvé à redire. La doctrine de l'offensive, la *furia francese*, enseignée dans les écoles militaires, s'est totalement imposée dans les plans tactiques en 1914. Churchill affirmera, après coup, qu'il avait les plus graves doutes au sujet de cette «impulsion de l'offensive», fondée non sur des calculs précis en termes de nombres, de distance et d'horaires, mais sur la «psychologie de la nation française», les «grandes traditions de l'armée» et «l'élan naturel du poilu». Cette doctrine avait déteint sur l'armée britannique, sur le langage des officiers, ceux-ci étant toutefois solidement «ancrés» dans les réalités du combat moderne par les souvenirs «déplaisants» de la guerre des Boers[5].

En tout cas, Churchill est persuadé d'avoir les dieux de la guerre avec lui. Il est vrai qu'il a fait preuve, dans un mémorandum du 13 août 1911, d'une remarquable prescience en démontrant que les Allemands, après les succès initiaux, seraient inévitablement arrêtés dans leur progression. Pour lui, en effet, rien n'est jamais totalement perdu.

S'il a prévu que les Allemands passeraient par la Belgique, il n'a pas anticipé l'ampleur du mouvement tournant du plan Schlieffen, l'aile droite de l'armée allemande devant passer par l'ouest de Paris pour prendre les armées alliées à revers. Il ne pouvait évidemment prévoir que les chefs allemands, attirés par la perspective d'écraser complètement et rapidement les Alliés dans leur retraite précipitée, allaient décider de raccourcir le mouvement et de descendre directement à l'est de la capitale. Décision fatidique, qui permet au général Joffre de contre-attaquer : le miracle de la Marne va avoir des conséquences profondes sur la façon dont Churchill appréhende la guerre future.

La victoire de la Marne est l'heure de gloire du général Joffre. D'ailleurs, les officiers généraux français vont fournir à Churchill, pour son premier grand livre après la guerre, une belle suite de portraits : Joffre, Lanrezac, Foch, Mangin, Nivelle, Pétain, sont de beaux sujets, avec leurs personnalités et leur aspect physique si variés. Aux yeux des Britanniques, Joffre est précisément quelqu'un sur qui on peut se reposer avec confiance. Entre deux peuples qui se connaissent mal, les contacts directs sont rares, et les préjugés, amplifiés par la presse et la caricature, dominent.

« Il avait conquis la réputation d'être un homme solide, avare de paroles, équilibré. Il serait difficile de trouver quelqu'un plus différent de l'image que les Britanniques ont du Français que ce personnage à la tête de taureau, large d'épaules, pensant avec lenteur, flegmatique, bucolique. » Or c'est ce personnage qui respire la confiance qui va être le responsable des défaites françaises de l'été 1915 et le procès qu'en fait Churchill, dans *The World Crisis*, qui paraît dans les années 1920, est impitoyable.

Erreurs tragiques, à la fois dans la conception stratégique et dans la tactique. « Les attaques en direction de l'est et du nord-est dans lesquelles ses quatre armées, à la droite et au centre du front, furent lancées impétueusement furent immédiatement arrêtées et repoussées dans un massacre si terrifiant que le monde n'a toujours pas compris ce qui s'est passé. [...] C'est dans la sphère tactique que Joffre et son école de "Jeunes Turcs" ont commis leurs erreurs les plus flagrantes. » Les désastres répétés du début de la guerre lui offrent des lignes dramatiques : « L'infanterie française avança au combat bien visible dans le paysage avec leurs pantalons garance et leurs tuniques bleues; leurs officiers d'artillerie en noir et or constituaient des cibles encore mieux définies. [...] Tout au long de la ligne de front, chaque fois qu'apparaissaient des Allemands, le signal de l'assaut fut donné. *A la baïonnette, en avant*, et les courageux soldats, noblement menés par leurs officiers régimentaires, qui furent sacrifiés dans des proportions encore plus élevées, répondirent avec toute la magnifique fureur de combattre pour laquelle la nation française est traditionnellement réputée... De longs alignements de corps rouges et bleus jonchaient les champs de chaume.»

«Joffre ne changea pas d'un pouce, conserva son sang-froid au milieu des désastres... Nullement perturbé par sa propre responsabilité, il limogea quantité de subordonnés, aussi bien parmi les incompétents que les compétents[6].» Après la victoire de la Marne, Churchill remarque avec un peu de perfidie combien les instructions des services de propagande français visèrent à concentrer sur la personnalité de Joffre tous les articles favorables, et demandaient, en revanche, d'être beaucoup plus discret concernant les généraux. «Ainsi la population des pays alliés ne connaissait que Joffre, et même en France, c'était vers le nom de Joffre, et Joffre plus que tout autre, que la confiance et la foi de la multitude était mois après mois et année après année délibérément et mécaniquement orientée[7].»

Dans la débâcle d'août 1914, deux figures militaires surnagent aux yeux de Churchill. Le général Lanrezac, dont la 5e armée est placée à l'extrême gauche des forces françaises, avait alerté début août sur la menace d'une offensive allemande par la Belgique qui le prendrait à revers. Partisan dès le début d'une tactique défensive, mais d'un caractère difficile, qui se manifeste notamment dans ses rapports avec le général French, commandant le corps expéditionnaire britannique, c'est le plus célèbre des limogés. Et pourtant, écrit Churchill, «pour sa complète compréhension de la situation et pour son courageux ordre de repli, la gratitude de la France lui est due[8]». L'autre grande figure durant ces semaines tragiques est Gallieni, gouverneur militaire de Paris, qui prend l'initiative d'attaquer le flanc exposé de l'armée de Kluck. Après guerre, on débattra de la paternité du miracle de la Marne et Churchill penchera nettement en faveur de Gallieni. Il est pourtant contraint de reconnaître qu'il revient à Joffre d'avoir choisi le bon moment pour interrompre la retraite, faire face et contre-attaquer. Le général French lui a d'ailleurs écrit à ce sujet dès le 10 septembre 1914 : « J'ai eu peur de la stratégie de Joffre et pensé qu'il aurait dû prendre l'offensive bien plus tôt – mais il a choisi très exactement le bon moment. »

Ce sauvetage *in extremis* ne peut effacer les fautes presque fatales des chefs au début de l'été. La grande révélation, cependant, aux yeux de Churchill, ce sont les hommes du rang, les futurs poilus. Malgré les pertes effroyables, malgré la désorganisation due à la mort de tant de cadres lors de la bataille des Frontières, malgré une retraite éreintante dans la chaleur de l'été, la solidité dont ont fait preuve les hommes est un sujet d'étonnement et d'émerveillement. Jamais de panique, la discipline maintenue partout et les qualités guerrières restées intactes. Ces qualités « qui rendirent possible un sublime rétablissement, sont la plus grande preuve de leur force d'âme et de leur dévouement ; l'Histoire s'en souviendra[9] ».

La victoire de la Marne, après les désastres du mois d'août, est, pour le Churchill de l'après-guerre, la meilleure illustration que la France éternelle ne peut accepter que la moindre partie de son sol soit envahie : *in fine*, ce sont les qualités du guerrier, humaines, qui triomphent. Et dans ce registre, le soldat français est bien parmi les tout meilleurs. Pendant les décennies suivantes, lorsqu'il regardera vers la France et son armée, Churchill manifestera une confiance quasi aveugle dans le « poilu », tout comme il éprouvera toujours une affection et un respect pour le « peuple français », qu'au fond il connaît bien mal. En 1940, il aura ainsi beaucoup de difficultés à accepter que les héritiers des poilus ne puissent pas triompher, après les premières surprises, de l'agresseur. Au bord de l'abîme, la nation française, le génie français doivent nécessairement renaître pour la gloire permanente du pays.

Après la Marne, les deux grandes coalitions se font face. Churchill opère un changement de cap. Alors qu'il a été jusque-là un partisan de la théorie classique de la concentration de forces, il préconise désormais la manœuvre et l'évitement. Ayant identifié l'Empire ottoman, qui entre en guerre le 29 octobre 1914, comme le maillon faible de l'alliance ennemie, il propose dès le début de septembre l'idée d'une offensive maritime aux Dardanelles. Se développe alors en Angleterre un débat stratégique qui oppose les «*easterners*», qui cherchent à élargir au maximum le front, et les «*westerners*», qui soutiennent qu'il ne faut pas se laisser distraire par des campagnes marginales et continuer à concentrer toutes les forces sur le front de France. Ce débat aura un impact important sur la situation en France. Les dirigeants français observent de près, et avec une certaine appréhension, ce débat entre *westerners* and *easterners*. La France se joindra à l'expédition des Dardanelles, mais les dirigeants du pays restent fondamentalement opposés à tout basculement substantiel de troupes du front de l'Ouest vers un front mineur.

Churchill est convaincu que, face à la puissance de feu dont disposent les deux camps, toute offensive majeure est désormais inutile et vouée à l'échec tant que de nouvelles méthodes – le «tank» par exemple, dont il est un des tout premiers défenseurs – n'auront pas été testées. Jusqu'au printemps 1915, le manque de coordination entre les armées françaises et britanniques est flagrant, mais la question n'est pas préoccupante compte tenu de la taille encore modeste du corps expéditionnaire britannique. Ce n'est que début juillet 1915, onze mois après le début du conflit, que se déroule, à Calais la première conférence intergouvernementale. Asquith et Kitchener, devenu ministre de la Guerre, argumentent contre toute grande offensive anglo-française à l'ouest en 1915 et plaident pour des opérations de «défense active». Selon Churchill, Joffre déclare qu'il est d'accord. Dans une note adressée au Cabinet le 18 juin 1915, il a fait part de ses inquiétudes concernant la situation de la France : «Elle ne dispose pas des réserves de jeunes hommes en quantité aussi nombreuses que ce que produit l'Allemagne. La guerre, qu'elle n'a pas cherchée, lui pèse cruellement, et les conditions dans lesquelles elle se déroule ne sont pas favorables au génie français de l'offensive. [...] La France est aussi parmi les belligérants celui qui peut être le plus facilement séduit par une proposition de paix. Le soutien et le soulagement de la France durant tout l'hiver prochain sont des questions vitales[10].»

Joffre, néanmoins, poursuit la mise au point d'une grande offensive en Champagne. Le 21 août, Kitchener, qui vient de rentrer d'une visite au quartier général français à Chantilly, demande à Churchill de venir le voir. Lorsque celui-ci entre dans son bureau, le ministre de la Guerre est debout et le regarde de côté, avec une expression du visage « très étrange ». Après avoir hésité quelques instants, il annonce qu'il a cédé aux arguments de Joffre. Churchill répond aussitôt qu'il n'existe « aucune chance de succès ». Kitchener réplique que l'offensive serait d'une ampleur inconnue jusqu'alors et que, si elle réussissait, la situation sur le front serait radicalement modifiée[11]. Churchill proteste, mais depuis l'échec aux Dardanelles qui l'a contraint fin mai 1915 à quitter son poste de Premier lord, il est décrédibilisé. Les *westerners* ont repris le dessus et comme il est clair que les Français ont la ferme intention d'attaquer, un refus des Britanniques de participer risquerait d'avoir des conséquences politiques graves et de menacer l'existence même de l'alliance. Au cours de la réunion du comité chargé d'examiner la situation aux Dardanelles qui suit, Churchill implore de nouveau ses collègues de ne pas céder à l'impatience des Français. Le général French lui révèle que ceux-ci comptent utiliser, dans leur partie du front, pas moins de 40 divisions, ce qui dépasse les effectifs engagés dans toutes les actions offensives jusque-là. Quant à Kitchener, pourtant sensible aux arguments de Churchill, il répond avec candeur que l'on ne peut pas toujours faire la guerre comme on le voudrait.

Si Churchill, dans *The World Crisis*, épargne finalement le Joffre de 1914 en raison de la victoire de la Marne, il n'aura aucune indulgence pour celui de 1915. Rarement sa plume sera aussi cinglante à l'égard d'un des grands chefs alliés : « Les erreurs de la bataille des Frontières avaient été grossières, celles du premier choc flagrantes ; elles furent éclipsées par cette obstination insensée et cette absence de lucidité qui, sans avoir la supériorité numérique indispensable, sans l'artillerie et les munitions nécessaires, sans outil mécanisé nouveau, sans aucune prétention à créer la surprise ou à manœuvrer l'adversaire, continuèrent à lancer contre les retranchements les mieux fortifiés, les barbelés intacts, et les innombrables mitrailleuses servies avec calme et adresse, le peuple de France, héroïque, certes, mais relativement peu nombreux[12]. »

Joffre n'est cependant pas le seul responsable : et c'est le maréchal Foch lui-même, dont le prestige militaire à la fin de la guerre est pourtant sans égal, qui est maintenant visé dans ce texte qui paraît en 1926, et qui pourrait passer pour l'œuvre d'un irréductible opposant à la guerre. Aux yeux de Churchill, les lauriers de

1918 ne pourront jamais effacer les erreurs criminelles de 1915. « Les responsabilités de cette phase de la guerre totalement déplorable doivent être également partagées – à un niveau légèrement moindre seulement – par Foch, qui était, certes, sous les ordres de Joffre, mais avait une croyance ardente en ces méthodes et conduisit l'offensive du printemps en Artois, la plus stérile et la plus prodigue de toutes[13]. »

En cherchant à ouvrir de nouveaux fronts en Méditerranée et en Orient, Churchill savait qu'il allait se heurter aux Français. Ceux-ci se méfient de l'influence anglaise au Moyen-Orient, considérant la Syrie et le Liban comme leur chasse gardée. Depuis Fachoda, les relations entre les deux alliés dans la région sont délicates. Certains officiers britanniques – dont, au Caire, le futur Lawrence d'Arabie – préconisent un débarquement à Alexandrette. L'objectif est la prise de contrôle d'une partie des voies de communication turques, permettant ainsi de couper l'Empire ottoman en deux, avant de pivoter vers le nord en direction de Constantinople. Dans une note de fin janvier 1915, Churchill avait soutenu cette opération, mais seulement en complément de l'attaque contre les Dardanelles, et dans le but de faire croire aux Turcs que les Dardanelles constituaient une feinte et non l'opération principale.

Churchill comprend rapidement les enjeux politiques et prend les mesures destinées à apaiser d'éventuelles susceptibilités françaises. Grey l'avait d'ailleurs alerté sur la nécessité de ménager les Français dans la zone. En février, il décide de confier le commandement de toutes les opérations navales à proximité des côtes syriennes et libanaises à un amiral français. Le débarquement à Alexandrette sera d'abord reporté puis annulé. Churchill se montre, dans les années suivantes, toujours prudent dans les questions coloniales et ménage les ambitions françaises, ce qui ne l'empêchera pas de faire appel aux conseils de Lawrence. Sa religion est faite : la question du Moyen-Orient doit toujours demeurer dans des proportions strictement limitées et il est exclu qu'une région où les affaires sont si complexes vienne entraver la poursuite des objectifs stratégiques et la défense des intérêts supérieurs de la Grande-Bretagne.

Churchill, comme lord de l'Amirauté et jusqu'à sa démission, s'est rendu à Paris à plusieurs reprises pour discuter stratégie. A Londres, à la Chambre, dans les rangs conservateurs, on le considère toujours comme un agité un peu irresponsable, et ses difficultés au moment des Dardanelles réjouissent plus d'un de ses collègues. Ses escapades en France sont critiquées ; on pense qu'il cherche à fuir les critiques, et même parfois les responsabilités, ce qui ne lui ressemble guère pourtant. On jase même ; le très prestigieux amiral Jacky Fisher, qui avait été rappelé de sa retraite par Churchill, se retrouve alors seul, en l'absence de son ministre, à la tête de la Royal Navy, et une telle responsabilité lui pèse. Un jour, alors que le Premier lord se trouve encore une fois de l'autre côté de la Manche, Clementine Churchill invite le vieil amiral à déjeuner à Admiralty House. Tout se passe bien, mais, au moment de partir, Fisher, exaspéré par les escapades de son patron, ne se contient plus et lance une accusation très probablement infondée : « Vous êtes une femme idiote. Tout le temps où vous pensez que Winston est avec le général French, il est à Paris avec sa maîtresse[14]. » Clementine est évidemment profondément choquée, mais la sortie d'un Fisher presque sénile est moins grave pour son mari que les critiques qui fusent de toute part, notamment aux Communes, où le Premier Ministre Asquith lui-même est contraint de répondre aux interrogations des parlementaires. Churchill serait en mission « secrète » ? Ses collègues sont dubitatifs : ils voient dans ces « excursions » une nouvelle preuve de son manque de maturité et de son instabilité. « Winston est venu ici pour quelques jours pour une visite secrète dont tout le monde en France est au courant, écrit le fils de Lord Esher à son père le 8 mai 1915. Pourquoi ne peut-il s'occuper d'abord du boulot qu'on lui demande ? Il est en passe de devenir un sujet d'amusement et même de ridicule ici. Les Français commencent à hausser les épaules quand on mentionne son nom – c'est un mauvais signe[15]. » Mais sans ces visites en coup de vent, sans les bons repas dans la capitale française, sans les nuits au Ritz, Churchill serait-il lui-même et pourrait-il toujours faire preuve de ce dynamisme et de cet entrain que même ses détracteurs sont obligés de reconnaître ? Difficile aussi de vouloir prétendre connaître son principal allié sans goûter aux charmes qui ont fait la réputation universelle de Paris.

En novembre 1915, le gouvernement prend la décision de mettre un terme à la tragique aventure des Dardanelles. Churchill, désavoué, critiqué de toutes parts pour sa responsabilité dans la débâcle, et qui, depuis qu'il n'est plus Premier lord, se morfond à la tête d'un ministère subalterne, décide de démissionner. Il est au bord de la dépression, et il faut d'urgence cautériser la blessure. Partir pour les tranchées fera taire tous ses critiques, il en est convaincu, et la décision est prise début décembre. Hors de question, néanmoins, de s'engager comme officier subalterne. Il vise très haut, demande qu'on lui donne le commandement d'une brigade, estimant sans doute qu'il mérite en réalité d'être placé à la tête d'une armée. Le 20 décembre, il est à Saint-Omer, en attente d'une affectation. «Je suis en train d'attendre *d'un pied à l'autre* [*sic*] les ordres.» La hiérarchie militaire renâcle face à ces prétentions totalement excessives, et c'est d'un bataillon des *Royal Scots Fuseliers* qu'il hérite, avec le grade plus modeste de *major*.

A Saint-Omer, il se lie d'amitié avec un jeune capitaine de cavalerie, Edward Louis Spiers, qui, en 1918, changera l'orthographe de son nom, qui sonne un peu trop allemand, en Spears. Il l'a déjà rencontré brièvement avant la guerre. Officier de liaison auprès de l'armée française, attaché à la 5e armée de Lanrezac, il rédigera après la guerre un très brillant exposé sur la retraite d'août 1914, *Liaison 1914*. Il a acquis très vite la confiance des généraux français et maintient avec eux des relations parfois intimes, ce qui ne sera pas forcément pour plaire aux généraux anglais. Il va faire partie des conseillers de Churchill en ce qui concerne la France, et son influence atteindra son zénith en 1940 – nous le croiserons donc de nouveau. Spears est mal aimé de ses compatriotes, en raison de ses origines un peu obscures et de son entrisme, mais aussi parce qu'il a trop longtemps vécu en France. Il passera aux yeux de certains pour l'âme damnée de Churchill.

Accompagné de Spears, il peut aisément se rendre dans les lignes françaises. Il ne manque pas l'occasion d'adresser des piques aux Alliés, comme c'est de plus en plus souvent la coutume : «C'était plutôt calme. Les premières lignes sont en certains endroits situées à quelques mètres l'une de l'autre, mais l'humeur générale est beaucoup moins belliqueuse que dans le secteur tenu par les Guards. Là-bas vous ne pouvez pas exposer un poil de moustache sans vous mettre gravement en danger. Ici les sentinelles s'observaient par-dessus les parapets ; et pendant que nous étions dans la tranchée les Allemands passèrent le mot aux

Français de se mettre à l'abri car leur officier allait demander à l'artillerie de tirer quelques obus[16]. »

Spears se remémorera plus tard cette première journée en compagnie du futur Premier Ministre. « J'ai essayé de lui montrer ce qui pouvait l'intéresser... les Français étaient accueillants – ils l'étaient toujours. Mais ils ne le prirent jamais au sérieux. Il n'avait pas de place dans la hiérarchie militaire, qui était la seule chose qui comptait dans l'armée française. Winston était très curieux de voir ce que faisaient les Français. A cette époque ils expérimentaient toutes sortes de dispositifs, comme une sorte de bouclier mobile qui était poussé en avant de l'infanterie lors des assauts. Mais lorsque Winston aborda l'idée des tanks, les Français, amusés par ces excentricités, répliquèrent : "Ne serait-il pas plus simple d'inonder l'Artois et de faire venir la Royal Navy[17] ?" »

Lors d'une visite le 5 décembre au général Fayolle, qui commande un corps d'armée, on lui offre un casque français, modèle Adrian ; à cette date, en effet, les soldats britanniques montent encore à l'assaut coiffés d'une simple casquette. Churchill est fier d'annoncer ce nouvel ajout à sa panoplie, déjà bien plus fournie que celle de ses collègues officiers : « J'ai reçu comme cadeau des Français un authentique casque en acier ; je vais le porter, il a l'air joli et protégera peut-être mon précieux crâne[18]. »

De retour à Londres en mai, après avoir goûté à la vie des tranchées mais sans avoir participé à une offensive, il pense que son séjour sur le front doit aider à relancer sa carrière politique. Ses espoirs sont rapidement déçus. Il lui reste cependant une dernière arme, sa plume ; celle-ci est le plus souvent trempée dans le fiel. Ses points de vue n'impressionnent plus guère, ce qui ne l'empêche pas de rester persuadé que ce qu'il a fait le place au-dessus de ses contemporains, en termes de compréhension, de vision et de persévérance. L'amertume perce, et il est convaincu d'être un incompris et la victime d'une campagne concertée de dénigrement.

Le 26 mai 1916, Joffre rend visite au général Haig, qui a pris la tête des forces britanniques au mois de décembre précédent. Pour une fois, il s'exprime sur un ton alarmant : à Verdun, les Français ont supporté seuls, trois mois durant, tout le poids de l'offensive allemande. Si les choses continuent ainsi, ce sera la fin de l'armée française. Il réclame une grande offensive conjointe dans la Somme, au plus tard pour le 1er juillet. Lorsque Haig mentionne que le

15 août lui semble plus raisonnable, «Joffre sortit de ses gonds et s'écria que l'armée française cesserait d'exister si rien n'était fait d'ici là». Le successeur de French finit par céder. «Cela calma le bonhomme, mais je voyais qu'il était venu à la réunion bien préparé à combattre tout refus de ma part, et il était prêt à se montrer très déplaisant[19].»

Pour les Britanniques, l'offensive de la Somme, et en particulier la terrible première journée, est un désastre. Les militaires des deux pays alliés s'observent désormais, chacun comptabilise cyniquement les pertes des autres. «Il ne fait pas de doute que les Français sont contents. Ayant tant versé de sang eux-mêmes, ils pensent qu'il n'est que justice que nous souffrions également», note Churchill.

Le départ de Joffre, en décembre 1916, est accueilli avec soulagement par les Britanniques. Le portrait très cruel du «Père Joffre» que Churchill trace après la guerre fait cependant largement appel à l'ouvrage d'un témoin français, Jean de Pierrefeu, qui, dans *GQG secteur 1*, décrit la vie quotidienne au Grand Etat-Major à Chantilly et montre un Joffre un peu ridicule, menant une vie tranquille de bon rentier loin des tranchées et des offensives sans espoir. Le personnage est devenu grotesque. Churchill raconte avec délices les rituels quotidiens, le célèbre appétit et, plus cruellement encore, les très longues nuits de sommeil que n'interrompt jamais l'écho lointain de la «cruelle canonnade». Il décrit comment Joffre, lorsqu'il est confronté à de nouvelles difficultés, avec l'ennemi ou le gouvernement français, a l'habitude de donner une petite tape sur son crâne massif et de lancer, d'un air accablé, «Pauvre Joffre». Il y a son entourage, les fiers «Jeunes-Turcs» de son état-major, et son aide de camp, fidèle entre les fidèles, le capitaine Thouzelier, que tout le monde appelle *Toutou*. Pour mieux enfoncer le vainqueur de la Marne, il ajoute que ces petits détails ont une véritable valeur historique; ayant été au contact, très tôt, des grands hommes de son temps, Churchill estimera toujours que l'Histoire ne doit jamais négliger les petites affaires quotidiennes, sans lesquelles, dans bien des cas, on ne peut expliquer événements ou décisions majeurs.

6

Frères d'armes

Malgré l'opposition virulente des conservateurs, Lloyd George, qui est devenu Premier Ministre, rappelle Churchill au gouvernement en juillet 1917, comme ministre des Munitions ; un poste stratégique où ses qualités d'organisateur, sa mémoire des dossiers et son acharnement à les faire avancer vont faire merveille. Il passe alors une bonne partie de son temps en France, ayant pris ses quartiers au château Verchocq, à quelques kilomètres au nord d'Azincourt, une bâtisse fin XVIIIe qu'il décrit à son ami Archibald Sinclair comme ressemblant à une « *maison toléré* [*sic*] ». Bien qu'il ait encore confiance en l'armée française, il sait qu'en cette année 1917, les Français sont épuisés. En attendant que les troupes américaines arrivent en nombre, tout paraît reposer désormais sur l'armée britannique, qui se lance d'ailleurs, elle aussi, dans des offensives terriblement coûteuses, sous le commandement de Haig, notamment en Flandre durant l'automne. Les Français ne participent plus guère aux opérations. Friand de statistiques, Churchill note que les pertes françaises durant toute l'année 1917 sont inférieures à celles des vingt premiers jours de la guerre.

Joffre a enfin été remplacé par le général Nivelle, dont l'offensive au Chemin des Dames est un nouvel échec. Churchill souligne cependant qu'elle est moins coûteuse que celles de Joffre les années précédentes et porte un commentaire un peu las devant tant d'héroïsme inutile : « Il suffit de dire que les troupes françaises attaquèrent par un temps défavorable avec leur bravoure habituelle. »

Puis ce sont les mutineries de mai et juin et l'apparition d'une nouvelle figure, le général Pétain, dont la notoriété est beaucoup plus forte en France que chez les Anglais, peu concernés par Verdun. Le rôle de Pétain dans le rétablissement de l'armée française n'est pas minimisé, au contraire, mais Churchill ne manque pas de relever qu'il s'est fait en partie au détriment des armées britanniques, avant de terminer sur un éloge particulièrement marqué : « Au cours d'une période de plusieurs mois il rendit visite à une centaine de divisions, écouta les plaintes et les doléances, atténua les sévérités du service, augmenta les permissions, et réduisit, par des mouvements de troupes extrêmement habiles, l'intensité des combats sur la partie française du front. A la fin de la guerre, il avait ainsi rétabli le moral et la discipline de cette armée glorieuse mais si durement éprouvée[1]. »

Avant d'être rappelé au gouvernement, Winston a effectué une tournée non officielle sur le front. Une excursion à caractère presque touristique qui a un effet positif immédiat sur le moral de celui pour qui l'absence de responsabilités en temps de guerre est devenue insupportable. Le 29 mai 1917, il est à Paris, au Ritz, d'où il écrit à Clementine : « Nous avons effectué un déplacement très agréable [*sic*]. Nous avons pu voir les régions dévastées, le champ de bataille de Verdun et le secteur de Fille Morte en Argonne trois jours durant... Il a fait un temps magnifique et entre nos visites au front nous avons été invités à festoyer par différents généraux commandant des corps d'armée ou des armées. » Il retrouve son « vieil ami » le général Fayolle, qui lui avait offert le fameux casque Adrian, « Il était enchanté de me voir », raconte-t-il avec une fierté enfantine, et note, avec une pointe de jalousie, que Fayolle, qui l'année précédente commandait un simple corps d'armée, est désormais à la tête d'un groupe d'armées... Une excursion par beau temps, des repas fastueux et de bons vins, le charme et la gaieté de la conversation avec les militaires français, hommes d'esprit, contrairement à ses compatriotes à l'humour plus froid : il suffit de peu de chose pour que Churchill voie subitement tout en rose. « Il était agréable de nous retrouver en accord complet sur toutes les questions militaires. Je pense même que les soldats français voient avec une grande acuité la vérité en ce qui concerne ce front. » « Je dois absolument te raconter tout ce que j'ai vu de l'armée française et à quel point ils sont magnifiques, quand je serai de retour[2].» L'accueil qui lui est accordé le touche d'autant plus qu'il n'a pas de responsabilités officielles. C'est une faiblesse presque rédhibitoire chez Churchill : un bon repas, de bons vins, une conversation agréable et spirituelle ont une influence immédiate sur la lucidité de ses jugements.

Le clou de ce court séjour est le dîner avec Pétain qui a été nommé général en chef le 15 juin à la place de Nivelle. Winston est tout heureux d'être convié à la table d'un si haut personnage militaire. Cette fois la conversation reste un peu superficielle, Pétain étant sans doute prévenu qu'il faut se montrer prudent avec Churchill : «Il n'a pas abordé les sujets sérieux et par conséquent je n'ai fait aucune tentative pour l'y entraîner. C'est dommage; car je crois que nous sommes probablement d'accord sur les questions essentielles[3].» Comme le racontera Spears bien des années après, les plus hauts chefs français ne prennent pas très au sérieux leur invité britannique, dont la disgrâce n'est pas terminée et qui a la réputation d'être peu fiable, voire légèrement déséquilibré.

Ce dont Churchill n'a pas conscience, et que son hôte n'a aucunement l'intention de lui révéler, c'est que l'armée française, si «magnifique» à ses yeux, est en train de traverser sa crise la plus grave, avec les mutineries qui ont commencé fin avril et qui n'ont cessé depuis de prendre de l'ampleur. Certes, Churchill n'est pas le seul à demeurer dans l'ignorance. Si l'on se réfère au journal du général Haig, celui-ci non plus ne se doute de rien, jusqu'à ce que, le 7 juin 1917, il soit informé par Pétain lui-même de la gravité de la situation, ainsi que des mesures qui ont été mises en œuvre, avec l'efficacité que l'on connaît[4]. Au vrai, ce n'est pas avant plusieurs semaines que les alliés de la France auront réellement connaissance de l'étendue qu'a pris le mouvement. En tout cas, la visite de Churchill a été organisée par les Français de telle manière qu'il ne discerne rien et l'affaire est totalement réussie. Cette absence de doute révèle un manque de curiosité et une certaine incapacité à regarder au-delà des apparences. Ultra-sensible à la flatterie, cet intuitif par moments génial est grisé, après sa traversée du désert, d'être accueilli avec les honneurs de ministre. Il est dans son élément, et demeure persuadé qu'il est le premier expert du royaume en matière militaire. Ce n'est pas la dernière fois qu'il se montrera aussi naïf dans ses jugements, surtout avec ses alliés français, qui sauront exploiter ces traits de caractère. Vingt ans plus tard, il lui arrivera de commettre les mêmes erreurs.

Le retour de Winston au gouvernement le confirme comme l'homme politique insubmersible du Royaume-Uni. Sur le plan stratégique, il prône la patience. 1918 sera à ses yeux l'année de la reconstruction et de la consolidation des armées française et britannique, et ce n'est que l'année suivante qu'une modification décisive du rapport de force, devenu nettement favorable aux Alliés, aura lieu. Cette circonspection ne l'empêche pas de se lancer avec passion dans sa mission de ministre chargé des Munitions et de multiplier les séjours en France. Lloyd George savait bien qu'en le faisant entrer au gouvernement, il serait impossible de museler son ami, qui ne peut se contenter d'un ministère technique et qui saura profiter de sa position pour intervenir dans les questions stratégiques et tactiques.

Il a des discussions régulières avec les autorités françaises, notamment son homologue Louis Loucheur, avec lequel il développe des relations d'amitié, mais c'est un personnage d'une tout autre dimension qui va entrer dans la vie de Churchill. Le 20 novembre 1917, Winston est à Paris et se rend à la Chambre des députés pour assister au premier discours de Clemenceau, revenu au pouvoir après huit ans d'absence. Churchill se souviendra toujours de cette séance mémorable au cours de laquelle le Tigre a déclaré, avec une force sans égale, qu'il est revenu au pouvoir pour faire la guerre. Dès lors, il va rejoindre le panthéon de Winston Churchill et sera, dans les années d'après guerre, une référence constante lorsqu'il sera confronté aux mêmes défis et, à certaines occasions, une sorte de modèle, en tout cas dans l'action. « Il avait l'air d'un animal sauvage arpentant sa cage, rugissant et jetant autour de lui des regards furieux ; et tout autour de lui se tenait une Assemblée qui aurait tout fait pour éviter de l'avoir devant elle, mais ayant fait de nouveau appel à lui, estimait qu'elle devait obéir... La dernière carte, désespérée, devait être jouée. La France avait finalement accepté d'écarter les barreaux de la cage et de lâcher son tigre sur tous ses ennemis, qu'ils se trouvent dans les tranchées adverses ou en son sein même. Pour illustrer la situation, la langue, l'éloquence, les argumentations n'étaient plus nécessaires. Avec des rugissements et des grondements, féroce, intrépide, le vieil animal de proie entra en action[5]... »

Fin février 1918, Churchill est de nouveau à Paris. Il a sa première entrevue avec le Tigre. Si l'on en croit la relation qu'en fera Lord Bertie – qui n'aime pas le jeune ministre des Munitions –, les choses ne se passent pas bien du tout. « Clemenceau m'a dit que Winston Churchill lui a rendu visite et a débité des absurdités. [...] Je présume que Churchill s'est étendu sur nos sacrifices humains en expliquant qu'ils étaient pour des intérêts français qui ne sont pas entièrement les mêmes que les intérêts britanniques. Si c'est exact, il était stupide de tenir de tels propos en présence de Clemenceau[6]. » D'ailleurs Bertie est consterné par les réflexions du ministre des Munitions sur sa vision de l'après-guerre. Churchill tient en permanence des propos contradictoires. Quelques semaines plus tôt, il a écrit à Sinclair qu'il était primordial que la victoire de la France soit complète et que la restitution de l'Alsace et de la Lorraine était le « symbole et le critère principal de la victoire[7] ». Il a maintenant modifié totalement son point de vue et Bertie s'en plaint auprès du Foreign Office. Churchill a, au cours d'un dîner à l'ambassade, « raconté beaucoup de bêtises » et a expliqué que « puisque nous n'étions pas entrés en guerre avec pour but que l'Alsace-Lorraine soit restituée à la France, la guerre ne devrait pas se poursuivre ne serait-ce que vingt-quatre heures au-delà du temps nécessaire qu'il faut pour obtenir de l'Allemagne l'évacuation de la Belgique – avec les garanties indispensables –, le départ des provinces occupées en France, et le retour d'une *partie* de l'Alsace-Lorraine, de taille suffisante néanmoins pour que l'on ne puisse nous accuser de déserter la France[8] ».

Une nouvelle crise militaire particulièrement grave va permettre à Churchill de mieux faire connaissance avec le Tigre. Le 21 mars 1918, le général Ludendorff déclenche en Picardie, avec des moyens sans précédent, l'offensive « Michael ». Elle vise directement les 5e et 3e armées britanniques, à proximité de la ligne de soudure entre les forces françaises et britanniques. Les Allemands effectuent des avancées spectaculaires en direction d'Amiens, menaçant de scinder en deux la ligne de front alliée et de contraindre les Britanniques à se replier sur les ports de la Manche, avant de rembarquer pour l'Angleterre. Haig réclame l'aide urgente des forces françaises et Pétain se trouve confronté au choix suprême : doit-il jeter ses forces dans la bataille sur la partie du front dévolue aux armées britanniques en attaquant le flanc de la poussée allemande au risque de dégarnir le front français, ou doit-il apporter son soutien aux Britanniques avec la plus grande prudence, la priorité étant de maintenir la cohésion des armées françaises sous son commandement et de préparer la défense de Paris ?

Le jour du déclenchement de l'offensive, Churchill se trouve à Londres, d'où il suit la situation avec une inquiétude croissante. Le 24 a lieu un incident qu'il qualifiera plus tard de capital. Au cours de la nuit, Pétain rencontre le maréchal Haig près d'Amiens. Churchill expliquera que les chefs britanniques étaient très inquiets de l'attitude de Pétain, et parlera d'un « soutien faible et tardif » : « Alors que 62 divisions allemandes avaient déjà été identifiées dans la bataille [...] Pétain affirma que le coup principal n'avait pas encore été porté, et qu'il tomberait sur les Français en Champagne[9]. » Selon Churchill, il informe Haig que si les Allemands continuent leur avancée vers Amiens, il ordonnera aux troupes françaises de se retirer en direction de Beauvais, avec pour mission de défendre les approches de la capitale. Or Haig, au moment de prendre le commandement des troupes britanniques deux ans auparavant, a reçu l'instruction de respecter en toutes circonstances un principe absolu : le maintien de l'unité de front avec l'armée française et ce, quel qu'en soit le prix. « Mais voici en pleine crise que ce principe d'unité était complètement abandonné », note sévèrement Churchill[10]. Le principal responsable de cet abandon est Pétain. Plus loin, Churchill ajoute que son attitude au cours de la nuit du 24 mars « prouvait qu'il aurait estimé la perte de Paris comme un revers plus grave que la rupture entre les armées françaises et britanniques[11] ».

Churchill a jugé : l'homme de Verdun est non seulement un esprit totalement tourné vers la défensive, mais il est prêt à sacrifier la solidarité entre alliés. Le Pétain « défensif » de 1918 deviendra le Pétain « défaitiste » de 1940. Lorsque les deux hommes se retrouveront face à face dans les circonstances dramatiques de mai et juin 1940, il est absolument certain que Churchill, avec sa mémoire exceptionnelle, a bien en tête ce qui s'est passé en mars 1918. Mais où se situe la vérité ?

Haig note que Pétain est en effet très anxieux, en ce soir du 24 mars. Le commandant en chef des armées françaises lui révèle aussi avoir assisté à une réunion du gouvernement et que ce sont les dirigeants politiques français qui lui ont demandé de «couvrir Paris à tout prix». Rester au contact de l'armée britannique n'est plus le principe de base de la stratégie française, mais Pétain n'est pas le principal responsable de ce changement. Il lui donne d'ailleurs une copie de l'ordre qu'il a transmis à ses subordonnés à 21 heures. Cet ordre indique que la «tâche première est de maintenir l'unité des armées françaises et secondement, si cela est possible, de maintenir le contact avec les forces britanniques». La réalité est par conséquent moins univoque que ce que racontera Churchill après guerre, sans doute à partir de témoignages de seconde main, et il semble qu'il existait, en tout cas, un consensus assez général chez les Français, politiques et militaires confondus.

A la lecture de ces informations qui lui semblent assez difficiles à interpréter, Lloyd George demande le 28 mars 1918 à Churchill – qui rentre tout juste d'une visite à Paris – de retourner en France pour rendre compte de la situation et, surtout, convaincre Pétain de lancer les divisions françaises dans une attaque vigoureuse en direction du flanc sud des armées allemandes, afin de soulager les Britanniques. Dès le début de l'offensive, Churchill a d'ailleurs eu le sentiment qu'il avait un rôle à jouer. Il a même «bombardé» le Premier Ministre avec des demandes de levée en masse, car il est manifeste que, depuis la signature avec la Russie bolchevique, le 3 mars 1918, de la paix de Brest-Litovsk, les Allemands, qui ont pu ramener sur le front ouest de nombreuses divisions, ont atteint la supériorité en termes d'hommes. Alors que tout le monde à Londres est très inquiet, Winston fait même preuve d'un optimisme «ridicule», note Maurice Hankey, secrétaire du War Cabinet, le 25 mars.

Les généraux britanniques craignent ses interventions intempestives et, apprenant qu'il est envoyé en France par le Premier Ministre, exigent qu'il ne se mêle pas des décisions militaires mais se cantonne à des discussions politiques avec Clemenceau. Entre-temps, une conférence anglo-française à Doullens, le 26 mars, a permis de poser les bases d'une meilleure entente entre les armées des deux pays. Haig s'est finalement rangé à l'idée qu'il fallait désigner un haut responsable militaire chargé de «coordonner» les forces alliées. C'est un titre qui manque pour l'instant totalement de substance, mais qui a une forte valeur symbolique et est considéré comme un progrès majeur. Il faudra cependant encore surmonter beaucoup de réticences pour que Foch soit formellement nommé, mi-avril, commandant en chef de la coalition alliée.

Le séjour à Paris de Churchill ne débute pas sous les meilleurs auspices. Bertie n'a cessé de dénigrer le jeune ministre des Munitions auprès des autorités françaises. Les militaires, qu'ils soient français ou britanniques, se méfient de lui. Il n'en a cure. Dans d'autres circonstances, il montre une sensibilité à fleur de peau, mais, dans les moments de crise et d'urgence absolues, plus rien ne semble pouvoir le toucher. Il prend ses quartiers au Ritz et envoie aussitôt un télégramme à Lloyd George dans lequel il se dit « complètement rassuré » par les mesures envisagées par le gouvernement français face à la percée allemande. « Ils sont en pleine confiance ici. Clemenceau solide comme un roc bien sûr[12]. »

En compagnie du Tigre et de Loucheur, il rend visite au front, avant de retourner à Beauvais où l'attend Pétain, installé dans un wagon de commandement « somptueux ». Dans ses télégrammes, contrairement à son verdict d'après guerre, Churchill n'émet pas la moindre critique à l'égard de son hôte. Il est impressionné par l'ordre et le calme qui règnent. « On nous a conduits au somptueux salon de ce palace roulant militaire, et un simple mais excellent dîner nous a été servi dans un style impeccable. » Encore l'importance d'un bon repas, à la française, dans un cadre cossu, en bonne compagnie... L'exposé de Pétain est retranscrit pour le War Cabinet par Churchill, sans qu'il n'y voie quoi que ce soit à redire. Le lendemain, 31 mars, il dîne de nouveau avec le commandant en chef. L'offensive allemande est à peine évoquée. Il est principalement question de problèmes de gestion des unités sur le front et Churchill recommande de mettre en pratique une méthode similaire pour l'armée britannique. Il est une nouvelle fois impressionné par le calme de son interlocuteur : la situation est sous contrôle.

Cette fois encore, il a été littéralement dopé par l'accueil de chef de gouvernement qui lui est réservé par des personnalités si éminentes. Son sens critique est alors comme anesthésié. Le 30 mars, il a télégraphié à Lloyd George que « les Français font leur maximum pour envoyer toutes les réserves disponibles le plus rapidement possible à l'ouest et au sud de l'angle d'invasion. Rien de plus ne peut être fait que ce qu'ils font en ce moment[13] ».

Le général Wilson, qui est devenu CIGS – chef de l'état-major impérial –, note que Churchill « a transmis des impressions très favorables au sujet du Tigre, ainsi que sur la vitesse avec laquelle les Français sont en train de diriger leurs forces vers le nord[14] ».

Sur le moment, par conséquent, Churchill n'émet aucune critique à l'égard de Pétain et de l'aide française. Dans *The World Crisis*, non content de faire le procès du commandant en chef, il va pourtant jusqu'à écrire que les armées britanniques réussiront à arrêter l'offensive « pratiquement sans aide[15] ». Comment expliquer un tel écart de jugement ?

Son très sévère jugement d'après guerre a sans doute été influencé par d'autres témoignages, notamment celui de Haig, qui a noté dans son journal, le 26 mars, que si Foch « paraissait solide et sensé », Pétain avait l'air au plus mal : « Il avait toute l'apparence d'un commandant qui avait la trouille et s'est dégonflé[16]. » La veille, Haig a télégraphié à Londres pour demander que « le général Foch ou quelque autre général vraiment déterminé à se battre soit choisi pour le commandement suprême en France ». Le 30, il écrit que Clemenceau lui-même s'inquiète de la détérioration des relations entre Pétain et Foch. « Pétain, lui dit le Tigre, est très nerveux et il est possible qu'il ne remplisse pas toutes ses promesses. » Haig note aussi pour lui-même qu'il a trouvé Pétain très honnête et d'une parfaite franchise, mais ajoute : « Au cours des opérations actuelles il a été lent à prendre des décisions et plus lent encore à agir. »

Cette opinion prévaudra : Pétain, en ces heures de crise, a non seulement perdu son sang-froid, mais il n'a pas hésité à envisager une rupture de l'alliance, concrétisée jusque-là par un front continu. Nous l'avons dit, ces journées expliquent en grande partie le préjugé défavorable de Churchill face à Pétain en 1940. Le 11 juin 1940, il télégraphiera à Londres, après avoir assisté à la conférence interalliée réunie dans l'urgence à Briare : « Il n'y a aucun doute que Pétain est un homme dangereux à ce moment. Il avait toujours été un *"defeatist"*, même durant la dernière guerre. » En 1940, Churchill a raison. Pour 1918, la question reste posée, et, même si l'on peut admettre que Pétain a connu en mars quelques moments difficiles, l'accusation de « défaitisme » ne tient pas la route une seule minute. Face à ce type de personnalité, Churchill, le journaliste, l'historien, le peintre, est d'ailleurs un peu désarmé. Joffre, Foch, Mangin l'inspirent plus. L'embonpoint du «Père Joffre», la faconde du Tarbais, la mâchoire carrée et le cheveu en brosse de l'ancien compagnon du commandant Marchand sont plus aisés à cerner et à dépeindre que le visage «marmoréen», la voix à peine audible et les propos prudents et un peu fuyants du futur maréchal.

Le 31 mars 1918, Churchill quitte le Ritz pour se rendre rue Saint-Dominique, au ministère de la Guerre[17]. Il n'a pas été convié à participer aux discussions militaires, mais, comme lot de consolation, il est invité par Clemenceau à visiter le front. Le Tigre l'attend dans la cour, en compagnie de plusieurs généraux français du plus haut rang. Il salue son hôte en anglais, qu'il parle excellemment. Quelques années plus tard, Churchill se souviendra en détail de cette journée épique, jusqu'à la confusion de Clemenceau à propos de son prénom : «Je suis enchanté, mon cher Monsieur *Wilson* Churchill, que vous soyez venu. Nous allons tout vous montrer. Nous allons rester ensemble et nous verrons tout... Tout ce que l'on sait, tout ce que j'apprendrai, vous en serez informé.» Rien ne pouvait le flatter plus. Mais cette équipée, racontée par Churchill dans une langue des plus savoureuses, va tenir de la partie de campagne plus que d'une visite réellement sérieuse.

Il est invité à monter dans la deuxième voiture en compagnie de Loucheur, avec lequel il peut discuter de sujets communs comme la fabrication et l'approvisionnement en munitions des forces britanniques et françaises. Parvenu aux limites de la capitale, le convoi accélère, avançant à plus de 70 kilomètres à l'heure, direction Beauvais. «Les voitures sautaient et bondissaient sur les routes couvertes de boue.»

A la préfecture de Beauvais, Foch les attend. Churchill a fait sa connaissance en 1917, alors que le général connaissait une certaine disgrâce. L'homme lui avait fait impression par ses postures, ses gestes vigoureux et presque comiques, l'énergie avec laquelle il exprime ses idées, à coups de formules triviales mais mémorables. «Il était constamment au combat, que ce soit pour lancer des armées à l'attaque ou de simples idées [...]. Dans toutes les écoles de guerre où il avait enseigné ou qu'il avait dirigées son style d'élocution avait suscité l'étonnement, le rire, ou l'admiration[18].» Churchill a entendu certaines de ses formules les plus célèbres, dont celle, sans doute apocryphe, qui lui avait été rapportée par

Archibald Sinclair dans un français très approximatif : *«Mon droit est détourné, ma centre est enfoncée, ma gauche n'existe plus – j'attaque.»* Il y en aura d'autres, lorsque les Britanniques feront appel au soutien des armées françaises, «Cramponnez partout» ou «Tous à la bataille» et, Churchill le rappellera : «On fait ce qu'on peut», maigre pitance pour ses alliés.

Foch est assisté par le général Weygand, son éminence grise, et une poignée d'officiers de sa «famille militaire». Une salle de la préfecture a été préparée pour accueillir le président du Conseil et son invité britannique. Le général se poste devant une grande carte et, brandissant un long crayon noir, sans un mot d'introduction, se met à parler à toute vitesse, bondissant d'un point à l'autre. Churchill a quelque difficulté à comprendre l'accent du Tarbais – il n'y a pas d'interprète. «Mais la substance générale était parfaitement clairement communiquée par sa pantomime incessante et quelques phrases clefs.»

«Après les premiers combats du 21 mars, les Allemands ont effectué leur percée le 22. Voyez jusqu'où ils sont allés. Première étape de l'invasion. Oh la la ! Enorrrme ! Le 26, ils ont progressé de nouveau. Deuxième jour d'invasion : Ah ! Ah ! Encore un pas de géant. Le 24. Troisième jour. Aïe ! Aïe !» Au quatrième jour, les choses changent quelque peu. Les lignes tracées sur la carte montrent que la quantité de territoire conquise par l'ennemi est moins importante que la veille. Foch se tourne vers Clemenceau, Churchill et les autres et se met à balancer d'un pied sur l'autre, utilisant ses mains comme une balance. «Oho ! Quatrième journée. Oho ! Oho !»

Quand il arrive à la cinquième journée, la progression des forces allemandes a de nouveau diminué par rapport aux jours précédents. Les deux jours suivants la même tendance se poursuit. Foch chuchote maintenant. Puis, finalement : «Hier, dernière journée d'invasion.» Et toute son attitude et sa gestuelle exprimaient un grand élan de commisération pour cette pauvre, étique, dérisoire zone d'invasion qui était tout ce qu'avait réussi à occuper l'ennemi. Le pire était passé. Et puis, soudain, d'une voix de nouveau plus forte : «Stabilisation ! Sûre, certaine, bientôt. Et après. Ah, après. Ça, c'est mon affaire !»

Churchill observe avec fascination ce one-man-show. Comment va réagir le Tigre ? Tout le sépare sur le plan des idées du général catholique et conservateur : les deux hommes incarnent deux France aux antipodes l'une de l'autre, ennemies presque. Mais Clemenceau se lève aussitôt et s'avance vers le futur maréchal. « Alors, Général, il faut que je vous embrasse. » « Dieu merci, dans ces circonstances, les deux plus grands Français de cette époque terrible étaient aux commandes – et amis. »

La petite troupe sort de la préfecture et le cortège de voitures repart en direction de Dury, au sud d'Amiens, où le général Rawlinson, commandant la 4e armée britannique, qui a reçu l'ordre de tenter de recueillir les éléments dispersés de la 5e armée en pleine débâcle, a établi son quartier général provisoire. Des trous d'obus tout frais parsèment les alentours. Un déjeuner les attend, improvisé certes, mais substantiel, se rappelle Churchill, dont la mémoire est toujours sans faille lorsqu'il est question de nourritures terrestres : des viandes froides, du pain, des « pickles », arrosés de whisky-soda. Insuffisant pour le Tigre, très prévoyant, et qui se méfie des « picniques » anglais. « Clemenceau ne toucha à rien en attendant que sa propre participation sous forme de poulets rôtis et de sandwiches d'une qualité très supérieure soit apportée de la voiture de queue. »

Haig fait à cet instant son apparition et part dans un coin discuter en tête à tête avec le président du Conseil. La guerre est une affaire bien trop sérieuse pour la confier à Winston...

Foch s'est montré optimiste, mais de leur côté les généraux britanniques ont le sentiment que les Allemands sont bien partis pour tout écraser. Rawlinson explique à Churchill que les hommes sont épuisés par la retraite désordonnée. C'est la dislocation. « Pensez-vous que vous serez encore ici demain soir ? » demande Churchill. Rawlinson répond par une grimace peu encourageante.

A la sortie de son entretien avec Haig, Clemenceau est pourtant de fort bonne humeur. Il a rassuré le commandant en chef britannique, qui note dans son journal qu'ils sont parfaitement en accord, mais qu'il espère simplement de son côté que les instructions de Clemenceau seront mises en application par les généraux français. « J'ai fait ce que vous vouliez, explique le Tigre aux Britanniques. Ne vous préoccupez pas de ce qui a été arrangé précédemment. Si vos hommes sont fatigués et que nous avons des troupes fraîches disponibles à proximité, nos hommes viendront immédiatement vous apporter leur soutien. Et maintenant, je veux ma récompense... Je désire traverser la rivière et voir les combats.» Rawlinson hoche vigoureusement la tête : la situation à l'est de l'Avre est bien trop incertaine. «Parfait, s'écrie Clemenceau, nous allons rétablir cela. Après toute cette route et vous avoir offert deux de nos divisions, je ne rentrerai pas sans un petit tour de l'autre côté. Venez donc avec moi, Monsieur Winston Churchill (cette fois il ne se trompa pas); et vous, Loucheur. Quelques obus feront le plus grand bien au général», fait-il gaiement en se tournant vers son chef de cabinet militaire, le général Mordacq.

«Nous sommes donc tous remontés dans nos voitures pour nous diriger vers la rivière (en direction de l'est) et la canonnade.» Il n'y a plus de front et bientôt le cortège commence à croiser des soldats britanniques totalement recrus de fatigue. «Beaucoup parmi eux marchaient comme s'ils étaient dans un rêve, et ne faisaient aucune attention à notre file de voitures portant fanions colorés.» Churchill se rappellera cependant, non sans fierté, que certains hommes le reconnaissent et lui adressent un signe de la main ou un sourire; parfois, même, une voix harassée acclame son nom.

Le cortège parvient à un pont sur l'Avre. La canonnade est proche, maintenant. Le jeune ministre des Munitions, glabre et rose, et le président du Conseil, moustache en bataille, s'arrêtent devant une auberge occupée par un général de brigade français et son état-major et remplie d'officiers britanniques épuisés et prostrés. Un officier de la prévôté britannique est en train de leur servir du whisky pour les aider à reprendre la route aussi rapidement que possible. Clemenceau s'entretient quelques minutes avec l'officier français puis s'approche de la porte de la voiture dans laquelle se trouve Winston. «Maintenant, Monsieur Winston Churchill, nous sommes dans les lignes britanniques. Vous êtes en charge! Nous ferons ce que vous nous demandez.» «Jusqu'où voulez-vous aller?» «Aussi loin que possible. Mais c'est à vous de juger.» L'affaire est d'autant plus hasardeuse qu'il n'y a plus de ligne de front. Clemenceau confie son sort au descendant de Marlborough, qui relève le défi sans hésiter.

Carte en main, Churchill demande à son chauffeur de prendre la tête du cortège et de traverser l'Avre, puis de suivre la rivière en direction du sud [il parle de la Luce, mais se trompe sans doute], en espérant faire jonction avec des unités canadiennes aux environs du bois de Moreuil. Au-dessus de leurs têtes les projectiles se croisent sans arrêt. A 300 mètres, sur la gauche du cortège, à l'est donc de la rivière, Churchill aperçoit des unités britanniques qui ont maintenu un semblant de cohésion. Les Allemands ne sont vraiment pas loin, maintenant. Retourner en arrière est sans doute difficile et Churchill se voit déjà en train de partir à la recherche d'un gué pour reconduire Clemenceau et son éminent entourage vers l'ouest, à pied si nécessaire ! Le cortège s'arrête, le Tigre descend de sa voiture et gravit une petite éminence pour tenter d'apercevoir les points de contact avec l'ennemi. Ils restent là un quart d'heure durant « interrogeant les soldats qui continuaient à se replier, admirant la scène... Loucheur et Clemenceau étaient d'humeur particulièrement enjouée et aussi irresponsables que des collégiens en vacances ».

Les officiers français, nettement moins amusés par cette escapade risquée, demandent alors fermement au Tigre de quitter la zone. Churchill se joint maintenant à eux, et Clemenceau finit par accepter de bonne grâce. Il était temps. Alors qu'ils s'apprêtent à remonter dans leurs véhicules, un obus éclate non loin de là au milieu d'un groupe de chevaux. L'un d'eux, blessé et ayant perdu son cavalier, se dirige vers l'aréopage d'un trot hésitant. « Le pauvre animal ruisselait de sang. Le Tigre – âgé de soixante-quatorze ans – s'en approcha, et avec une grande vivacité saisit la bride et le fit s'arrêter... » Un général français proteste devant cette nouvelle incartade, et Clemenceau retourne à regret vers sa voiture. Avant de s'y engouffrer, il adresse à Churchill un regard en coin et lui dit, à mi-voix : « Quel moment délicieux ! » Connaissant son passé de baroudeur, le Tigre a sans doute voulu mettre son cadet à l'épreuve. Churchill, que le sifflement des balles et la vue du sang indiffèrent, ne l'a pas déçu.

La nuit est presque tombée lorsqu'ils parviennent au quartier général du général Debeney, au sud des positions britanniques. Puis ils repartent pour Beauvais, où les attend Pétain. Churchill est épuisé par la tension qui a régné tout au long de la journée, par les risques encourus, mais aussi par l'euphorie qui le prend lorsqu'il se retrouve dans l'intimité d'un personnage aussi important que Clemenceau. « Mais la carcasse en acier du Tigre apparaissait immunisée contre toute forme de fatigue. Il taquinait Loucheur et les généraux avec vivacité, passant de suite des blagues et des boutades aux sujets les plus graves sans s'interrompre, et toujours, en quête des faits et des réalités dans les ondulations scintillantes de sa conversation.» A un moment donné, Churchill peut le mettre respectueusement en garde : ce genre d'excursion est certes «délicieux», mais il ne devrait pas s'exposer ainsi au feu trop souvent. Après le dîner avec Pétain, relaté plus haut, le cortège reprend la route et atteint Paris vers 1 heure du matin.

Le soir même, alors qu'il récupère de ses fatigues dans sa suite du Ritz, Churchill écrit à son épouse pour lui raconter sa journée. «C'est une personnalité vraiment hors du commun. Toutes ses paroles – en particulier ses observations générales sur la vie et les mœurs – valent d'être écoutées. Son esprit et son énergie sont indomptables. Quinze heures hier d'automobile sur des routes difficiles et à grande vitesse. J'étais épuisé – et lui a soixante-seize ans [*sic*].» Plus de vingt ans plus tard, lorsque Churchill, devenu Premier Ministre à un âge avancé, se rendra à plusieurs reprises par avion en France, au mépris du danger physique, pour tenter d'encourager les dirigeants et les chefs militaires français, c'est la même impression qu'il laissera partout sur son passage : le même dynamisme, le même enthousiasme de collégien en vacances en dépit du tragique de la situation, mais aussi l'humour, les saillies, sans oublier les nourritures terrestres... L'exemple donné par le Tigre en cette journée dramatique du printemps 1918, où certains très hauts responsables pensaient que la guerre était sur le point d'être perdue, n'était pas loin.

Recevant de nouveau Churchill en juillet 1918, au moment de la deuxième bataille de la Marne, alors que les lueurs des tirs de l'artillerie peuvent être aperçues des hauteurs de Montmartre, le Tigre lui rappelle, de vive voix, qu'il ne cédera pas : «Je me battrai devant Paris; je me battrai dans Paris; je me battrai derrière Paris.» Churchill commente que tout le monde savait que ce n'était pas là simple vantardise : Clemenceau n'aurait pas craint de laisser Paris en ruine. Il s'est même réjoui de la destruction, par un obus allemand, de l'église Saint-Gervais, le vendredi saint 1918, estimant que l'esprit de résistance de la population parisienne serait ainsi renforcé. Une nouvelle leçon que Churchill retiendra, vingt ans plus tard, quand il s'étonnera que les dirigeants français ne veuillent pas faire de la capitale le tombeau de la Wehrmacht et préfèrent la proclamer ville ouverte. Les successeurs français du

Tigre n'auront pas eu sa volonté de fer. Son véritable héritier sera un Anglais.

L'excursion aux environs d'Amiens a en partie fait oublier à Churchill la gravité de la situation militaire. L'optimisme des Français, de Foch et de Clemenceau, est contagieux et ce sont eux qui auront finalement raison. L'offensive «Michael» va perdre en vigueur et finalement s'arrêter à quelques kilomètres à l'ouest de l'Avre, non loin du «moment délicieux». Aux yeux des militaires français, les Britanniques ont paniqué. Face à Paul Reynaud, le 15 mai 1940, Churchill en appellera aux mânes de Foch : «Toutes les expériences passées montrent que l'offensive prendra fin au bout d'un certain temps. Je me souviens du 31 mars 1918. Après cinq ou six jours ils doivent faire halte pour attendre le ravitaillement, et une opportunité se présente de contre-attaquer. Je l'ai appris des lèvres du maréchal Foch lui-même. C'est certainement ainsi que les choses ont eu lieu dans le passé et ce que nous devrions voir maintenant.»

Quelques semaines plus tard, les Britanniques auront leur revanche, en quelque sorte, au moment de la «surprise» du Chemin des Dames. Churchill écrira, non sans cynisme, que «les mésaventures du Chemin des Dames eurent l'effet frappant d'améliorer les relations entre les armées britanniques et françaises. Après avoir été surpris de façon aussi flagrante et s'être repliés de 20 kilomètres en une seule journée – un record sur le front ouest – les Français ne pouvaient plus continuer à manifester les airs de supériorité qu'ils avaient été incapables de dissimuler en présence des Italiens après le désastre de Caporetto ou face aux Britanniques après le 21 mars. Avant d'avoir subi l'impact de l'offensive Ludendorff, ils avaient estimé avec suffisance que seule l'armée française disposait des hommes capables de tenir un front dans les conditions de combat les plus modernes. Ces illusions furent balayées par la "faux" allemande». Ce mauvais esprit entre alliés, en particulier entre professionnels de la guerre, entre soi-disant «frères d'armes», cette tendance naturelle entre alliés au «*Schadenfreude*», à une sorte de concurrence négative, Churchill est donc bien conscient de ses ravages. En 1940, il ne cessera d'insister sur l'importance de ne pas se laisser aller aux récriminations et aux reproches.

Clemenceau, Foch, Pétain : trois personnalités françaises totalement différentes qui ont profondément marqué Churchill. Ces rencontres le confirment dans une certaine vision de la France, en quelque sorte éternelle, fondée sur ses grands hommes. « La vérité est que Clemenceau incarnait et exprimait la France. Dans la mesure où un seul être humain... peut être une nation, il était la France... le vieux Tigre, avec sa calotte étrange mais élégante, sa moustache blanche, son regard brûlant, ferait une plus vraie mascotte pour la France qu'une volaille de basse-cour. Anticlérical, antimonarchiste, anticommuniste, antiallemand – en tout il représentait l'esprit dominant de la France[19]. »

Mais il y a Foch, et sa France : « Ancienne, aristocratique ; la France qui a donné au monde la grâce et la culture, l'étiquette et le cérémonial. Il y avait la France de la chevalerie, la France de Versailles, et, par-dessus tout, la France de Jeanne d'Arc. C'est cette personnalité nationale, enfouie, que Foch rappelait. Grâce à l'alliance de ces deux hommes durant la dernière année de la Guerre, le peuple français avait à son service toutes les gloires et les forces vitales de la Gaule. Les deux hommes incarnaient chacun une histoire ancienne et une histoire moderne. Au milieu des deux coulaient les rivières de sang de la Révolution. Entre les deux se dressaient les barrières que la Chrétienté avait levées contre l'agnosticisme. Mais lorsqu'ils contemplaient l'inscription portée sur la statue de Jeanne d'Arc : “La pitié qu'elle avait pour le royaume de France” et voyaient l'épée étincelante brandie par la Pucelle, leurs deux cœurs battaient ensemble. »

Malgré son affection pour la figure de Jeanne d'Arc – nous y reviendrons –, c'est vers Clemenceau que Churchill penche et son portrait, dans *Great Contemporaries*, est un des plus brillants : « Une vie tempétueuse, du début à la fin ; la bagarre, la bagarre, tout du long ; jamais une pause, jamais une trêve, jamais le repos. » Une fois la guerre gagnée, la France se montre ingrate. Clemenceau a comme ambition de succéder à Poincaré à la présidence de la République. « Elle le jeta de côté et retourna précipitamment vers la pagaille des partis... Un aimable quidam [Paul Deschanel] devint président, avant de bientôt faire le grand saut d'un wagon-lit[20]. » Clemenceau prend alors sa retraite, et Churchill lui rend visite à plusieurs reprises, au 8, rue Benjamin-Franklin, la dernière fois en 1927, une année avant son décès. « Un petit salon-bibliothèque. C'est l'hiver, et la pièce ne semble pas être chauffée. Il y a une grande cheminée ; mais elle est remplie de piles de livres. Pas de feu de bois cette année ! Je regrette d'avoir enlevé mon pardessus. Le vieil homme fait son apparition, portant sa fameuse calotte noire, des gants, et bien emmitouflé... Le défi, la fierté, le dénuement après avoir eu les responsabilités les plus éminentes, la grandeur quand on n'a plus le pouvoir, la contenance inébranlable affichée aux yeux de ce monde et au prochain – tout cela appartient aux Anciens. » Clemenceau parle, sans faire preuve d'émotion particulière, de son déclin physique. Winston lui demande « Que vous reste-t-il ? » « Il me reste mes griffes ! » « Qu'allez-vous en faire ? » « Rien, je vais simplement continuer à vivre, jusqu'à la fin[21]. »

C'est à l'aune de Clemenceau qu'il jugera plus tard les dirigeants français ; et, à vrai dire, aucun d'eux, ni de Gaulle ni les autres, ne pourra, à ses yeux, se comparer au Tigre.

7

Magnanimité

La Grande-Bretagne est sortie victorieuse de la terrible épreuve. Si elle a moins souffert que la France, elle a tout de même eu des pertes humaines considérables, aux alentours de 700 000 tués. Bientôt les émouvants et si bien entretenus cimetières du Commonwealth vont parsemer le nord de la France et rappeler aux Français que leurs alliés, après un début hésitant, ont rempli leur devoir, conformément à l'honneur. Le lecteur de Kipling et de son poème « If » a appris cependant que le triomphe est une imposture, au même titre que la défaite.

Churchill a critiqué certains de leurs choix tactiques, mais il a acquis, surtout dans la dernière phase de la guerre, un immense respect pour le professionnalisme des généraux français. C'est un milieu qu'il aime fréquenter, dans lequel il se trouve à l'aise, où il peut pratiquer son français si imagé sans crainte du ridicule, au gré des banquets accompagnés de vins fins et dont il apprécie l'esprit et la faconde, le sens de la camaraderie. De fortes personnalités ont émergé : Gallieni, Mangin, Foch même, mais aussi les moines-soldats comme Gouraud. Une armée enracinée dans la nation, qui reflète la France : ce n'est pas la culture dans laquelle Churchill a baigné, celle des « amateurs » de l'armée de terre britannique, qui, aussitôt la guerre terminée, reprennent leurs activités civiles, le métier des armes n'étant pour eux qu'une simple parenthèse, mais il ne peut s'empêcher de l'admirer.

Et puis il peut se targuer d'avoir connu les tranchées, même si c'est dans le secteur anglais et pour quelques mois seulement, d'avoir partagé les mêmes épreuves que les poilus et d'avoir désormais accroché à ses bottines un petit peu de ce sol de France, celui de la Somme qui a été labouré par les obus.

En 1914, le poilu a fait face. Il est bien l'essence de la nation, un peuple de paysans vigoureux, sains, bien nourris, d'une solidité presque à toute épreuve. Il y a eu les mutineries de 1917, certes, mais très peu sont ceux – en particulier chez les Britanniques – qui ont eu connaissance de l'ampleur réelle du mouvement. Pétain a réussi à éteindre l'incendie dans une certaine discrétion. Dans l'euphorie de la victoire, l'affaire a été oubliée. Bien plus que Verdun, c'est le « miracle » de la Marne qui compte pour l'avenir, confirmé par l'échec de l'offensive Ludendorff de 1918 : la déferlante des armées allemandes, pas encore mécanisées, dont les hommes avancent à pied comme lors de toutes les invasions précédentes, est vouée, au bout de quelques semaines, à s'affaiblir, puis à s'arrêter. La France est encore un pays trop grand : franchir ses frontières, du moins dans le Nord, est chose relativement aisée, mais c'est dans les grandes plaines de Picardie que commencent les difficultés.

Ce que Churchill ne peut admettre, néanmoins, c'est l'esprit de la Revanche.

La Grande-Bretagne a pris une part très importante dans la victoire et l'opinion publique souhaite, tout comme les Français, que l'Allemagne paie et que le Kaiser soit jugé. Beaucoup sont ceux qui pensent aussi que leur pays a sauvé la France et que celle-ci ne lui est pas suffisamment reconnaissante. Certains pensent même que la Grande-Bretagne a été piégée. Un camarade du poète-combattant Robert Graves rentre du front bien décidé à ne plus se faire avoir : « Plus de guerres pour moi ! Sauf contre les Français ! »

A ces arguments, Churchill s'empresse de répondre. Ce n'est pas dans sa nature de demander reconnaissance et gratitude. Le plus important, c'est de défendre l'alliance avec la France. La guerre a été atroce, mais elle a été nécessaire. Dans un discours prononcé le 4 juillet 1918, il encense l'attitude de l'Amérique qu'il avait souvent critiquée et évoque ce mois d'août 1914 au cours duquel il avait revêtu, tel un guerrier sioux, selon le mot d'Asquith, ses peintures de guerre : « Je suis persuadé que l'histoire de la Grande-Bretagne a connu son heure la plus glorieuse et la plus courageuse lors de cette nuit d'août, il y a maintenant près de quatre ans, lorsque nous déclarâmes la guerre à l'Allemagne[1]. »

Pour des raisons purement électoralistes, Winston ne peut se permettre d'aller à contre-courant du désir général de faire payer l'Allemagne. La tragédie fondamentale, c'est la rivalité entre la France et l'Allemagne et il est vital d'interrompre ce processus historique, caractérisé par une quête permanente de la revanche, une vendetta sans fin, en quelque sorte. Cette fois l'Allemagne est responsable, la chose est en apparence claire, et Churchill ne cesse de le répéter en public tout au long de sa campagne, car c'est le discours que l'opinion veut entendre. Le 27 novembre, par exemple, il se lance dans la surenchère : « Pratiquement la totalité de la nation allemande a été coupable d'un crime de guerre d'agression conduite avec des moyens brutaux et bestiaux. Il est inutile de prétendre que leur gouvernement déchu était le seul à blâmer. Ils étaient tous dans le coup, et ils doivent tous payer[2]. »

Dans la guerre, Churchill, inspiré par Clemenceau, est sans pitié. En privé, cependant, il ne cache pas sa conviction qu'une paix durable exige de se montrer magnanime. Les Allemands doivent être traités avec « sagesse et justice ». Lorsqu'au soir du 11 novembre 1918, il dîne sobrement, en petit comité, avec Lloyd George au 10 Downing Street, le sentiment dominant parmi les convives est que tout reste à faire. « Mon état d'esprit était partagé entre l'angoisse du futur et le désir d'aider l'adversaire vaincu. » Les deux amis avaient été, avant la guerre, et jusqu'à la crise d'Agadir, des admirateurs de l'Allemagne. « La conversation roula sur les grandes qualités du peuple allemand, sur le combat gigantesque qu'ils avaient mené contre les trois quarts du monde, sur l'impossibilité de reconstruire l'Europe sans leur aide. [...] On entendait au loin, comme les déferlantes sur le rivage, les chants et les acclamations de la multitude. [...] Des sentiments différents allaient bientôt s'imposer[3]. »

Churchill est personnellement opposé à toute exigence de reddition inconditionnelle. Il ne veut pas d'une paix de vainqueurs qui permettrait aux Alliés d'imposer totalement leurs exigences aux vaincus. En novembre 1918, il mène campagne en vue des élections au Parlement, à Dundee, en Ecosse. Il reçoit une lettre d'un électeur qui le prévient que son opposition à la reddition inconditionnelle risque de lui faire perdre beaucoup de voix. Son correspondant lui conseille de changer de position : la carte à jouer, et qui lui offrira une large victoire, est celle qui veut que «l'Allemagne doit rembourser à la Grande-Bretagne et aux autres nations victorieuses la totalité des dépenses occasionnées par la guerre». Churchill répond le lendemain : «Je me sens en cordiale sympathie avec votre sentiment que nous ne devons pas nous priver des fruits de la victoire. Mais êtes-vous bien certain d'être dans le vrai lorsque vous dites que nous devrions infliger à l'Allemagne des conditions de même nature que celle-ci imposa à la France en 1871 ? Sûrement l'annexion par la force de l'Alsace-Lorraine contre la volonté de ses habitants qui voulaient continuer à faire partie de la France fut un des grands enjeux durant toutes ces années en Europe et une des causes de la catastrophe. Si nous devions maintenant mettre la main sur des provinces allemandes dont la population souhaite rester au sein de l'Allemagne, et les maintenir en sujétion sous un gouvernement qui leur est étranger, ne serions-nous pas en train de commettre le même crime que les Allemands commirent en 1871 et de déclencher une suite de conséquences similaires à ce qui s'est passé ?»

Churchill n'a pas basculé entièrement du côté de la France, tant s'en faut. Celle-ci est une nation heureuse, amusante et un peu frivole, pittoresque, enfantant des personnalités hors du commun. Mais est-ce un grand peuple ? L'Allemagne, elle, est sans aucun doute, à ses yeux, une très grande nation, d'un romantisme parfois désespéré, ne pensant qu'à son destin, presque attirée par l'abîme et la mort. Il suffit de lire les passages consacrés à Ludendorff et à Hindenburg dans *Great Contemporaries* pour voir à quel point Churchill admire le peuple allemand, Bismarck, et ce corps d'officiers d'élite «pauvre, frugal, mais obsédé par l'honneur avec une fidélité de féodal, toute leur vie consacrée au roi et au pays». Citons la fin de son portrait du maréchal Hindenburg : «Le crépuscule devient nuit. Il est temps de dormir. Les cauchemars, les choix impossibles, les énigmes non résolues, les coups de pistolet perturbent le vieil homme dans sa torpeur. Où est la route ? Toujours grimper ! Le pire est à venir ? *Vorwaerts* [en avant !] – toujours *vorwaerts* – et puis le silence[4]...»

Début 1919, suite aux élections dites «kaki», qui consacrent la victoire de ceux qui se sont montrés intransigeants tout au long du conflit et, en premier lieu, de Lloyd George, Churchill est nommé ministre de la Guerre et de l'Air. Pour l'instant, alors que la conférence de la paix est sur le point de commencer dans la capitale française, sa préoccupation principale est la démobilisation et le rapatriement des troupes britanniques qui se trouvent encore en France. Mais il est comme de coutume bien décidé à faire entendre sa voix sur tous les sujets d'importance, et notamment ceux qui concernent la politique extérieure de la Grande-Bretagne.

Lors d'une réunion du War Cabinet, le 28 février, il expose ses priorités et fait part de ses inquiétudes quant aux projets français. Il indique sa surprise à l'idée que la France puisse chercher à occuper en permanence des zones sur la rive gauche du Rhin et que les troupes allemandes aient l'interdiction de pénétrer une bande de 50 kilomètres sur la rive droite. « Tous les renseignements qu'il recevait montraient que la population allemande subissait des privations cruelles. Lui-même souhaitait que l'Allemagne soit traitée humainement, qu'elle soit nourrie de manière adéquate, et que son industrie soit relancée », indique le compte rendu officiel[5]. Churchill ajoute toutefois qu'il est bien conscient qu'il faut ménager les Français : la construction du tunnel sous la Manche, qu'il a toujours soutenue, et qui avait été, avant la guerre, l'objet de plusieurs réunions lorsqu'il était Premier lord de l'Amirauté, est l'un des moyens de les amadouer.

Lorsque Lloyd George et Clemenceau se rencontrent en mars, le Premier ministre britannique défend le principe d'un accord de paix sans indulgence mais juste, rédigé dans des termes que les Allemands accepteraient d'eux-mêmes. Clemenceau sort ses griffes. Contrairement à la France, les Britanniques peuvent se permettre d'être magnanimes : leurs industries sont intactes, et, avec le sabordage de la flotte allemande à Scapa Flow, dans les îles Orcades, elle a atteint ce qui était peut-être son principal but de guerre. Le 14 mars, le président Wilson et Lloyd George réitèrent leur opposition à une occupation permanente de la Rhénanie, et offrent en échange une garantie militaire anglo-américaine contre toute agression allemande. Clemenceau accepte, mais exige la démilitarisation de la Rhénanie. Le madré Lloyd George a d'ailleurs ajouté à la dernière minute une clause essentielle : la garantie anglaise n'entrera en vigueur que si le traité est ratifié par le Sénat américain, ce qui ne sera pas le cas. Les relations entre l'Angleterre et la France se détériorent rapidement. Clemenceau, lors de leur dernière rencontre officielle, confiera à Winston : « M. Lloyd George est maintenant l'ennemi de la France. Il m'a lui-même dit que les

Anglais ne seraient jamais les amis de la France, sauf lorsque celle-ci se trouvera en état de faiblesse ou en danger[6].» La doctrine traditionnelle a aussitôt repris ses droits : la Grande-Bretagne penchera toujours du côté de la deuxième puissance européenne.

Le 20 mai, Churchill adresse un télégramme à son mentor gallois. «Mon opinion est qu'il est de la plus haute importance de parvenir à un accord avec le gouvernement allemand actuel et d'y parvenir le plus rapidement possible. [...] L'Empire britannique est dans une très belle position en ce moment, et nous devons obtenir une paix qui établira définitivement et confortera cette position. Faisons bien attention à éviter de suivre de trop près les ambitions latines [*sic* : françaises] ce qui risquerait de créer une situation où nos avantages disparaîtraient très largement.» Lorsque le général Wilson, toujours aussi favorable aux thèses françaises, dîne avec le Premier Ministre et le Cabinet le 30 mai 1919, il est stupéfait d'entendre l'unanimité complète qui prévaut quant aux termes de la paix. «Personne n'était content de ce qui était proposé : ni les occupations militaires, ni les frontières, ni les cessions de territoires, ni les réparations. Tous étaient d'accord pour dire qu'elles étaient bien trop sévères[7].» Churchill va d'ailleurs s'opposer directement à Clemenceau sur le sort des prisonniers de guerre allemands. Le Tigre avait émis le souhait de les garder le plus longtemps possible en France «travaillant je suppose comme esclaves au service des Français», persifle Churchill. Cette fois, Clemenceau cédera assez vite et les prisonniers pourront rentrer chez eux rapidement.

La question économique est celle qui préoccupe le plus Churchill et il se sent totalement conforté lorsque fin 1919 John Maynard Keynes fait paraître son brillant essai sur les *Conséquences économiques de la paix*, qui a une influence considérable et immédiate en Angleterre. L'opinion publique britannique vire alors de bord et considère que le traité de Versailles, et tout particulièrement les clauses concernant les réparations, est profondément injuste. Quant à la question des origines de la guerre, la thèse de la responsabilité totale et unique de l'Allemagne commence à être remise en cause. Comme lors des grandes compétitions sportives, il y a dans le pays, et, sans aucun doute, chez Churchill lui-même, un fond de sympathie pour le perdant valeureux.

En mars 1920, Winston part pour les Landes. Il est invité dans la propriété du duc de Westminster à Mimizan, où il va passer quelques jours à peindre et à monter à cheval sur la plage en compagnie du général Rawlinson. Ses positions concernant la France sont devenues plus tranchées. « Mon cher Premier Ministre, écrit-il à Lloyd George, vous devriez dire à la France que nous entrerons dans une alliance défensive avec elle contre l'Allemagne si et si seulement elle modifie entièrement la façon dont elle traite ce pays et accepte loyalement une politique britannique d'aide et d'amitié à l'égard de l'Allemagne[8]. » Le 25 mars, il s'entretient avec le nouveau ministre de la Guerre, André Lefèvre, et raconte à Clementine : « Son exigence principale était de pouvoir pénétrer en Allemagne et saisir Francfort et Darmstadt comme garanties supplémentaires ; pour le charbon, les réparations, etc. Je lui ai expliqué que nous pensions en Angleterre que les Français devraient essayer maintenant de vivre un peu des fruits de leur propre travail – extraire leur charbon eux-mêmes ou l'acheter à d'autres ; augmenter les impôts comme les Anglais et les Américains l'ont fait ; travailler un peu à la dure comme les Belges, et ainsi de suite. Et je l'ai averti très clairement que nous étions totalement opposés à une politique visant à écraser l'Allemagne[9]. »

Lefèvre a déversé un flot de plaintes concernant l'Angleterre. « Vous n'avez jamais rien entendu de pareil. On aurait vraiment pu penser que nous étions pires que les Allemands. Commençant avec *charbon* et finissant avec Constantinople, il a parcouru le monde entier et n'a pas trouvé un seul sujet où la France n'avait pas été injustement et mal traitée par les autres nations. Quel pays malchanceux ! » Cette obsession du *charbon* – Churchill emploie sciemment et avec une pointe d'ironie le mot français – commençait à agacer au plus haut point les Britanniques, qui observaient avec une certaine suffisance les difficultés considérables de la France dans ce domaine, contrainte d'importer du charbon à grande échelle. L'ironie était plutôt mal placée, car les Britanniques avaient eux-mêmes déjà reçu, comme réparations en nature, des navires de commerce représentant un tonnage de 2 millions.

Faisant une halte à Paris après les Landes, il est informé des dernières nouvelles en provenance d'Allemagne et elles sont alarmantes. Suite à une tentative de putsch mi-mars contre le gouvernement auquel on reproche d'avoir cédé aux injonctions des Alliés qui exigent la dissolution des corps francs de Wolfgang Kapp, l'agitation se répand dans tout le pays. Afin de rétablir l'ordre, l'armée allemande loyaliste pénètre dans certaines parties de la zone démilitarisée de Rhénanie. La France réagit immédiatement et envoie des troupes occuper quatre villes allemandes, dont Francfort et Darmstadt. Les Britanniques protestent aussitôt, estimant que leurs alliés cherchent à profiter de l'instabilité en Allemagne pour étendre leur zone d'occupation.

Le 9 avril, Winston déjeune à nouveau avec Lefèvre, en compagnie du général Buat, le nouveau chef d'état-major des armées. Le ministre de la Guerre lui apparaît comme un homme politique « sans expérience » et animé d'un esprit profondément « chauvin ». « De façon évidente il était mal à l'aise et perturbé par les réactions en Grande-Bretagne face au *coup* français[10]. »

Lefèvre cherche à convaincre Churchill que la France se trouve en état de danger imminent en raison de la présence de 100 000 soldats allemands tout près de sa frontière, alors qu'elle ne dispose, en face, que de 47 000 hommes. Voilà pourquoi il fallait agir sans tarder. Churchill bondit à cette affirmation : ses hôtes pensent-ils vraiment que l'Allemagne envisage d'attaquer la France ? Ses deux interlocuteurs ne soutiennent pas un point de vue aussi extrême et en reviennent aux « nombreuses » infractions au traité de Versailles commises par les Allemands. « J'ai ensuite expliqué que le gouvernement britannique, et je crois le peuple britannique, se soulèveraient d'indignation face à une attaque non provoquée sur la France, et que leur volonté serait de venir à son aide dans un conflit où la justice serait de son côté comme cela avait été le cas en août 1914. Mais j'étais également certain qu'ils s'éloigneraient de plus en plus de la France si celle-ci prenait une attitude triomphaliste et arrogante à l'égard d'un adversaire vaincu, en particulier si elle cherchait à dénier à une nation comme l'Allemagne la possibilité de rétablir l'ordre et la prospérité dans ses propres frontières. »

En occupant les quatre grandes villes allemandes, la France a commis aux yeux de Churchill une grave erreur tactique, et a gaspillé une large part de son prestige et de son autorité. Pour Lefèvre et Buat, Lloyd George est le principal fautif en raison de son hostilité à l'égard de la France qui oblige celle-ci à agir avec fermeté et de façon unilatérale. Une accusation que Churchill ne peut laisser passer sans réagir : tout le monde au Royaume-Uni, dont lui-même, est d'accord avec le Gallois.

Une Europe nouvelle, en paix, impose que l'Allemagne soit traitée avec justice. A l'est, cependant, de nouvelles menaces ont fait leur apparition. Le bolchevisme est en voie de s'internationaliser, et l'Allemagne, affaiblie, divisée, est un objectif irrésistible. Le combat contre le bolchevisme va bientôt devenir, chez Churchill, une obsession. Non seulement il faut permettre à l'Allemagne de se défendre, face aux dangers internes et externes, mais il envisage désormais une alliance. Dans un article qui paraît dans l'*Evening News* du 28 juillet 1920, il en appelle aux Allemands afin qu'ils «édifient une digue de force et de vertu pacifique, respectueuse des lois, contre la marée de barbares rouges déferlant de l'Est, et ainsi protéger leurs propres intérêts et ceux des principaux adversaires du bolchevisme à l'Ouest[11]». Les réactions sont immédiates. Le 6 août, Lord Derby, l'ambassadeur à Paris, qui, tout comme son prédécesseur, n'aime pas Churchill, écrit à Lloyd George : «La suggestion de Winston d'une alliance avec l'Allemagne sous prétexte de combattre les bolcheviques a rendu les Français fous de rage[12] !»

Mais Winston est décidé à ne pas s'arrêter là. Le 29 août, il rédige un mémorandum dans lequel il explique les raisons pour lesquelles la France mène une politique agressive : «La France est déraisonnable parce qu'elle est terrifiée. Elle voit des forces assemblées sur sa frontière est. Elle se voit abandonnée par les Etats-Unis. [...] La meilleure manière de la rendre raisonnable est de la rassurer. Cette réassurance ne peut être fournie que sous la forme d'une alliance contraignante entre la Grande-Bretagne, la France et l'Allemagne, pour défendre l'ouest de l'Europe dans le cas d'une attaque par la Russie qui ne serait pas provoquée. Voilà ce que nous devrions offrir maintenant. Que devrions-nous demander en échange ? Clairement, un arrangement tripartite entre la Grande-Bretagne, la France et l'Allemagne pour la reconstruction de l'Europe et la pacification des régions situées à l'Est. Ceci implique une profonde révision du traité de Versailles et l'acceptation de l'Allemagne comme partenaire égal dans le leadership de l'Europe. »

Ce thème fondamental d'une alliance générale entre la France, la Grande-Bretagne et l'Allemagne va être maintenant soutenu, sans relâche, par Churchill.

Les diplomates du Foreign Office sont soulagés lorsqu'il est nommé à la tête du Colonial Office, 13 février 1921. Ses déclarations intempestives en faveur de l'Allemagne compliquent les relations avec la France. Noyé dans les affaires du Moyen-Orient, il se fera nécessairement plus discret. L'idéal eût été d'ailleurs qu'il soit envoyé à Delhi, comme vice-roi des Indes... Espoirs vite déçus : Churchill ne peut s'empêcher de discourir sur des sujets généraux concernant la politique internationale britannique et les relations avec les autres puissances européennes, au grand dam de Lord Curzon, le puissant ministre des Affaires étrangères, qui le rappelle à l'ordre, le 13 juin, en lui reprochant d'avoir marché sur ses plates-bandes en poussant de nouveau l'idée d'une grande alliance à trois entre la Grande-Bretagne, la France et l'Allemagne.

Churchill ne désarme pas. Il est difficile, aujourd'hui, de contester sa sagesse visionnaire. Lors d'une grande conférence « impériale » qui se déroule à Londres en juillet, il expose de nouveau ses positions : la France a peur, il faut lui offrir des garanties, et, en échange, elle doit se montrer indulgente à l'égard de l'Allemagne.

« Le résultat [de la non-ratification de la garantie par le Congrès américain] est sans aucun doute d'avoir créé une profonde anxiété dans le cœur de la France, une anxiété que tout le monde peut comprendre lorsqu'on observe les populations des deux pays, l'une d'entre elles déclinant, et déjà sous les 40 millions – 38 millions – et l'autre progressant par grands bonds, en dépit de tout ce qui est arrivé, avec des grandes masses de jeunes gens atteignant l'âge d'homme et qui remplaceront dans sept ou huit années les pertes subies durant la guerre. Personne ne peut douter de la nature profondément enracinée de la crainte qu'éprouve la France, pauvre, mutilée, démunie face à l'Allemagne puissante qui est en train d'apparaître de l'autre côté du Rhin. C'est cette peur qui [...] explique et dans une certaine mesure excuse les actions intolérantes et violentes de la France. » S'il souhaite voir se développer, comme avant la guerre, des relations d'amitié entre la Grande-Bretagne et l'Allemagne, Churchill a entendu les avertissements de

Curzon : les relations avec la France risquent fort d'en être rendues encore plus délicates. «J'ai très peur que tout signe amical échangé entre la Grande-Bretagne et l'Allemagne paraîtra très suspect à la France. La France dira : Vous êtes en train de changer de bord; vous êtes maintenant avec les autres. Nous sommes maintenant tout seuls, et l'Angleterre est plus l'amie de l'Allemagne que celle de la France[13] ».

Afin d'amadouer les Français, Churchill soutient l'idée d'une garantie automatique en cas d'agression non provoquée – une idée contre laquelle il s'était pourtant battu avant la guerre. Une telle garantie, qui ne serait mise en œuvre que dans les circonstances les plus extrêmes, devrait permettre, parce que la France serait ainsi rassurée, d'établir de nouvelles relations de coopération avec l'Allemagne afin de reconstruire l'Europe. Alliée de la France et amie de l'Allemagne, la Grande-Bretagne se trouverait en position idéale pour aider à l'apaisement de «la rancœur terrifiante et de la haine» qui existent entre la France et l'Allemagne qui, si rien n'est fait, «aura certainement pour conséquence, dans une génération ou un peu plus, la reprise du conflit...».

L'idée d'une garantie automatique ne rencontre aucun succès chez les dirigeants britanniques, mais Churchill ne va pas abandonner, d'autant qu'il s'inquiète maintenant de l'ampleur du réarmement non de l'Allemagne, mais de la France! D'où cette stupéfiante note adressée à Lloyd George en novembre 1921 : «Je ferais absolument tout ce qu'il faut – sans aller jusqu'à la guerre – pour les [les Français] empêcher de bâtir une grande flotte de sous-marins qui ne pourrait être utilisée que contre nous. [...] Je ne suis absolument pas d'accord avec la manière dont nos relations avec la France sont traitées maintenant. Ce serait un immense choc pour l'opinion publique britannique, qui a 600 000 tombes en France, si leurs dirigeants devaient leur annoncer que nous avons misé sur le mauvais cheval[14].» Une nation qui se réarme trop rapidement est une menace pour la paix, quelles que soient les proclamations dans le sens contraire, et la garantie qu'il défend doit permettre de rendre ce réarmement moins nécessaire.

La question de la construction d'une grande flotte de sous-marins par la France va tarauder Churchill durant les mois qui suivent. L'expérience prouve, selon lui, qu'il faut toujours regarder derrière les discours officiels et observer de près les programmes d'armement. Durant la guerre, les sous-marins sont devenus une arme offensive. Des paquebots transportant des civils, des navires de commerce désarmés ont été coulés par les U-Boot allemands. Ce sont, pour les opinions publiques, des crimes de guerre ; le sous-marin fait peur et il symbolise une façon sournoise et peu honorable de combattre. L'affaire est par conséquent sensible. Si l'intention des Français de bâtir une grande flotte de sous-marins persiste, déclare Churchill, après un entretien avec Louis Loucheur, « je suis certain que cela mènerait, au bout de quelques années, à un *revirement* complet de la politique étrangère britannique. L'état d'esprit général au sein des états-majors de la Navy, de l'armée et de l'air serait modifié. [...] Il ne sert à rien que la France affirme qu'elle veut des sous-marins pour des raisons défensives, car les sous-marins prétendument défensifs de la France auraient une grande valeur offensive contre l'Angleterre en raison de la proximité des deux pays. Une flotte française de sous-marins ne pourrait être construite que contre nous. La tentative par la France de développer une telle arme aurait le même effet irritant sur l'opinion publique britannique que la croissance de la marine de guerre allemande. [...] Une telle politique constituerait un réel danger et si on la laisse se développer sans frein aurait pour effet certain, à long terme, de placer les deux pays dans des camps opposés[15] ».

Lord Balfour, de son côté, réagit face à la « menace » française en suggérant que la Grande-Bretagne garantisse, avec toute sa puissance navale, les côtes françaises contre toute attaque non provoquée. En échange, il pense que le gouvernement britannique pourrait obtenir l'arrêt du programme de construction de sous-marins. Churchill, lui, estime que cette offre n'a aucune chance d'être acceptée par la France, qui la prendrait pour un affront. D'ailleurs : « Contre qui cherche-t-elle à bâtir une Marine, sinon contre nous-mêmes[16] ? » L'année suivante, c'est l'aviation militaire française qui inquiète, et le Comité de défense impériale recommande un accroissement des moyens de la RAF pour faire face à une éventuelle attaque aérienne *française* sur Londres.

On le voit, Churchill, à l'instar d'un certain nombre de hauts responsables britanniques, considère à cette époque comme une réelle possibilité que le prochain adversaire de la Grande-Bretagne sera la France. Cette crainte est fondée sur un constat simple :

la France a beaucoup trop d'armes, elle est surarmée par rapport à ce qui est nécessaire.

L'hypothèse d'une guerre entre la France et l'Angleterre paraît, rétrospectivement, assez peu crédible. Il n'en reste pas moins qu'en cette année 1921, la tension est élevée entre les deux alliés. En janvier, Churchill reçoit un compte rendu de son ami Spears qui rentre de France : les sentiments des Français à l'égard de l'Angleterre sont bien plus âpres que l'on pouvait l'imaginer. L'impression qui domine, à Paris, est que les Etats-Unis et la Grande-Bretagne se sont accordés en secret pour imposer leur moindre exigence et Spears conclut que la France, pourtant victorieuse et fière, est profondément blessée.

Les motifs de querelles entre les deux alliés ne concernent pas seulement les réparations ou l'occupation de l'Allemagne : au Levant, les tensions sont également devenues très fortes. Au moment où il prend la tête du Colonial Office, début 1921, Churchill connaît mal le Moyen-Orient, mais il s'entoure de conseillers de grande qualité et de personnalités hors du commun comme Gertrude Bell ou Lawrence d'Arabie, puis se lance dans cette nouvelle aventure avec son dynamisme habituel.

Si cette nomination n'inquiète pas Clemenceau, pour qui les questions d'Orient sont une distraction malvenue, une partie de l'opinion publique et le «parti syrien» ne sont pas rassurés : la France, après tant de sacrifices, ne saurait être privée d'une partie du butin et il est notoire que certains officiers britanniques, sous l'influence de Lawrence d'Arabie, ont cherché à imposer en Syrie un royaume arabe indépendant, alors que les accords Sykes-Picot, signés en 1916, prévoyaient qu'elle devait être une zone sous influence française.

Comme ministre de la Guerre, Churchill avait eu un objectif majeur : diminuer les engagements militaires de la Grande-Bretagne à leur minimum indispensable. Aussitôt la guerre terminée en Europe, qui a vu la levée en masse, il est revenu à la position traditionnelle de son pays en matière d'armées de terre : pas de conscription, le strict nécessaire en termes de soldats professionnels. La Royal Navy, la RAF sont les armes de «projection de puissance» et doivent se substituer aux troupes au sol, bien plus vulnérables.

Les illusions initiales, suite à la Révolte arabe, qui a fait beaucoup rêver l'opinion publique et a distrait des tranchées, ont fait long feu. Le 25 octobre 1919, il écrit : «Je suis amené, non sans regrets, à tirer la conclusion que la politique de partition de l'empire turc au bénéfice des puissances européennes est une erreur.» Churchill n'est pas antifrançais : il estime que les Britanniques et les Français sont en réalité embarqués dans la même galère. Le Moyen-Orient est, selon le mot d'Asquith, un «nid de frelons» dont il faut s'approcher avec la plus extrême prudence. Winston a retenu la leçon.

Il ne veut pas de conflit avec la France sur cette question, d'autant que Lloyd George a déjà obtenu, fin 1918, l'essentiel au cours d'une entrevue avec Clemenceau – qui regrettera d'avoir cédé aussi facilement au redoutable Gallois : la région de Mossoul, avec les puits de pétrole situés principalement autour de la ville de Kirkouk, qui avait été initialement prévue comme faisant partie de la zone d'influence française par les accords Sykes-Picot et qui se retrouve désormais rattachée à l'Irak, en zone britannique donc. En Syrie, les Français ont pris leur revanche, en expulsant le roi Fayçal, au grand dam de Lawrence, qui pense pouvoir influencer Churchill en lui rappelant la nécessité de respecter la parole donnée à la dynastie hachémite. La nomination de Lawrence à ses côtés a d'ailleurs mis en fureur les Français, mais Churchill est bien décidé à le tenir en laisse. Le 16 février 1921, il écrit à sa femme : «J'ai obtenu de Lawrence qu'il mette une bride et un collier[17].» Churchill va, tout au long de l'année 1921, faire preuve d'une grande habileté, à tel point que Lawrence reconnaîtra lui-même que le règlement général auquel ils parviendront finalement sera une réussite, car tout le monde y trouvera son compte, y compris les Français.

Lorsqu'il arrive au Colonial Office, Fayçal est en exil, mais son frère Abdullah a pris position à Amman, en Transjordanie. Il est observé avec la plus grande méfiance par les autorités françaises, qui le soupçonnent de vouloir fomenter des troubles en Syrie et ainsi venger son cadet avec l'appui des officiers arabes qui ont participé à la désormais mythique «Révolte dans le désert».

La Syrie, estime Churchill, est avant toute chose le problème des Français. Sa priorité est la stabilisation de l'Irak ; pourquoi ne pas placer Fayçal à la tête du pays ? La solution permettrait de satisfaire en partie les Arabes et aurait le mérite de l'éloigner de la zone d'influence française. L'hostilité des autorités françaises à son égard est toujours virulente. Le 17 août 1920, le chargé d'affaires français à Londres, le comte de Saint-Aulaire, avait déjà prévenu le Foreign Office que placer Fayçal sur le trône à Bagdad serait perçu comme «un acte peu amical vis-à-vis de la France». Le gouvernement français s'oppose même à ce qu'il puisse se rendre à Londres[18].

Le 24 février 1921, Churchill, en route pour Le Caire où il a réuni une grande conférence, voit, à Paris, Loucheur, Berthelot, secrétaire général du Quai d'Orsay, ainsi que le général Gouraud, haut-commissaire en Syrie et au Liban, et qui a perdu un bras aux Dardanelles. Spears est également présent, comme preneur de notes. Les Français se montrent d'une extrême fermeté. Il est absolument essentiel pour la France que Fayçal n'obtienne pas sa revanche en montant sur le trône en Mésopotamie. Le prince hachémite n'est pas digne de confiance; d'ailleurs, il est même prêt à trahir les Anglais, si nécessaire. Lui offrir le trône en Mésopotamie serait malvenu et très mal compris en France et il serait tout à fait impossible de maintenir l'ordre au Moyen-Orient si les Britanniques persistaient dans cette voie.

Churchill ne se laisse pas impressionner et l'idée de placer Fayçal sur le trône en Irak continue à faire son chemin. Il est certes nécessaire qu'il soit accepté par les notables et la population du pays. «D'ailleurs, écrit-il à Lloyd George le 18 mars, nous sommes aussi conscients que vous-mêmes qu'il est hautement souhaitable que nous puissions produire un mouvement spontané [*sic*] en faveur de Fayçal en Mésopotamie.» Afin de rassurer les Français, il s'engage toutefois à décourager les intrigues en Transjordanie.

Lawrence est parvenu à convaincre Churchill que la politique dite «chérifienne» était la moins mauvaise des solutions pour le Moyen-Orient. En plaçant Fayçal à la tête de l'Irak, malgré l'hostilité française, en soutenant son frère aîné Abdullah en Transjordanie, en subventionnant leur père, Hussein, le chérif de La Mecque – tout en aidant son grand rival Ibn Séoud –, on donne à l'ensemble de la zone une apparence de cohésion et de solidité. Les Arabes n'auront plus de raisons de se plaindre, et les Français, en Syrie, ne seront plus menacés. En attendant que le plan d'installation de Fayçal soit mis en œuvre, Churchill rencontre Abdullah à Jérusalem en mai 1921 et lui demande, en échange du soutien britannique pour une durée de six mois – concrétisé par de l'argent et des conseillers –, de se porter garant qu'il n'y aura pas d'agitation antifrançaise. Il s'efforce en parallèle de rassurer Gouraud, auquel il écrit le 31 mars : «J'ai conclu avec Abdullah un accord de caractère informel et temporaire par lequel il usera de toute son influence pour empêcher tous les troubles dans la zone française dont l'origine serait en Transjordanie.» Le haut-commissaire est très sceptique, d'autant que Lawrence, sa bête noire, a fait son apparition à Amman, la capitale de la Transjordanie.

La première partie du plan britannique se passe le mieux possible. Fayçal est couronné, à Bagdad, le 23 août 1921. Les réactions françaises, après les nombreuses protestations des mois précédents, sont étonnamment mesurées. Le Foreign Office a exigé de Lawrence qu'il se fasse très discret, et lui a interdit d'accompagner le prince hachémite en Irak. La genèse du règne d'Abdullah est plus laborieuse. Les experts britanniques considèrent qu'il est sincère dans sa promesse de contrôler ses hommes et de renoncer aux attaques antifrançaises et même Lawrence, qui ne l'aime pas, pense que l'on peut sans doute lui faire confiance. Pourtant, début mai, des rapports en provenance des autorités françaises indiquent que les attaques ont repris en Syrie.

Un grave incident va d'ailleurs menacer toute la politique britannique à l'égard d'Abdullah et de la Transjordanie. Le 23 juin, à Qunaytra, dans le sud de la Syrie, Gouraud échappe de peu à une tentative d'assassinat. Les Français protestent avec véhémence, accusent «les menées des réfugiés politiques syriens résidant sur le territoire sous mandat britannique» et s'élèvent contre la tolérance dont font preuve les Britanniques ainsi que leur «client hachémite». Ceux-ci se retournent vers Abdullah et menacent de mettre fin à leur soutien financier si les coupables ne sont pas appréhendés. La situation finit par se calmer relativement rapidement et c'est Lawrence lui-même qui fera pencher la balance en faveur du maintien du Hachémite au-delà de la durée de six mois qui lui avait été impartie.

Churchill a fort habilement mené sa barque, sans aucun doute parce qu'il n'a aucune illusion concernant le Moyen-Orient et que son seul objectif est de minimiser les difficultés et les coûts pour la Grande-Bretagne. Lorsque quelque vingt années plus tard, en pleine guerre mondiale, le Levant sera une nouvelle source de tension entre les deux pays, le général de Gaulle étant persuadé que les Britanniques cherchent à tout prix à prendre la place de la France au Moyen-Orient, il faudra se souvenir que Churchill n'avait personnellement jamais fait preuve d'hostilité à l'égard des intérêts français. Son approche du monde arabe n'a jamais varié. Dans l'Orient rêvé de Lawrence, le Royaume-Uni et la France ont tous deux beaucoup à perdre et pas grand-chose à gagner.

8

Une Europe unie ?

En Grande-Bretagne, l'euphorie de l'immédiat après-guerre, symbolisée par l'accueil triomphal de Clemenceau et Foch à Londres en novembre 1918, est très vite retombée. La Grande Guerre est désormais un sujet de révulsion et beaucoup ont tendance à accuser les Français d'en être les responsables. Un mouvement de sympathie général à l'égard de l'Allemagne a pris le dessus et se manifeste de plus en plus nettement à chaque durcissement de la politique française. Quant aux « francophiles » traditionnels, ils sont désormais de moins en moins nombreux à l'être ouvertement. La culture française, si respectée et admirée avant guerre, a perdu son aura dans la boue des tranchées : c'est plutôt vers l'Amérique que l'on regarde désormais.

En novembre 1922, Lloyd George perd les élections, et Churchill est lui-même battu à plate couture, terminant même 4e parmi les candidats dans sa circonscription de Dundee. Démoralisé, il passe l'hiver dans le sud de la France, à Cannes notamment : un long séjour, entrecoupé de rapides retours en Angleterre, qui dure jusqu'en mai. Il y achève le premier volume de son livre sur la guerre, travaille sur ses souvenirs de jeunesse, et, pour se distraire, passe une partie de ses soirées au casino.

Poincaré est maintenant tout-puissant. Après avoir exercé les fonctions de président de la République, il est redevenu président du Conseil, poste qu'il cumule avec celui de ministre des Affaires étrangères. Il est déterminé à occuper la Ruhr : le moment se rapproche, car il est quasiment certain que l'Allemagne manquera une échéance pour le versement des réparations. Churchill entrevoit, quant à lui, la possibilité d'un vaste règlement, incluant même une résolution des questions pendantes au Moyen-Orient, avant de revenir à son opposition de principe : «Je serais très ennuyé de voir la France envahir la Ruhr, ce qui, je crois, soulèverait l'opposition de la vaste majorité de l'opinion de notre pays.»

Poincaré se préoccupe fort peu de l'opinion publique britannique. D'ailleurs, l'occasion de passer à l'action se présente en décembre 1922 : la commission des réparations déclare que l'Allemagne se trouve en défaut de paiement et, début janvier, la France, soutenue par la Belgique et l'Italie, annonce qu'elle va passer à l'acte. Le 11 janvier 1923, l'occupation effective débute et, quatre jours plus tard, l'ensemble de la vallée de la Ruhr est aux mains des troupes belges et françaises. Les Britanniques protestent de nouveau, inutilement.

Le gouvernement allemand adopte, comme l'avait prévu Churchill, le principe d'une politique de résistance passive et reçoit un soutien massif, notamment de la part des ouvriers. La France ne se laisse pas impressionner, renforce son contingent et prend des mesures de répression très sévères contre le sabotage et les formes d'opposition violente. La grande victime est le mark, car le gouvernement a décidé de financer la résistance passive par la planche à billets. Le 2 janvier 1923, la monnaie allemande s'échange à 7,5 marks pour un dollar; en novembre de la même année, il faut 4 milliards de marks.

Churchill n'est plus au gouvernement et observe la situation de loin. Un des aspects les moins attrayants de cet homme hors du commun est le temps qu'il passe à spéculer en Bourse au gré de l'évolution de la situation internationale, et en particulier des relations entre la France et l'Allemagne. Avec son frère Jack qui est resté à Londres et qui exerce le métier de courtier, il décide, début janvier 1923, de jouer sur le franc.

Il est convaincu au départ que l'affaire de la Ruhr va très mal tourner et qu'il faut jouer le franc à la baisse. «Les armées et toute la société vont répondre par une résistance passive sous toutes ses formes. J'estime que la valeur du franc – si l'on exclut les fluctuations quotidiennes – va encore chuter de beaucoup[1].» En février, il change d'opinion : «Pourquoi ne pas vendre du mark à terme. Ils ne pourront pas tenir longtemps comme ça. [...] La France les tient par les c... Le franc a baissé un peu. S'il fait une chute soudaine de 4 ou 5 points, n'hésite pas à clore. On pourra toujours vendre quand il remontera[2]. » Certes, il n'a plus aucune responsabilité officielle et s'estime libre de gérer ses finances comme il l'entend ; mais Churchill est encore un homme « public », son influence internationale est loin d'être négligeable, il est écouté en France et rien ne dit qu'il ne reviendra pas aux affaires rapidement : ses spéculations sur le franc sont, sur un plan éthique, un peu choquantes, même si les sommes en jeu sont faibles. Dès son retour au gouvernement, il se tiendra rigoureusement à l'écart de toute forme de spéculation financière. Jack, qui gère les investissements de la famille, n'est pas tenu par ces règles...

Les Français gagnent finalement la partie et, à la fin de l'été 1923, une bonne partie de la Ruhr a repris le travail. Amère victoire dont se souviendra le peuple allemand. Mais cette victoire des Français ne fait, à ses yeux, que rendre encore plus improbable la réconciliation. Le 4 mai 1923, à l'Aldwych Club, à Londres, il déclare : « La solution complète de toutes les difficultés européennes se trouve dans la réconciliation de la France et de l'Allemagne [...]. Le sentiment grandit des deux côtés du Rhin que cette rivalité intense et sans limites ne peut que déboucher sur la ruine et la désolation[3]. » La nouvelle cible de Churchill, c'est Poincaré. Clemenceau est certes un dur, sans scrupules ; mais il a du charme, le *common touch* et le sens de l'humour. Avec une personnalité raide et sans aspérités comme le Lorrain, comme, plus tard, avec de Gaulle, Winston a beaucoup plus de mal et se trouve presque désarmé.

Le 29 octobre 1924, Churchill retrouve la Chambre des communes. C'est un raz de marée conservateur. Une semaine plus tard, Baldwin, le nouveau Premier Ministre, lui propose le poste de chancelier de l'Echiquier – ministre des Finances. C'est un retour triomphal, après une courte parenthèse. En France, au mois de mai, le Cartel des gauches a gagné les élections. Poincaré a été poussé vers la sortie et est remplacé par Edouard Herriot, relativement inexpérimenté sur le plan international. Il semble prêt à renoncer à l'occupation militaire de la Ruhr, à condition que la Grande-Bretagne s'engage, par écrit, à soutenir la France au cas où l'Allemagne ne respecterait pas la totalité des clauses du traité de Versailles. Les Britanniques ont une position toute différente et considèrent que l'Allemagne ne constitue plus une menace. C'est la France qui est la plus grande puissance en Europe, et il faut rétablir l'équilibre : l'Allemagne doit être traitée comme un partenaire à égalité.

Début janvier 1925, Churchill traverse de nouveau la Manche pour participer aux négociations concernant la question des dettes. C'est une occasion pour lui de revoir les hommes politiques français et d'étoffer un peu plus son carnet d'adresses. La France a accepté d'évacuer la Ruhr, le franc a beaucoup baissé et le gouvernement a été obligé d'augmenter les impôts, ce qu'il n'avait pas fait jusqu'alors. Le coût de l'occupation a finalement été très élevé. Les Britanniques, en lien avec les Etats-Unis, sont maintenant en position de force et reprennent l'initiative, alors que, jusque-là, la France semblait toujours en avance d'un coup.

Ses journées sont bien remplies et, le 10 janvier 1925, il écrit à Clementine pour lui raconter comment les choses se sont passées : «Je suis à peine sorti de l'Ambassade, hormis pour des séries de réunions et de discussions et de rencontres en tête à tête. [...] J'ai eu un entretien avec Herriot qui était au lit. Pauvre homme – il avait l'air mal en point et usé par les soucis et les phlébites. Nous nous sommes bien entendus. Demain matin je dois voir le président Doumergue [...] puis aller regarder les *All Blacks* jouer contre la France dans l'après-midi, faire une visite à Clemenceau dans la soirée et dîner avec Loucheur[4]. »

Le lendemain, il adresse à Londres une note résumant sa conversation avec Doumergue. Le président de la République a tenu des propos généraux sur l'importance de préserver l'amitié entre leurs deux nations et de tout faire pour que l'Angleterre et la France agissent de concert. «J'ai dit que M. Poincaré avait causé le plus grand tort aux sentiments britanniques à l'égard de la France. Nous n'étions pas en accord avec sa politique. De plus, nombre de ses déclarations et sa manière de se comporter à l'égard de nos dirigeants avaient refroidi les sentiments que portent à la France certains de ses amis les plus fidèles. Parmi ces derniers je me comptais moi-même. Son acte le plus imprudent a été l'accueil qu'il a accordé à l'offre de Lloyd George à Cannes d'un pacte défensif. Je considérais que cet accueil avait été particulièrement peu généreux. Une chance avait été totalement gâchée, et il ne serait pas aisé de retrouver de sitôt une occasion aussi favorable[5]. »

Avec le départ de Poincaré, le vent a commencé à tourner : la France a perdu un peu de sa superbe, elle est confrontée au problème considérable de sa dette financière à l'égard des Etats-Unis. «J'ai trouvé les ministres et les responsables politiques français déprimés. Les ayant si fréquemment rencontrés au cours des dix dernières années, souvent dans des heures tragiques, je ne les ai jamais sentis aussi soumis et abattus. Pour le moment, il n'y a aucun ressentiment à notre égard. Ils en veulent surtout aux Etats-Unis. [...] La position dans laquelle se trouve la France, broyée entre l'avarice américaine et l'esprit de revanche de l'Allemagne, est la raison de son humeur sombre[6]. »

Face à une France perçue comme moins arrogante que celle de Poincaré, Churchill est tout prêt à se montrer généreux. La presse parisienne ne s'y trompe pas. Jules Sauerwein écrit dans *Le Matin* du 15 janvier : «Si Churchill était le seul à décider je suis certain que sa réponse serait généreuse et réaliste. J'ai eu la chance insigne de lui parler à plusieurs reprises lors de sa visite à Paris. C'est un homme de courage. Il ne se laisse pas arrêter par les arguments de démagogues.» Eric Phipps, le chargé d'affaires à Paris, rapporte les échos excellents qui lui sont revenus au sujet de cette visite : «De tous côtés, je n'entends que des expressions de gratitude de la part des Français pour la considération que vous avez montrée à leur égard. J'en suis personnellement ravi, car j'ai toujours poussé à ce que nous fassions la distinction entre le très amical et raisonnable gouvernement français actuel et ses néfastes prédécesseurs ; autrement *ce serait à vous dégoûter de la vertu*[7]. »

Une réunion à Londres du Comité de défense impériale est l'occasion pour Churchill d'exposer à nouveau ses vues générales. Si la France, qui se sent fragilisée, a des positions moins crispées, il ne faut pas, pour autant, lui laisser espérer une alliance à deux. «Je crois que toutes les expériences que nous avons traversées durant l'époque Poincaré et une bonne partie de ce que nous pouvons observer dans la politique française à l'heure actuelle nous font sentir qu'il y aurait un risque considérable à être impliqué dans une politique qui aurait pour simple effet d'entretenir cette hostilité entre l'Allemagne et la France. La France, avec nous [comme partenaire dans une alliance à deux], se sentirait suffisamment forte pour continuer à maintenir cette hostilité, et, après tout, c'est bien ainsi que la paix dans le monde sera fracassée.

C'est cela le danger. Cette guerre qui a éclaté à plusieurs reprises entre la France et l'Allemagne a brisé le monde. [...] Je ne pense pas qu'il soit bon à l'heure présente de faire un pacte à deux avec la France.» Mais tout espoir n'est pas perdu. «Je crois qu'il existe un large courant d'opinion parmi les gens qui réfléchissent en France qui estime que le pays sera détruit dans une autre guerre à moins de parvenir à une forme d'arrangement durable avec l'Allemagne[8].»

Le 24 février 1925, dans un mémorandum pour le Cabinet, Winston se montre toujours aussi convaincu : conclure un traité avec la France seule est dangereux; d'ailleurs, l'avenir de la Grande-Bretagne n'est pas nécessairement et jusqu'à la fin des temps lié à celui de la France.

«Que voulons-nous? Nous voulons éviter d'être de nouveau impliqué dans un *Armageddon*; une victoire aurait pour conséquence notre ruine, presque aussi sûrement qu'une défaite. Nous devons néanmoins nous poser la question : face à un nouveau conflit, serons-nous plus en sécurité si nous participons ou si nous restons en dehors? D'où vient cette crainte, et qu'est-ce qui nous contraindrait ainsi à devoir choisir, encore une fois? C'est la querelle entre la France et l'Allemagne. Cet antagonisme, qui dure depuis des siècles, ne s'apaise pas. L'Allemagne est en état de prostration. En un temps où tout grand pays doit avoir à sa disposition des moyens militaires, elle est désarmée. Nous avons maintenant un moment de répit. [...] Notre problème est de parvenir à utiliser ce moment de répit pour en terminer avec cette querelle. [...] Nous devons anticiper le cas de figure où l'Allemagne tenterait de se réarmer, avec les outils militaires existants ou avec de nouvelles inventions. Il est probable qu'un tel processus ne pourrait être que graduel. Par conséquent nous devons nous attendre à ce que la France attaque l'Allemagne avant que ce processus de réarmement soit complet. Est-ce que nous devons nous engager à marcher avec elle? Ou devons-nous nous engager seulement à venir à son aide lorsque l'Allemagne se sentira suffisamment forte pour passer à l'attaque à son tour? [...] On dit que nous ne pourrons jamais accepter la prise de possession des ports de la Manche par une Allemagne qui serait en train de gagner, c'est-à-dire par la plus grande puissance européenne. Nous avons pourtant survécu, des siècles durant, lorsque ces mêmes ports de la Manche étaient possédés par la plus grande puissance militaire européenne et alors que cette puissance, la France, nous était constamment hostile. [...] Il ne devrait jamais être considéré comme admis, dans cette discussion, que si l'on en arrive au pire, l'Angleterre ne serait pas en mesure de résister seule. Je refuse d'accepter comme un axiome que notre destin est lié à celui de la France. [...] Je ne sens pas que l'heure soit venue d'un pacte avec la France. Je suis certain que nous ferions mieux, pour le moment en tout cas, de conserver notre liberté. » Se tournant maintenant vers les Français, Churchill suggère les paroles qui pourraient leur être adressées : « Nous sommes très prêts à être vos partenaires dans un authentique accord entre l'Angleterre, la France et l'Allemagne. En dehors de ce cas de figure, nous ne pouvons accepter d'obligations spécifiques à votre égard [...] je doute fort que dans les circonstances présentes le peuple britannique soit prêt à accepter des engagements forts à l'égard de la France. Il est certain que tenter de le persuader impliquerait une longue campagne d'explications. Pour toutes ces raisons, donc, je demeure attaché à la formule : lorsque la France aura conclu une paix effective avec l'Allemagne, la Grande-Bretagne scellera ce lien avec toute sa force[9]. »

Un diplomate très influent est consterné par ces prises de position : c'est Eyre Crowe, l'auteur, en 1907, du mémoire resté fameux sur l'équilibre des puissances en Europe et sur la nécessité pour le Royaume-Uni de s'allier avec la deuxième puissance sur le continent, afin de contenir les ambitions de la première. Il s'épanche en termes expressifs dans une note à Austen Chamberlain, le francophile ministre des Affaires étrangères, partisan, lui, d'un engagement ferme en faveur de la France : « M. Winston Churchill a une fois de plus soutenu une théorie sur laquelle il a ensuite longuement disserté, l'essence de celle-ci étant qu'il n'y a aucune raison que nous fassions quoi que ce soit ; pour quelles raisons ferions-nous un arrangement avec la France, qui devrait être laissé à mijoter dans son jus sans que cela ait la moindre conséquence néfaste pour qui que ce soit ; qu'il n'y avait aucune urgence à agir ou à prendre la moindre décision ; tout ce que nous avions à faire était de continuer sur notre route tranquillement et dans quelques années nous verrions la France venir mendier notre aide à genoux, ce qui nous permettrait de lui imposer tout ce que nous voulons.

Il [Churchill] lui était impossible de voir en quoi notre inaction pourrait mener à une querelle avec la France. Il suffisait de continuer comme avant, la France ferait des demandes, nous les refuserions, et tout le monde serait parfaitement content[10]. »

Malgré les fortes réticences du Foreign Office, le désir de Churchill d'une alliance à trois, qui inclut l'Allemagne, va rapidement être exaucé. 1925 restera comme l'année de Locarno. Dès janvier, Gustav Stresemann, le ministre des Affaires étrangères allemand, lance l'idée d'un pacte de sécurité mutuel. En avril, Aristide Briand retrouve son poste de ministre des Affaires étrangères. La conjonction est heureuse, car il entretient de forts liens d'amitié avec Austen Chamberlain.

Le traité de Locarno est paraphé le 16 octobre 1925 : c'est un ménage à trois. La Grande-Bretagne apporte sa garantie à la frontière de la France avec l'Allemagne et reconnaît la zone démilitarisée en Rhénanie, qui est acceptée par le gouvernement allemand. En réalité, c'est un peu un marché de dupes. La garantie britannique ne fonctionne en effet que dans des cas d'agression non provoquée par l'une des puissances et le gouvernement britannique conserve sa liberté totale de jugement. Chamberlain déclare d'ailleurs devant le Comité de défense impériale qu'il considère le traité comme une réduction et non une extension des engagements de l'Angleterre. Sur un plan pratique, cette garantie est en effet traitée comme si elle était de pure forme : l'armée de terre britannique, pourtant appelée à intervenir en cas de conflit sur le continent, continue à être organisée comme si le pays n'avait aucun engagement en Europe. Chancelier de l'Echiquier, en quête permanente de l'équilibre budgétaire, totalement rétif à une hausse des impôts, Churchill s'oppose de son côté à toute dépense militaire nouvelle. Il a d'ailleurs d'autres préoccupations : la hausse de la livre sterling et les grandes grèves de 1926 ont porté un coup dur à l'économie du pays. La fameuse « garantie » est vide. Churchill a cependant atteint son but, et il faut lui reconnaître une très grande constance dans les idées : convaincre par tous les moyens la France d'accepter l'Allemagne comme un véritable partenaire en Europe.

9

La douceur de vivre

La menace allemande a disparu, et, pour Churchill, la Grande-Bretagne doit se placer au-dessus de la querelle entre France et Allemagne, et éventuellement jouer le rôle d'intermédiaire de confiance *(« honest broker »)* ; pour le Foreign Office, le principe de base de l'équilibre des puissances doit continuer à être respecté, mais c'est désormais la France qui apparaît surpuissante. Au même moment, la parution, en Angleterre, de nombreux livres dénonçant la guerre, s'accompagne d'une hostilité accrue envers la France, de plus en plus souvent perçue comme coresponsable de la catastrophe. En octobre 1923, Jules Cambon écrit à son frère Paul, qui vient de quitter Londres après sa très longue ambassade : « Je doute que nous puissions conserver encore longtemps la fiction de l'Entente cordiale[1]. »

La Grande-Bretagne se referme sur elle-même : elle semble même plus insulaire qu'avant la guerre. Elle n'a pas d'alliés éternels ni d'amis éternels, seuls comptent ses intérêts, qui sont, eux, permanents. Pour beaucoup, l'intervention dans la guerre a été une sorte de parenthèse romantique, dont le prix a été exorbitant. Il faut revenir aux choses sérieuses et remettre le pays sur la voie d'un progrès lent mais harmonieux, sans trop d'à-coups, tout en respectant les droits fondamentaux des individus. La camaraderie des tranchées n'a pas mis fin aux différences fondamentales entre la France et la Grande-Bretagne. « Pour les élites britanniques l'admiration pour la culture et le mode de vie français ne disparut pas totalement, mais fut en quelque sorte mis en sommeil[2]. » Sur ces plans, la concurrence vient d'une Allemagne qui retrouve progressivement la joie de vivre. Très bientôt, Berlin ne souffrira plus de la comparaison avec Paris, bien au contraire.

Durant les deux décennies qui mènent jusqu'à la Deuxième Guerre mondiale, l'image, souvent très simpliste, de la France ne va pas fondamentalement évoluer. En traversant la Manche, on débarque dans un pays exotique, peuplé de «*frogs*» qui se nourrissent bien mais pratiquent une hygiène corporelle sommaire. L'apparence compte d'ailleurs énormément. En 1940, le général Ironside se réjouira ainsi de voir que, contrairement à ce qu'il attendait, les officiers français sont rasés de près. Il en tire la conclusion que l'armée française est prête. Le général Alan Brooke, au regard nettement plus critique, constate l'inverse et en tire des conclusions opposées sur l'état dans lequel elle se trouve.

Churchill, lui, prétend avoir une connaissance du pays bien moins superficielle que celle de ses compatriotes. Il a une réelle admiration pour le peuple français; quant aux classes dirigeantes, son absence de préjugés lui permet de voir au-delà des simples apparences et son jugement est largement moins négatif. Il s'oppose certes à la politique française, et en particulier aux positions dures de Poincaré vis-à-vis de l'Allemagne; mais, en réalité, il sera une des rares personnalités britanniques qui, tout au long de deux décennies qui suivent la Première Guerre mondiale, vont s'efforcer de maintenir vivant le rêve de l'Entente. Un symbole? Lorsqu'on débat de nouveau en 1919 de la construction du tunnel sous la Manche, Churchill en est un des principaux défenseurs, surtout parce qu'il y voit le moyen de favoriser les échanges commerciaux avec le continent. Le gouvernement britannique va assez rapidement renoncer à entamer des discussions avec les autorités françaises : la construction du tunnel est un pari sur la pérennité de l'alliance avec la France, et rien ne garantit que cette alliance ne soit pas, un jour, remise en cause.

Churchill aime l'histoire de France, la douceur de vivre, mais il n'a pas d'affinités particulières avec la France des années 1920. Il a beau répéter combien il admire le «peuple» dont sont sortis les poilus, il n'a strictement aucun contact avec lui. Certains de ses cousins sont fortunés, ou ont su redorer leur blason, mais il est lui-même désargenté. Le début des années 1920 est, sur ce plan, difficile; les impôts, en Grande-Bretagne, connaissent une augmentation spectaculaire. Le franc est faible : la France a financé la guerre par le déficit et la planche à billets, alors que les Britanniques ont augmenté les impôts et le pouvoir d'achat très élevé de la livre. Séjourner en France permet de faire des économies substantielles et de ne pas déroger, surtout lorsqu'on est l'hôte d'un ami milliardaire.

Les séjours sur le continent sont aussi, pour Winston, l'occasion d'échapper quelque temps à ses responsabilités familiales, parfois pesantes. Clementine lui reproche d'ailleurs ces « escapades ». Une nouvelle naissance, les cris, des enfants malades : l'homme pressé prend aussitôt la fuite et quoi de plus simple que d'attraper un bateau, ou de plus en plus fréquemment un avion, pour retrouver la Ville Lumière, en prétextant la fatigue ou le besoin d'avoir du calme pour écrire ? Les gouvernantes suffiront largement, elles sont là pour cela. Il n'y a aucune raison que les nouvelles générations soient traitées différemment de la sienne.

Ces voyages ont le même effet sur lui qu'un euphorisant, et les véhicules mis à sa disposition par des amis, notamment la Rolls-Royce de Bendor, rendent les déplacements plus confortables. Et puis il y a le Ritz, et, selon une rumeur très probablement fausse, les maîtresses. Il prend bien soin, un peu hypocritement, de ne pas trop négliger son épouse. « Garde ton œil fixé sur *Parigi*, un de ces jours nous nous y retrouverons et nous pourrons boire un vin rouge généreux et acheter quelques vêtements de goût », lui écrit-il en décembre 1915[3].

Il apprécie non seulement les bons vins, naturellement plus accessibles et moins onéreux en France, mais aussi la cuisine locale. Lorsqu'il séjourne au Ritz, il lui arrive de demander à sa secrétaire d'obtenir du chef de cuisine la recette d'un mets qu'il a particulièrement apprécié. Ainsi, en 1934, le « consommé madrilène », une recette à base de tomates, légère, sans crème, comme les aime Churchill. Celle qui sera sa cuisinière à Downing Street durant la Deuxième Guerre mondiale, Georgina Landemare, est anglaise, certes, mais elle est l'épouse du chef français du Ritz à Londres, Paul Landemare. Si les recettes sont notées en langue française, selon la tradition, il apprécie tout autant la cuisine traditionnelle anglaise, moins sophistiquée.

On a suffisamment glosé sur son goût pour le champagne, et en premier lieu le Pol-Roger. Lorsqu'il sera Premier Ministre, il mettra au point un numéro de duettistes avec son ami Lord Cherwell, son principal conseiller scientifique, dont le succès est garanti. A bord d'un train (mais aussi dans une cabine de bateau ou en avion), il demande à Cherwell de calculer, à l'aide de sa règle à calcul, le volume de champagne qu'il a ingéré durant sa vie et de comparer le résultat obtenu avec le volume du wagon dans lequel ils se trouvent. Le résultat est toujours décevant, cela ne représente finalement pas grand-chose, Churchill fait une grosse moue, l'assistance s'esclaffe... Le cognac ? Bien sûr. Hine, très apprécié en Angleterre, est un favori, ainsi que « Héritiers de Jean Frémicourt ». Un jour, recevant un ambassadeur, il insiste pour que celui-ci reprenne un verre de fine. Devant les refus répétés de son invité, il se met à grogner : « C'est une grande erreur de rater l'occasion de se faire du bien quand on est encore jeune. Ceci est un bon cognac. C'était très gentil de la part de Jean Frémicourt d'en avoir laissé à ses héritiers[4]. »

Lorsque le temps est mauvais, lorsque son entourage a la grippe ou que les enfants crient trop, lorsque Clementine elle-même tombe malade, la France, *Parigi*, la Riviera, l'attirent donc irrésistiblement. Invité par les Britanniques les plus fortunés, entouré de femmes pétillantes, Winston revit. Il a découvert la Côte d'Azur et la Provence avant la guerre, il ne va plus s'en passer. Ces séjours font partie du folklore Churchill. En 1922, il loue pour six mois une villa à Cannes. Par la suite il sera toujours invité, pour la saison d'hiver, puis, plus tard, en été. Après la Deuxième Guerre mondiale, il y aura une certaine compétition entre riches propriétaires, tous désireux de l'avoir pour hôte, ne serait-ce que pour quarante-huit heures. La liste de ses hôtes et des villas ainsi visitées est longue : à Mimizan dans les Landes, ou à Lyons-la-Forêt chez Westminster ; la villa les Zoraïdes à Cap-Martin chez la belle Daisy Fellowes ; la Dragonnière à Cap-Martin chez Lord Rothermere, richissime et très influent propriétaire du *Daily Mail* ; la Pausa, à Roquebrune, dans les années 1950, chez son agent littéraire Emery Reves ; chez l'écrivain Somerset Maugham, à la Villa Mauresque, au Cap-Ferrat ; le château de l'Horizon à Golfe-Juan chez Maxine Elliott ; chez son ex-belle-sœur Consuelo Balsan, à Eze ; ou chez Max Beaverbrook au Cap-d'Ail.

Ces villas, souvent somptueuses, en tout cas parfaitement situées, sont des petits pans de terre britannique. On y est entre soi, et on évite autant que possible tout contact avec les indigènes. Au château de l'Horizon, un toboggan descend directement dans la mer, ce qui permet à Winston toutes sortes d'acrobaties aquatiques, immortalisées par les caméras de ses hôtes. Chez Emery Reves et sa « fiancée » Wendy Russell, on est dans une ancienne ferme de lavande, située à 200 mètres au-dessus de la mer, avec une vue splendide de la côte : la Pausa, surnommée Pausaland par Churchill, avait été offerte à Coco Chanel par Bendor dans les années 1920, et, ayant fait son acquisition, Reves l'a remplie d'œuvres d'art. On y trouve principalement des œuvres des impressionnistes, ainsi que des Cézanne, un peintre que Churchill a tenté d'imiter. Quant aux meubles et aux tapis, ce sont presque tous des pièces de musée.

Il écrit, joue au casino à Monte-Carlo. Sa passion pour la peinture est une autre raison de partir pour la France. C'est même à Paris que, en 1921, conseillé par un marchand d'art suisse, Charles Montag, il fait sa première exposition de peinture, sous le pseudonyme de Charles Morin. Il a été sollicité par une certaine Madge Oliver et il a accepté, à la condition de garder l'anonymat. Vingt-cinq ans plus tard, c'est sous son propre nom, et en pleine gloire, qu'un de ses paysages, peint à Cap-Martin en 1938, est exposé à la galerie Fabiani, avenue Matignon. Signe de son immense popularité, le commentaire du journaliste du *Monde* est dithyrambique. Au profit d'une œuvre, la vente comprend également un Corot, deux portraits de Cézanne, un Monet, un « somptueux » Gauguin, six Renoir, et deux Picasso de la période bleue ! Mais ce qui retiendra le plus l'attention des Parisiens est le paysage de Cap-Martin. « Délicieux accords de gris, traités avec délicatesse, dans une description précise et nuancée. Un tableau d'excellente peinture, que ne renierait aucun professionnel. » On a même droit au commentaire de Picasso lui-même, qui aurait dit, en voyant le tableau : « Si M. Churchill n'était pas Premier Ministre, il pourrait gagner sa vie avec la peinture[5]. »

Dès les années 1920, on se l'arrache. Trois décennies plus tard, ayant définitivement pris sa retraite de la vie politique, il envisagera très sérieusement l'acquisition d'une villa près de Cannes, mais les prix qu'on lui propose sont, en raison de sa notoriété, exorbitants. Clementine, en revanche, déteste la « Riviera ». « J'étais malheureuse là-bas (avant la guerre) et malheureuse que Winston aimât tant y aller. Cela représentait le côté le plus superficiel de son caractère. » Dans les années 1950, il y aura aussi des rivalités et des intrigues autour de l'hôte le plus prestigieux de la Riviera. Reves, qui a fait beaucoup pour diffuser les articles de Churchill avant guerre et a joué un rôle essentiel dans la commercialisation, si réussie et si rémunératrice, de l'histoire de la Deuxième Guerre mondiale sera particulièrement amer lorsque Winston succombera aux charmes d'Onassis et de son yacht *Christina*, et négligera ses invitations plusieurs années consécutives.

Au cours de ses séjours, Churchill voit très peu de locaux. Une invitation chez le préfet est de rigueur, mais c'est tout. Lorsqu'on sort, c'est pour aller dîner dans une villa voisine, chez un autre millionnaire anglo-saxon. Après la guerre, il faudra aussi s'accommoder des photographes omniprésents et de la foule de curieux qui se pressent pour apercevoir le grand homme. Un jour, à Monaco, Frank Sinatra, au sommet de sa gloire, se précipite sur lui et se saisit de sa main pour la serrer vigoureusement. Churchill, en bon Anglais, n'apprécie pas qu'on le touche et sort de ses gonds : « Qui était ce type ? » Browne, son secrétaire privé, le met au fait, et Churchill répond que le nom ne lui dit rien (ce qui était peut-être faux). Il déjeune, en revanche, avec Greta Garbo et en ressort totalement sous le charme. Sur la Riviera, il voit aussi régulièrement le duc de Windsor, qu'il a défendu fermement lors du débat sur l'abdication, sans que cela n'éveille trop l'attention, malgré les « paparazzis » à l'affût et qui escaladent les murs pour tenter de les surprendre.

Les « indigènes » font d'ailleurs ricaner. Chez Westminster, dans les Landes, Winston aime galoper dans les vagues sur la plage, mais lorsqu'il s'agit de polo, une passion ancienne, il explique à Clementine qu'il y a aussi « des hordes de *frogs* » qui jouent médiocrement. Lorsqu'il tombe malade à Deauville, il rend visite à un « médecin *frog* ». Lorsque son épouse fait une traversée particulièrement pénible pour se rendre en France, Winston s'apitoie sur son sort : « J'ai bien peur que vous ayez fait une traversée mouvementée. Howes [le chauffeur des Churchill] dit que la mer était démontée et le vent très fort, le bateau de petite taille, français, et qu'on ne vous a pas donné une cabine privée. »

S'il évite les Français, et en particulier les aristocrates, il y a les maîtresses, comme celle de son ami Bendor, Coco Chanel. Dans les questions de mœurs, Winston est totalement décomplexé. Il y a plusieurs homosexuels dans son entourage, et les maîtresses sont un sujet qui l'amuse. En tout cas, en France, elles font partie du paysage. Il raconte sans aucune gêne à Clementine sa première rencontre avec Mlle Chanel, alors qu'il est l'invité de « Benny » pour une chasse à courre en forêt d'Eu. « La fameuse Coco a fait son apparition et j'ai eu un petit coup de cœur pour elle – une femme des plus douées et agréable – de loin la personnalité la plus forte à laquelle Benny s'est trouvé confronté jusqu'à présent. Elle a chassé vigoureusement toute la journée, est repartie pour Paris en voiture après dîner, et est aujourd'hui occupée à habiller et à peaufiner des robes sur des régiments de mannequins. » Il retrouve Coco en Ecosse, au pavillon de pêche du duc, et est de nouveau enamouré : « Coco est ici en lieu et place de Violet [la seconde épouse de Bendor]. Elle pêche du matin au soir, et en deux mois a mis à mort une cinquantaine de saumons. Elle est très agréable – un personnage vraiment fort et grand, capable de régner sur un homme ou un empire[6]. »

Il n'y a pas que les maîtresses cependant et l'on songe ici à cette grande dame du champagne, Odette Pol-Roger, avec laquelle Churchill nouera une amitié fidèle. Mais si les Français sont peu nombreux dans son entourage, les femmes françaises le sont encore moins. D'une façon générale, en dehors du peintre Paul Maze, Churchill a peu de vrais amis sur le continent. Un repas peut cependant faire des miracles. Si cela s'est bien passé, si les vins et la chère sont de qualité, le convive, surtout s'il est français, devient subitement un ami de longue date.

Pour la presse française, Churchill est un sujet permanent de curiosité. Même durant l'entre-deux-guerres, au moment de sa traversée du désert, alors qu'il n'a aucune fonction officielle, ses passages par Paris, le plus souvent en coup de vent, sont pieusement annoncés à l'avance. L'ambassade de Grande-Bretagne a pour consigne de bien faire savoir qu'il faut prendre ses déclarations pour ce qu'elles sont, celles d'un citoyen privé, et de suggérer discrètement que son accès aux informations importantes est strictement limité et que sa compréhension des événements et les points de vue qu'il défend doivent être écoutés avec la plus grande circonspection. D'ailleurs, pourquoi porter autant d'intérêt à quelqu'un qui parle si mal le français ? persiflent ses adversaires au sein du Foreign Office qui n'ont pas compris que son français, imparfait mais pittoresque, est un de ses meilleurs atouts. Ces séjours en France ont un caractère un peu sensationnel qui laisse perplexe. Déjà, pendant la Première Guerre mondiale, elles mettaient de l'eau au moulin de tous ceux qui pensaient qu'il était instable, et que son jugement était peu digne de confiance.

Le 7 janvier 1939, Winston part pour la Riviera ou il est l'hôte de Maxine Elliott au château de l'Horizon. Sa secrétaire du moment, Mary Penman, note son programme[7] :

10 h 15 arrivée au Bourget
Déjeuner [au Trianon Palace, à Versailles] avec Paul Reynaud
Thé à 4 heures avec Eric Phipps, ambassadeur de Grande-Bretagne
Voit M. Léon Blum à 4 h 45
Train pour Cannes à 8 heures, départ gare de Lyon
Dîne dans le train
Arrivée à Cannes le lendemain à 10 heures

Une journée menée tambour battant, selon les souvenirs de sa secrétaire, qui a rendez-vous avec lui au Ritz en milieu de matinée ce samedi 7 janvier. Le vol s'est déroulé dans un épais brouillard tout le long, et Churchill jubilera lorsqu'il pourra raconter à Clementine, qui effectue une croisière dans les Caraïbes, que le lendemain même de son vol, un avion d'une compagnie suisse s'est écrasé à Senlis, pratiquement dans les mêmes conditions.

Dans l'entrée du grand palace de la place Vendôme, on s'agite : « M. Churchill arrive ! » Il est accompagné du professeur Lindemann, le futur Lord Cherwell. On réclame une suite, celle-ci est aussitôt mise à disposition. Winston expédie quelques rendez-vous avec des journalistes. Il commande une soupe pour lui et le professeur, qu'ils acceptent de partager avec la secrétaire affamée. Puis il se met au travail. Direction Versailles pour le déjeuner avec Paul Reynaud, qui prend quelques jours de repos. « Juste après sept heures et demie du soir, M. Churchill réapparut en trombe, tout excité et rouge comme un collégien. » Il sort d'une longue conversation avec Léon Blum. Celui-ci a invité Yvon Delbos, ancien ministre des Affaires étrangères dans les gouvernements du Front populaire, qui habite l'appartement au-dessus, à venir les rejoindre. Delbos est descendu «en déshabillé», note Churchill, amusé par son trait vaudevillesque. On discute de choses sérieuses, néanmoins, et la conversation porte sur l'Allemagne et sur Hitler.

Il ne faut pas traîner en chemin ; le train pour la Riviera n'attendra pas, même pour Winston Churchill. Les deux compères sautent dans un taxi, la secrétaire dans un autre, direction la gare de Lyon, où le petit cortège arrive juste à temps. Les photographes, dûment informés de son itinéraire, se précipitent comme s'il s'agissait d'une vedette de cinéma ou d'un grand sportif. Lorsqu'il monte à bord du train, les reporters cernent sa secrétaire, lui demandent son nom et lui posent diverses questions. Churchill, agacé, réapparaît à la porte du wagon. «Allez, montez vite maintenant», dit-il sèchement à la jeune femme, qui est un peu vexée d'être ainsi morigénée devant tant de monde. Après tout, lui-même est bien content de son succès.

A vrai dire, cette visite ne fait pas la une des journaux, et Churchill se fait parfois certaines illusions. Elle a pour la presse un caractère anecdotique. *Le Matin* parle longuement de la présence à Paris, ce même jour, de Lord Londonderry, bien que lui non plus n'ait pas de position officielle et soit un partisan du dialogue avec l'Allemagne ; *Le Petit Parisien* annonce en une ligne que «Sir Winston Churchill» est arrivé à Cannes au château de l'Horizon. Mais en voyant Blum, en déjeunant avec Reynaud, Churchill prend date. Il aura bientôt sa revanche ; ses visites, comme ses interventions publiques vont prendre une place de plus en plus importante dans la presse française.

Dix minutes après que le train a quitté la gare, Churchill et sa secrétaire se rendent au wagon-restaurant pour dîner. «M. Churchill et moi-même avions une petite table pour nous deux, et comme attendu, tous les regards étaient tournés dans notre direction.» M. Churchill, commente sobrement sa secrétaire, est «bien connu et aimé des Français». A Golfe-Juan, hormis les deux premiers jours, le temps est gris et froid. Mais cela ne le dérange pas, il reste au lit très tard le matin et travaille sur son futur livre, une *Histoire des peuples de langue anglaise*. «Bien que je sois en théorie en vacances, nous avons fait en moyenne 1500 mots par jour. J'aurais beaucoup à lire pour toi quand tu rentreras», rapporte-t-il à son épouse. On dîne chez les Windsor. Les domestiques sont en livrée écarlate, et «le petit homme lui-même [le duc] était sur son trente et un et portait le tartan de Balmoral, dague au flanc et jabot». Après dîner, les autres convives assistent à un long échange entre les deux hommes. Churchill vient de publier un article dans lequel il prône une alliance avec la Russie soviétique. Le duc l'attaque vigoureusement sur ce thème, mais, selon un témoin de la joute, le journaliste Vincent Shean, reçoit en réponse une belle leçon de sagesse politique.

Et il y a le casino. «A Chartwell j'ai partagé mes journées entre bricolage et dictée à la secrétaire, ici, c'est dictée et le jeu. Je prends des risques, mais pas imprudemment et pour l'instant j'ai une avance substantielle sur la banque.» Après le château de l'Horizon, il poursuit son circuit de villégiature par Monte-Carlo, où il est l'invité de Lord Rothermere, avant de passer quelques jours chez Daisy Fellowes. Alors qu'il se rend à la gare pour attraper le Train bleu, il demande au chauffeur de s'arrêter au casino. «Il sauta de la voiture et courut vers l'entrée, se souvient Mary Penman, son manteau et sa veste battant dans les bourrasques de vent, ayant l'air un peu miteux et mal tenu.» Il disparaît à l'intérieur pour un bref moment et ressort en courant, agitant sa main droite triomphalement, souriant largement avant de sauter dans la voiture. «Je viens juste d'encaisser ce qu'il faut pour régler notre voyage de retour; épatant, non?» Après la nuit dans le train, et une courte étape au Ritz, Winston et sa secrétaire attrapent le *Golden Arrow,* le train qui les mènera au ferry pour l'Angleterre.

Un petit incident, en arrivant à Londres, fait retomber Churchill sur terre et lui rappelle qu'il n'est qu'un sujet de Sa Majesté comme les autres. Avant d'arriver à la douane, il a signalé à Mary une valise qu'il ne faut surtout pas ouvrir : elle est remplie de bouteilles d'alcools variés, qui subissent en principe à l'entrée en Grande-Bretagne une taxe qu'il n'a aucunement l'intention de régler. La secrétaire, troublée, se trompe et c'est précisément cette valise qu'elle ouvre devant le douanier. Churchill, qui la précède, vient d'annoncer qu'il n'avait «rien à déclarer»... Rien n'y fait, il faut bien payer, et le futur sauveur du Royaume-Uni a droit également à une réprimande de l'incorruptible douanier de Victoria Station.

Si l'Empire britannique est sans égal, Churchill n'a jamais manifesté d'hostilité à l'égard de l'Empire français. Il est convaincu que le fardeau de l'homme blanc est une nécessité et que le peuple britannique ne doit pas être le seul à le porter. Dans leur œuvre de « civilisation », les grands empires doivent se montrer solidaires. La crise de Fachoda lui est apparue comme un incident mineur, et il a surtout admiré l'exploit accompli par les hommes de la mission Marchand. A la tête du Colonial Office, malgré la présence de Lawrence à ses côtés, il n'est pas fondamentalement antifrançais et cherche, au Moyen-Orient, à apaiser les tensions entre les deux pays. S'il est convaincu que les Anglais sont les meilleurs, il est séduit par l'œuvre française, notamment lorsque, au milieu des années 1930, il découvre le Maroc.

Churchill, à cette époque, se bat contre toute politique d'ouverture vis-à-vis des nationalistes indiens. Il a le mépris le plus total pour Gandhi, qu'il considère comme un parfait hypocrite. Lorsqu'il débarque en janvier 1936 pour son premier séjour au Maroc, son préjugé est favorable et il se trouve dans un état d'esprit très « colonialiste ». Tanger est une déception, surtout parce qu'il y pleut des cordes, mais la suite est un éblouissement. Il se rend à Marrakech en compagnie de Rothermere, qui possède le *Daily Mail*, après une première étape à Rabat, où il a été reçu par le résident général, Henri Ponsot. Il est impressionné par les progrès accomplis dans le protectorat : « Vous seriez stupéfaite par ce que les Français ont fait ici en vingt ans. Tout a été transformé en un grand centre de tourisme, avec hôtels, voitures, avions, journaux. C'est une réussite dont il n'y a pas d'autre exemple. [...] Il est vraiment agréable de voir ce qu'une race vigoureuse et civilisée peut faire pour apporter l'ordre et le progrès dans ces déserts antiques. » Il encourage même Clementine à venir le rejoindre, ce qui est assez inhabituel de sa part... « Il y a des bateaux de dix mille tonnes toutes les semaines, qui peuvent vous emmener à Casablanca, d'où une voiture peut vous conduire ici en trois heures et demie. *A étudier*[8] *!* »

Vu des jardins de la Mamounia, en effet, le Maroc est un paradis, à mille lieues de la grisaille et du *fog* britannique. Les paysages sont splendides et variés, les couleurs vives et contrastées. « La campagne est superbe avec une terre fertile rouge et noir, l'eau qui coule d'abondance, un grouillement d'indigènes pittoresques, chacun d'eux étant une image, des journées entières avec un ciel sans nuage, le soleil qui brille, l'air translucide. » L'hôtel est délicieux. « L'endroit est vraiment magnifique. L'hôtel est incomparablement supérieur à tout ce qu'on trouve au Caire. Selon moi, il est meilleur que tous ceux où j'ai pu séjourner sur la Riviera. Le service est excellent ! Les chambres sont parfaitement conçues. »

Churchill n'est pas un touriste comme les autres : il est venu d'abord pour travailler sur son *Marlborough* et s'adonner à sa passion depuis une vingtaine d'années, la peinture. Rothermere veut même lui acheter une toile pour l'offrir au résident général. Malgré son enthousiasme pour le pays, Churchill préfère d'ailleurs rester prudemment sur son balcon pour peindre, car, « bien que la ville indigène soit remplie de lieux attrayants, les foules, les odeurs, et la difficulté à peindre confortablement m'ont dissuadé ». Il produira néanmoins plusieurs toiles qui représentent le souk de Marrakech et des scènes de rue dans la vieille ville, mais à partir de photographies et dans le cadre plus rassurant de son atelier à Chartwell.

Le contact avec l'extérieur est par conséquent réduit au minimum. Impossible, cependant, de refuser l'invitation à dîner de Thami el-Glaoui, le pacha berbère de Marrakech, le « seigneur de l'Atlas », un des principaux soutiens de la colonisation française, avec ses multiples maîtresses françaises et européennes, et sa grand-croix de la Légion d'honneur. C'est un véritable festin, gargantuesque et bien trop long, auquel il participe en compagnie de Lloyd George, qui séjourne également à Marrakech ; après quoi les « jumeaux terribles » sont invités chez le fils du pacha qui vit dans un énorme château au cœur de la montagne.

Churchill découvre donc le Maroc installé dans un luxueux cocon, sans faire preuve d'esprit critique, et tendant une oreille très favorable aux discours lénifiants de ses hôtes français. Une sortie, de temps à autre, mais pour un « picnic » dans l'Atlas ou pour assister à une revue militaire, invité par le général Corap, qui commande les troupes françaises. Heureusement, pas le moindre risque d'être dérangé par une quelconque « dissidence », car les Français tiennent le pays, écrit-il, avec une « main de fer ». La pacification du Maroc semble désormais achevée après presque trois décennies au cours desquelles il y a eu une centaine de milliers de victimes. On a même, en 1926, employé les gaz dans le Rif, à grande échelle. Le roi Mohammed V est de bonne composition. Le pays n'est cependant pas complètement sûr, et Churchill, dans un accès de lucidité, note que, pour se rendre dans l'Atlas, il faut prévenir le général commandant la zone, car les militaires français ne se portent garants de la sécurité des touristes que certains jours dans la semaine. Ces inconvénients mineurs ne l'empêchent pas de tirer une leçon générale sur les bienfaits de la colonisation française : «Le monde semble être divisé entre les nations confiantes en elles et qui se comportent avec dureté, et les nations qui ont perdu toute confiance en elles et qui se comportent avec stupidité[9].»

De retour en Angleterre, il n'a rien perdu de son enthousiasme. En deux semaines, le voilà devenu un expert du Maroc et du protectorat français. Il rédige pour le *Daily Mail* un article tout à la gloire de la colonisation française et de son absence totale de complexe ou d'hypocrisie : «Les Français ne sont pas du tout les victimes de la timidité contrite qui caractérise l'administration britannique dans les pays d'Asie et d'Afrique. Ils agissent avec quelque chose de l'assurance qui distinguait les bâtisseurs de notre empire des Indes du temps jadis [...] leur objectif n'est pas de rendre le pays à ses habitants, mais au contraire de le développer avec toute leur énergie pour la prospérité de toutes les classes sociales du pays, et le bénéfice indirect mais important de la France. Ils ne sont aucunement d'humeur de se laisser priver de leurs droits, tels qu'ils les conçoivent, par les agissements d'une poignée d'étudiants [le Comité d'action marocain, fondé en 1934]. Ils maintiennent une armée de plus de cinquante mille hommes au Maroc : ils offrent aux habitants des solutions logiques, compréhensives, modernes, à leurs problèmes [...]. Au total, dans leur volonté de réussir, ils ne doutent pas[10].»

Pourtant, malgré la fin officielle de la pacification, la situation demeure plus fragile que ne le croit Churchill, et dès l'année suivante les troubles recommenceront. Peu importe; cela n'empêchera pas de nouveaux séjours, les pique-niques dans l'Atlas, les séances de peinture; un point de vue un peu irréel, à l'abri du moindre signe de contestation. Churchill retrouvera le Maroc en 1943, puis durant l'hiver 1947-1948, pendant que, restée à Chartwell,

Clementine a droit à un Noël beaucoup plus austère, celui de l'Angleterre dans l'immédiat après-guerre. Les choses n'ont pas changé, l'hôtel est toujours aussi paradisiaque, et la France tient le pays bien en main. Le séjour est payé par son éditeur, et il est accompagné de sa fille Sarah, de son assistant littéraire Bill Deakin, de secrétaires et de policiers pour sa protection personnelle. Il est accueilli comme un prince. Le programme est le même que d'habitude : travail sur son manuscrit – l'*Histoire de la Deuxième Guerre mondiale* –, peinture et, pour les repas, la délicieuse cuisine marocaine. A la Mamounia, le monde semble heureusement figé.

10

Le bruit et la fureur

Pour Churchill, l'histoire de l'humanité est faite pour l'essentiel par les « grands hommes ». Dans cette galerie de héros, Napoléon est au premier rang. Après avoir rédigé au milieu des années 1930, à la demande de Churchill, une étude sur *Guerre et paix*, son ancien secrétaire privé, Edward Marsh, lui écrit : « Comme vous allez détester le mépris de Tolstoï pour Napoléon, et sa théorie absurde que les "grands hommes" ne sont que des mouches dans la grande roue de l'Histoire ! Je me demande ce qu'il aurait pensé s'il avait lu votre Marlborough[1]. » Churchill connaît sa vie par cœur. Un jour d'août 1934, alors qu'il séjourne à Golfe-Juan, il écrit à Clementine qu'il va parcourir en voiture la route « Napoléon », par laquelle est passé l'empereur déchu après son retour de l'île d'Elbe : « Ce fut un épisode stupéfiant. *Jusqu'à Grenoble j'étais un aventurier. A Grenoble j'ai* [*sic*] *devenu un prince*[2]. »

Napoléon Bonaparte, c'est avant tout la jeunesse. Churchill a connu une ascension météorique, mais lorsqu'il songe au futur Premier Consul, puis empereur, il a le sentiment que les choses ne sont pas allées assez vite. Invité à Chartwell, un jeune homme se voit interrogé par son hôte sur son âge. « J'ai vingt-six ans. » Churchill réplique aussitôt : « Ah, l'âge auquel Napoléon a reçu le commandement de l'armée d'Italie. » Il connaît presque parfaitement ses exploits, mais aussi ses échecs. Il le cite abondamment : le respect dû au courage de « deux heures du matin » mais aussi la remarque plus indulgente : « Lorsque l'on se retrouve seul et désarmé, une reddition peut pardonner. » Un mot dont il s'est souvenu, en Afrique du Sud, alors qu'il était sur le point d'être capturé par les Boers.

Il ne cessera de défendre sa mémoire. Lorsque, après son départ de la politique, Browne s'aventure à faire en sa présence quelques remarques peu flatteuses au sujet de l'Empereur, il se retrouve aussitôt «expédié en orbite». En 1936, Eddie Marsh lui signale que l'on joue à Londres une pièce sur Napoléon à Sainte-Hélène. Elle a été éreintée par la critique – on imagine qu'elle est trop favorable à l'empereur déchu. Après l'avoir vue à son tour, Churchill prend la plume pour écrire au *Times*, se présentant comme ayant été depuis toujours un lecteur vorace de la littérature napoléonienne. «Il y a une grandeur et une bienveillance humaine chez le grand empereur pris dans les rets qui séduit et conquit... c'est la fin du parcours le plus stupéfiant jamais accompli par un homme mortel[3].» Le Napoléon de Sainte-Hélène n'est pas, il est vrai, impopulaire en Angleterre. L'Aigle abattu a été glorifié par les poètes romantiques de la première moitié du XIXe siècle. On a une certaine indulgence pour le perdant, on a pitié pour le tyran déchu. Au seuil de la mort, tout est pardonné. Quelques années plus tard, alors qu'il réfléchit au traitement qui sera accordé, après la victoire, à Hitler et à ses affidés, il annonce que la vengeance ne sera pas sanglante – bien que cela ne lui déplairait pas de voir Mussolini «étranglé comme Vercingétorix selon la vieille tradition romaine». Hitler et les nazis? Il les expédierait plutôt dans une île lointaine, mais, dans ce cas, il serait absolument hors de question de «profaner Sainte-Hélène[4]».

En 1929, au cours d'un long périple aux Etats-Unis, il fait la connaissance de Charlie Chaplin et lui suggère de jouer le rôle de Napoléon dans un film dont il se propose d'écrire le scénario. «Je ne vois aucune raison pour laquelle il ne devrait pas réaliser son ambition de jouer le vainqueur d'Arcole. J'estime qu'il nous donnerait une image du jeune Napoléon qui serait une des choses les plus mémorables au cinéma[5].» Finalement, c'est un autre tyran, beaucoup plus sanguinaire, que Chaplin incarnera... Après la parution des premiers volumes de son *Marlborough*, certains de ses lecteurs attendent de lui une biographie de l'Empereur. «Lorsque vous aurez finalement enterré le grand duc, si vous n'êtes pas appelé de nouveau au service de l'Angleterre, faites un Napoléon, lui écrit le grand historien Trevelyan. Le monde de langue anglaise le lira aussi longtemps que notre langue sera parlée à travers le globe.» Baldwin l'encourage également. Il lui adresse une carte de l'hôtel de la Poste à Avallon, où Napoléon s'arrêta en remontant vers Paris. «Vous devrez passer une nuit ici lorsque vous commencerez à écrire la Vie[6].»

Ce n'est pas seulement en tant qu'amateur de soldats de plomb, lecteur fasciné ou historien à succès que Churchill voit en Napoléon un maître. Sur le plan militaire, il considère que ses leçons sont totalement actuelles. Lui qui a l'ambition d'entrer un jour dans le panthéon des grands praticiens de la guerre le cite constamment. Il a étudié ses batailles, et y fait très souvent référence ; ses victoires mais aussi ses défaites doivent être connues et méditées. Lorsqu'en 1940 il prône devant les hommes politiques et les généraux français, face à l'invasion du pays par les troupes du Reich, le déclenchement d'une guerre de guérilla, il songe tout naturellement aux succès remportés par les Espagnols face aux armées de l'Empereur. Quand est lancée, fin mai, l'idée un peu saugrenue du «réduit breton», il songe à Wellington et à sa ligne de forts édifiés en secret pour protéger Lisbonne. Lorsqu'en août 1940 Hitler prépare l'invasion de la Grande-Bretagne, Churchill a à l'esprit les hésitations, puis le renoncement, du dieu de la guerre, plus d'un siècle auparavant. Quant à la campagne de Russie de 1812 et la retraite de la Grande Armée, si elle lui offre l'occasion d'admirer le courage, l'endurance et la persévérance des hommes au service d'un seul individu, elle est sans doute essentielle pour comprendre l'optimisme dont il fait preuve durant l'été 1941, à contre-courant de la grande majorité des experts militaires britanniques quant à la capacité de résistance des Soviétiques face à la Wehrmacht.

Tactique, organisation, l'exemple donné par Napoléon est constant. Churchill aime s'occuper des détails. En février 1941, faisant référence à un article du *Times* qui cite le cas d'une division d'infanterie dont tous les membres sans exception, du général au plus simple soldat, doivent effectuer régulièrement un parcours de *cross-country* d'une douzaine de kilomètres, le Premier Ministre, dont on connaît le scepticisme à l'égard du sport sous la plupart de ses formes, n'est pas convaincu par ce zèle excessif : «Napoléon aurait-il pu courir dix kilomètres dans la campagne lorsqu'il était à Austerlitz ? Peut-être aurait-il demandé à quelqu'un d'autre.

De mes propres expériences, basées sur des années d'observation, je constate que les officiers très sportifs ne réussissent pas habituellement dans les rangs les plus élevés.»

«Frapper la masse et le reste viendra par surcroît» est une de ses citations napoléoniennes fétiches. Il s'en sert à plusieurs reprises pour appuyer ses arguments face aux chefs militaires et pour réclamer, en élève de Clausewitz, la concentration du maximum de forces au point le plus important du champ de bataille. Paradoxalement, durant les deux guerres mondiales, il va, le plus souvent, faire exactement le contraire, aussi bien aux Dardanelles que dans sa controverse avec les Américains sur la stratégie de reconquête de l'Europe.

Avec l'avènement du nazisme, les références à l'Empereur deviennent plus délicates à manier. Aux yeux du peuple britannique, en effet, Hitler est une sorte de Napoléon moderne, et les similitudes entre les deux destins seront un thème facile à exploiter pour les organismes de propagande, surtout au début de la guerre, lorsque la menace allemande sur les îles Britanniques est à son paroxysme. Un des films préférés de Churchill narre d'ailleurs l'histoire de Pitt le Jeune, le Premier Ministre au tournant du XVIIIe, qualifié de son vivant de «sauveur de l'Europe». C'est une œuvre de propagande : Pitt, c'est Churchill, et Napoléon, c'est Hitler. Si ces rapprochements sont utiles pour renforcer la volonté de résistance du peuple britannique, Churchill est convaincu que les deux hommes ne peuvent pas être mis sur le même plan. En pleine guerre, il prend ainsi le temps de rédiger une préface à la troisième édition des discours de Pitt : «Les analogies historiques ne sont pas exactes, et sur un point notre situation est très différente de celle à l'époque de Pitt. Une victoire des nazis serait un désastre sans commune mesure, pour nous et pour l'humanité entière, avec les conséquences qu'aurait eues le triomphe de Napoléon. La France moderne le sait, et pas seulement la France, Napoléon savait bâtir autant que détruire[7].»

Dans un discours à la BBC, le 24 août 1941, il insiste encore sur les différences : «Napoléon, dans toute sa gloire, étendit son Empire au loin. Il y eut un moment où seules les neiges de la Russie et les falaises blanches de Douvres avec la Navy qui les protégeaient se tenaient entre lui et la domination du monde... Les armées de Napoléon portaient une idée : elles portaient les élans de la

Révolution française. Liberté, égalité, fraternité, tel était le cri de ralliement. Il fallait balayer le système médiéval totalement usé et les privilèges de la noblesse. Il y avait la terre pour les gens, un nouveau code de lois. Mais Hitler, Hitler n'a pas d'idées, rien, hormis la folie maniaque, l'appétit de conquête, l'exploitation totale de l'espèce humaine[8]. »

Napoléon fait partie du panthéon français de Churchill et personne ne lui arrive vraiment à la cheville. Peut-être le Roi-Soleil ? Churchill a particulièrement étudié la vie de Louis XIV pour son *Marlborough*. Louis fut l'adversaire de son ancêtre, et le jugement du biographe est dépourvu d'aménité, notamment dans un chapitre au ton cinglant, sobrement et puissamment intitulé « Dragonnade ». Il commence sa tirade *sotto voce* : « Durant les dix ans qui suivirent la paix de Nimègue, Louis XIV parvint au zénith de la puissance. L'Angleterre, déchirée par les querelles domestiques, avait cessé d'être un facteur dans les affaires européennes. Durant les années où il reçut une éducation très parcellaire, deux principes importants lui avaient été instillés : la théorie du droit divin et la menace représentée par le protestantisme. » Puis le ton se fait de plus en plus féroce et ce n'est pas seulement Louis XIV qui est visé, mais la Cour, la noblesse, tout un monde, la « douceur de vivre » de l'Ancien Régime : « Toute sa vie durant Louis XIV fut la malédiction et la peste de l'Europe. Jamais ne vit-on un pire ennemi de la liberté humaine dissimulé derrière les ornements d'une civilisation de politesse. L'insatiable appétit, le caractère impitoyable, froid, calculateur, un orgueil monumental... Le vernis de culture et de bonnes manières, les fêtes brillantes et l'étiquette sophistiquée, ne font qu'accroître l'infamie de l'histoire de sa vie... Mesquin et médiocre en tout hormis ses désirs intimes et sa quête de puissance, le Roi-Soleil perturba et ravagea l'humanité pendant plus de cinquante années de fastes et d'arrogance[9]. »

Sa politique est également jugée avec la plus grande sévérité. Dans la galerie de portraits de l'historien Churchill, il n'y a pas de procès plus sévère et plus brillant que celui qu'il instruit à charge contre Louis XIV. « Lorsque l'amusement des guerres fut temporairement suspendu, ses édifices extravagants poursuivirent la diminution incessante des richesses de la France. Des milliers de ses soldats et ouvriers périrent dans la tentative futile de détourner les eaux de l'Eure pour alimenter ses fontaines à Versailles.

La noblesse de France, invitée à quitter ses domaines ou tout simplement convoquée, fut regroupée au palais du roi dans un foyer grouillant dominé par l'esprit de soumission, de scandales et d'intrigues. Les nobles perdirent ainsi tout contact avec leurs tenanciers et toute influence dans les affaires politiques. [...] Tout fut sacrifié au culte d'un seul homme. Le passé de la France et son avenir, ses richesses et ses hommes, furent pareillement gaspillés pour satisfaire son orgueil personnel. Tout en se donnant des airs, il n'eut jamais le courage de mener ses armées au combat ; il se rengorgeait en écoutant la flatterie obséquieuse de ses sujets, et lisait tout haut ou récitait, les larmes coulant sur les joues, les poèmes et les dédicaces que des hommes de lettres serviles composaient en son honneur. [...] Il prépara ainsi aveuglément les guillotines qui un siècle plus tard mirent à mort son innocent descendant, et détruisirent non seulement la dynastie, mais également le système de société qui était son suprême idéal[10]. » Le lecteur britannique de Churchill n'a pas vraiment besoin d'être convaincu : Louis XIV a bien été, pour l'Europe, un désastre.

Un de ses amis, futur ambassadeur à Paris, Duff Cooper, lui reprochera cependant d'être allé trop loin : « J'estime que votre stigmatisation de Louis XIV est beaucoup trop générale et que le vernis de culture et de bonnes manières dont vous parlez est une façon très injuste de décrire la civilisation française du XVIIe siècle[11]. »

Heureusement, il y a Marlborough. La biographie que lui consacre Churchill est majestueuse, mais partisane. Sa victoire à Blenheim en 1704, contre les armées de Louis XIV alliées à celles de l'Electeur de Bavière, est d'abord un coup d'arrêt porté aux ambitions hégémoniques du Roi-Soleil, et un moment clé dans l'histoire de l'Angleterre. « Du fond du cœur de la nation surgit une lueur de fierté et de désir de grandeur. La puissante France, quatre fois plus populeuse, le grand Monarque, tyran de l'Europe, dans toute sa splendeur, fauchés au sol par les lames insulaires et le génie anglais ; les milliers d'hommes de ses régiments les plus fiers conduits en captivité par les tuniques rouges, ses généraux et ses nobles raccompagnés en Angleterre en masse pour être répartis dans la campagne sous étroite surveillance ; conquêtes, gloire, un monde à conquérir et l'homme pour le gagner – ces scènes et ces pensées excitèrent l'imagination des Anglais. » Ceux qui font la politique étrangère du Royaume-Uni devront toujours être guidés, dans les affaires européennes, par un principe, celui de l'équilibre des puissances.

C'est paradoxalement au château de Versailles que Churchill goûtera une dernière fois, avant la catastrophe, aux charmes et à l'élégance d'une certaine civilisation française qu'il s'est pourtant efforcé de démolir dans son *Marlborough*. Il est un des invités officiels du roi George VI lors de sa visite historique en juillet 1938. Dans une période où il fait tout ce qui est en son pouvoir pour redonner vie à l'alliance franco-britannique, Churchill rend hommage, cette fois, à un certain art de vivre, celui du Roi-Soleil précisément. « Les divertissements offerts aux souverains britanniques avaient le charme et de l'élégance [...] que seul le génie français peut offrir. Les spectacles auxquels ils assistèrent à Bagatelle, à l'Opéra, à la chapelle de Versailles, au bosquet d'Apollon, avaient probablement été imaginés pour démontrer combien il existe autre chose dans la vie que le vacarme des trompettes et les méandres de la diplomatie. [...] Pitoyable en effet était l'âme de celui qui refusait de s'extasier dans ces moments de rêve au doux soleil de la liberté et de la France[12]. »

Comme s'il regrettait finalement sa sévérité à l'égard de Louis XIV, ses successeurs sont plutôt mieux traités. Sous le règne de Louis XVI, écrit Churchill dans son *Histoire des peuples de langue anglaise*, la France « n'était pas, et tant s'en faut, le pays le plus opprimé par ses gouvernants, bien qu'on le dise souvent. Elle était riche et beaucoup de ses habitants voyaient leur situation personnelle s'améliorer ». Il reconnaît d'ailleurs que si Louis XV et Louis XVI avaient hérité de toute la « panoplie du pouvoir » instaurée par Louis XIV, ils étaient loin d'avoir sa « compétence » ou ses « capacités[13] ».

Churchill se montre plutôt indulgent face à la Révolution française, en tout cas dans sa première phase. Par la suite, il reprend le jugement exprimé par Edmund Burke dans son maître ouvrage, les *Réflexions sur la Révolution en France*, paru en 1790, qui dénonce les premiers excès. Les événements de France, contrairement à certaines apparences, « ne furent pas un changement digne, ordonné, respectant quand cela était nécessaire la tradition »... « La plupart des Anglais reculèrent d'effroi[14]. » L'exécution du roi, puis celle de Marie-Antoinette choquent. Mais ce qui inquiète le plus les Anglais, c'est la volonté de répandre la révolution par-delà les frontières de la France. Churchill qualifie ainsi la déclaration du ministre des Affaires étrangères Lord Grenville devant l'ambassadeur de France, à la suite de la prise d'Anvers par les troupes révolutionnaires, d'« exposé classique » de la politique étrangère de l'Angleterre : « Mon gouvernement, se conformant aux maximes qu'elle a suivies pendant plus d'un siècle n'observera jamais avec indifférence que la France puisse se considérer, directement ou indirectement, souveraine des Pays-Bas, ou arbitre suprême des droits et des libertés en Europe. Si la France est vraiment désireuse de maintenir des relations de paix et d'amitié avec l'Angleterre, elle doit se montrer prête à renoncer à ses ambitions d'agression et de conquête, et à se limiter à son propre territoire, sans porter atteinte aux autres gouvernements, sans déranger leur tranquillité, sans violer leurs droits. »

Plus Churchill progresse dans sa connaissance de l'histoire de France, plus il s'attache à la figure de Jeanne d'Arc. C'est également en rédigeant son *Histoire des peuples de langue anglaise* qu'il a l'occasion de redécouvrir l'histoire de la Pucelle. Il la raconte comme un enfant fasciné, avec une ferveur où l'on ne décèle aucune ironie ni la moindre trace de scepticisme. « Apparut alors sur la scène ravagée un Ange de la Délivrance, la plus noble patriote de France, la plus magnifique de ses héroïnes, la mieux aimée de ses saints, celle dont la mémoire inspire comme nulle autre, la jeune paysanne, toujours lumineuse, toujours glorieuse, Jeanne d'Arc. Au hameau de Domrémy, en un lieu pauvre et reculé, aux abords de la forêt des Vosges, elle servait à l'auberge. Elle montait les chevaux des voyageurs, à cru, pour les emmener s'abreuver. Le dimanche elle se promenait dans les bois, où l'on trouvait des lieux de pèlerinage, et où circulait une légende selon laquelle, un jour, parmi ces grands chênes, se lèverait quelqu'un qui sauverait la France. Dans les prés, où elle surveillait ses moutons, les envoyés de Dieu, qui étaient tristes pour la France, lui apparurent en visions. Saint Michel en personne la désigna, par droit divin, pour commander les armées de la libération. Dans le cœur de la Pucelle jaillit la pitié pour le royaume de France, sublime, peut-être miraculeuse, certainement invincible[15]... »

« J'ai fini d'écrire la partie sur Jeanne d'Arc. Je crois vraiment que c'est la grande gagnante dans toute l'histoire de France », écrit-il à son épouse en 1938.

Lorsque, durant la Deuxième Guerre mondiale, les relations avec de Gaulle prendront un tour conflictuel, Churchill fustigera à plusieurs reprises les prétentions du chef de la France libre qui « se prend pour Jeanne d'Arc ». Roosevelt, nettement plus hostile à son égard, usera des mêmes termes. Mais, si chez le président américain l'allusion ressort d'un humour primaire, elle est, dans la bouche de Churchill, sérieuse et réfléchie. En prétendant se comparer à la Pucelle – si tel était en effet le cas –, le « Connétable » commettait un crime de lèse-majesté. A d'autres moments, le rapprochement ne lui paraît finalement pas si absurde que cela. Lorsqu'un diplomate américain soulève la question des relations avec de Gaulle en janvier 1943, Churchill répond : « Nous l'appelons Jeanne d'Arc et nous sommes à la recherche d'évêques pour le faire brûler. » Lorsqu'en 1943 Harry Hopkins, l'éminence grise du président américain, lui raconte la « raillerie » de Roosevelt selon laquelle de Gaulle fait courir le bruit qu'il descend même en ligne directe de la Pucelle, Churchill ne prend pas du tout la chose à la légère. « Cela ne lui parut pas du tout absurde. La France sans une armée n'est plus la France. De Gaulle est l'âme de cette armée. "Peut-être, dit-il sur un ton un peu mélancolique, le dernier survivant d'une race guerrière." »

11

La saveur d'une langue

Dans sa grande biographie de Marlborough, qui paraît en quatre volumes à partir de 1933, Churchill cite le propos d'un envoyé des Pays-Bas à propos de son illustre aïeul : « Il s'exprime très bien et même son très mauvais français est agréable à écouter. » Une langue est avant tout faite pour traduire une pensée. Winston a sans doute abandonné assez vite l'ambition de parler un français courant, malgré les incitations de sa mère. Peu importe. Dénué de timidité, très sûr de lui, il n'aura aucun scrupule, tout au long de son exceptionnelle carrière, à s'exprimer dans une langue qu'il apprécie, et le français churchillien deviendra même une arme dans sa très riche panoplie. Il aime avant tout la langue des auteurs anciens et il a un sens inné de la couleur et du pittoresque. Décrivant une partie de boisson réunissant en 1707 le duc de Marlborough, le roi Guillaume III, le conseiller Godolphin et plusieurs autres membres de la Cour, il cite avec jubilation une lettre de l'ambassadeur de France : « *A la fin ils se soûlèrent de telle manière qu'il n'y en eut pas un qui ne perdit toute connaissance*[1]. »

Ses incorrections sont, depuis le début, l'objet de railleries. En février 1915, Asquith raconte à une amie un déjeuner chez Edward Grey : il y a là le gratin de l'Entente cordiale, dont Théophile Delcassé et Paul Cambon. Le jeune et sémillant Churchill tient absolument à converser dans la langue des invités : « Winston a été très éloquent mais dans le plus mauvais français que vous ou quiconque ayez jamais entendu. *S'ils savent que nous sommes gens qu'ils peuvent conter* [*sic*; la faute d'orthographe est d'Asquith] *sur* a été l'un des fleurons de ses propos[2].» Peu importe que Grey, pourtant ministre des Affaires étrangères, ne parle pas un mot de français, et que Paul Cambon ait refusé catégoriquement, tout au long de ses vingt années comme ambassadeur au Royaume-Uni, de parler une autre langue que la sienne. Comme Churchill est volubile et d'une grande spontanéité, c'est bien son français que l'on retient. Comme un orateur répétant ses discours, il va, au cours des années, le tester et l'affûter et il saura en faire un usage conscient et maîtrisé. «J'ai diverti les Italiens à dîner un soir et ai discouru dans le genre de français qu'ils comprennent et qu'ils pratiquent eux-mêmes. Ils ont été très touchés!» écrit-il ainsi à Clementine en août 1918.

Au Foreign Office, on se gausse de son français fantaisiste et de ses prétentions linguistiques. Dans les années 1930, Eric Phipps, l'ambassadeur à Paris, a pour mission de surveiller de près Churchill, qui n'est plus ministre, lors de ses visites dans la capitale, et de faire bien comprendre aux dirigeants français qu'il ne parle que pour lui-même et pas au nom du gouvernement. Sa tâche est facilitée par le charabia churchillien. «Son français est des plus étranges et à certains moments presque incompréhensible. Par exemple, s'adressant à Blum et à Paul-Boncour l'autre soir il a éructé une traduction littérale de *We must make good*[3], qui est devenu «*Nous devons faire bonne*» (il n'a même pas dit «*bon*»). Cela a laissé Paul-Boncour ouvertement perplexe, et il y a peut-être attribué une signification impropre...» Halifax lira la note devant ses collègues du Cabinet et répondra à Phipps que ceux-ci avaient été «grandement amusés» par ce paragraphe[4].

Au fil des ans, Churchill s'est créé un mémento étoffé d'expressions françaises, qu'il utilise en général à bon escient : «*La nuit porte conseil*», «*Toute vérité n'est pas bonne à dire*», «*Enfoncer une porte ouverte*», «*Qui trop embrasse mal étreint*», «*Les absents ont toujours tort*». «*Qui s'excuse s'accuse*» est une de ses expressions fétiches, ce qui n'est pas étonnant de la part de quelqu'un qui a été élevé dans le «*Never explain, never complain*» victorien. «*Il a manqué une belle occasion de se taire*» est, pour l'homme politique, très utile. En parlant à des journalistes britanniques, il explique que c'est une pratique commune de lancer un «*ballon d'essai*». Exaspéré par la proportion très élevée de troupes non combattantes qui sont utilisées pour des tâches de soutien dans l'armée britannique de 1940, il se plaint à de nombreuses reprises des *«bouches inutiles»*. Il fait très souvent appel à Napoléon, mais aussi à d'autres figures de l'histoire de France, comme Talleyrand et son *«surtout pas trop de zèle»*. A propos de sa fille Mary, très vive, lors d'un bal en 1935 : «Le meilleur de tout fut notre Mary. Elle est *impayable.*» Il se permet des jeux de mots, pas toujours du meilleur goût. Au cours d'un déjeuner à Chequers durant la guerre, on parle des problèmes de rationnement, et il se lance dans une grande défense des oignons, car, dit-il, *«l'oignon fait la force»*. Conscient de la médiocrité de son jeu de mots, il ajoute aussitôt que c'est le genre de blague qu'appréciait l'ancien Premier Ministre Stanley Baldwin : «C'était son niveau d'humour...»

Doté d'une mémoire excellente, nous l'avons dit, il retient facilement le vocabulaire. La grammaire, les conjugaisons constituent, en revanche, de très gros obstacles. Peu importe. Ceux qui rient de ses fautes n'ont tout simplement rien d'intéressant à dire.

Tant qu'il n'a pas de responsabilités gouvernementales, son absence de maîtrise de la langue fait de lui une cible facile et est sans réelle conséquence. En 1940, les choses changent radicalement. Porté par son tempérament, Churchill se montre souvent impatient au cours des grandes conversations diplomatiques, trouvant que les procédures de traduction ralentissent les discussions. Il soupçonne aussi les interprètes, par prudence et timidité, ou tout simplement parce que son éloquence est difficile à rendre fidèlement, d'avoir tendance à édulcorer ses propos.

Mais n'est-ce pas une grande imprudence de vouloir se passer d'interprètes ? S'il continue à commettre des fautes de français, son propos ne risque-t-il pas d'être mal compris, voire déformé ? Winston est parfaitement conscient des dangers inhérents à son éloquence et à sa volubilité. C'est d'ailleurs pour cela que, dès son arrivée au 10 Downing Street, il a lui-même mis en place des garde-fous : tout ce qu'il dit n'a de valeur officielle qu'à partir du moment où ses propos sont retranscrits sur papier, relus et validés par lui-même ou, exceptionnellement, par un membre de son cabinet privé. Si ces instructions concernent avant tout ses propos tenus en anglais, il pense sans aucun doute à ces occasions où il se lancera dans la langue de Molière.

En janvier 1943, il retrouve près d'Adana, dans le sud de la Turquie, le président turc Ismet Inönü. Les discussions se déroulent, selon la vieille tradition diplomatique, en français, que les Turcs pratiquent avec aisance. Churchill commence par présenter les personnes qui l'accompagnent. Parvenu à son adjoint le général Jacob, il explique aux dirigeants turcs qu'il est le fils du maréchal Jacob, qui avait eu des postes importants en Inde, et, se tournant vers le maréchal Chakmak, ministre de la Guerre, ajoute de façon un peu allusive : « *Vous savez. Aux Indes* », ce qui, selon un témoin britannique, laisse son éminent interlocuteur quelque peu perplexe. La conversation est très animée, et Churchill, face aux difficultés des interprètes à trouver les mots justes, prend les choses en main. « Le français du Premier Ministre est relativement facile, note Jacob, et il a été rarement pris de court par un mot. Mais bien sûr il ne pouvait faire qu'une traduction littérale et son accent est presque purement anglais. Je suis certain que les Turcs ont tiré une idée très brumeuse de ce dont il était question. [...] Ils ne pouvaient s'empêcher d'admirer sa détermination et sa confiance en soi[5]. »

Churchill cherche à tout prix à convaincre Inönü d'entrer dans la guerre aux côtés des Alliés, mais celui-ci reste de marbre. Winston est déçu : son opération de séduction ne fonctionne pas. Ce n'est pourtant pas une raison pour refuser l'hospitalité des Turcs et, une fois les conversations terminées, les participants se réunissent pour un banquet dans le wagon-restaurant. Les Turcs sont de solides buveurs et l'atmosphère joyeuse qui a régné tout au long du dîner devient, au moment des toasts, euphorique. Le général Alan Brooke raconte dans son journal : « Le dîner fut désopilant. Winston était au mieux de sa forme et tout le monde riait aux éclats. Dans son français stupéfiant, un mélange d'expressions françaises ampoulées et de mots anglais prononcés en français, il s'est lancé dans les histoires les plus compliquées[6]... » Son médecin particulier, Lord Moran, est également témoin de cette « partie de boisson » digne de Marlborough : « Le Premier Ministre, devenu tout à fait hilare, monopolisa la parole. Il était entièrement pris par la tâche de convertir certaines de ses histoires dans son français bien particulier. Ce n'est pas du français, ce n'est pas de l'anglais, mais quelque chose entre les deux[7]. »

Brooke sera témoin d'autres moments d'éloquence similaires. Le 12 novembre 1944, Churchill, profondément ému par l'accueil qui lui a été réservé la veille sur les Champs-Elysées, est invité à parler à l'Hôtel de Ville. Alexander Cadogan, le numéro un dans la hiérarchie «permanente» du Foreign Office, qui est habitué au français du Premier Ministre, est malgré tout surpris de l'entendre se lancer sans hésitation et sans notes devant une telle assistance : «Je ne sais pas ce que les indigènes ont compris, mais cela a été dit avec beaucoup d'énergie et de larmes, accompagnées par force coups de poing sur la table[8].» Le diplomate compassé est sans doute un peu effaré et gêné. Le public, lui, est ému et ravi : peu importe les incorrections de vocabulaire, c'est Churchill !

Le lendemain de cette journée historique, il rend visite en Alsace aux troupes françaises du général de Lattre, en compagnie de De Gaulle. Il fait un froid glacial, Churchill est fatigué après les émotions de Paris. On trouve une bouillotte, une rasade de cognac lui est prescrite : l'effet est immédiat. «Il s'est réchauffé rapidement et lorsque le moment arriva produisit un de ses indescriptibles et hilarants discours en français. L'assistance applaudit à tout rompre.» Il est à l'aise en compagnie des militaires français, car il peut alors faire appel au vocabulaire des armes dans lequel il a baigné depuis son enfance. De Lattre, qui se prépare à attaquer dans des conditions dantesques, est l'objet de tous les éloges et se voit qualifié de *«général rusé»*.

Tellement de choses ont été dites à propos du «français exécrable» de Churchill, de ses expressions comiques ou grotesques, que la légende doit être parfois rectifiée. Le fleuron du «français churchillien» est sans nul doute le *«Si vous m'obstaclerez, je vous liquiderai»*, adressé au général de Gaulle lors d'une rencontre «explosive» le 22 janvier 1943 à Casablanca, sans que l'on connaisse la source, puisque, d'après ce que l'on sait, l'entretien eut lieu en tête à tête. Churchill dans ses Mémoires évoquera un entretien très froid – *«stony»* – et racontera qu'il avait dit, en effet, au Général que s'il continuait à être un obstacle, il romprait avec lui. S'il a bien utilisé le verbe «liquider», ce dont on peut douter, il ne l'a certainement pas employé dans le sens courant en français – éliminer physiquement – mais plutôt dans un sens plus juridique, par exemple lorsqu'on procède à la mise en liquidation d'une société – ici, en l'occurrence, mettre fin à ses rapports avec la France libre et notamment interrompre son financement. Quant à de Gaulle, son compte rendu de l'entretien dans ses Mémoires est plus diplomatique et, pour des raisons compréhensibles, il n'est pas question d'un avertissement aussi brutal.

Une autre version est d'ailleurs apparue plus récemment ; elle est rapportée dans son journal par le secrétaire privé du roi, Alan Lascelles : «*Marquez mes mots, mon ami – si vous me double-crosserez, je vous liquiderai*[9]», aurait dit Churchill. Sous cette forme, la phrase comporte deux anglicismes : *marquez mes mots*, «*mark my words*» – notez bien ce que je vais dire – et *double crosserez*, «*double-cross*» – qui veut dire peu ou prou «trahir». Dans la mesure où il n'y eut pas de témoins de l'entretien, il est fort possible que les avertissements de Churchill – en tout cas sous cette forme – ne soient que pure invention. D'autres cas appellent à se méfier de ces phrases attribuées au Premier Ministre dont, il est vrai, il ne jugera pas bon de nier la paternité : ainsi de cette croix de Lorraine qui aurait été la plus «lourde à porter de toutes», phrase mise dans sa bouche et citée par *Time* en 1943, mais qui est en réalité le fruit de l'imagination d'un des correspondants du magazine.

Je préfère, quant à moi, ces paroles adressées par Churchill à de Gaulle dans le jardin d'Anfa où ce dernier a été convoqué, le 22 janvier 1943, pour serrer, devant les caméras et les photographes, la main du général Giraud, son rival soutenu par Roosevelt. En visionnant les actualités Pathé, on peut entendre distinctement Churchill s'efforcer de l'encourager, alors que les cameramen réclament que les deux généraux français se serrent la main une deuxième fois : «*Allez-y, c'est ça la guerre moderne.*» De Gaulle avait à cette occasion de bonnes raisons pour ne pas être d'humeur à plaisanter.

Les difficultés entre Winston Churchill et le chef de la France libre donneront lieu à d'autres échanges savoureux. Alors que Churchill s'oppose à son départ pour l'Afrique du Nord en mai 1943, le Connétable réplique : «*Enfin je suis prisonnier. Bientôt vous m'enverrez à l'Iloman.*» Churchill lui demande de répéter ce dernier mot, puis comprend que le général fait allusion à l'île de Man, située entre le pays de Galles et l'Irlande, où les Britanniques avaient fait interner plusieurs compatriotes du Général qui se comportaient en Angleterre de façon suspecte. Sur quoi, Winston, dans son «meilleur» français, réplique :

«Non, mon général, pour vous, très distingué [*sic*], *toujours la Tower of London*[10]*.»*

Malgré ses anglicismes et ses fautes imagées, ses répliques font souvent mouche, comme lorsqu'en septembre 1941 le général Catroux lui adresse, «au nom des Français libres», un télégramme de félicitations à l'occasion de sa nomination comme «Lord Warden des *Cinque Ports*» (Lord gardien des cinq ports), un titre très prestigieux mais parfaitement honorifique datant du XIIe siècle. Catroux pensait que cette nomination signifiait que Churchill était admis à la Chambre des lords. Cette «élévation à la pairie réjouit tous mes camarades français libres», écrivit Catroux. Le Premier Ministre, très amusé par ce télégramme un peu obséquieux et ridicule, adresse au compagnon de De Gaulle une réponse lapidaire dans un français parfaitement maîtrisé : *«Mille remerciements, mais ce n'est pas si grave que ça. Vive la France libre*[11] *!»*

Au cours des derniers mois de la guerre, et dans les années qui suivront la victoire, il aura l'occasion à plusieurs reprises de s'adresser à la foule. En 1944, il a inauguré une formule d'introduction à ses discours qui aura énormément de succès : *«Méfiez-vous je vais parler français.»* En France, en Belgique, la foule se presse pour l'entendre et cela marche parfaitement. Sa popularité est immense et il n'a absolument pas peur d'improviser. A Bruxelles, en 1946, il clôt son discours par un *«vive la Bruxelles»* qui ravit les Wallons. Devant les Flamands, il parle aussi en français, et s'amuse : *«Je suis très heureux d'être rentré enfin à l'Anvers.»* Plus tard, le vieil homme ne pourra résister aux calembours fâcheux. Ainsi, près de Cannes, à la fin des années 1950, passant en voiture devant une affiche publicitaire pour Perrier, «L'eau qui fait pschitt !», il dit à son voisin, le regard pensif, «Je n'avais jamais vu cela orthographié ainsi» (en parlant du «pschitt!», le lecteur anglophone comprendra...).

Churchill a été souvent moqué pour sa façon totalement désinhibée de s'exprimer dans la langue française. Lorsqu'il récite, par cœur, devant un de Gaulle pour une fois impressionné le *Père la Victoire* ou lorsque, en tournée en Suisse après la guerre, il cite – en se trompant certes, mais tout de même ! – le vieux poème de Roger de Collerye, le chant de l'époque de la grande jacquerie de la fin du XIVe siècle, «Cessez, cessez gendarmes et piétons de piller et de manger le bonhomme – qui depuis longtemps se nomme – le bonhomme[12] », on ne pourra nier que ce grand défenseur de l'unité des peuples de langue anglaise a rendu un singulier hommage au français.

12

Equilibrisme

Dans le magistral chapitre initial de ses Mémoires de la Deuxième Guerre mondiale, Churchill expose ce que sont, selon lui, les causes profondes de la tragédie européenne : tout découle de la rivalité entre la France et l'Allemagne. «Par cinq fois en l'espace d'une centaine d'années, en 1814, 1815, 1870, 1914, 1918, les tours de Notre-Dame ont pu voir au loin la lueur des canons prussiens et entendre l'écho de la canonnade[1].»

La Deuxième Guerre mondiale n'est pas la confrontation de deux visions du monde, de deux idéologies, mais la poursuite d'une lutte multiséculaire mettant aux prises deux nations. Le diagnostic porté par Churchill dans les années 1920 demeure à ses yeux exact, malgré le nazisme et les camps, en dépit de *Mein Kampf*, qu'il a lu très tôt. En 1918, l'Allemagne n'avait pas réellement perdu la guerre. Foch, le généralissime, «d'humeur très militaire», avait proclamé : «Ils se sont bien battus, qu'ils repartent avec leurs armes.» Le ver était dans le fruit, la lutte ne tarderait pas à reprendre.

Quant aux Britanniques, dirigeants et opinion publique, après avoir, dans un premier temps, clamé que l'Allemagne et son Kaiser devaient être traités comme des criminels de guerre – beaucoup réclamaient même que Guillaume II soit pendu –, ils avaient rapidement évolué dans la direction opposée. La sympathie et même l'admiration pour l'Allemagne, notamment dans les classes éduquées, avaient rapidement remplacé l'hostilité. La France, victorieuse, dominatrice, surarmée, était désormais devenue la véritable menace pour la paix en Europe.

Le monde anglo-saxon au sens large était séparé de l'Europe par les mers et les océans. Il semblait exclu que les peuples de langue anglaise vinssent de nouveau des antipodes au secours des puissances européennes. « Par quelle combinaison improbable d'événements reverrions-nous en France les impressionnants Canadiens de la côte de Vimy ; les glorieux Australiens de Villers-Brettoneux ; les indomptables Néo-Zélandais qui résistèrent dans les cratères d'obus de Passchendaele ; l'imperturbable corps de soldats indiens qui avait tenu la ligne près d'Armentières lors du cruel hiver de 1914 ? Quand reverrions-nous 2 ou 3 millions de soldats britanniques, pacifistes, insouciants, antimilitaristes, monter au front dans les plaines d'Artois et de Picardie ? »

Dans l'imbroglio européen, les choses n'avaient pas avancé. Le fait majeur, le risque permanent était celui d'un conflit entre la France et l'Allemagne. Tout le reste comptait pour peu de chose.

N'ayant jamais peur de se lancer dans des raccourcis acrobatiques, l'histoire des siècles précédents est mise à contribution et tout semble tourner autour de cette rivalité. Churchill se sent désormais investi d'une mission : « A mes yeux, l'objectif suprême semblait être de mettre fin au conflit millénaire [*sic*] entre la France et l'Allemagne. Si nous pouvions seulement tisser entre Gaulois et Teutons des liens si étroits sur le plan économique, social et moral qu'ils empêchent l'émergence de nouvelles querelles, et fassent disparaître les vieux antagonismes pour les remplacer par la prospérité commune et l'interdépendance, l'Europe reprendrait son envol. Il me semble que l'intérêt suprême du peuple britannique en Europe est dans l'apaisement de la *vendetta* franco-allemande. »

La conclusion du traité de Locarno, en 1925, avait néanmoins rempli Churchill d'espoir et, au seuil des années 1930, il est serein quant à l'avenir de l'Europe. Marginalisé politiquement, il a d'autres préoccupations, et en premier lieu trouver un « vrai » métier, gagner de l'argent, et essayer de maintenir un niveau de vie à peu près digne d'un Marlborough, dans une Angleterre où l'aristocratie se sent menacée dans son existence même par un Etat prédateur qui a brutalement augmenté les impôts. Il a d'ailleurs des occupations multiples, effectue une longue tournée aux Etats-Unis, s'occupe de sa propriété de Chartwell. Sur un plan financier, les choses ne vont pas bien, et il subit de grosses pertes sur ses placements lors du krach à Wall Street. En décembre 1931, il est renversé par une voiture à New York et échappe de peu à la mort. La Grande-Bretagne est, à cette époque, satisfaite, sûre d'elle-même et de son empire. Pour Churchill, en revanche, l'horizon est bouché, et le succès considérable que rencontrent ses livres est une mince compensation. En raison de la fragilité de sa situation personnelle, il développe un sens plus aigu que ses pairs de la précarité de la situation internationale.

A Genève, le 2 février 1932, s'ouvre la grande conférence sur le désarmement qui doit assurer la paix en Europe. La conviction bien ancrée des dirigeants et de l'opinion publique au Royaume-Uni est que les grandes armées de terre continentales constituent la principale et peut-être la seule menace pour la paix. Or si l'Allemagne n'existe plus militairement, la France, elle, conserve une armée surpuissante. La Grande-Bretagne se voit d'abord comme un *«honest broker»*, un intermédiaire de confiance. John Simon, le ministre des Affaires étrangères britannique, expose son point de vue : le rôle de son pays est de tout faire pour parvenir à un «désarmement réaliste» et d'œuvrer comme un ami sincère des deux bords, avec le désir de promouvoir l'apaisement entre la France et l'Allemagne. Au même moment, cependant, Hitler se trouve aux portes du pouvoir. Le 31 juillet, les élections au Reichstag voient le parti nazi remporter 230 sièges; avec plus de 13 millions de voix, il est désormais le premier parti d'Allemagne. Mais Franz von Papen, qui a succédé à Brüning comme chancelier, n'invite pas le parti nazi au gouvernement dans un premier temps, puis, sous la pression de la rue, propose à Hitler le poste de vice-chancelier, que celui-ci refuse.

Churchill est aux aguets : il vient d'effectuer, en prévision de sa grande biographie de Marlborough, un séjour en Allemagne au cours duquel il a visité les champs de bataille où s'est illustré son ancêtre, Blenheim en particulier. Par l'intermédiaire d'Ernst Hanfstaengl, le photographe attitré du chef du parti nazi, il a failli rencontrer, à Munich, le futur Führer. Hanfstaengl lui a fait savoir que, comme Hitler venait tous les jours au même hôtel, rien ne serait plus facile que d'organiser un entretien. Churchill est *a priori* d'accord, mais selon les Mémoires de celui que l'on surnomme «Putzi», Hitler est très anxieux à l'idée de se retrouver face à un homme qui est «aussi habile politiquement que lui-même».

Il se méfie aussi des prises de position de Churchill, qui passe, à tort, en Allemagne pour un francophile acharné. Hitler a peut-être été influencé par l'entretien entre Winston et le conseiller à l'ambassade d'Allemagne à Londres, Bismarck, qui s'était déroulé deux ans auparavant, le 18 octobre 1930. Churchill, selon le compte rendu transmis à Berlin par le diplomate allemand, s'était exprimé en termes « tranchants ». Les progrès des nazis étaient la cause « de la dégradation spectaculaire de la position extérieure de l'Allemagne, en particulier vis-à-vis de la France ». Il avait également expliqué à Bismarck que la France avait toujours peur de l'Allemagne, et qu'il était bon pour l'Europe que la France ait une armée puissante, car les Français « n'étaient pas un peuple agressif et n'envisageraient jamais d'attaquer l'Allemagne s'ils n'étaient pas provoqués[2] ».

Au moment de son séjour en Bavière, la « francophilie » de Churchill ne l'a pourtant pas encore poussé à prendre les positions plus radicales qui seront bientôt les siennes. Il raisonne toujours, de façon traditionnelle, en termes d'équilibre européen : or, s'il existe un déséquilibre au début des années 1930, la balance penche nettement du côté de la France du fait de sa très large supériorité sur le plan militaire.

C'est au cours des mois qui suivent que ses positions évoluent assez nettement. Durant l'été et l'automne de 1932, le gouvernement dirigé par Franz von Papen réclame « l'égalité de statut » pour l'Allemagne en matière d'armements. Dans la rue, les agitateurs nazis exigent que soient brisées les « chaînes » imposées par le traité de Versailles. La réplique vient d'Angleterre : il faut rester ferme. La Grande-Bretagne insiste sur le fait que les clauses concernant le désarmement de l'Allemagne incluses dans le traité sont encore pleinement valides. En guise de protestation, le 14 septembre, Papen retire l'Allemagne de la conférence sur le désarmement de Genève.

Dans un article qui paraît dans le *Daily Mail* le 17 octobre 1932, Churchill soutient à la fois la position prise par le ministre des Affaires étrangères britannique et la politique menée par la France en matière militaire. Il s'en prend aux pacifistes de tout poil, éreintant au passage la naïveté et l'égoïsme de l'ami américain. « Au cœur de la situation très compliquée et électrique qui prévaut en Europe, nos pacifistes, insouciants et naïfs, tout en ayant les meilleures intentions du monde, veulent que nous fassions à tous de grandes embrassades, soutenus par les très lointains encouragements en provenance des Etats-Unis. » Il est cependant à contre-courant : l'opinion publique en Grande-Bretagne, ainsi que nombre de ses collègues au Parlement sont dans leur très grande majorité opposés à cette politique de fermeté. Ils estiment que l'Allemagne est dans une position d'infériorité considérable vis-à-vis de la France, et que cela n'est plus justifié.

Le 6 novembre 1932, les élections générales ont lieu en Allemagne. Le parti national-socialiste demeure le plus important, mais perd en pourcentage de voix, passant de 37 à 33 %. L'ascension du nazisme n'est donc pas irrésistible. Papen offre néanmoins de nouveau le poste de vice-chancelier à Hitler, et celui-ci refuse pour la deuxième fois. Quinze jours plus tard, visiblement impressionné, Churchill parle de ce qu'il a vu lors de son séjour en Allemagne à la Chambre des communes : « Ne vous faites pas d'illusions. [...] Toutes ces bandes de jeunes et robustes Teutons, défilant dans les rues et parcourant les routes d'Allemagne, avec dans le regard le désir de souffrir pour la Mère patrie, ne revendiquent pas un statut. Ils veulent des armes, et lorsqu'ils auront les armes, croyez-moi, ils exigeront la restitution des territoires perdus et des colonies perdues, et lorsque cette revendication sera faite, elle ne manquera pas de bousculer et peut-être de provoquer l'effondrement des fondations de tous les pays que j'ai mentionnés, et de quelques autres aussi que je n'ai pas mentionnés. » Il approuve fermement le maintien de la puissance militaire française à un niveau élevé, tout en ajoutant prudemment qu'il n'est pas « alarmiste » et qu'il ne croit pas qu'une guerre en Europe soit imminente. Il termine cependant par une formule qui obscurcit quelque peu son propos ; malgré la montée des périls, il estime en effet qu'un règlement global doit aussi passer par la reconnaissance des revendications de l'Allemagne : « La satisfaction des griefs légitimes des vaincus doit précéder le désarmement des vainqueurs[3]. » Les Français raisonnent tout autrement : c'est la sécurité collective qui doit précéder le désarmement.

Deux mois plus tard, le 30 janvier 1933, Hitler, appelé par le maréchal von Hindenburg, accède au poste de chancelier. Malgré l'inquiétude qu'il a exprimée face au spectacle donné par les «bandes» nazies, il est encore absolument clair pour Churchill que la Grande-Bretagne doit rester autant que possible à l'écart des affaires européennes, où tout tourne autour de la relation franco-allemande. Ce n'est pas, en ce qui le concerne, un retour au «splendide isolement», qui a la faveur de beaucoup de ses compatriotes. Il semble mettre quasiment sur le même plan les trois grandes nations européennes. «Mes pensées se tournent au-delà des eaux étroites de la Manche et de la mer du Nord, où de grandes nations sont déterminées à défendre au péril de leur vie leur gloire nationale ou leur existence même. Je songe à l'Allemagne, avec sa jeunesse magnifique, au regard clair, marchant de l'avant sur les routes du Reich au rythme de leurs chants anciens, réclamant le droit d'être embrigadés dans une armée; cherchant avec empressement à obtenir les plus redoutables armes de guerre; brûlant de souffrir et de mourir pour leur *Vaterland*. Je songe à l'Italie, avec ses Fascistis ardents, leur glorieux chef, et leur sens intransigeant du devoir national. Je songe à la France, inquiète, amoureuse de la paix, pacifiste jusqu'à la moelle, mais armée jusqu'aux dents et déterminée à poursuivre son chemin parmi les grandes nations[4].» Face aux 65 millions d'Allemands, il y a l'armée française qui est, en effectifs et en armements, largement supérieure à toutes les autres; c'est même, croit-on, la «plus forte armée du monde».

C'est justement cette armée pléthorique et ces armements modernes qui font peur aux Anglo-Saxons, selon le raisonnement que ce sont les armées et le militarisme qui sont la cause originelle des guerres et, le 30 mars 1933, le gouvernement britannique présente officiellement le plan MacDonald, du nom du Premier Ministre : l'Allemagne obtient le droit de doubler l'effectif de la Wehrmacht, passant de 100000 à 200000 hommes, en partie par le moyen de la conscription, qui avait été prohibée par le traité de Versailles. C'est, pour les Allemands, une avancée considérable, même s'ils n'ont toujours pas le droit de recréer une armée de l'air. La soi-disant médiation menée entre la France et l'Allemagne, qui avait été soutenue au départ par Churchill, consiste, en pratique, à céder aux revendications allemandes.

Le plan MacDonald a été, le 23 mars, le sujet d'une longue passe d'armes à la Chambre des communes entre Churchill et presque tous les autres... «Je dois dire que tout au long de ces semaines d'anxiété [...] bon nombre de personnes se sont dit, comme moi-même je l'ai dit depuis plusieurs années : remercions Dieu pour l'armée française.» Après avoir marqué son effarement face aux politiques mises en place par les nazis désormais au pouvoir, et indiqué son soulagement que, pour le moment, ils ne semblent pas chercher à les imposer dans d'autres pays, Churchill aborde la partie principale de son argumentation, qui découle directement de son expérience de la Première Guerre mondiale, et non d'un amour immodéré pour la nation française. «Lorsque vous encouragez un pays à réduire ses défenses plus qu'il ne l'estime nécessaire, et si ce pays tient compte de votre avis, tous les engagements que vous avez contractés à son égard, si prudemment qu'ils aient été pris, sont renforcés d'autant. Lorsque ce même pays qui a suivi vos conseils se retrouve en grave danger, vous vous retrouvez alors encore plus engagé; les exigences liées à la camaraderie, l'honneur et la compassion prennent alors toute leur force[5].»

Churchill cherche à esquiver de nouvelles obligations à l'égard de la France, qu'elles soient concrétisées par des accords formels ou non; il est donc impératif que celle-ci conserve toutes ses capacités défensives. Il rappelle à cet égard la question des dispositions de la flotte à la veille de 1914, problème auquel il avait été très étroitement mêlé. Nous l'avons vu, face à l'accroissement impressionnant de la flotte de guerre allemande, l'Amirauté britannique avait décidé de concentrer ses principales unités en mer du Nord et aux abords de la Manche et avait retiré une partie de ses bâtiments de Méditerranée. Il était entendu que la flotte française y remplacerait les unités britanniques. Il n'y avait pas d'accord écrit ou oral et le Premier lord de l'Amirauté avait clairement indiqué à ses collègues du gouvernement que les deux manœuvres étaient effectuées indépendamment et sans coordination pratique. Au début de la guerre, les côtes nord de la France se retrouvèrent dégarnies et les Britanniques ne purent plus esquiver leurs responsabilités, même si elles n'avaient pas été formalisées. «Cela montre l'énorme danger qu'il y a à vouloir pousser à tout prix un pays à désarmer contre sa volonté; de même qu'il faut éviter d'être trop étroitement lié à son organisation défensive[6]», conclut Churchill face aux parlementaires.

Tant que la France conserve une armée forte, largement supérieure à celle de l'Allemagne, il n'y a aucune chance qu'elle soit la victime d'une agression, condition nécessaire – aux termes du traité de Locarno – pour que la Grande-Bretagne intervienne militairement à ses côtés. De plus, il n'y a pas le moindre signe que la France, de son côté, ait des intentions agressives : «Je suis certain que la France, la nation la plus pacifique d'Europe à l'heure actuelle, tout en étant, fort heureusement, la nation la plus efficacement armée, ne se lancera jamais dans une violation du traité ou attaquera ouvertement l'Allemagne sans qu'elle en soit autorisée aux termes du traité.»

Maintenant régulièrement interrompu par les quolibets d'une partie de ses collègues parlementaires, irrités par son argumentation un peu abstruse et son emphase, Churchill commence à perdre le fil de son propos et attaque Ramsay MacDonald sur un ton très sarcastique, le comparant à Don Quichotte, l'accusant de n'avoir rien fait pendant ses quatre dernières années au pouvoir, si ce n'est d'avoir conduit la Grande-Bretagne plus près de la guerre, de l'avoir rendue plus faible, plus pauvre, et encore moins bien défendue qu'auparavant. C'est d'ailleurs le jeune sous-secrétaire au Foreign Office Anthony Eden – combattant valeureux de 1914, et devenu radicalement opposé à la guerre – qui a la charge, au nom du gouvernement, de répliquer. Il reproche d'abord à Churchill d'avoir rabaissé le niveau d'un débat qui abordait des questions graves par ses «sarcasmes et ses plaisanteries», réfute systématiquement ses affirmations, et est chaleureusement applaudi sur tous les bancs.

La presse britannique est, dans l'ensemble, assez sévère pour Winston. L'opinion publique ne veut pas d'un Cassandre multipliant les avertissements apocalyptiques, et encore moins d'un fauteur de guerre. Certains le soupçonnent même de calculs politiques sournois : sa carrière politique étant en lambeaux, est-il vraiment sincère et ne cherche-t-il pas, avant tout, à faire parler de lui ?

En réalité, Churchill n'est pas, en ce mois de mars 1933, si isolé au sein de la Chambre qu'il aimera le faire croire plus tard. Il est d'ailleurs soutenu par l'intervention après la sienne de son ami Spears, puis par celle d'un autre proche, le travailliste Wedgwood, un ancien des Dardanelles. Celui-ci déclare même : «Je n'ai jamais pensé que je vivrai suffisamment longtemps pour entendre de nouveau dans cette Chambre un discours aussi franchement profrançais, et sentir que ce discours était reçu par la Chambre avec des sentiments de sympathie.» Il prétend qu'un élan de francophilie s'est répandu dans tout le pays et que seul Ramsay MacDonald ne s'en est pas rendu compte. «Il y a quinze jours nos brillants jeunes gens d'Oxford votaient une résolution dans laquelle ils affirmaient que plus jamais ils ne se battraient pour le Roi et le pays. Maintenant ils marmonnent que si ces surhommes allemands vont beaucoup plus loin, il faudra s'occuper d'eux. Ce qui s'est passé en Allemagne a complètement converti une Angleterre proallemande en une Angleterre profrançaise, et le Premier Ministre refuse pourtant de voir ce changement évident[7].»

Même si l'ami de Churchill exagère manifestement la rapidité avec laquelle le vent a tourné, les réactions de l'autre côté de la Manche confirment que le débat a été plus équilibré que Churchill ne l'a écrit plus tard. Son intervention reçoit un accueil particulièrement chaleureux à Paris. *Le Temps* consacre une large place de sa une au discours lénifiant de MacDonald et à la réponse de Churchill, ne négligeant pas de citer ses sarcasmes à l'égard du Premier Ministre : «Nous savons tous que, plus que n'importe qui d'autre, notre Premier a le don de comprimer le plus grand nombre de mots dans la plus petite somme de pensées.» Le commentaire du *Temps* est extrêmement favorable à Churchill et son correspondant à Londres rapporte même que son discours a été bien accueilli : «Le langage de bon sens a été tenu hier, à la Chambre, par Winston Churchill, qui a répété que l'armée française est la sauvegarde de la paix sur le continent et que c'est une absurdité de vouloir forcer la France à désarmer alors que l'on assiste, en Allemagne, à un véritable déchaînement de haine.» Quant à Ramsay MacDonald, il a manifestement été mis sur la défensive : «La réserve avec laquelle la Chambre des communes a accueilli son exposé et les applaudissements par lesquels elle a souligné les passages essentiels du discours de M. Winston Churchill ont dû le convaincre de reprendre plus intimement contact avec de larges cercles de l'opinion britannique.» Pour *Le Petit Parisien*, le discours du Premier Ministre a été écouté avec une «froideur marquée»; quant à la vive réplique de Churchill, elle a été accueillie par de «chaleureux applaudissements». Sous le titre «Les aveux de M. MacDonald», *Le Journal des Débats* évoque le «chaleureux discours de M. Churchill» et conclut par un vibrant hommage à la démocratie britannique : « S'il existe un gouvernement français, il a beaucoup à apprendre et beaucoup à comprendre dans la séance de la Chambre des communes. Toute raison politique n'a pas péri, ni en Angleterre, ni en Europe. »

Ces soutiens venus de France sont importants pour Churchill. Il sait qu'il peut y compter désormais sur des oreilles attentives et bienveillantes. Dans les années qui vont suivre, ses interventions multiples sur les questions européennes recevront un large écho dans le pays, et sa notoriété ne cessera d'y croître, alors même que, dans son propre pays, il est parfois inaudible. Sa longue intervention en ce 23 mars 1933 marque le véritable début de sa campagne contre la politique de désarmement. Il a déjà alerté ses concitoyens, mais jamais en termes aussi forts et avec une telle conviction, et en utilisant toute la gamme de ses talents oratoires. Pourtant, et cela peut paraître paradoxal, voire incohérent, Churchill, au début des années 1930, reste, dans une large mesure, un isolationniste. « L'essor de l'Allemagne [...] vers une forme d'égalité militaire avec la France, la Pologne ou avec d'autres petits Etats plus petits, explique-t-il mi-avril 1933, signifie qu'une nouvelle guerre générale aura lieu. [...] Je lisais l'autre jour les commentaires d'un quotidien suisse de qualité au sujet des projets de notre pays. Ils indiquent que cela fait partie d'un plan délibéré par lequel le Premier ministre britannique veut transposer en une politique générale la sympathie qu'il porte depuis de nombreuses années pour l'Allemagne [...]. Je le répète et je continuerai de le répéter tant qu'il me restera un souffle, nous n'avons pas le droit de nous mêler de trop près de ce qui se passe en Europe[8]. » Churchill se montre opposé à toute initiative diplomatique d'envergure qui empêcherait la Grande-Bretagne de prendre ses décisions librement. Il a passé les années 1920 à tenter de justifier l'entrée en guerre du pays en 1914 dans laquelle il a été directement impliqué et ne veut pas qu'une telle situation se reproduise. Il est impératif que la France s'occupe seule de sa sécurité, d'autant qu'elle le fait très bien. Ainsi les Britanniques pourront « vivre leur vie dans leur île sans être de nouveau happés par les périls du continent européen ».

Sur le plan personnel, ce qui différencie Churchill de la plupart de ses collègues, en tout cas dans les milieux conservateurs, ce n'est pas sa francophilie exacerbée mais plutôt un sentiment permanent d'insécurité, qui est la conséquence d'une certaine fragilité et, de ce point de vue, les choses ne se sont pas améliorées. Les incertitudes de la vie le conduisent à avoir les sens toujours en éveil ; c'est dans les moments de grands troubles qu'il peut reprendre son essor. Stimulé par les comptes rendus si élogieux à son propos qui paraissent dans la presse française, il ne va plus s'arrêter. Durant la seule année 1934, il fait paraître une cinquantaine d'articles dans la presse britannique et prononce plus de vingt discours substantiels à la Chambre et au cours de réunions publiques à travers le pays. Le 7 février, pour prendre un exemple, lors d'une séance aux Communes, il critique le livre blanc sur le désarmement en termes très précis et vivants. Une semaine plus tard, il attaque de nouveau l'illusion d'un accord de limitation des armements et rend hommage aux Français pour leur « totale détermination » à préserver la liberté et la sécurité de leur pays face à toute invasion.

Il n'empêche, les Britanniques croient encore à la sincérité du chancelier du Reich. Lorsque Anthony Eden rencontre « Herr » Hitler pour la première fois en février 1934, il rentre à Londres convaincu que le Führer veut réellement parvenir à un accord de désarmement. L'idée que Hitler soit aussi un manipulateur ne vient à l'esprit de personne. Contrairement aux hommes politiques traditionnels, il semble toujours annoncer la couleur, dire ce qu'il va faire, et respecter ses engagements. Un an plus tard, le Führer réintroduit unilatéralement le service militaire obligatoire et c'est avec stupeur que l'Europe apprend que l'Allemagne dispose d'ores et déjà d'une force aérienne substantielle, composée de 800 à 850 avions de guerre, dont la construction et la mise en service ont été très habilement dissimulées.

Churchill va donc maintenant devoir guerroyer contre une nouvelle catégorie d'adversaires. En Angleterre, les pacifistes sont nombreux. On trouve également quelques admirateurs de Hitler, en qui ils voient un dernier bastion contre le communisme. Les plus coriaces sont tous ceux qui se targuent d'être d'abord des réalistes, parmi lesquels on trouve certains de ses proches, comme Lord Rothermere, patron du *Daily Mail*, son hôte sur la Côte d'Azur. Rothermere n'a rien d'un proallemand mais il estime que la France est finie, que son armée de terre, malgré l'arrogance de ses chefs, ne vaut rien et qu'elle sera écrasée par la nouvelle armée allemande. Il en a conclu que la seule issue pour sauver la paix est désormais de parvenir à une entente durable et équilibrée avec Hitler. «Rothermere m'écrit tous les jours. Ses inquiétudes sont un peu dérisoires. Il pense que les Allemands sont surpuissants et que les Français sont corrompus et ne valent rien», note Winston.

Rothermere lui adressera, en mai 1935, la copie d'une lettre qu'il a reçue de Hitler en personne. Le patron du grand quotidien britannique raconte que le Führer avait été frappé par un de ses éditoriaux de 1930 dans lequel il avait affirmé qu'il serait un jour prochain le maître de l'Allemagne. Churchill répond aussitôt à son ami : «Si sa proposition veut dire que nous devrions parvenir à un accord avec l'Allemagne pour dominer l'Europe, je crois que cela serait en contradiction avec toute notre tradition historique. Nous avons été en toutes occasions l'ami de la deuxième puissance en Europe et n'avons jamais accepté de céder à la première. [...] C'est ainsi qu'Elizabeth résista à Philippe II d'Espagne. De même pour Guillaume et Marlborough face à Louis XIV. C'est ainsi aussi que Pitt résista à Napoléon; et nous avons tous ensemble résisté au Kaiser. C'est seulement en prenant cette voie que nous avons pu nous protéger nous-mêmes, ainsi que nos libertés, et accéder à notre position actuelle. Quant à moi je ne vois aucune raison de nous écarter de cette approche traditionnelle[9].»

L'affaire Stavisky, le 6 février 1934, la menace du communisme, les Croix-de-Feu et l'Action française, l'instabilité chronique du pouvoir politique vont conforter les «réalistes» comme Rothermere, et Churchill va avoir fort à faire pour défendre la cause de la France.

D'une façon générale, les hommes politiques anglais ne sont pas à l'aise en présence d'étrangers. Certains, comme Lord Halifax, passent pour carrément francophobes. Au Royaume-Uni, on n'aime pas la versatilité et les propos abrupts qui caractérisent ce qu'on appelle les «Latins». Le jeune Anthony Eden, qui, tout en croyant encore à la sincérité de Hitler, honnit l'arrogance et la brutalité allemandes, méprise presque tout autant la génération de politiciens français qui a succédé à Clemenceau. Il y a quelque chose de physique – on pourrait presque parler d'une forme de racisme – dans cette hostilité. Ces petits-bourgeois courts sur patte, ventrus, mal lavés et mal rasés, toujours la cigarette au bec, avec leurs complets mal coupés, ne pensent qu'à leurs maîtresses et sont d'une arrogance injustifiée. C'est ainsi qu'est souvent représentée la classe politique française. Pierre Laval est sans doute l'exemple suprême, mais les autres sont à l'avenant : Gaston Doumergue, Edouard Herriot, Daladier, etc. Quant à ceux qui ont une apparence de gentleman, comme Pierre-Etienne Flandin, en qui Churchill fonde certains espoirs – il est grand et parfaitement habillé –, on s'en méfie tout particulièrement : cette anglophilie ne peut être vraiment sincère. La propagande allemande joue d'ailleurs sur ces différences culturelles – superficielles – entre la France et l'Angleterre, et s'efforce de convaincre le public britannique que les «races» anglaise et allemande sont bien plus proches et que le soutien à la France revient à commettre un acte contre nature.

Churchill n'a pas ces préjugés et ces répugnances. L'aspect physique n'est pas pour lui un critère de jugement valable – il n'a pas de leçon à donner dans ce domaine –, la tenue vestimentaire non plus. Les maîtresses des autres ne l'ont jamais gêné : le sujet l'amuse plus qu'autre chose. Quant à la réserve et à la discrétion britanniques, s'il ne peut aller contre les fondements mêmes de l'éducation qu'il a reçue, lui-même est de caractère presque latin : prompt à s'enthousiasmer, émotif, il adore les joutes verbales prolongées.

Il se fie d'ailleurs à son instinct, comme il l'écrit à Flandin : «Je crains énormément les dangers qui menacent nos deux pays et ce que l'on appelle la civilisation. Mais on ne peut m'enlever ce sentiment qui a toujours été le mien durant le dernier quart de siècle, à savoir que l'Angleterre et la France vont, d'une façon ou d'une autre, s'en sortir ensemble.» Hostile au début des années 1930 à toute alliance, qu'elle soit formelle ou informelle, avec la France, Churchill va évoluer; comment, face à une Allemagne de plus en plus menaçante, ne pas envisager un jour une coordination plus étroite, autre chose que cette Entente cordiale qui avait été, par son imprécision, une source constante d'ambiguïté?

Durant le mois de juin 1935, Churchill espère être rappelé aux affaires par Stanley Baldwin, le Premier Ministre conservateur qui prend la succession de MacDonald. Alors qu'il a réclamé jusque-là que son pays s'abstienne d'intervenir dans les affaires européennes, il soutient maintenant l'idée de développer des formes de coopération. Les trois gouvernements britannique, français et italien se sont réunis à Stresa mi-avril 1935, sans qu'il en sorte grand-chose. Mais

Churchill, qui est un peu en panne d'idées, approuve cette relance de la négociation collective. Il va bientôt voir ses maigres illusions bafouées.

Durant l'été, les relations entre la Grande-Bretagne et la France vont connaître une crise majeure. Les Britanniques ont accepté le principe d'un réarmement partiel de l'Allemagne ; ils considèrent qu'il ne serait pas réaliste de s'y opposer, car Hitler a démontré qu'il était aisément parvenu à contourner toutes les interdictions, mais ils espèrent pouvoir contrôler l'effort militaire allemand et le maintenir dans des proportions raisonnables. Cette position prend une forme concrète avec l'accord naval anglo-allemand, qui instaure un nouveau système de ratios entre les flottes militaires des deux pays. Le traité, signé le 18 juin 1935 après deux semaines de discussions, ratifie un ratio de 35 %, excepté pour les sous-marins, où les Allemands ont droit à 45 % du tonnage de la Royal Navy, pouvant ultérieurement monter jusqu'à 100 %. Le ratio de 35 % est un bon résultat aux yeux de l'Amirauté britannique ; c'est en tout cas toujours mieux que de laisser les Allemands construire autant qu'ils le souhaitent.

La Grande-Bretagne s'est comportée de façon totalement déloyale à l'égard de la France. Les dirigeants britanniques, avec une condescendance et une hauteur toutes patriciennes, persuadés qu'en matière de relations internationales leur expertise et leur sagesse sont sans égales, ont agi en étant fermement convaincus qu'ils pouvaient – et devaient – prendre le leadership dans les relations avec l'Allemagne et que les politiciens français seraient bien obligés de suivre.

La réaction du gouvernement français n'est pas, sur le fond, franchement hostile. Pierre Laval et l'amiral Darlan, patron de la marine française, sont surtout furieux que la Grande-Bretagne ait cru bon d'agir unilatéralement et sans les consulter. L'accord est l'objet d'un débat à la Chambre des communes le 11 juillet et, cette fois encore, Churchill mène timidement la charge, avec un succès mitigé. D'ailleurs, la presse française est assez indulgente à l'égard de Sir Samuel Hoare, le ministre des Affaires étrangères britannique, et relève que celui-ci a indiqué que le nouveau rapport de force n'était pas défavorable pour la marine française. *Le Temps* trouve Churchill « moins vif que d'habitude ». Il ne s'est pas attaqué aux détails de l'accord, mais relève avec une sobriété inhabituelle que la Grande-Bretagne a, en signant cet accord, cru pouvoir « s'écarter de façon très manifeste du principe de sécurité collective[10] ».

Certains ne manquent pas d'ironiser sur sa timidité apparente et les mauvaises langues l'attribuent à son désir d'entrer enfin au gouvernement. Réélu aux élections de novembre 1935, son ambition secrète est en effet de retrouver le poste si prestigieux de Premier lord de l'Amirauté. Pendant toute une semaine, il se morfond à Chartwell, dans l'attente d'un coup de téléphone ou d'une missive de Baldwin annonçant la bonne nouvelle. Rien n'arrive. Très déçu, il décide de partir pour Majorque. Sa « modération » un peu inattendue ne lui a finalement rien rapporté.

13

La Grande Armée

En 1933, dans un de ses grands moments d'éloquence, Churchill avait clamé devant la Chambre des communes : *« Thank God for the French Army ! »* Certains de ses opposants ne se feront pas faute de lui rappeler ces paroles quelques années plus tard. Mais justement, où en est, face à la montée des périls, cette fameuse armée ? Rothermere poursuit sa campagne de harcèlement, sur le thème d'une armée française en pleine décrépitude. N'ayant pas été rappelé au gouvernement, Churchill va donc tenter d'obtenir une vue claire de la situation. Il a pris conscience que, face à ses collègues de la Chambre, les grandes envolées lyriques ne fonctionnent plus ; il faut des faits et des chiffres, afin de prouver que l'expansion militaire allemande atteint des proportions désormais très inquiétantes. Il prend contact avec les autorités françaises dans le but de connaître les estimations des services de renseignements au sujet de l'armée allemande et espère également obtenir des renseignements plus précis concernant les forces françaises elles-mêmes. En Angleterre, il a constitué un réseau d'informateurs coordonné par Desmond Morton, afin de recueillir des informations confidentielles qu'il ne peut se procurer par les voies officielles. Bourreau de travail, il ne veut rien ignorer de la Luftwaffe et de la Wehrmacht, mais aussi de l'état dans lequel se trouvent l'aviation et l'armée de terre françaises, sur lesquelles toute sa vision stratégique repose.

Ce qu'il apprend n'est guère encourageant. Une note du 1er octobre 1935 de Morton a donné une image particulièrement sombre de l'armée française et de sa capacité à maintenir en état de fonctionnement son matériel de guerre. « A l'heure actuelle les stocks d'armement de toutes sortes, y compris dans l'aviation, sont estimés à un niveau très faible. [...] Les capacités industrielles de la France sont restreintes [...] et seraient insuffisantes pour équiper sur le front l'ensemble des effectifs[1]. »

Aux Communes, le 24 octobre, il a fait part de son inquiétude face aux chiffres du réarmement allemand. Le facteur dominant, celui sur lequel il faut à tout prix se focaliser, c'est que l'Allemagne est sur la voie de devenir la puissance la mieux armée du monde entier. « Il est de la plus haute importance que nous comprenions, et que nous montrions que nous comprenons les difficultés auxquelles fait face la France. [...] Nous savons tous que les Français sont un peuple pacifique. Ils le sont autant que nous. Ils veulent qu'on les laisse tranquilles. [...] Mais les Français me paraissent bien plus proches de la menace que nous le sommes. Il n'y a pas un corridor d'eau salée pour protéger leur territoire et leurs libertés. Nous devons nous souvenir qu'il s'agit du seul autre grand pays européen qui ne s'est pas tourné vers le despotisme ou la dictature sous une forme ou une autre. » Puis Churchill introduit, pour la première fois, l'idée d'une alliance formelle : c'est un glissement considérable dans sa vision des choses. « Une dette d'honneur est la plus contraignante de toutes les dettes. Elle est aussi la moins définie. Mon aversion pour les engagements vagues et indéfinis me vient de l'expérience que j'ai traversée durant les années précédant la Grande Guerre et au moment de son déclenchement[2]. »

Dès le lendemain, l'ambassadeur à Berlin, Eric Phipps, adresse un message à Londres indiquant que son discours a provoqué en Allemagne des réactions très vives. Churchill ne s'en laisse pas conter et publie quelques jours plus tard, dans le périodique *Strand*, un portrait de Hitler qui, selon certaines sources, met celui-ci en fureur. Les Allemands protestent auprès de l'ambassade : une attaque diffamatoire de cette nature visant le chef d'Etat d'un autre pays est totalement inacceptable. Dans cet article, Churchill explique aussi que l'ascension du Führer n'a été rendue possible que par la léthargie et les folies des gouvernements français et britanniques depuis la guerre, et tout particulièrement lors des trois dernières années. « Pendant longtemps les Français ont été les victimes consentantes de l'illusion qu'ils pourraient obtenir des Allemands des indemnités considérables afin de compenser les dévastations de la Guerre. [...] La carrière triomphale de Hitler a été portée non seulement pas un amour passionnel pour l'Allemagne, mais par des courants de haine intenses. La haine des Français est le premier de ces courants, et il suffit de lire le livre de Hitler, *Mein Kampf*, pour voir que la France n'est pas la seule nation contre laquelle pourrait se tourner la colère d'une Allemagne réarmée. »

Coups d'épée dans l'eau. Pour l'homme d'action qu'il est, ne pas être au gouvernement est presque insupportable. Churchill ne peut qu'agir aux marges, avec toute la force de ses talents oratoires. Les événements, cependant, continuent de lui donner raison, mais plus ses avertissements semblent justifiés, plus on lui reproche de ne pas apporter de vraies solutions, hormis celle de réarmer, encore et toujours. Le 7 mars 1936, premier vrai coup de tonnerre, Hitler réoccupe la zone démilitarisée en Rhénanie instituée par le traité de Versailles et confirmée par celui de Locarno. Il n'avait pourtant cessé de clamer qu'il n'avait aucunement l'intention de violer le traité de Locarno qui, contrairement à celui de Versailles, avait été signé librement par l'Allemagne. Cette entrée en Rhénanie n'est pas une surprise pour Churchill, tant s'en faut. Le 17 janvier, il avait écrit à Clementine que, sur la foi des lettres et des télégrammes adressés par Hitler à Rothermere, celui-ci estimait que le chancelier n'allait pas tarder à faire une déclaration spectaculaire et qu'il était probable que l'Allemagne allait sous peu violer les articles 46 et 47 du traité et occuper la zone neutre.

Les Français décident qu'il leur est impossible d'agir seuls. L'armée de terre est opposée à une intervention et le général Gamelin affirme que les forces disponibles dans l'immédiat représentent la moitié de l'effectif engagé par l'Allemagne, et conclut qu'il ne peut rien faire sans mobiliser un demi-million de réservistes. L'opinion publique, la presse, la plupart des politiques sont contre la guerre. Le gouvernement français décide alors de s'adresser à la Grande-Bretagne.

Le 10 mars, au cours du débat aux Communes, Churchill se montre très discret : la discussion porte sur les budgets futurs de la Défense et la Rhénanie n'est pas mentionnée une seule fois. Il défend le réarmement rapide du pays, mais ne fait aucune allusion à la crise en cours. Neville Chamberlain, le chancelier de l'Echiquier, qui craint toujours ses envolées, note avec satisfaction dans son journal : « Winston a fait un discours très utile et constructif[3]. »

Le 11 mars, Pierre-Etienne Flandin, ministre des Affaires étrangères, arrive à Londres et déclare que son gouvernement est prêt à l'action militaire et demande le soutien effectif de la Grande-Bretagne. Comme il s'y attendait, et probablement l'espérait secrètement, les Britanniques restent silencieux. Le 12 au matin, Flandin rend une visite privée à Churchill, dans son appartement de Morpeth Mansions, preuve que, même absent du gouvernement, il est devenu incontournable aux yeux des Français. Il expose la position de la France mais Churchill lui explique que, se trouvant toujours dans une position « détachée et privée », il n'est pas en mesure de faire grand-chose pour l'aider. A la surprise de certains, au soulagement de beaucoup, Winston s'est assagi, mais pour combien de temps ?

Hitler a très habilement accompagné la réoccupation de la Rhénanie par des propositions diplomatiques plutôt séduisantes, de prime abord : la signature de pactes de non-agression, la limitation des forces aériennes, et la mise en place de nouvelles zones démilitarisées de part et d'autre de la frontière. Les Britanniques font rapidement savoir aux Français qu'ils souhaitent avant toute chose examiner ces propositions de près. Le 12 mars, au cours d'une réunion du comité des affaires étrangères de la Chambre des communes, Churchill intervient avec une éloquence qui avait été totalement absente de son discours du 10 mars, mais ne soutient toujours pas l'idée d'une intervention militaire.

Le même jour, il fait paraître un article dans l'*Evening Standard*, dans lequel il exclut toute intervention en Rhénanie. Il explique simplement qu'avec cette nouvelle crise, le moment est venu de rétablir « le règne de la Loi » en Europe. Dans ce cas, il sera peut-être possible d'éviter la guerre en 1937 et en 1938. « Si la Ligue des nations se montre impuissante à agir, si aucun moyen n'est mis en œuvre pour calmer les craintes non seulement de la France mais aussi de la Belgique, l'ensemble de la doctrine de droit international et de coopération, sur laquelle reposent les espoirs de l'avenir, disparaîtrait lamentablement. » Malgré ce repli tactique et ces propos prudents, Churchill n'obtiendra pas la récompense qu'il escompte désormais : le ministère de la Défense.

Le Parlement britannique est devenu presque unanime sur un point : l'Allemagne a droit à une égalité de traitement. Elle n'aura alors plus aucune raison de poursuivre ses actes d'agression. Une semaine après la crise, un député proche de Churchill, Harold Nicolson, note que le sentiment général qui domine à la Chambre « est terriblement proallemand, ce qui veut dire que les gens ont peur de la guerre[4] ». Néanmoins, tout n'est pas totalement négatif. Le 19 mars 1936, la Grande-Bretagne réaffirme sa garantie d'intervention en faveur de la France et de la Belgique en cas d'invasion allemande et propose l'ouverture de « conversations militaires ». Ce terme peut sembler anodin. Mais le principe d'ouverture de « conversations militaires » a acquis une importance stratégique, car, comme à la veille de la Première Guerre mondiale, elles rapprochent les deux pays d'une alliance en bonne et due forme.

Churchill est de nouveau libre de parole – puisqu'on ne veut toujours pas de lui comme ministre – et repart à l'offensive : « Herr Hitler a déchiré tous les traités et remilitarisé la Rhénanie. Ses troupes y sont, et elles y sont pour rester. » Il prévoit la construction par les Allemands d'une nouvelle ligne de fortifications dans cette région, ce qui permettra, le moment venu, à ses forces de lancer une grande offensive en Belgique et en Hollande, sans avoir la crainte d'être attaqué plus au sud. Mais il continue à défendre l'idée que toutes les négociations – puisqu'il s'agit bien de négocier – doivent passer par la Société des Nations. Le 17 avril, il écrit au *Times :* « Les Français ont peur des Allemands. En cent ans, ils ont été envahis à quatre reprises. Le souvenir de la dernière invasion remplit encore leurs pensées, et ses blessures sont encore douloureuses. Ils peuvent observer leur puissant voisin s'armer nuit et jour. Son contingent annuel de jeunes conscrits représente déjà le double de celui de la France. [...] L'Allemagne est dirigée par une dictature qui, dans un délai d'une heure, sans avoir à en référer à un Parlement ou à l'opinion publique, peut lancer des forces considérables [...] dans une guerre d'agression. Si nous étions à la place des Français je suis sûr que nous prendrions plus au sérieux les affaires étrangères que nous le faisons[5]. »

Plusieurs de ses proches espèrent toujours le convaincre de modifier ses positions concernant l'Allemagne. Ce sont des amis fidèles, souvent fortunés, et qui ont pu l'aider sur un plan financier, qui l'ont accueilli dans leurs vastes propriétés en Angleterre ou en Ecosse, ou dans leurs luxueuses villas de la Côte d'Azur. Rothermere, le duc de Westminster, son cousin Lord Londonderry : ils ont tous en commun la crainte du communisme, bien que leur souhait de voir l'Angleterre parvenir à un accord durable avec Hitler ne soit pas toujours motivé par les mêmes raisons. Churchill a beau être leur débiteur, il ne cède pas un pouce de terrain.

Rothermere, on l'a vu, affirme que ses positions sont purement pragmatiques. Londonderry, en revanche, qui rentre d'Allemagne où il a eu un entretien de deux heures avec le Führer, est carrément proallemand. Churchill répond à ses missives avec éloquence. L'argument idéologique est cependant exclu, il sait qu'il est inefficace ; ses interlocuteurs pourront toujours lui rappeler que le Führer a été élu démocratiquement et que tout indique qu'il est extrêmement populaire. Quant aux affinités avec la France, avec ce qu'elle représente, avec sa culture, de tels arguments n'ont aucune chance de convaincre ceux qui considèrent, malgré la Côte d'Azur, malgré le Ritz, que le pays est en pleine décadence. Non, ce qu'il martèle, c'est bien la grande tradition de la politique étrangère de son pays : « Tu as aussi tort de supposer que je suis obsessionnellement antiallemand. La politique de la Grande-Bretagne durant les quatre cents dernières années a été de s'opposer au pays le plus fort en Europe en tissant une combinaison avec d'autres pays suffisamment forte pour faire face à la brute. Il s'agit parfois de l'Espagne, parfois de la monarchie française, parfois de l'Allemagne. Je n'ai aucun doute de qui il s'agit à l'heure actuelle. Mais si jamais la France prétendait à la suzeraineté de l'Europe, je m'efforcerais de m'y opposer également[6]. » Pas d'obsession antiallemande certes, mais pas de francophilie exacerbée non plus ; et, d'ailleurs, lorsque fin juillet Baldwin réitère avec force devant le Parlement que, comme en 1914, il n'existe aucun engagement ferme des Britanniques à envoyer un corps expéditionnaire sur le continent, Churchill approuve ostensiblement.

Celui-ci bénéficie, on le sait, d'une excellente mémoire, et il n'oubliera pas que durant son grand combat des années 1930 qui coïncide avec sa traversée du désert politique, des parents proches et des amis de son milieu ont pris des points de vue diamétralement opposés aux siens et en ont tiré la conclusion qu'il manquait totalement de jugement, une accusation très ancienne et qui était périodiquement recyclée. Parfois la mauvaise foi l'emportera, car Churchill n'aime pas que l'on ait raison contre lui. C'est en tout cas ce que racontera Londonderry en 1943. Sans doute aigri d'être tenu à l'écart, alors qu'il avait été ministre de l'Air dans les années 1930, il expliquera à ses convives que son cousin Winston ne lui avait jamais pardonné d'avoir eu raison sur l'état réel dans lequel se trouvaient la société et l'armée françaises dans les années 1930. Sept ans auparavant, Londonderry a affirmé que la France était pourrie jusqu'à la moelle, et qu'il ne fallait pas compter sur elle. Winston était sorti de ses gonds. Et puis il y avait eu la débâcle de 1940, et l'armistice, et Vichy. « Winston ne m'a jamais pardonné d'avoir eu raison », expliquera celui qui avait été au premier rang des *« appeasers*[7] *»*.

Churchill reçoit en contrepartie les encouragements de la France. La presse parisienne relate toujours en termes très favorables ses interventions devant le Parlement. Le 9 avril 1936, il a reçu de Paris une lettre de Lord Halsbury, qui réside dans la capitale. Celui-ci raconte à quel point la méfiance à l'égard de la « perfide » Albion y est forte : « Ils sont tous persuadés que l'Angleterre va parler, parler, parler et soutenir le recours à la Société des Nations, mais qu'elle a pris le parti de ne jamais venir en aide à la France, quoi qu'il advienne… Tout le monde, partout, me demande : *Mais pourquoi on ne nous donnera pas Churchill ? C'est le seul qui sait débrouiller* [*sic*] *cette impasse*[8]. » Cette popularité de Churchill en France ne se démentira pas au cours des mois suivants. Les rumeurs de son retour aux affaires sont aussitôt reprises et amplifiées, à sa grande satisfaction. Grâce à l'entregent de son agent littéraire Emery Reves, ses articles sont régulièrement publiés dans *Paris-Soir*, qui est devenu, sous l'impulsion de Jean Prouvost, le quotidien le plus vendu. Début janvier 1938, après avoir déjeuné à Paris avec Léon Blum, il raconte à Clementine les dernières nouvelles : « Les Français étaient très excités par la rumeur selon laquelle j'allais rejoindre le gouvernement. Des articles élogieux ont germé partout[9]. »

Fin août 1936, nous le retrouvons à Paris, à l'hôtel Ritz, où il a ses habitudes. Il vient de passer quelques jours à peindre chez Consuelo Balsan, près de Dreux. Il déjeune avec Georges Mandel, qui a été le chef de cabinet de Clemenceau, ce qui, aux yeux de

Churchill, est un gage de dynamisme et de sagesse. Un déjeuner totalement déprimant, néanmoins, au cours duquel Mandel explique que les Britanniques et les Français ont d'ores et déjà perdu la partie.

Début septembre, il est invité par le général Joseph Georges à assister à des manœuvres de l'armée française qui se déroulent dans les environs d'Aix-en-Provence. Trois ans plus tôt, rappelons-le, il a clamé « Dieu merci, il y a l'armée française ». Mais il y a eu, en mai, l'arrivée au pouvoir du Front populaire, avec Léon Blum comme Premier ministre. Churchill est solidement conservateur, il descend d'une grande famille noble, et pourtant il a une profonde estime pour Blum, qu'il va inviter chez lui, à Chartwell. Une amitié qui sera évidemment portée à charge non parce que Blum est juif – la haute société britannique n'est pas antisémite –, mais parce qu'il s'est allié avec les communistes. Une fois encore, Churchill montre qu'il est totalement imperméable aux préjugés.

C'est le début d'une solide amitié, qui se poursuivra après la fin du Front populaire. Churchill lui écrit le 8 novembre : « J'espère que vous me permettrez de vous adresser mes congratulations les plus sincères pour tous les progrès que connaissent les affaires françaises depuis que j'ai eu le plaisir de vous rencontrer la première fois au Quai d'Orsay[10]. » Il se laisse même un peu emporter par son enthousiasme, et ajoute qu'en Angleterre, on a très largement conscience que beaucoup de cela était dû à l'influence personnelle de Blum. « Je suis sûr que si vous avez l'occasion de venir en Angleterre vous recevrez un accueil des plus chaleureux de tous bords. » « L'admiration de Winston pour Blum ne connaît pas de limite », note Blanche Dugdale, nièce de Lord Balfour et, il est vrai, grande militante sioniste, en novembre 1936. Trois ans plus tard, en mai 1939, le député Chips Cannon reste une exception lorsqu'il écrit que Léon Blum est le « vrai architecte de toutes nos difficultés et il est révoltant de voir le gang Churchill se soumettre obséquieusement à cet agitateur juif qui a fait tant de mal[11] ». Le Front populaire est néanmoins, en Grande-Bretagne, une source de grande inquiétude.

Lorsque Blum quittera le pouvoir une première fois fin 1937, Churchill lui adressera une lettre des plus affables : « Bien que, quant à moi je sois désolé que vous ne soyez plus ministre, cependant je sens que votre capacité à faire avancer les causes auxquelles nous sommes tous les deux attachés ne sera en aucune manière diminuée – peut-être même sera renforcée – par le fait que vous êtes désormais, pour un temps, une personne privée[12]. » Blum reviendra brièvement au pouvoir en mars-avril 1938 et son deuxième départ sera l'occasion d'un nouveau télégramme de Churchill tout aussi élogieux : « J'ai pensé à vous durant ces journées anxieuses et éprouvantes, et je me sens obligé de vous exprimer la gratitude que tant d'Anglais ressentent pour les progrès si tangibles et réels dans l'entente entre nos deux pays qui ont marqué votre passage si mémorable à la tête du gouvernement[13]. »

Au cours de la guerre, un incident un peu étrange montrera à quel point l'héritage de Blum, comme chef du Front populaire, était resté un sujet de controverse. Au printemps 1941, Churchill – ou plutôt un membre de son cabinet – avait consulté le Foreign Office pour savoir si ce télégramme, somme toute relativement banal, pouvait être publié officiellement à l'occasion de l'anniversaire de son destinataire, le 8 avril, et alors que Blum était interné par le régime de Vichy. Le Foreign Office s'opposa à cette initiative en soulignant que la propagande allemande, ainsi que celle de Vichy, qui était « crue par beaucoup de Français », clamaient que l'un des buts de guerre de la Grande-Bretagne était de ramener au pouvoir le Front populaire ; cette « prophétie » avait fait beaucoup de tort à la cause alliée. La publication du télégramme, ajoutait le diplomate qui avait été interrogé, serait utilisée par les Allemands et Vichy « à notre détriment ». Churchill, étonnamment pusillanime à cette occasion, accepta de se plier aux arguments pour le moins spécieux du Foreign Office et renonça à publier ce télégramme qui, tout en faisant l'éloge de Léon Blum, n'impliquait en rien un soutien aveugle à la politique du Front populaire.

Invité aux manœuvres militaires de début septembre 1936, Churchill est décidé à joindre l'utile à l'agréable, c'est pour lui une nécessité existentielle. Il apprécie fort les séjours en France ; marginalisé politiquement, il est, dès son arrivée sur le sol français, très bien reçu, et l'effet est immédiat sur son moral et, ce qui est peut-être plus ennuyeux, sur sa vision générale de la situation. Profondément déçu de ne pas avoir obtenu les postes gouvernementaux qu'il convoite, cette invitation tombe à point nommé, d'autant qu'il va pouvoir passer quelques jours sur la Côte d'Azur, au « château de l'Horizon », chez Maxine Elliott.

Les manœuvres ont lieu aux environs d'Aix-en-Provence, dans la vallée de la Durance. Il fait un temps splendide, les paysages sont magnifiques, la guerre paraît bien lointaine. Il suffit de peu de chose pour que la nature optimiste de Churchill reprenne le dessus sur les analyses les plus sombres. Il écrit de nouveau à Léon Blum qu'il a passé une journée des plus instructives en compagnie du général Gamelin. «J'ai été très heureux de ce que j'ai vu[14]. »

En réalité, il n'a pas vu grand-chose, comme il l'avoue à son épouse : «J'ai circulé en voiture toute la journée avec le général Gamelin, qui a abordé ouvertement avec moi les sujets les plus sérieux. Il n'y avait rien à voir, car toutes les troupes étaient dissimulées dans des trous ou derrière des buissons. Mais pour n'importe qui ayant des connaissances militaires c'était extrêmement instructif. Les officiers de l'armée française sont impressionnants par leur sérieux et leur compétence. On sent parfaitement que la force de la nation réside dans son armée[15]. » *Le Matin* relate en première page la visite de l'homme politique britannique. Le journaliste ajoute, au sujet des manœuvres elles-mêmes, confirmant ce que rapporte Churchill : «Il est absolument impossible de se rendre compte que 30 000 hommes sont en ce moment réunis dans la zone de manœuvre. On ne voit rien ou presque et cela est le meilleur éloge que l'on puisse faire des trois divisions d'infanterie et de la brigade d'artillerie qui se trouvent aux prises[16]. »

De cette visite de quelques heures, dans une région qui ne ressemble en rien à celles où se déroulerait selon toute vraisemblance l'offensive allemande, où, comme les autres spectateurs, il n'a « rien vu », Churchill tire des conclusions rassurantes, aussi bien sur l'armée que, plus généralement, sur l'état de la nation française.

Après avoir déjeuné avec Flandin dans sa propriété de Domecy-sur-Cure, en Bourgogne, il visite la ligne Maginot, et se rend à Verdun et Metz en compagnie de l'attaché militaire britannique et du futur ministre George Lloyd, qui est venu le rejoindre. Huit jours plus tard, il est de nouveau à Paris et déjeune avec Blum. Le soir, il parle en anglais au théâtre des Ambassadeurs devant une assistance très choisie, dans laquelle on remarque Camille Chautemps et, surtout, Edouard Daladier, ministre de la Défense nationale. Il y défend la démocratie parlementaire et la civilisation libérale contre les idéologies nazie et bolchevique. L'accueil de la presse est très favorable. *Le Matin* et *Le Petit Parisien* rapportent en particulier ses propos sur l'armée française : «Il y a quatre ans, quand la situation était très différente, je me suis écrié, face à la Chambre des communes : remercions Dieu pour l'armée française. Cette phrase, je la répète aujourd'hui avec la conviction solidement établie que cette armée est à l'heure actuelle la plus belle du monde.»

A son retour en Angleterre, il publie dans l'*Evening Standard* un article qu'il a dicté à sa secrétaire au bord des flots bleus de la Méditerranée, sous le titre «Le temps des épreuves en France» : «Je confirme vraiment mon impression que la France va non seulement franchir les épreuves auxquelles elle sera confrontée cet automne et cet hiver non seulement sans quelque catastrophe fatale, mais au contraire en étant renforcée[17].» Il se fonde notamment sur le fait que tous les partis politiques en France soutiennent le service militaire obligatoire de deux ans, un symbole «de fraternité nationale et d'unité». Sa ligne est désormais établie : il faut le clamer haut et fort : décidément, l'armée française est bien la meilleure du monde et c'est sur elle qu'il faut s'appuyer.

Lorsque le général Ironside, futur commandant en chef des armées britanniques, est invité par Churchill à Chartwell en décembre 1937, il note dans son journal les propos plus nuancés de son hôte, qui tempère toujours en privé ses déclarations publiques : «Il pensait que l'armée française était à l'heure actuelle une machine sans rivale. Ce serait encore le cas en 1938 et 1939. Inattaquable. Mais à partir de là il pensait que les Allemands auraient rattrapé les Français et les auraient distancés. Il me fit un cours magistral sur les Allemands et leur manque d'entraînement, la pénurie de cadres, l'absence de vrais chefs expérimentés. Une armée en construction. Mais en 1940 le contingent annuel serait le double de celui de la France. Il dit néanmoins que la capacité de la France à assurer sa défense était incontestable [...].» A vrai dire, les raisonnements de Churchill sont parfois difficiles à suivre et il lui arrive de dire un peu tout et son contraire. Le 1er janvier, par exemple, il a écrit à son ami Bernard Baruch, le financier et homme politique américain proche de Roosevelt, que dès 1938 l'armée allemande serait «très certainement» plus forte que la française, mais qu'il compte aussi beaucoup sur une réaction du peuple allemand et sur la fragilité du pouvoir hitlérien[18].

Une source constante d'inquiétude est l'état dans lequel se trouve l'armée de l'air française. Churchill note les progrès constants de la Luftwaffe, qu'il a probablement tendance à exagérer. Il a en revanche très peu d'informations concernant les forces aériennes françaises, qui commencent à être une préoccupation majeure, bien qu'il ait eu l'occasion d'en discuter en privé avec Pierre Cot, le ministre de l'Air du Front populaire, qui lui rendra visite à Chartwell en mai 1937. Desmond Morton l'a prévenu : l'industrie de l'air française est dans une situation désastreuse. Les nationalisations, la semaine de quarante heures ont tout désorganisé : c'est le chaos. S'il est bien conscient que l'armée de l'air française est en train de prendre un net retard – il avait déjà alerté Blum deux ans auparavant –, il n'en tire pas de conséquences et passe totalement à côté d'une doctrine d'emploi qui sera une des clefs du succès de l'Allemagne, l'appui tactique de l'aviation aux forces terrestres. L'arme aérienne demeure pour lui une arme stratégique : les chasseurs de la défense aérienne ont pour rôle de protéger le pays des bombardements, et, sur les théâtres d'opérations, de « nettoyer le ciel ». Il va mettre longtemps à ouvrir les yeux.

Envers et contre tout, il s'agit de défendre la France, son armée et même son système politique. Lorsqu'en juin le gouvernement Blum démissionne, il rédige un article qu'il n'hésite pas à intituler « Vive la France » et dans lequel il rend hommage au fonctionnement des institutions françaises : « Dans les milieux où règnent les idées préconçues, on a entendu comme de coutume les bruits les plus alarmants. Les finances sont dans un désordre complet ; la monnaie tremble ; Blum a démissionné ; le gouvernement a chuté ; la révolution bolchevique est proche ; et l'Exposition universelle n'est pas prête. Mais, en vérité, ce qui s'est passé la semaine dernière démontre seulement l'extraordinaire souplesse de l'appareil parlementaire français. » L'Assemblée nationale et le Sénat sont comparés à des ruches, où chacun connaît parfaitement son rôle et sa mission. « Bien des pays, dont le nôtre, ont tendance à considérer les Français comme une nation vaniteuse, versatile, capricieuse, hystérique... En réalité, c'est une des races les plus sévères, mesurée, calculatrice et tenace. En ce moment, tous les Français, qu'ils soient monarchistes militants ou communistes militants, sont résolus à ce que la France soit défendue, et que la liberté que le peuple français a acquise à la Révolution ne soit pas asservie ou simplement diminuée, par des forces externes ou internes.» La volonté de vivre ensemble est, en France, très puissante. «Dans les années qui viennent, ils ne failliront pas à leur mission universelle, alors que la civilisation doit être préservée, à la fois de la menace armée de la dictature et de la dégénérescence morbide du communisme trotskyste [*sic*]. Avec l'appui moral de la puissance militaire française, les démocraties de l'Europe, libres mais anxieuses, peuvent continuer à être soutenues avec comme objectif le maintien d'un front solide et ferme contre la tyrannie[19].»

L'éloquence semble une fois de plus avoir pris le pas sur la rationalité. Bien peu sont convaincus, hormis les francophiles irréductibles. Pour les autres, la grande majorité, Churchill manque décidément de jugement, tout simplement.

Le 21 décembre 1937, lors d'un discours aux Communes, il réaffirme haut et clair ce qu'il pense de l'armée de terre française : «J'attache la plus grande importance à nos relations avec la France. Ces relations sont fondées sur la puissance de l'armée française et sur la puissance de la flotte britannique.» Deux jours plus tard, il reçoit de Rothermere une lettre prémonitoire, la plus argumentée que le magnat de la presse lui ait adressée : «Vous êtes totalement dans l'erreur. L'armée française est lentement mais sûrement en train de sombrer dans un état de chaos et de confusion qui est représentatif de la vie en France en général.» Après cette entrée en matière virile, Rothermere expose des arguments précis. Les soldes des officiers sont versées avec retard. La discipline est relâchée. Les munitions d'artillerie sont insuffisantes, tant en qualité qu'en quantité. Quant à l'armée de l'air, elle est en dessous de tout : tandis qu'en Allemagne de nouveaux modèles d'avion sont construits en trois ou quatre mois, cela prend trois ou quatre ans en France. «Aujourd'hui presque tous les avions qui sont délivrés à l'armée de l'air sont obsolètes.»

Un an plus tôt, Rothermere avait estimé que l'Allemagne, même seule, aurait besoin de trois semaines pour gagner la guerre contre les Anglais et les Français. Cette fois, influencé par les écrits du général Fuller, un des apôtres, en Angleterre, de l'utilisation des chars, il s'en prend à la stratégie française. Fuller a affirmé que la ligne Maginot pouvait être facilement percée. «Il dit que le Grand

Etat-Major allemand en est parfaitement conscient et table sur une défaite de la France au plus tard dès les premières semaines de combat. Selon moi, on devrait s'abstenir de dire quoi que ce soit qui risque d'amener nos masses d'électeurs ignorants à croire que la Grande-Bretagne et la France aient la moindre chance de vaincre les adversaires auxquels ils feront face lorsque commencera la guerre[20]. »

Churchill n'est absolument pas convaincu par les arguments de son ami, c'est du moins sa position officielle. Les deux hommes pourront échanger à loisir au bord de la Méditerranée, début 1938, mais chacun campe sur ses positions. Rothermere lui écrit de nouveau le 2 janvier pour lui répéter que ses affirmations concernant l'état de l'armée française dépassent son entendement. L'Allemagne et l'Italie ont les moyens d'étrangler proprement la France en quelques semaines. Il faut en tirer les conséquences et le patron du *Daily Mail* ajoute : « Si nous lions notre destin à la France nous serons nous-mêmes étranglés par la même occasion[21]. » Churchill réplique : l'armée de terre française est supérieure à celle de tout autre pays par l'expérience et la cohésion de ses cadres. Mais il ajoute prudemment que cet état de fait n'est pas forcément immuable. Et puis, de nouveau en février 1938, dans un article intitulé « Tout n'est pas encore terminé » : « Nous entendons beaucoup de choses à intervalles réguliers sur la décadence française, mais l'armée française, du commandant en chef au deuxième classe, est une machine harmonieuse. [...] Leurs chefs, hautement professionnels et expérimentés, peuvent certainement observer la nazification de l'armée allemande avec une très grande sérénité[22]. »

Churchill est-il totalement aveugle comme le pense Rothermere ? Les arguments martelés par celui-ci sont peut-être, en 1938, un peu alarmistes, mais il fera partie des très rares personnalités qui ne seront pas surprises par le désastre en mai 1940. L'armée française demeure, au cours des années 1930, un des socles de la stratégie britannique : sur terre, on compte sur elle – parce qu'il n'y a pas d'alternative – pendant que la Royal Navy continuera à régner sur les mers. Et, après tout, c'est bien la défense du sol français qui est en jeu, pas celle des îles Britanniques. Cela dit, personne ne sait ce que vaut réellement cette armée et l'argumentation de Churchill n'est pas fondée sur des éléments solides.

Reste le souvenir bien présent de la Grande Guerre. S'il a pu se montrer très critique à l'égard des grands chefs et de leur doctrine de l'offensive, il en a retiré une confiance totale en la qualité des officiers subalternes et, par-dessus tout, dans le courage et la solidité à toute épreuve du poilu.

14

Un allié en danger

Le 12 mars 1938, Hitler annexe l'Autriche. Deux jours plus tard, Churchill, après avoir sagement écouté Chamberlain condamner, pour une fois sans ambiguïté, l'expansionnisme allemand, ainsi que plusieurs autres orateurs dont Archibald Sinclair, fait une intervention relativement brève devant le Parlement. Les mots sont importants, certes, mais ils ne suffisent plus. Il défend l'idée d'une stratégie d'encerclement du Reich : «Pourquoi ne pas résister pendant qu'il existe encore un solide groupe de pays unis et très puissants qui font face aux mêmes périls et partagent nos aspirations ? Si un certain nombre d'Etats se rassemblaient autour de la Grande-Bretagne et de la France dans un traité solennel de défense mutuelle contre toute agression; si leurs forces étaient mobilisées dans ce que l'on pourrait appeler une Grande Alliance. [...] Alors je pense qu'il sera possible d'arrêter maintenant cette guerre qui s'approche[1].»

La presse française consacre ses gros titres au discours de Chamberlain, et souligne la vigueur de sa réaction face à l'Anschluss – alors que certains soupçonnaient les autorités britanniques de ne pas y être réellement opposées. Mais une place y est de nouveau consacrée à Churchill : on note qu'il a trouvé les paroles du Premier Ministre insuffisantes et qu'il est grand temps, à ses yeux, d'envisager des mesures concrètes pour endiguer la progression allemande. D'ailleurs, *Le Temps* souligne que son discours a été accueilli par de «vives acclamations». Il est vrai qu'un groupe d'«insurgés» tories est en train de prendre forme autour de Winston, mais le quotidien du soir exagère quelque peu le soutien qu'il a reçu, car, dans l'ensemble, la Chambre continue d'appuyer fermement Chamberlain, qui donne une impression de sang-froid très rassurante.

D'ailleurs, Churchill, qui piaffe d'être rappelé au gouvernement comme Premier lord de l'Amirauté ou ministre de la Guerre, propose un plan d'action qui est brièvement discuté, et aussitôt rejeté, au cours d'une réunion du Cabinet qui se tient le 18 mars 1938. Ce même jour, il attire l'attention des lecteurs de l'*Evening Standard* sur les risques d'une crise en Tchécoslovaquie autour de la question de la minorité sudète. Il demande au gouvernement tchèque de respecter les droits des minorités, mais salue par la même occasion une déclaration du gouvernement français indiquant qu'il remplirait ses obligations prévues par le traité de 1924 de venir en aide au pays s'il était l'objet d'une agression armée. Le 20 mars, dans une lettre personnelle à sa sœur, Chamberlain confie que l'idée de garantir la Tchécoslovaquie contre toute agression est sans doute séduisante, mais lorsqu'il regarde les choses sur un plan pratique et scrute la carte de l'Europe, « rien de ce que la France ou nous-mêmes pouvions faire avait la moindre chance de sauver le pays ». Le Foreign Office s'est interrogé sur la méthode que la France pourrait utiliser pour venir en aide aux Tchécoslovaques : « C'est un problème sur lequel le gouvernement de Sa Majesté a réfléchi, et il ne saurait dire que le résultat de ses réflexions ait été encourageant. » La Grande-Bretagne est engagée vis-à-vis de la France, mais elle s'en tiendra là : il faut donc pousser Benes, le président de la Tchécoslovaquie, à négocier.

Selon le plan proposé par Churchill, l'armée française devrait se maintenir dans une posture défensive derrière la ligne Maginot afin de retenir une large part des forces allemandes pendant que l'armée de terre tchécoslovaque, composée de plus d'un million d'hommes, engagerait la bataille contre le reste des forces allemandes. Les ministres sont loin d'être convaincus. « Ce plan semble n'avoir aucun lien avec les réalités de la situation », note un participant. Le gouvernement britannique n'est pas, contrairement à la France, lié par un traité à la Tchécoslovaquie et il a reçu un rapport très circonspect du comité des chefs d'état-major qui conclut que, sur terre, ni la Grande-Bretagne ni la France ne sont en mesure de lui fournir une assistance militaire directe, la seule forme d'aide possible étant de se lancer dans des opérations offensives visant l'Allemagne elle-même : une décision très lourde de conséquences que personne, pas même Churchill, n'est prêt à soutenir[2].

Au même moment, de nouveaux changements politiques en France ne vont pas contribuer à renforcer la confiance de Chamberlain et des Britanniques à l'égard de leur allié d'outre-Manche. Le 10 mars 1938, en plein Anschluss, le gouvernement de Camille Chautemps a démissionné. Léon Blum lui succède, mais il est lui-même remplacé un mois plus tard par Edouard Daladier. Cette instabilité de plus en plus chronique, pensent les Britanniques, est la preuve d'une grande immaturité ; les hommes politiques français sont velléitaires et assoiffés de pouvoir. Ce ne sont pas des gens sérieux. La Grande-Bretagne a un système politique stable et sain, de l'autre côté de la Manche c'est tout l'inverse. Comment peut-on compter sur un tel allié pour faire face, en ces temps de crise, au Troisième Reich ? Décidément, ces Français sont trop différents et Churchill se retrouve bien isolé lorsqu'il adresse à Edouard Daladier un télégramme étonnamment chaleureux, avec ses sincères félicitations pour la « manière brillante » par laquelle son gouvernement a pu être constitué[3].

Pour Churchill, avocat infatigable de la France, la tâche est de plus en plus ardue. Il ne peut s'empêcher malgré tout de traiter ce nouveau rebondissement dans la vie politique française sur un ton un peu frivole, avant de revenir aux choses sérieuses : « Les députés et la Chambre s'amusent beaucoup, comme chacun peut le voir. Ils sont perpétuellement en train de faire et de défaire des gouvernements... Ils s'amusent bien plus que leurs homologues en Grande-Bretagne ou aux Etats-Unis. [...] Mais, après tout, il ne faut pas abuser des bonnes choses. Une blague est une blague ; mais cela peut devenir lassant à la longue. [...] Je me demande si les Français réalisent combien est âpre et persistante la propagande proallemande dans notre île ? [...] Tous ceux qui font partie de la "bande à Hitler" dans la bonne société londonienne jubilent face à ce qu'ils sont enchantés d'appeler "l'impuissance parlementaire de la démocratie française". Ainsi, ces jeux amusants que les politiciens français semblent apprécier tout particulièrement se retournent contre eux brutalement – pour notre péril commun[4]. »

Reste, heureusement, encore et toujours, l'armée de terre française ! L'idée d'émettre la moindre critique à son égard ne semble pas effleurer Churchill. Il n'a pas eu de contacts directs avec l'institution depuis les manœuvres d'Aix-en-Provence, mais il est resté marqué et impressionné par le professionnalisme des officiers, qui se pensent à la tête de la meilleure armée du monde et qui font preuve d'une certaine condescendance à l'égard des « amateurs » britanniques. Il est alors sur un terrain plus aisé que lorsqu'il s'agit de défendre les politiciens français et leurs jeux.

Les dirigeants britanniques se considèrent d'ailleurs mal placés pour émettre des critiques à l'égard des militaires français. L'armée de terre britannique ne compte qu'une poignée de divisions, dont une partie est dispersée à travers l'Empire, et ils ne veulent pas se retrouver face à la nécessité d'envoyer sur le continent un corps expéditionnaire important. Les budgets de la Royal Navy et de la Royal Air Force demeurent largement prioritaires. Tout le monde est en quelque sorte d'accord pour croire au mythe et – mis à part Rothermere – Churchill se retrouve en terrain presque conquis : « Ceux qui connaissent bien la France, ou qui ont longtemps œuvré en compagnie des hommes d'Etat et des généraux français, perçoivent les forces latentes qui existent dans le pays. Ils voient ce qui n'est pas forcément limpide pour celui qui n'est qu'un observateur occasionnel. Ils voient une armée de terre française toujours sur le qui-vive. Une partie sert le dispositif de défense fortifié tout autour du territoire. Le reste forme une force mobile qui est la plus perfectionnée, la mieux entraînée et la plus dévouée d'Europe ; l'armée française est à la France ce que la monarchie est à la Grande-Bretagne. [...] N'intervenant jamais dans la politique, tout en suivant avec attention ce qui s'y passe, les officiers et les hommes de l'armée française ne songent qu'à remplir leur devoir de soldat et à veiller aux frontières. »

Lorsqu'il en tire des conclusions plus générales sur l'état de la société française, Churchill a plus de mal à convaincre : « Derrière eux, on trouve la paysannerie robuste représentée par les millions de familles enracinées dans un sol dont elles sont les propriétaires. Derrière eux on trouve aussi toute cette agitation intellectuelle qui expose si parfaitement et exprime avec une telle volubilité les idées les plus essentielles[5]. » Rarement, sans doute, Churchill a été aussi loin dans l'éloquence pour défendre la cause de la France auprès de ses compatriotes. Rarement aussi a-t-il utilisé autant de clichés et d'images d'Epinal.

Il est d'ailleurs de plus en plus isolé. Début janvier 1938, il a perdu un allié au sein du Foreign Office avec la mise à l'écart du très francophile Robert Vansittart, devenu simple conseiller diplomatique. Les prises de position de Churchill concernant les affaires internationales sont de plus en plus contestées. D'ailleurs, le rédacteur en chef de l'*Evening Standard* lui annonce même la fin de sa tribune bimensuelle, source de revenus substantiels. Au Parlement, il a constitué autour de lui un groupe de « rebelles », mais ils ne sont pas nombreux, une vingtaine tout au plus.

Le 24 mars, devant la Chambre des communes, Chamberlain, enhardi par l'accueil qu'il a reçu après son discours du 14 mars, rappelle avec une clarté inusitée que le pays interviendrait militairement si la France ou la Belgique étaient les victimes d'une agression non provoquée. Une intervention en Tchécoslovaquie n'est plus exclue. Il déclare devant les parlementaires que « lorsqu'il s'agit de paix ou de guerre, il n'est pas seulement question d'obligations légales... ceci est particulièrement vrai dans le cas de la Grande-Bretagne et de la France, associées depuis longtemps dans des liens d'amitié, dont les intérêts sont étroitement liés, attachés aux mêmes idéaux de liberté démocratique, et déterminés à les défendre ». Cette fermeté apparente doit suffire à dissuader Hitler et est accueillie par des salves d'applaudissements[6]. Chamberlain passe le week-end du 26 mars à Cliveden, au bord de la Tamise, la somptueuse propriété de Lord Astor et bastion de l'*appeasement*. Le soir, après dîner, à la lueur des bougies, on joue aux chaises musicales, et le Premier Ministre en sort vainqueur[7] !

Churchill, de son côté, a coupé les ponts avec les aristocrates – les gens de sa classe pourtant – du *Cliveden Set*. Chamberlain a parlé avec justesse et raison, mais aussi avec émotion, et lui a coupé l'herbe sous le pied. Churchill paraît désormais lancé dans une fuite en avant et, en Angleterre, presque plus personne ne veut le suivre. A Paris, il sera bien mieux accueilli. Si on ne l'écoute pas en Angleterre, il sait au moins qu'en France il trouvera des oreilles très attentives.

Fin mars, il retourne dans la capitale française. C'est presque une visite de chef d'Etat, organisée d'ailleurs en partie par l'ambassade britannique : en quarante-huit heures, il va dîner ou déjeuner successivement avec Herriot, président de la Chambre des députés, Reynaud, Blum et enfin Daladier. Churchill est populaire en France et est écouté ; il est un des très rares hommes politiques britanniques qui s'y rend régulièrement et cela a le don de perturber et d'agacer Halifax, ministre des Affaires étrangères, ainsi qu'une partie du Foreign Office. Eric Phipps, l'ambassadeur, qui était précédemment en poste à Berlin, est un peu inquiet : « J'espère de tout cœur que toutes ces entrevues ne vont pas enflammer indûment les Français. Dans tous les cas je ferai de mon mieux pour calmer leur enthousiasme et les convaincre que Winston n'est pas l'arbitre de nos destinées[8]. »

Le 28 mars 1938, Phipps raconte la visite dans une dépêche à Halifax. Le séjour de Churchill s'est déroulé d'une manière de plus en plus « kaléidoscopique ». « Presque toutes les facettes de la vie politique française lui ont été présentées pendant et entre les repas. » En dehors des hommes politiques cités plus haut, il voit le général Gamelin, Georges Mandel, Camille Chautemps, ainsi que les journalistes Jacques Chastenet, rédacteur en chef du *Temps*, et Jules Sauerwein de *Paris-Soir*. Churchill avait même demandé à rencontrer un dirigeant du parti communiste, mais Phipps l'en a dissuadé. Les inquiétudes d'Halifax étaient fondées : Churchill n'est pas venu dans la capitale française les mains vides. Phipps rapporte ainsi que dans presque toutes les conversations auxquelles il a pu lui-même assister, Churchill a fortement défendu l'idée d'une alliance anglo-française la plus étroite possible, avec des échanges entre états-majors des trois armes. Il a également suggéré le lancement d'une grande initiative diplomatique commune visant à galvaniser les Etats d'Europe centrale afin de résister à la pression allemande.

La question des « conversations militaires » entre états-majors est, dans l'esprit de Churchill, primordiale. Pour Chamberlain et Halifax, au contraire, il faut que la Grande-Bretagne – en dehors du cas de figure d'une agression caractérisée et non provoquée – demeure totalement libre de son choix. La politique d'Halifax consiste, selon l'historien britannique P. M. H. Bell, « à faire que la France et l'Allemagne soient toujours dans l'incertitude quant à l'attitude que choisirait de prendre la Grande-Bretagne face à toute situation de crise ». L'Allemagne ne devait jamais avoir la certitude que la Grande-Bretagne n'interviendrait pas en cas de crise en

Europe centrale; la France ne devait jamais être certaine que cette intervention aurait lieu[9].

Avec ses interlocuteurs français, l'ancien Premier lord de l'Amirauté aborde aussi la question des programmes de constructions navales en cours dans les deux pays. Pourquoi les Français dépensent-ils autant d'argent pour leur marine, alors que l'écart entre la Royal Navy et la Kriegsmarine est encore plus net qu'à la veille de la guerre précédente? Ne serait-il pas logique que les deux alliés répartissent plus intelligemment leurs efforts budgétaires? «Vous devriez vous concentrer sur votre armée de l'air, nous vous garantirons la sauvegarde de vos communications maritimes en Méditerranée» est son message. Les Français ne sont pas totalement convaincus : tout cela est parfaitement raisonnable, mais n'a de sens que si la Grande-Bretagne offre en échange une garantie absolument irrévocable. Phipps en profite pour rappeler que Churchill ne parle que pour lui-même et certainement pas au nom du gouvernement.

L'entretien avec le général Gamelin est, cette fois, très décevant. Le «généralissime» lui expose la stratégie française dans ses grandes lignes, et elle est totalement fondée sur la défensive. Il explique que dans le cas d'une guerre avec l'Allemagne, la France n'attaquerait pas cette dernière et ne quitterait pas ses positions sur la ligne Maginot, mais, partant de l'hypothèse que l'Italie se joindrait à l'Allemagne, lancerait une offensive en Libye... Malgré cette vision stratégique particulièrement étriquée, Churchill ne remettra pas en question à l'issue de ce séjour sa confiance dans l'armée de terre française. «Il continue à penser et à clamer que l'armée de terre française est excellente», note Victor Cazalet, un de ses collègues au Parlement[10].

La presse parisienne a annoncé l'arrivée de Churchill dans la capitale. Bien que sa visite soit d'ordre privé et qu'il n'ait plus de responsabilités gouvernementales depuis une dizaine d'années, c'est le seul homme politique britannique de sa génération qui «fait vendre». *Paris-Soir* est le plus disert et, le 28 mars, cite Churchill en première page : «Je viens faire une enquête afin d'établir les bases d'une large coopération franco-britannique.» L'article est agrémenté d'une grande photo de Churchill prise à sa sortie d'une visite au musée du Louvre. Le commentaire de Jules Sauerwein n'apporte en revanche rien de très sensationnel, hormis le fait que Churchill s'est montré très satisfait de l'accueil qui lui a été réservé à Paris. Le journaliste ajoute, enthousiaste : «Tous les journaux sans exception ont parlé de lui, non seulement avec l'estime que l'on doit à un grand homme d'Etat mais aussi avec la sympathie qui est due à un ami de la France, dont les sentiments à notre égard n'ont pas varié depuis trente ans.»

La presse dans son ensemble semble surtout s'intéresser à certains «à-côtés» pittoresques de la visite, plutôt qu'aux sujets pourtant extrêmement sérieux qu'il a abordés avec ses différents interlocuteurs. «Winston Churchill a l'habitude de se lever de bonne heure [*sic*] et hier matin alla faire une promenade printanière, raconte *Paris-Soir*. L'éminent homme d'Etat jeta à ce moment un coup d'œil sur sa boutonnière, s'aperçut qu'elle n'était pas fleurie et s'avança vers les boutiques en plein air des marchandes de fleurs. M. Churchill parle parfaitement le français mais, au moment de demander un œillet, un trou se fit dans sa mémoire. Il employa donc le mot anglais. "Donnez-moi, dit-il, une *carnation*. – Une *carnation*, répondit la marchande, je n'en ai pas mais voici des roses, des camélias... – Non, je veux une *carnation*." Et, tout fier, il désignait un magnifique œillet grenat qui ne tarda pas à orner sa boutonnière. Après quoi, il entreprit de faire à la marchande un petit cours sur la langue anglaise à l'usage des amateurs de fleurs.»

Trois mois plus tard, Churchill est invité à accompagner le roi et la reine lors de leur visite historique à Paris qui se déroule du 19 au 22 juillet et qui marque un grand moment d'entente et d'amitié entre les deux pays. Il est bouleversé par l'enthousiasme des foules «républicaines». Pour un homme sentimental comme Churchill, prompt aux élans d'enthousiasme aussi bien qu'aux larmes, il est manifeste que ce qui est en commun est bien plus fort que les querelles. Et puis, encore une fois, il y a l'armée de terre française. «J'ai pu marcher parmi les soldats français. Toutes les races se prévalent de leur virilité militaire, mais il y a quelque chose chez le soldat français qui est unique. Il est le produit d'un siècle de liberté politique et religieuse, et de la propriété du sol qu'il laboure... Une forte personnalité émane de son visage – les traits sont durs et sévères, la mâchoire se referme comme un piège d'acier. Et cependant il y a aussi une expression indéfinissable de gaieté et d'humour. La liberté et la terre, voilà ses maîtres, et ils ont mis un siècle à produire ce modèle[11].»

Churchill continue à être le premier propagandiste de l'armée française, alors que les responsables français eux-mêmes se sont mis à douter. Lors d'une réunion du comité permanent de la défense nationale présidé par Daladier, qui s'est tenu au printemps, la supériorité de la Wehrmacht est reconnue pour la première fois. Quant à l'armée de l'air française, c'est bien le chaos prévu par Desmond Morton. Gamelin a été jusqu'à écrire, le 16 mars, qu'il faut à tout prix ne jamais mentionner devant les alliés britanniques cet état de fait très inquiétant. Churchill pense de son côté que le véritable problème ne se posera qu'en 1940. «L'armée allemande est à l'heure actuelle plus importante en effectifs que celle de la France mais est loin d'être aussi mûre et perfectionnée. L'année prochaine elle sera à la fois plus nombreuse et plus mûre», déclare-t-il à la Chambre en plein débat «munichois», le 5 octobre. Une fois de plus, il se fait des montagnes d'illusions et la défaite de 1940 lui semblera, à lui personnellement, d'autant plus amère, qu'il sera pris en flagrant délit d'un manque de jugement grossier.

Aux Communes, quoi qu'il en soit, plus personne ne l'écoute. Chamberlain rassure par son calme, c'est un vrai capitaine pour mauvais temps, tandis que Winston est décidément trop instable. Ses prévisions se révèlent d'ailleurs erronées; dans une lettre à Ewald von Kleist, un hobereau allemand antinazi, il se dit persuadé que l'Angleterre va intervenir pour défendre les Tchèques : «Je suis certain que le franchissement de la frontière de la Tchécoslovaquie par les armées allemandes ou leur aviation va provoquer le déclenchement de la guerre mondiale. Je suis certain, comme je l'étais à la fin juillet 1914, que l'Angleterre marchera avec la France[12].» Il se trompe. Les forces opposées à la guerre européenne sont encore bien trop puissantes. Harold Nicolson note dans son journal, le 31 août : «Hitler pense toujours que nous hésitons et à moins que nous lui disions de façon la plus nette possible que nous viendrons en aide aux Tchèques et aux Français il pensera qu'il peut nous défier ou nous ignorer[13].»

La politique d'«incertitude» d'Halifax est toujours en vigueur et Churchill, qui cherche difficilement une voie, tient des positions fluctuantes et se montre à l'occasion beaucoup moins martial que de coutume. Dans une lettre au ministre des Affaires étrangères datée du 31 août 1938, il suggère la publication d'une note conjointe, signée par la Grande-Bretagne, la France et l'URSS, qui affirmerait leur désir de paix et leur souhait de parvenir à des relations globales amicales, leur profonde anxiété face aux préparatifs militaires allemands, mais aussi leur intérêt commun à trouver une solution pacifique à ce qu'il appelle prudemment la « controverse » tchèque[14]. Influencé par une poignée d'Allemands antinazis avec lesquels il est en contact, il compte beaucoup sur l'existence hypothétique en Allemagne d'un très puissant clan opposé à la guerre, en particulier dans la haute hiérarchie militaire ; une conviction qui aura, chez lui, la vie dure, et qui reflète, d'une certaine façon, sa confiance profonde dans l'être humain. Quant à sa note conjointe, il pense qu'elle pourrait être transmise à Hitler par l'intermédiaire de Roosevelt, et donnerait ainsi au clan de la paix en Allemagne la meilleure chance de « faire front ». Une semaine plus tard, ses positions se durcissent et il réclame maintenant l'envoi d'un ultimatum à Hitler.

Durant le printemps et l'été 1938, la France et la Grande-Bretagne s'accordent pour faire pression sur le gouvernement tchèque afin qu'il s'oriente vers une solution négociée de la crise des Sudètes. Cette fois, Churchill va être très déçu par la prise de position de ses alliés français. Le 20 juillet, Georges Bonnet, le ministre des Affaires étrangères, déclare avec une brutale franchise à l'ambassadeur tchèque à Paris que la France n'a pas l'intention de déclarer la guerre à l'Allemagne au sujet de la question des Sudètes, mais que, publiquement, il continuera à soutenir les positions du gouvernement tchèque. Au cours du mois d'août, on ne parle encore que d'autonomie des Sudètes. Que se passerait-il si Hitler exigeait en fait leur rattachement à l'Allemagne ? Le 14 septembre, Chamberlain, qui cherche à négocier avec Hitler séparément de la France, se rend à Berchtesgaden pour le rencontrer et accepte l'idée qu'au lieu de l'autonomie initialement promise, les zones sudètes soient complètement transférées à l'Allemagne. Le dimanche 18, Daladier et Bonnet sont à Londres ; le gouvernement français est divisé, mais Daladier demande une « garantie internationale », ce à quoi Chamberlain répond que la Grande-Bretagne n'a pas encore une armée de terre suffisante et que la Tchécoslovaquie est à la limite du rayon d'action des avions de la RAF. Le Premier ministre britannique accepte toutefois d'offrir la garantie de son pays à une Tchécoslovaquie amputée du territoire sudète. Le lendemain, Halifax explique à Churchill que ce sont les Français eux-mêmes qui se sont montrés rétifs à soutenir militairement une Tchécoslovaquie dans ses frontières existantes, alors qu'ils s'y sont engagés. Alexander Cadogan, patron du Foreign Office, note à l'issue de l'entretien que Churchill « semble un peu dompté[15]. » Il est en effet choqué par l'absence de décision du côté français, même s'il sait que les Anglais n'ont rien fait pour encourager le gouvernement sur la voie de la fermeté. Ses pronostics sont une nouvelle fois déjoués. Ayant constamment défendu la France devant ses pairs, la déception est d'autant plus forte.

Le 20 septembre 1938, Winston, persuadé malgré tout qu'il peut encore influer sur le cours de l'Histoire et que les contacts intimes qu'il a pu nouer avec les dirigeants français vont lui permettre de retourner la situation, s'envole pour Paris, accompagné du fidèle Spears. Peu de détails existent sur cette brève escapade parisienne, probablement parce que c'est un échec patent que Churchill qualifiera dans ses Mémoires de « douloureux ». Il retrouve Reynaud et Mandel, très désemparés et sur le point de quitter le gouvernement Daladier. Il racontera qu'il était totalement opposé à ces démissions : « Leur sacrifice ne pouvait modifier le cours des événements, et laisserait le gouvernement français affaibli par la perte de ses deux éléments les plus capables et les plus déterminés. » Reynaud, Mandel et Jean Zay ne démissionneront pas, mais Churchill surestimera quelque peu l'influence qu'il a eue sur leur décision de rester.

Cette visite éclair passe un peu inaperçue en France, mais agace au plus haut point ses collègues britanniques qui détestent ses tentatives de diplomatie parallèle et ses voyages en coup de vent suivis de déclarations à l'emporte-pièce ; décidément, Churchill, qui se cherche frénétiquement un rôle, ne changera jamais, mais ce n'est pas comme cela que l'on peut espérer influer sur le cours des événements. Eric Phipps s'est empressé de télégraphier que « tout ce qu'il y a de meilleur en France » est opposé à la guerre[16]. « La soudaine escapade de *WC* en France par avion, accompagné du général Spears, et le fait qu'il n'ait vu que les membres du gouvernement comme Mandel, qui sont opposés à la politique de paix, était tout à fait impropre », note Maurice Hankey. « Bonnet s'en est plaint, demandant ce que nous dirions si un homme d'Etat français de premier plan en faisait de même : il protesta aussi contre un appel de Londres par Churchill et Spears demandant des nouvelles[17]. » Churchill n'a cure de ces sarcasmes. La situation est trop grave et le temps presse. Tandis que ses critiques restent tranquillement à Londres, lui agit.

A son retour à Angleterre, de son fief de Chartwell, il publie un communiqué au ton cinglant qui est reproduit dans les principaux quotidiens du pays : « La partition de la Tchécoslovaquie sous la pression de l'Angleterre et de la France est la manifestation d'une reddition complète des démocraties occidentales à la menace d'usage de la force par les nazis. Un tel effondrement n'amènera la paix et la sécurité ni pour l'Angleterre ni pour la France. La croyance que l'on obtient la sécurité en jetant aux loups un petit pays est une illusion qui sera fatale[18]. » Son agent littéraire Emery Reves lui envoie de Paris un télégramme très encourageant. « Votre déclaration a fait une grosse impression ici. Tous les quotidiens l'ont publiée[19]. »

Le samedi 24 arrive le « mémorandum » de Hitler : il est encore plus brutal qu'attendu. Le Führer exige en effet que la Pologne et la Hongrie aient leur part du « gâteau » tchécoslovaque et que l'Allemagne puisse occuper la zone sudète dès le 1er octobre. Cette fois l'opinion se durcit notablement, tant à Londres qu'à Paris. La guerre semble désormais inévitable. Deux jours plus tard, Churchill se rend au 10 Downing Street et parvient, à force de persuasion, à obtenir la publication d'une réponse officielle par laquelle, au cas où l'Allemagne attaquerait la Tchécoslovaquie, « la France serait obligée de venir à son secours et la Grande-Bretagne et la Russie soutiendraient certainement la France ». La porte n'est toutefois pas fermée à la négociation, ce qui atténue quelque peu la force apparente du texte (ce passage sera d'ailleurs omis par Churchill dans ses Mémoires). De plus, la mention de la Russie est très mal accueillie par la presse de droite en France, *Le Matin* parlant d'un « mensonge habile ».

Le général Gamelin, à son arrivée à Londres, s'est montré également ferme : une opération offensive, qualifiée martialement d'ouverture d'hostilités actives, est en cours de préparation. Cadogan note, sur un ton sarcastique, que cela sera sans doute un pétard mouillé, dans le but de faire entrer les Britanniques dans la guerre, suivi d'un repli sur la ligne Maginot. Chamberlain télégraphie à son conseiller Horace Wilson, un pilier de l'*appeasement* qui se trouve en Allemagne porteur d'un message pour Hitler : « Depuis votre départ, les Français ont clairement affirmé leur intention de soutenir la Tchécoslovaquie par des mesures offensives si cette dernière est attaquée. Ceci nous amènerait à intervenir. »

Le 28, grande séance à la Chambre : on pense qu'il y aura la guerre, mais Chamberlain est interrompu en plein discours par Alexander Cadogan, venu précipitamment du Foreign Office avec un message en provenance de Berlin. Le Premier Ministre annonce, à la surprise générale et au grand soulagement de la majorité parlementaire, qu'il est invité à Munich pour une grande conférence en compagnie de Mussolini et de Daladier. « Un des rebondissements les plus dramatiques auxquels j'ai pu assister, racontera un membre du Parlement. Durant deux ou trois secondes, ce fut le silence complet. Puis toute la Chambre se mit à applaudir et à hurler[20]. »

Très seul désormais, Churchill reste assis sur son banc, la tête enfoncée dans les épaules, entre colère et désespoir. A 7 heures du soir néanmoins, un groupe de fidèles se rassemble autour de lui à l'hôtel Savoy, sur le Strand : des discussions, il en sort seulement l'idée d'un télégramme au Premier Ministre le suppliant de ne pas « trahir » les Tchèques. Eden et Attlee refusent même de le signer, afin de laisser une chance au Premier Ministre avant la conférence. « Même Winston semble avoir perdu son esprit combatif », note Nicolson. Ce sera Munich et l'abandon de la Tchécoslovaquie : « la paix pour toute notre époque » de Chamberlain et la grande réplique de Churchill, qui restera dans toutes les mémoires : « Vous avez eu à choisir entre la guerre et le déshonneur : vous avez eu le déshonneur et vous aurez la guerre. »

Dans son article intitulé « La France après Munich », daté du 4 octobre 1938, un nouveau thème fait son apparition qui annonce les heures les plus sombres de 1940 : « Par-dessus tout, il faut éviter les récriminations entre deux pays dont la sécurité future et l'indépendance sont plus que jamais dépendantes de leur unité. » Dans ce champ de ruines reste un point d'ancrage, l'armée française. Elle a été mobilisée dans les journées précédentes, et des trains entiers de réservistes ont été envoyés vers le nord-est de la France au cours de la journée du 24 septembre.

« Tout le monde a pu admirer comment la machine militaire française a été efficacement et sans heurts amenée à son plus haut niveau de préparation, et la loyauté et le patriotisme qui a animé des millions d'hommes lorsqu'il leur a fallu quitter leurs foyers pour faire face au destin. Tout aussi rassurante est la confiance tranquille dont ont pu faire preuve les chefs de l'armée française, handicapés qu'ils étaient pourtant par les déficiences regrettables de l'aviation[21]. » Tout cela sonne un peu creux et, naturellement, avec le recul de l'Histoire, presque pathétique. Aucun dirigeant britannique, et peut-être européen, n'a affirmé autant de fois sa confiance dans l'armée française au cours de la décennie qui précéda la guerre que Winston.

Le 5 octobre, la Chambre des communes vote les accords de Munich à l'issue d'une nouvelle séance dramatique : il y a tout de même, cette fois, 150 voix contre le gouvernement. Churchill prononce quelques paroles très fortes. S'il s'en prend à Chamberlain, c'est surtout contre la France qu'il en a : « Nous avons subi une défaite totale et sans mélange [...] la France a souffert encore plus que nous. La Tchécoslovaquie a souffert en particulier de son alliance avec la France qui l'a guidée pendant si longtemps... Tout est fini : dans un silence de deuil, abandonnée, brisée, la Tchécoslovaquie disparaît dans les ténèbres[22]. » La presse britannique, peu impressionnée par ces envolées oratoires, n'est pas enthousiaste ; ce sont des mots, mais il y a les faits, tout cela est trop « latin ». On préfère maintenant les discours plus laborieux d'un Chamberlain, qui semblent du coup plus sincères. Churchill est soupçonné de calculs politiques, de chercher à profiter de la moindre crise pour revenir au pouvoir et même d'espérer une guerre qui le rendra indispensable. Mais cette fois encore, Churchill n'est pas rappelé.

A Paris, la plupart des quotidiens français se contentent de rapporter avec fidélité ses propos et lui font, comme de coutume, bonne place, mais on est très loin de l'enthousiasme des années précédentes. *Le Matin*, journal « munichois », a désormais Churchill en ligne de mire : « M. Winston Churchill, malgré ses grandes qualités, est demeuré sans portefeuille depuis plus de dix ans et il semble en avoir perdu le sens des réalités et surtout des responsabilités qui pèsent sur les membres du gouvernement. »

En privé, il se montre accablé par l'attitude française. Dans une lettre personnelle poignante à Paul Reynaud datée du 10 octobre, il fustige en tout premier lieu la France, qui n'a pas respecté la garantie qu'elle a accordée à la Tchécoslovaquie, qui avait pourtant été réaffirmée en juin par Daladier. «Je ne vois pas bien quelle politique étrangère la République française peut mettre en œuvre désormais. Plus aucun pays de taille moyenne ne compromettra son avenir en comptant sur la garantie de la France. Je ne prétends en aucun cas défendre notre propre position. Vous avez été infectés par notre propre faiblesse, sans être fortifiés par nos forces. L'ampleur du désastre me laisse en train de tâtonner dans la pénombre. [...] La question maintenant est la suivante : avons-nous encore une chance de nous opposer à la domination nazie, ou bien devons-nous, à plusieurs, parvenir au meilleur accord possible avec elle – tout en essayant de réarmer? Un effort en commun est-il encore possible? Trente années durant j'ai œuvré avec constance en compagnie de la France. Je ne défends pas l'attitude de mon pays; mais je ne sais plus sur quoi me fonder aujourd'hui[23].» Reynaud lui répondra dix jours plus tard, affirmant que la France était dans une situation pire qu'après la guerre de 1870. Mais il existe des raisons de ne pas perdre tout espoir «aussi longtemps que nous avons la chance de posséder, parmi nos amis, des hommes de votre calibre[24]».

Il y a désormais quelque chose de brisé chez Churchill, qui paraît mettre sur le dos de la France la responsabilité première dans les événements et épargne maintenant Chamberlain. Le 17 octobre, il s'adresse par la radio aux Etats-Unis. Ce n'est pas un hasard. «Nous avons subi un désastre immense; le renom de la France est terni. En dépit de son armée, brave et compétente, son influence est profondément atteinte.» La France est donc le principal fautif et c'est vers les peuples de langue anglaise, vers le grand large, que Churchill se tourne désormais. Vaincre le nazisme n'est plus possible avec les forces européennes seules; c'est une lutte mondiale qui se profile à l'horizon et c'est parce que la guerre sera mondiale que le nazisme sera vaincu.

En revanche, explique-t-il, personne n'a le droit de dire que la Grande-Bretagne, malgré ses erreurs, a trahi sa parole. Ses amis anglais qui partagent son amitié pour la France sont surpris par sa sévérité. *Le Temps* daté du 19 octobre 1938 reproduit de très larges extraits du discours et une phrase retiendra surtout l'attention : «Le bon renom de la France est terni.» «On rapporte dans la presse française qu'au cours de votre émission adressé aux Etats-Unis vous avez dit que le nom de la France était terni. Si c'est cela la récompense offerte à un allié qui a loyalement adhéré à la politique de M. Chamberlain, cela ne risque pas de créer de favoriser l'amitié et je le regrette», lui écrit aussitôt Consuelo Balsan, née Vanderbilt, qui a divorcé de «Sunny», le duc de Marlborough, mais pour laquelle Churchill a gardé une grande affection[25]. Il est obligé de se justifier, mais il ne cède sur rien et commente qu'il est impossible d'imaginer un exposé plus modéré des événements douloureux qui viennent de se dérouler[26].

Après Munich, le prestige de la France dans le monde est en effet durement éprouvé. On ne peut plus compter sur elle ; que vaut en effet la fameuse «garantie» française ? Mais cette flèche du Parthe de Churchill n'était sans doute pas nécessaire.

Après la guerre, avec le recul, Churchill va pourtant enfoncer le clou. Il placera une grande partie de la culpabilité de Munich sur la France. «La Grande-Bretagne, après tout, n'avait pas signé de traité l'obligeant à défendre la Tchécoslovaquie et elle ne s'était pas non plus engagée de manière plus informelle. Mais la France était catégoriquement liée par un traité l'obligeant à faire la guerre à l'Allemagne si elle attaquait la Tchécoslovaquie. Vingt années durant, le président Benes avait été l'allié le plus fidèle et presque le vassal de la France. [...] Ce fut de très mauvais augure lorsque le gouvernement français refusa de tenir la parole de la France[27].»

15

L'ami de la France

L'année 1938 n'a pas été bonne pour Winston. L'Anschluss, Munich : il a tout tenté pour convaincre ses pairs, sans aucun succès. L'alliance avec la France n'a pas progressé, tant s'en faut. La faiblesse de la réaction française au moment de la crise des Sudètes renforce le camp de ceux qui estiment que la Grande-Bretagne ne doit pas lier trop étroitement sa politique étrangère à celle de ces Français toujours aussi imprévisibles et versatiles. Les francophobes semblent avoir gagné sur toute la ligne.

Sur un plan pratique, les conversations militaires franco-britanniques qui se déroulent le 24 novembre à Paris ne relancent pas vraiment la coopération. Il n'y a pas renforcement de la solidarité entre les deux pays. Comme il est clair que les Britanniques n'ont pas l'intention d'envoyer en France un corps expéditionnaire important, la question principale est celle du rôle de l'aviation militaire. Les responsables britanniques sont unanimes : la mission de la chasse de la RAF est de défendre la Grande-Bretagne et elle doit rester basée en Angleterre. Sur ce point essentiel, Churchill ne va jamais réclamer une réelle coopération aérienne entre les deux pays : un élément important qui explique bien des controverses futures et les positions fluctuantes qui seront les siennes. Il appelle sans cesse à une grande solidarité avec la France, mais, sur un plan concret, face aux Français qui réclament plus que des belles paroles, il se fait curieusement discret, piégé en quelque sorte par ses propos incantatoires sur l'excellence de l'armée de terre française. Puisque celle-ci est si forte, pourquoi les Français auraient-ils besoin de nous, lui font valoir ses adversaires.

Au Parlement, il est isolé comme il ne l'a jamais été. Il semble que son talent oratoire lui fasse désormais défaut. Son discours aux Communes, le 5 décembre, tombe à plat. Il est hors du coup. «C'est un vieil homme maintenant», dit son voisin de banc à Nicolson. Par contraste, Chamberlain est réaliste, calme, rassurant.

Churchill est effectivement en plein doute et cherche des éléments d'explication. Le 1er décembre, il publie un article intitulé «*France and England*» : «La conquête sans effusion de sang et l'absorption virtuelle de la Tchécoslovaquie par l'Allemagne nazie a transformé la position militaire de la France. [...] Il faut franchement admettre que les amis de la France en Angleterre sont dans un état de stupéfaction. Même moi, qui, trente années durant, en temps de paix, en temps de guerre, après la guerre, me suis consacré sans défaillir à la cause de la solidarité franco-anglaise suis quelque peu dérouté. On ne sait pas ce que représente cette *France nouvelle* ou comment elle se définit[1].» Fondamentalement, la cause principale de cette attitude est à chercher non pas chez les hommes politiques français, mais dans cette France frileuse, ces «familles» bourgeoises, étriquées, provinciales, vivant de leurs rentes, qui lui faisaient tant horreur lorsqu'un demi-siècle auparavant sa mère l'avait envoyé à Versailles étudier la langue. «Les raisons pour lesquelles la France ne se présente pas aujourd'hui avec toute sa force ne doivent pas être recherchées dans les classes laborieuses, qui sont les soldats de la France, mais dans certaines couches des classes moyennes et fortunées. On voit quelque chose de semblable en Grande-Bretagne.»

Il y a heureusement les grandes figures de l'histoire de France. Et c'est dans le passé, qu'il connaît bien et qu'il a toujours lu comme une sublime épopée, que Churchill trouve des raisons d'espérer : Jeanne d'Arc, par exemple, «la grande gagnante» de l'histoire du pays. Il y a aussi, pour lui remonter le moral alors que tout semble bouché, la Côte d'Azur et le château de l'Horizon : les dîners avec Rothermere et les Windsor, les casinos de Cannes et de Monte-Carlo. Après son départ de la Côte d'Azur début janvier 1939, son hôte Maxine Elliott lui écrit : «Jamais je ne vous ai vu en si bonne forme et nous nous sommes étranglés de rire en permanence. Votre joie de vivre est un don merveilleux.» A Paris, il a déjeuné avec Reynaud, puis a revu Léon Blum, qui lui a raconté les semaines ayant précédé Munich du point de vue français :

« Ils ont tous confirmé le fait que les Allemands n'avaient pratiquement pas de troupes sur la frontière française durant la Crise. Et Blum m'a dit (secret) qu'il tenait de Daladier lui-même que les deux généraux Gamelin et Georges avaient déclaré être confiants qu'ils pouvaient percer la ligne de défense allemande qui était faible et inachevée, au plus tard au quinzième jour[2]. » Un problème inquiète toujours cependant, la supériorité de la Luftwaffe, en tout cas face à la France seule, car Churchill ne paraît jamais envisager que les forces aériennes anglaises et françaises puissent agir en concertation.

Début février 1939, alors que la crainte majeure est désormais une invasion des Pays-Bas, Chamberlain prend par surprise la Chambre des communes en semblant donner un nouveau coup de fouet à l'alliance avec la France : « Je crois nécessaire de déclarer ici clairement que la solidarité d'intérêt qui unit la France et l'Angleterre est telle que toute menace dirigée contre les intérêts vitaux de la France, d'où qu'elle vienne, doit entraîner la coopération immédiate de l'Angleterre avec la France[3]. » Tout le monde est pris de court. « Chamberlain est vraiment un patron surprenant. Cette après-midi [...] il a stupéfié la Chambre et le monde en annonçant quelque chose qui ressemble fort à une alliance à la fois défensive et offensive avec la France. C'est exactement ce vers quoi nous avons, durant tous ces mois, travaillé, par le texte et la parole. Et maintenant le patron se lève pour parler et fait cela comme s'il s'agissait de la chose la plus simple sur la terre. La Chambre est absolument abasourdie. Il a en fait basculé complètement dans la direction de tout ce que nous avons demandé[4] », écrit Harold Nicolson.

Churchill doit alors lui-même admettre sobrement (peut-être même un peu à contrecœur ?) que les perspectives générales sont bien meilleures, avec cette apparente volte-face du Premier Ministre. Les propos de Chamberlain sont officiellement confirmés par une note britannique du 13 février qui demande aussi l'ouverture de conversations militaires plus approfondies avec la France. Les Français sont réconfortés et la menace à l'égard des Pays-Bas a disparu aussi vite... Mais où en est réellement l'armée de terre britannique ? Ce n'est que fin avril 1939 que le gouvernement réintroduit la conscription, ce que la France réclamait périodiquement, car elle seule pouvait permettre à l'armée de terre britannique de changer de dimension. L'intervention de Churchill devant les Communes est, sur cette question, décisive ; il faut éliminer toutes les sources de dissensions potentielles entre les deux pays : « La propagande nazie en France est en pleine activité. Le Premier Ministre nous a cité cet après-midi un de ses sarcasmes qui veut que l'Angleterre combattra jusqu'au dernier soldat français [...] les Français ont du mal à comprendre qu'un peuple insulaire qui n'a pas observé les feux de camp d'une armée ennemie sur sa terre depuis près de mille ans ait des préjugés si profonds contre toute forme de militarisme et est depuis toujours attaché au volontariat. [...] Si cette propagande insidieuse parvient à enfoncer un coin entre la Grande-Bretagne et la France, la ruine des deux pays sera rapide et définitive[5]. »

Les 14-15 mars 1939, la Wehrmacht entre dans Prague et met en place un gouverneur allemand. L'enclave de Dantzig est maintenant sous la menace et, le 31 mars, un Chamberlain épuisé et sur les nerfs annonce que si la Pologne est à son tour attaquée, ce sera la guerre. On conspire pour que Churchill revienne au gouvernement, mais rien n'y fait : Chamberlain n'en veut pas.

Churchill est déprimé. Heureusement, il y a un débat aux Communes, début août, qui lui permet d'attaquer le gouvernement, et un nouveau voyage en France, qui le remet aussitôt sur pied. Ce sera son dernier séjour dans un pays en paix.

Le 14 juillet 1939, il assiste à la grande revue à Paris et est très favorablement impressionné. Consuelo Balsan, qui l'accompagne, est stupéfaite par la taille des chars français. Sous les chenilles des « monstres d'acier », les Champs-Elysées ont tremblé ! Churchill lui explique prosaïquement qu'il fallait bien que le gouvernement fasse la démonstration que les bas de laine des Français ont été bien utilisés. Face à ce spectacle, à la fois impressionnant et joyeux, il reprend confiance en l'armée française et il n'est pas le seul. Le 21 juillet, Gamelin lui propose d'effectuer une visite au front. Churchill saute sur l'occasion : « Cela a été un grand plaisir pour moi d'assister à la splendide parade de l'armée française et de l'Empire français ce 14 juillet et, si je puis me le permettre, de sentir votre main ferme sur la situation, alors que nous approchons clairement d'un nouveau paroxysme[6]. » Quant à son très vieux camarade des hussards et des aventures de jeunesse à Cuba, le général Reggie Barnes, il est tout aussi confiant : « Si nous maintenons fermement nos positions actuelles et continuons à renforcer notre position générale, je ne puis croire qu'une nation de bons soldats comme les Allemands s'embarqueront dans une guerre qu'ils ne peuvent espérer remporter[7].» Seul Lord Rothermere réitère, sans aucunement l'atténuer, l'analyse qui est la sienne depuis des années et qu'il a constamment essayé de faire partager à Churchill : la solidité de l'armée française est une illusion complète, il serait fatal de continuer à compter sur elle.

Churchill fait appel à Spears, qui connaît bien les généraux français, qui parle bien la langue, et qui a surtout montré, dans un livre remarquable consacré à août 1914 et à la bataille de la Marne, qu'il a un sens de l'observation hors du commun. C'est donc un Churchill de nouveau en pleine forme qui s'envole pour Paris le 14 août 1939. Il n'est toujours pas au gouvernement, les chances qu'il soit rappelé sont minimes, mais voici une nouvelle occasion d'être reçu avec les honneurs, comme un grand homme d'Etat, de partager de bons repas et des vins fins avec ces officiers français dont il apprécie fortement la compagnie. L'armée française sait bien recevoir et Churchill succombe facilement à ce genre de chose, au risque de voir l'objectivité de son jugement quelque peu altérée. Les lignes qu'il adresse à Clementine dès le soir de son arrivée à Paris reflètent bien cette sorte d'euphorie qui le prend lors de ces expéditions : «Ce voyage promet d'être à la fois instructif et agréable. Le général Georges, qui commandera les forces terrestres durant la guerre, s'est entièrement libéré de ses obligations pour me voir. Il est venu me chercher à l'aérodrome et m'a conduit au restaurant dans le Bois de Boulogne où nous avons déjeuné au soleil. [Au dessert : de délicieuses fraises des bois baignant dans du sauternes, se souviendra Spears avec émotion]; nous avons discuté «boulot» pendant un long moment. Je suis entièrement d'accord avec le point de vue qui domine ici[8].» Le ton est donné : dès le premier jour de sa visite, avant même d'avoir visité le front et la ligne Maginot, après un excellent déjeuner au Bois de Boulogne, Churchill a conclu qu'il était «entièrement d'accord» avec les responsables militaires français...

Dans ses Mémoires, il écrira d'ailleurs qu'il a passé les dix jours suivants en compagnie de Georges, faisant un tour d'horizon complet des questions militaires. En réalité, Churchill n'a passé que trois jours sur les lignes de front, et encore... Il n'empêche que sa visite ne passe pas inaperçue en Angleterre. « Nous avons bien noté que vous avez passé vos vacances à inspecter les défenses de la France pendant que le Premier Ministre de Sa Majesté est, lui, totalement pris par les mystères de la pêche à la ligne sur les rives d'obscurs ruisseaux des Highlands[9]. »

La visite au front débute le 15 août. Il déjeune avec Gamelin, puis on le conduit à l'est de Strasbourg. Le 16 août, il inspecte les positions fortifiées de Neuf-Brisach. Churchill avait écrit à Clemmie que son séjour serait à la fois « utile et agréable » et on a parfois l'impression que le tourisme et les bons repas ont rapidement pris le dessus. Ses hôtes ont en effet bien fait les choses. Après Strasbourg, Churchill se rend à Colmar. En cours de route, il visite le Haut-Kœnigsbourg, ancienne résidence du Kaiser ; puis on traverse le vignoble alsacien. A Riquewihr, on admire l'architecture ; Churchill est reconnu, l'épouse du maire lui fait une offrande « spontanée » : une bouteille de vieux riesling et un kouglof. Le correspondant du *Temps* s'extasie. Subitement, la guerre semble bien loin. C'est la France éternelle, paisible, souriante. Aux journalistes, le soir, à l'hôtel, Churchill évoque d'abord le charme du pays, puis : « Il fit l'éloge sincère de nos soldats montant une garde active et vigilante ainsi que de leurs chefs, dont la formation militaire approfondie l'a émerveillé. De sa conversation se dégage l'impression qu'il est pleinement satisfait de notre organisation défensive et qu'il a pleine confiance dans la valeur de notre force armée. M. Winston Churchill a été très frappé du degré de culture et d'intelligence de nos cadres, ce qui l'a confirmé dans son opinion déjà bien assise que l'armée française est toujours la première de l'Europe et du monde[10]. »

Le 17, en fin de journée, il est à Belfort. Aux journalistes français, il déclare : « J'ai visité de nombreux postes dans des secteurs particulièrement intéressants et je dois vous avouer que je ne suis pas un expert militaire mais un homme politique qui a suivi les événements depuis de longues années et je vais vous donner mes impressions personnelles ; je vous les donne pour ce qu'elles valent : ma première impression, la plus forte, est que la France est protégée par un bouclier de matériel et, surtout, j'y insiste, par un bouclier d'hommes qui doit vous assurer, dans cette région, une sécurité absolue et vous défendre contre les horreurs de l'invasion. Comme ancien officier de l'armée anglaise, j'ai été particulièrement frappé par la mine alerte et intelligente des troupes : chaque soldat, chaque gradé peut expliquer immédiatement son rôle avec précision. J'ai eu l'occasion d'apprécier l'heureuse camaraderie qui unissait hommes et gradés dans leur notion du devoir ; cela, plus encore que les canons et le béton, me donne la plus absolue confiance dans le maintien de la sécurité française[11]. » Churchill est absolument convaincu que les fondamentaux sont excellents.

Le 18 août 1939, après être repassé par Paris, il se rend chez Consuelo Balsan à Dreux, dans son château « où le roi Henri de Navarre avait dormi la veille de la bataille d'Ivry », et où il va rester cinq jours à peindre. Son séjour sur le front n'aura donc duré que quarante-huit heures, et pas une dizaine comme il le dira dans ses Mémoires. Le peintre Paul Maze note dans son journal : « Nous avons parlé de sa visite à la Ligne Maginot avec Georges – très impressionné par ce qu'il a vu. Dîner au château. Winston était furieux et pour de bonnes raisons car les présents ne voyaient pas les menaces qui nous attendaient. » Tout en peignant, il lance de temps à autre des affirmations au sujet de la puissance relative des armées allemande et française. « Ils sont forts, je vous le dis, ils sont forts », s'exclame-t-il en parlant de ces derniers, mordant profondément son cigare. « Je ressentais toute la force de sa volonté. Ah, tout compte fait, on l'aura[12]. »

Il décide de rentrer à Londres, persuadé que le déclenchement de la guerre est proche ; à Paris, avant de prendre l'avion, il déjeune de nouveau avec Georges. Celui-ci lui fournit tous les derniers chiffres concernant les armées française et allemande, classant avec précision les divisions selon leur qualité et leur niveau de préparation. Churchill est de nouveau impressionné par le professionnalisme des chefs français et s'écrie : « Mais vous êtes les maîtres ! »

De retour en Angleterre, il adresse une note au ministre de la Guerre, Leslie Hore-Belisha, qu'il reproduira de façon très parcellaire dans ses Mémoires : « Le front français ne peut être franchi par surprise. Il ne peut être percé à aucun endroit sauf au prix d'un immense effort qui sera énormément coûteux en vies et prendrait tant de temps que la situation générale serait totalement modifiée. [...] Personnellement, je pense qu'il est extrêmement peu probable que les Allemands tenteront quoi que ce soit de significatif contre le front français ou contre les deux petits pays [Belgique et Suisse] sur ses flancs, durant la phase initiale.» Il omettra, après guerre, de reproduire deux appréciations contenues dans la note : «J'ai trouvé qu'il y avait un accord général avec l'opinion qui est la mienne selon laquelle le temps est maintenant de notre côté, et que Hitler sera en plus mauvaise posture l'an prochain que cette année-ci. [...] Il est impossible de ne pas être très frappé par l'esprit de confiance et de sérénité qui prévaut au sein du haut commandement français et personne ne peut douter de l'ampleur considérable et de la très haute qualité de l'effort fourni au service de la sécurité du pays[13].» Une semaine plus tard, le général Ironside est invité à Chartwell. «Winston n'en avait que pour Georges. J'ai trouvé qu'il était devenu très "français" dans sa vision des choses... son refrain est que nous devons envoyer une grande armée de terre en France[14].»

16

« Bras dessus, bras dessous »

Le 3 septembre 1939, Churchill est nommé Premier lord de l'Amirauté. « *Winston is back !* », annonce la Royal Navy à tous ses bâtiments. Il se met au travail avec son dynamisme et son entrain habituels. Durant les mois qui vont suivre, il va constamment prôner le renforcement du corps expéditionnaire britannique en France. « Nous devons prendre toute notre place dans la ligne de front si nous voulons maintenir l'Alliance et gagner la guerre. » Après l'écrasement de la Pologne, Hitler peut être tenté de se retourner vers l'Ouest. C'est même probable aux yeux de Churchill, qui a une perception innée des ressorts psychologiques des « grands hommes ». « *Vorwaerts !* En avant, toujours en avant ! » avait-il écrit dans son portrait de Hindenburg avant guerre. Il estime toutefois que Hitler est un adversaire rationnel, et cette rationalité doit le conduire à ne pas se lancer dans une telle aventure sans s'être assuré d'une nette supériorité. En octobre, il en vient à penser que les Allemands pourraient très bien renoncer à attaquer la France en raison des pertes considérables qu'ils subiraient en tentant de franchir la ligne Maginot, et être plutôt tentés par une offensive aérienne de grande ampleur destinée à écraser la Grande-Bretagne.

Le 2 novembre 1939, il arrive en France à bord d'un destroyer, sa première visite depuis le déclenchement des hostilités. Il n'a pas renoncé à ses habitudes du temps de paix et dort au Ritz, avant de se rendre au quartier général de la marine française à Maintenon, en Eure-et-Loir, où il discute pendant deux heures de la situation navale avec l'amiral Darlan. C'est l'Entente cordiale.

Devant les amiraux rassemblés, il disserte en français et propose notamment d'équiper tous les bâtiments de lutte anti-sous-marine français avec des Asdic, le système de détection anglais récemment mis au point. A Paris, il voit Daladier, qu'il trouve assez pessimiste. Il déjeune avec Gamelin et rend visite à Georges. Le soir du 4 novembre, il donne un grand dîner au Ritz pour Campinchi, ministre de la Marine, et Darlan. Blum, Reynaud, Georges Mandel et Alexis Léger, secrétaire général du Quai d'Orsay, sont également présents, car Churchill a bien l'intention de faire fructifier les liens étroits qu'il a établis avec les dirigeants politiques français d'avant guerre. De Premier lord à Premier Ministre, le chemin ne sera peut-être pas si long. De retour en Angleterre, il écrit une lettre flatteuse à Darlan, qui lui a fait très bonne impression : «J'espère que l'expansion de la flotte française, qui vous doit tant, pourra se poursuivre en coopération avec la flotte britannique jusqu'à ce que la guerre trouve son issue nécessairement favorable[1]. »

Début janvier 1940, il retourne en France. Churchill a une grande idée : miner le Rhin pour interrompre tout le trafic fluvial, une opération ambitieuse dont le nom de code est *Royal Marine* et pendant plusieurs semaines il va tenter de convaincre les Français, sans succès, ceux-ci craignant la réaction de Hitler. Le 6 janvier, il visite de nouveau la ligne Maginot. Deux jours plus tard, avant de reprendre l'avion pour Londres, il fait une déclaration écrite à la presse britannique : «Tous ceux qui, en Angleterre, se sentent un peu pessimistes ou nerveux auraient tout intérêt à passer quelques jours avec les armées britanniques et françaises. Ils trouveront cette expérience à la fois tonifiante et calmante[2]. »

Après guerre, il racontera avoir éprouvé au cours de sa visite des sensations totalement différentes : «Ceux qui se rendaient sur la partie française du front étaient souvent frappés par l'atmosphère d'apathie qui dominait, par la mauvaise qualité apparente des diverses installations militaires, par l'absence d'activités visibles. [...] Il ne fait pas de doute que l'on avait laissé se détériorer sérieusement la qualité de l'armée française durant l'hiver.» Le compte rendu du comité de coordination militaire réuni à Londres le 12 janvier 1940 n'indique pourtant rien de tel : Churchill se contente de remarques techniques et ne dit rien de cette détérioration de l'armée française qu'il prétendra plus tard avoir remarquée.

Quoi qu'il en soit, lorsqu'il intervient à la BBC le 20 janvier, c'est pour clamer sa foi en la victoire : «Les facteurs décisifs ne seront pas le nombre mais la qualité, la volonté, les atouts géographiques, naturels, les ressources financières, la maîtrise des océans, et plus que tout, une grande cause, qui réveille l'enthousiasme de l'esprit humain[3]...» Le discours est bien reçu en France où la vigueur et l'éloquence de Churchill sont appréciées. Les dirigeants français savent qu'ils peuvent compter sur lui. Irrité par la lenteur de la mise en œuvre du programme de guerre britannique, il est furieux d'apprendre que le conseiller du gouvernement pour les questions économiques s'est inquiété des risques financiers pour le budget du pays. Il demande à ses collègues de prendre conscience du réel danger pour l'alliance avec la France si la Grande-Bretagne ne prend pas sa juste part dans les combats sur terre. Il précise l'objectif : au moins la moitié de l'effort de guerre français. «Il serait totalement déshonorant que les effectifs de notre armée n'atteignent que 36 divisions alors que la France, avec sa population beaucoup moins nombreuse [*sic*] et seulement la moitié de nos capacités industrielles, mettait en ligne 110 divisions.»

Début avril, le Premier lord fait une ultime tentative pour convaincre Daladier de l'intérêt de *Royal Marine*, mais le gouvernement français ne veut toujours pas se lancer dans des actions «agressives». «Cette idée de ne pas irriter l'ennemi ne s'imposait pas à moi», écrira-t-il dans ses Mémoires. Heureusement, il a de nouveau l'occasion de voir son ami Georges. Spears a laissé un récit nostalgique de ce déjeuner : «Nous étions comme trois amis qui sont heureux d'être ensemble à déguster des mets délicieux et d'excellents vins. Georges était calme, gai et confiant. [...] Churchill fit une description frappante de la pagaille chez l'ennemi qui résulterait de *Royal Marine*... Je me souviens l'avoir entendu dire que nous avions une tendance déplorable à rater le bus (*"Nous allons perdre l'omnibus"* furent ses mots exacts).» Georges n'est cependant pas totalement serein et ne cache pas que le moral dans certaines unités, en particulier chez les hommes plus âgés, n'est pas excellent : *«Pas fameux»*, même[4].

Lorsque le 10 mai la Wehrmacht lance enfin sa grande offensive contre la France, Churchill est nommé Premier Ministre.

A vrai dire, il a bénéficié de l'échec de l'expédition de Narvik, dont il est lui-même le principal responsable, et des hésitations de Lord Halifax, qui, en théorie, devait être le successeur de Chamberlain. Ses partisans sont à la fois soulagés et ravis : enfin la Grande-Bretagne a un vrai chef. Paul Maze lui écrit aussitôt : « Tous les Français partagent ma joie, et votre nom est sur toutes les lèvres. » Mais si *Le Temps* salue son accession au 10 Downing Street, le journal rend d'abord un vibrant hommage à Chamberlain, incarnation de toutes les vertus de la vieille Angleterre, et qui, jusqu'au bout, a cherché les voies de la paix. Et à la Chambre des communes, c'est l'homme de Munich qui reçoit un accueil triomphal, pas Churchill.

A ses yeux, l'armée française est prête. Elle est bien la meilleure du monde, et elle l'est restée, en dépit des longs mois d'inaction de la « drôle de guerre ». Celle-ci a permis de renforcer la coopération entre l'armée de terre française et le corps expéditionnaire britannique (BEF). Il est bien conscient que l'ennemi est redoutable, jeune, enthousiaste, mais sa confiance dans la solidité fondamentale des héritiers des poilus est inébranlable. Cette confiance en l'armée française est d'ailleurs presque universelle. Le général Ironside, qui vient d'être nommé chef de l'état-major impérial britannique, écrit dans son journal : « Je dois dire que je n'ai rien vu qui cloche, au premier abord. Les généraux sont tous des hommes d'expérience, même s'ils sont un peu âgés de notre point de vue. [...] Je me dis que nous ne saurons pas vraiment ce qu'il en est avant le premier choc. En 1914, beaucoup d'officiers et de soldats ont failli mais le père Joffre a bien tenu les choses en main avec une grande fermeté. » Très rares sont ceux, comme le général Alan Brooke, commandant un corps d'armée, qui sont frappés par certains signes inquiétants : un relâchement général dans la tenue de la troupe, le temps perdu dans des déjeuners interminables chez les officiers supérieurs.

Churchill est totalement pris de court par le Blitzkrieg. Le matin du 12 mai, John Sinclair, officier de liaison à l'Amirauté, somnole dans le bureau des opérations de l'Admiralty lorsqu'il est convoqué au 10 Downing Street. Il trouve le Premier Ministre dans son lit, en train de fumer le cigare. « J'ai posé la carte sur son ventre et lui ai dit que les forces britanniques étaient sur la rivière Dyle. Il n'avait pas l'air très intéressé mais plaça son doigt sur la ligne de front longeant la Meuse et demanda quelles unités françaises s'y trouvaient.» Sinclair répond que le système de défense est très peu profond dans cette zone car les Français considèrent que la Meuse et les Ardennes sont infranchissables pour des forces blindées. Il ajoute que la mission Howard-Vyse – du nom du général britannique qui commande la mission de liaison britannique auprès du général Gamelin – a alerté les Français à ce sujet mais n'a pas pu les convaincre de l'existence de la moindre menace dans ce secteur, et que cela a été l'objet de plusieurs communications au War Office. Churchill, se souvient Sinclair, «émit un grognement[5]».

Dans ses Mémoires, il reconnaîtra ses erreurs non sur le lieu de l'attaque allemande, mais sur sa nature, tout en plaidant, avec un soupçon de mauvaise foi, l'indulgence : «N'ayant pas eu accès aux documents internes du gouvernement durant tant d'années, je n'ai pas compris la brutalité de la révolution effectuée depuis la dernière guerre et l'impact de la pénétration d'une masse de véhicules blindés se déplaçant rapidement. Je voyais bien ce dont il était question, mais cela n'avait pas modifié mes convictions profondes comme cela aurait dû être le cas[6].» Toute l'information était pourtant parfaitement accessible. En Angleterre même, au cours des années 1930, le stratège Basil Liddell Hart, correspondant du *Times* pour les questions de défense, et le général Fuller, dans des ouvrages très diffusés, avaient décrit cette nouvelle forme de guerre. Comment Churchill, un des inventeurs du char, esprit curieux de tout, à l'affût des nouveautés, est-il passé totalement à côté ? Comment est-il devenu aussi «conservateur», partisan de la défensive ?

Churchill a été très marqué par l'échec de la doctrine française de l'offensive durant la guerre de 1914, qu'il a critiquée avec virulence dans *The World Crisis* ; il a été impressionné par la suprématie du feu et par les ravages de l'artillerie. Faisant maintenant totalement confiance à l'armée française, il s'en est remis à la stratégie des chefs français. Dans les années précédant la guerre, il défend systématiquement l'alliance avec la France, et cette position, contestée en Angleterre, serait fragilisée s'il émettait des critiques à l'égard des options choisies par les chefs français. De plus, la Grande-Bretagne a une armée de terre de dimension modeste et, comme citoyen britannique, il se considère mal placé pour critiquer une armée de terre bien plus importante en nombre et qui est en première ligne.

Churchill va mettre longtemps à ouvrir les yeux. Le 13 mai, réunion du War Cabinet : «Il était très loin d'être convaincu que la grande bataille était en cours. Il n'y avait pas encore de grandes masses de troupes allemandes engagées, et la situation était tout à fait cohérente avec la volonté des Allemands de ne pas mettre en action leur armée dans sa totalité, mais de n'utiliser que les forces spécialisées[7].» Churchill établit donc une distinction très nette entre les unités qu'il appelle «spécialisées» – blindés, parachutistes, troupes de choc – et les «gros bataillons». Il ne perçoit pas comment les deux types de forces, qui paraissent vouées à progresser à des vitesses totalement différentes, pourraient opérer en coordination. L'offensive allemande lancée le 10 mai est à ses yeux une sorte de gros «coup de main» destinée d'abord à impressionner les Alliés, mais elle n'a aucune chance d'être décisive tant que les gros bataillons, progressant à pied comme en août 1914, ne seront pas arrivés à hauteur des forces «spécialisées» beaucoup plus rapides. A ses yeux, cela prendra du temps, un temps qui permettra de consolider la ligne de front et, au moment voulu, de contre-attaquer, exactement comme Joffre au moment de la Marne. Son télégramme à Roosevelt traduit sa pensée : «Je pense pour ma part que la bataille sur terre vient juste de commencer, et j'aimerais voir les grandes masses engagées. Jusqu'à présent, Hitler a mis en action les forces spécialisées, c'est-à-dire les chars et l'aviation[8].»

Le 14 mai, Alexander Cadogan note que la situation sur le front est encore très peu claire; le général Dill pense que c'est la grande attaque, mais, de son côté, «Winston est toujours dubitatif[9]». Le 15, nouvelle réunion du Cabinet à Londres. A 7 heures du matin, Winston a parlé au téléphone avec Paul Reynaud. Le président du Conseil est de plus en plus alarmiste. Il pense que les Allemands se dirigent droit sur Paris. «Le Premier Ministre lui répondit qu'il ne devait pas être induit en erreur par des messages de panique de ce type; que seule une petite partie de l'armée française était engagée au contact de l'ennemi et que les forces allemandes qui avaient pris part à la percée se trouvaient dans une position vulnérable.» Churchill est persuadé que tout n'est pas perdu, loin de là, et qu'une contre-attaque décisive peut être très fructueuse. C'est ce qu'il a expliqué à Reynaud. «Toutes les expériences passées montrent que l'offensive s'étiolera au bout d'un certain temps. Je me souviens du 31 mars 1918. Après cinq ou six jours ils doivent s'arrêter pour se ravitailler, et c'est alors que se présente l'occasion de contre-attaquer. J'ai appris cela de la bouche du maréchal Foch lui-même[10]. »

Deux heures plus tard, il relate la conversation devant le Comité des chefs d'état-major, explique que la pénétration allemande progresse sur un front étroit et qu'il est « impossible » qu'elle soit exploitée rapidement par des forces beaucoup plus importantes. Après Reynaud, il a d'ailleurs parlé avec le général Georges, et celui-ci s'est montré calme et un peu plus rassurant, tout en reconnaissant que la situation au sud du front est sérieuse. Lorsque Dill expose les plans de repli des forces britanniques en Belgique, « cela mit Winston hors de lui et il dit qu'il ne pouvait être d'accord, car cela mettrait toute notre armée en danger. Il est sorti de ses gonds et a annoncé qu'il allait se rendre en France. Il était grotesque de penser que la France pourrait être conquise par 120 chars[11] ». Parmi ses conseillers les plus proches, personne ne le contredit. Cependant, pour la première fois, Churchill a senti que les autorités françaises ont besoin d'être sérieusement revigorées. Pour la première fois aussi, il va employer une expression qui envisage le scénario du pire : « Quoi que fassent les Français [...] nous nous battrons jusqu'au bout. »

Churchill pense toujours à la Grande Guerre. Il refuse de croire que la France puisse être aussi facilement vaincue. Personne ne semble d'ailleurs comprendre ce qui est en train de se passer au moment où il s'envole pour Paris, pour sa première visite depuis la percée à Sedan. « Dès le moment où nous descendîmes du *Flamingo* au Bourget, il apparut évident que la situation était bien plus grave que ce à quoi nous nous attendions, se rappellera le général Hastings Ismay, son principal conseiller militaire. Les officiers qui nous attendaient nous annoncèrent qu'il était prévu que les Allemands seraient à Paris dans quelques jours tout au plus. Avec le souvenir de 14-18 à notre esprit, aucun d'entre nous ne pouvait le croire. Je n'ai jamais oublié l'abattement total sur les visages de Reynaud, Daladier et Gamelin lorsque nous sommes entrés dans la salle de réunion au Quai d'Orsay. Je me souviens avoir pensé : le haut commandement français est déjà vaincu[12]. » Malgré les mauvaises impressions, Churchill est prêt à en découdre.

Rien ne le stimule plus que la proximité du danger, et un voyage en avion. Pendant que, dans les jardins du ministère, on peut voir de vénérables hauts fonctionnaires en jaquette en train de brûler les archives, il fait flèche de tout bois. Lorsque Gamelin lui explique qu'il a été impossible de ramener des troupes de Belgique en raison d'une grève des cheminots belges, Churchill riposte aussitôt, songeant peut-être au Tigre : « Fusillez-les ! » Il semble peu enclin à s'écarter de son raisonnement initial. Lorsque Gamelin expose que les Allemands ont engagé dans la bataille 8 de leurs 10 divisions blindées et que le fer de lance est formé de 2 divisions blindées et de 2 divisions d'infanterie, Churchill n'ayant, semble-t-il, écouté que la deuxième partie des propos du général, répond qu'il est clair que ce n'est pas avec 4 divisions que les Allemands peuvent espérer conquérir la France. Le généralissime réplique aussitôt : c'est bien cela le problème. « C'est toute l'armée qui est en train de nous tomber dessus. »

Churchill répond alors qu'il n'est pas possible que l'ennemi ait déjà franchi la Meuse avec beaucoup de divisions. La conversation se poursuit, toujours décousue. Churchill réitère ses doutes quant à la pérennité de l'offensive allemande, soutenu par Dill, qui ajoute que l'essence ne va pas tarder à manquer. Daladier, ministre de la Défense, leur tient tête avec lucidité. Il est totalement erroné de penser que l'offensive va perdre en vigueur ; au contraire, elle va prendre de plus en plus d'ampleur. Quant à la question du ravitaillement en carburant, la réponse n'est pas compliquée : les Allemands « transportent l'essence avec eux ». Personne ne semble y avoir pensé !

Dans ses Mémoires, Churchill racontera un échange dramatique au cours de la discussion. Il demande en français à Gamelin où se trouve la réserve stratégique. « *Où est la masse de manœuvre ? – Aucune* », répond le généralissime. Churchill dira qu'il fut stupéfait de cette réponse. Lorsqu'il interroge Gamelin pour savoir quand et où il envisage de contre-attaquer les flancs du « Bulge » – le saillant formé par les forces d'invasion –, la réponse de celui qui est sorti major de Saint-Cyr est accablante : « Infériorité de nombres, infériorité dans l'équipement, infériorité dans les méthodes », suivi de ce haussement d'épaules (« *shrug* ») qui est, aux yeux des Britanniques, un trait typiquement français. « Il n'y eut pas de discussion, cela n'était pas nécessaire. » Et enfin, plutôt magnanime : «Ce fut ma dernière rencontre avec le général Gamelin. L'homme était un patriote, plein de bonne volonté, et un bon professionnel; il a certainement sa propre version à raconter[13].»

Churchill est un grand dramaturge. Ses œuvres sont remplies de tableaux dont le lecteur se souvient longtemps après les avoir refermés. Pour les besoins de l'écriture, il est en effet peut-être nécessaire de faire porter le chapeau à Gamelin, et ce passage sera un de ceux qui marqueront le plus les lecteurs du volume qui portera en France le titre *L'Heure tragique* – le titre anglais étant *The Finest Hour.* Le compte rendu officiel de la conférence ne mentionne pourtant ni cet échange ni la réponse péremptoire du général, «*aucune*» – ce qui, en bon français, est incorrect –, qui n'apparaît nulle part[14]. De plus, ce n'est pas Gamelin qui, d'après ce compte rendu, parle d'«infériorité en nombres», mais plutôt Paul Reynaud, qui affirme «que l'infériorité du nombre était la cause de la situation». Churchill achève son propos en renouvelant ses encouragements aux Français, et en affirmant un peu trivialement que l'armée allemande ne pourrait envoyer des divisions blindées «partout». Dans sa conclusion générale, il fait même, dans une certaine mesure, son propre procès : «Certains prophètes d'avant guerre avaient été démentis, puisque la stratégie offensive reprenait ses droits[15].»

Le 18 mai, la situation paraît s'améliorer un peu, et l'optimisme de Churchill se voit renforcé. Contrairement à toutes les attentes, les forces allemandes ne se dirigent pas vers Paris, mais poursuivent l'offensive le long d'un axe est-nord-ouest en direction de la mer, avec pour objectif la destruction des armées alliées prises dans la nasse dans le nord de la France. Au général Georges, il écrit que le moment de frapper est proche : «La tortue est en train de projeter sa tête très en avant de sa carapace.»

Churchill, à son retour en Angleterre, commence à s'interroger, malgré les apparences. C'est à ce moment qu'il donne pour instruction la formation d'une commission dont le but est d'examiner «la stratégie britannique face à une certaine éventualité» *(«British strategy in a certain eventuality»)*, un euphémisme destiné à couvrir l'étude de l'hypothèse d'un effondrement de la France.

Le lendemain soir, il parle à la BBC. Contre toute logique, il se lance dans un discours plutôt optimiste, comme si la rencontre du Quai d'Orsay n'avait tout simplement pas eu lieu. A Paris, Gamelin vient d'être remplacé par Maxime Weygand – l'homme qui affirme détenir les « secrets de Foch » –, Paul Reynaud a pris le poste de ministre de la Guerre et le maréchal Pétain est entré au gouvernement comme vice-président du Conseil. La pénétration des divisions blindées allemandes est présentée comme une incursion presque suicidaire. « Nous ne devons pas nous laisser intimider par l'arrivée de ces véhicules blindés dans des endroits inattendus derrière nos lignes. » Il voit bien que, contrairement à la guerre de 1914-1918, il n'existe plus de véritables lignes de front, et pourtant : « D'ailleurs, lorsqu'ils se retrouvent à l'intérieur des lignes alliées, les Français sont, en bien des endroits, en train de les combattre activement. Les deux camps opposés sont par conséquent dans une situation extrêmement dangereuse, et si l'armée française et la nôtre sont bien commandées – et je suis certain qu'elles le seront – si les Français ont conservé le génie du rétablissement et de la contre-attaque pour lesquels ils sont fameux depuis si longtemps, et si l'armée britannique fait preuve de l'endurance obstinée et de la solidité au combat dont il y a eu tant d'exemples par le passé, il est possible que la situation soit soudainement transformée. Il serait imbécile de nier la gravité de l'heure. » Mais « il serait encore plus imbécile de supposer que des armées de 3 ou 4 millions d'hommes, bien entraînées, bien équipées, pourraient être vaincues en l'espace de quelques semaines ou même de quelques mois par un raid entrepris par des véhicules mécanisés, si impressionnant soit-il[16] ».

Il est en tout cas manifeste que Churchill a énormément de difficultés à accepter la réalité de ce qui est en train de se passer et que tous ses pronostics soient ainsi déjoués. Il préfère faire appel à un passé parfois lointain, aux qualités immémoriales et complémentaires du soldat français et du soldat britannique.

La vraie guerre, c'est, comme en 1914 ou comme à l'époque de Napoléon, la confrontation des gros bataillons : « Nous pouvons pronostiquer avec confiance que le front en France se stabilisera, et que les grandes masses de soldats seront engagées au combat, ce qui permettra aux soldats français et britanniques de se mesurer, avec toutes leurs qualités, à leurs adversaires. Moi-même, j'ai une confiance invincible en l'armée française et en ses chefs. Seule une petite partie de la France a été envahie.» Il ne précise pas, pour des raisons évidentes, que le War Cabinet a commencé à envisager l'hypothèse où il faudrait rapatrier le corps expéditionnaire et la majorité de ses auditeurs retiennent surtout que les événements ont pris subitement et contre toute attente un tour dramatique.

Doit-on mettre ce discours sur le compte de l'optimisme à toute épreuve qui fait partie de sa nature profonde ? En fait, Winston continue à penser à la Première Guerre mondiale, au miracle de la Marne en 1914, puis au sauvetage de mars 1918. De toute façon, insiste-t-il, il a reçu des Français les gages «les plus sacrés» que «quoi qu'il arrive, ils se battront jusqu'au bout, que la fin soit amère ou glorieuse. Si nous nous battons jusqu'au bout, cela ne peut être que glorieux».

Deux jours plus tard, il adresse un télégramme «privé et personnel» à Reynaud dans lequel il fait de nouveau preuve d'un optimisme surréaliste. Il lui explique, comme s'il s'adressait à un élève désorienté, comment il faut faire pour s'opposer aux pénétrations par les chars, dont il ne semble toujours pas percevoir l'impact décisif, mais qu'il compare un peu aux charges de uhlans de la Première Guerre mondiale. «Il ne faut pas attacher une importance exagérée à l'arrivée de quelques chars à un point précis. Que peuvent-ils faire une fois qu'ils sont entrés dans une ville ? Les villes devraient être défendues par des tireurs embusqués, et le personnel des chars doit être neutralisé par les tirs au moment où ils tentent de quitter leurs véhicules...» Ses propositions confinent au grotesque lorsqu'il suggère que «les bâtiments doivent être minés afin de s'effondrer sur les envahisseurs, lorsque c'est possible[17]». Le 2 juin, Churchill demandera – un peu tardivement ! – à l'état-major britannique de lancer une étude sur la meilleure manière d'arrêter les chars. «Il devrait être possible de mettre au point une méthode pour harceler et attaquer les tanks.» On lui répond que ces problèmes sont en train d'être examinés «intensivement»... L'essentiel est d'être prêt quand les gros bataillons de la Wehrmacht seront engagés. «La confusion qui règne dans la bataille en cours ne sera clarifiée que si celle-ci est d'abord amplifiée, devenant ainsi une mêlée générale.»

Churchill élude totalement le risque mortel présenté par la « dislocation » entraînée par la neutralisation ou l'éparpillement du commandement, à tous les niveaux. Il ne voit pas non plus l'impact psychologique de l'arrivée des avant-gardes motorisées dans les villages de l'est de la France, précédées immédiatement par les sirènes et les bombes des Stukas. Devant le War Cabinet, il se dit confiant. Cadogan note que « malheureusement WSC a commencé par dire que la situation était plus encourageante[18] ». Mais un jeune membre de son cabinet privé, John Colville, confie qu'il n'a jamais vu son « patron » aussi déprimé.

Il est temps de retourner à Paris. Churchill adore ces déplacements en avion : ils ont toujours un effet tonifiant immédiat, d'autant plus puissant qu'autour de lui tout semble se déliter. Il pense pouvoir transmettre à tous et à chacun son énergie et son dynamisme, ainsi que l'exemple qu'il donne par son courage physique. La réunion du Conseil suprême interallié a lieu cette fois au château de Vincennes. Weygand fait bonne impression, malgré son âge – soixante-treize ans –, et la fatigue consécutive à une visite mouvementée dans le pas de Calais. Les forces allemandes ont poursuivi leur avancée spectaculaire vers la mer : la tortue semble être sortie presque entièrement de sa carapace. La solution saute aux yeux, elle a déjà été proposée par Gamelin : l'armée britannique et la 1re armée française attaqueront en direction du sud-ouest vers Cambrai, tandis que le groupe d'armées français positionné aux environs de la Somme attaquera vers le nord. Les Allemands seront pris entre deux feux. Ironside voit Churchill à son retour à Londres : « Il était plein d'entrain, ayant été impressionné par Weygand. Il a dit qu'il avait l'air d'un homme de cinquante ans. » Churchill a une grande confiance en sa capacité à juger les hommes. Ironside, de son côté, n'est pas rassuré : il estime qu'en cas d'échec du plan Weygand, le corps expéditionnaire britannique n'aura plus le temps de se replier vers les ports comme Dunkerque ou Calais.

Pour les Britanniques, le succès du plan dépend en fait des Français et de leur volonté claire de passer à l'offensive. Alors que les relations entre les deux pays sont déjà sous pression, en raison de la contribution modeste de l'armée de terre britannique, un nouveau sujet de discorde va bientôt faire son apparition, dont Churchill va très vite percevoir qu'il constitue une menace très sérieuse pour les relations entre les deux pays : Dunkerque. Le 23 mai, le corps expéditionnaire britannique se trouve dans une position critique, note Colville. «Il semble quasi certain que notre armée devra se replier précipitamment et essayer de réembarquer, une tâche herculéenne[19].» Durant le War Cabinet du 23 mai, qui se réunit à 7 heures du soir, Churchill annonce qu'il a appelé au téléphone Reynaud et Weygand, et que ceux-ci lui ont affirmé que les opérations se poursuivaient favorablement et même – ce qui se révélera faux – qu'Amiens a été reprise par les forces françaises. Cela suffit à le convaincre qu'il faut poursuivre l'offensive conjointe.

«Ce type est fou», note le général Pownall, un des adjoints de Lord Gort, qui commande le corps expéditionnaire britannique, lorsqu'il apprend le soutien apporté par Churchill au plan Weygand[20]. Désormais, Londres reçoit peu d'informations de Lord Gort, le commandant du BEF. Que se passe-t-il ? Le 25, Churchill télégraphie à Reynaud, son ton est peu assuré : «Nous avons toutes les raisons de penser que Gort persévère dans son mouvement en direction du sud[21].» Mais, à Londres, il interroge Ironside : «Je dois savoir au plus vite pourquoi Gort a abandonné Arras, et ce qu'il est réellement en train de faire avec le reste de son armée[22].» Durant toutes ces journées, le Premier Ministre est tiraillé entre ses sentiments d'amitié pour la France, sa fidélité à l'alliance, et les pressions qu'il subit de la part de ses généraux. Il va jusqu'à soupçonner Gort de refuser de se battre. «Clairement, il ne doit pas se laisser encercler et se rendre sans combattre.» Churchill n'est pas loin d'accepter de sacrifier l'ensemble du corps expéditionnaire britannique. Il lui est impossible de concevoir une retraite : elle serait une tache pour la Grande-Bretagne, et mettrait en péril, pour de longues années, les relations d'amitié avec la France.

Or Gort a bien donné, de lui-même, l'ordre d'interrompre l'offensive vers le sud et de se replier vers les ports. Churchill va rapidement assumer cette décision dramatique, tout en reprochant à Gort de ne pas en avoir aussitôt informé Londres et en reconnaissant que les Français ont des raisons de se plaindre. L'Histoire, vue du côté britannique, retiendra que Gort a, par une décision prise de façon totalement personnelle, sans en référer à ses supérieurs, sauvé le corps expéditionnaire, dont une très large partie sera évacuée à Dunkerque.

Churchill a, le mot est faible, louvoyé. Dans ses Mémoires, il rendra hommage à la décision prise par Gort, qu'il qualifiera de «vitale». Mais lui-même a voulu pousser l'offensive jusqu'au bout, pour sauver l'alliance; il songe aussi à l'avenir, et à sa propre place dans l'Histoire. Après la guerre, dans les décennies qui suivront, il ne faudrait pas que l'on puisse l'accuser d'avoir abandonné la France.

Le 26 mai, Reynaud est à Londres. Le gouvernement français est parvenu à la conclusion que la guerre ne peut plus être gagnée sur terre. Il déclare que le rêve de tous les Allemands a toujours été de prendre Paris et qu'ils allaient très bientôt marcher sur la capitale. C'est à ce moment qu'Alexander Cadogan perçoit, pour la première fois, un changement d'attitude chez Churchill : «WSC semblait penser que nous serions presque en meilleure posture si la France effectivement se retirait du combat ce qui nous permettrait de nous consacrer entièrement à la défense du pays[23].» La très grande majorité des militaires anglais sont d'accord avec lui; les politiques aussi. Cependant, l'imperturbable patron du Foreign Office sait qu'il sera extrêmement difficile pour le Premier Ministre d'accepter cette perspective : «Winston est trop chaotique, romantique, sentimental et imprévisible.»

Churchill est d'ailleurs toujours préoccupé par les conséquences du repli ordonné par Gort. Il veut même convaincre Reynaud que c'est au général Weygand de donner au corps expéditionnaire britannique l'ordre de se replier vers la côte. Il considère qu'il est important de s'assurer que les Français n'ont pas de raisons de se plaindre et il ne faut pas qu'ils puissent prétendre que les Britanniques sont en train de les lâcher. Il souhaite que Weygand assume personnellement une décision qui a été prise de façon unilatérale : c'est un peu gros. Mais, et c'est un thème qu'il va marteler dans les réunions avec les Français : «Pas de reproches, pas de récriminations.» Bien plus que ses compatriotes, Churchill est sensible aux reproches qui pourraient être faits à la «perfide Albion», à l'amertume qui ne peut que s'aggraver, au risque même d'un renversement d'alliances...

Le 26 mai 1940 est déclenchée l'opération «Dynamo», l'évacuation des troupes alliées vers l'Angleterre. Dans l'esprit de Churchill, les relations avec la France ne peuvent plus être les mêmes. «Nous sommes dans une position différente de celle de la France, déclare-t-il au War Cabinet. En premier lieu, nous avons toujours les capacités de résister et d'attaquer, ce qu'ils n'ont plus. En second lieu, l'Allemagne leur offrira sans doute des propositions de paix acceptables, ce qui ne sera pas notre cas[24].» Le Premier Ministre pense d'ailleurs qu'il est préférable de ne rien décider tant qu'il n'a pas une vision claire du nombre de troupes qui pourront être évacuées. «L'opération sera peut-être un grand échec.» Il adresse ses encouragements à Lord Gort : «Je présume que les troupes savent qu'ils se battent maintenant afin de pouvoir rentrer à la maison. Il n'y a jamais eu de meilleure motivation pour se battre. Nous vous donnerons toute la Navy et l'aviation que nous pouvons[25].» La première ligne de défense, ce ne sont plus les côtes de la Manche sur le continent, mais les falaises de Douvres et les plages de l'East Anglia, tandis que c'est dans le ciel des îles Britanniques que les chasseurs de la RAF protégeront les villes et les industries des bombardements allemands.

Vis-à-vis de la France, Churchill a donc changé en ces journées, poussé par les événements et le déroulement des opérations, plutôt qu'il ne les a précédés. C'est dans les jours qui suivent qu'ont lieu les trois réunions de Cabinet dramatiques qui, depuis, divisent les historiens. On y débat d'une question : que faire en cas d'une offre de négociation venant de Hitler et comment réagir face à la proposition de Paul Reynaud de prendre contact avec Mussolini ? Churchill paraît se raidir face à cette suggestion. Le Premier Ministre est sceptique quant aux résultats d'une telle approche. Il a, semble-t-il, beaucoup cédé à ces derniers dans les jours précédents, notamment sur l'aviation, et tout le monde le soupçonne de se laisser guider par une francophilie exacerbée.

Chamberlain argumente en faveur de la proposition française. Il lance une première attaque contre son successeur, qualifiant sa présentation de la situation militaire dans le nord de la France de «totalement trompeuse», ce qui, dans la bouche d'un homme aussi prudent, sont des mots très forts. Il ajoute que les Français ont de quoi être choqués par le retrait du corps expéditionnaire en direction de Dunkerque, et conclut qu'il serait dommageable que, de surcroît, ils puissent accuser les Britanniques de s'être opposés à une tentative d'ouverture de négociations par le truchement de l'Italie.

Churchill est cette fois inflexible; il ne faut pas appuyer la France dans son souhait d'approcher Mussolini : «Ne nous laissons pas entraîner avec la France dans cette pente glissante.» Winston semble donc ferme : pas de négociations, ni de manœuvres diplomatiques d'approche. En réalité, il a certainement des doutes, comme le prouvent les dernières phrases du compte rendu officiel. A la question d'Halifax : «Supposons que *Herr* Hitler, désireux de mettre fin à la guerre parce qu'il prend conscience de ses propres faiblesses internes, fasse des offres à la France et à l'Angleterre, le Premier Ministre serait-il prêt à en discuter ?», Churchill répond qu'il ne se joindra pas à la France ; mais, il ajoute bien que «si l'on nous dit d'avance ce que seront les termes de la négociation proposée, il serait prêt à les étudier[26]».

A Dunkerque, durant les premiers jours, les Britanniques et les soldats du Commonwealth forment la très grande majorité des troupes évacuées. Churchill se rend compte que cela ne peut continuer : «Il est essentiel que les Français puissent participer aux évacuations à Dunkerque, dans la mesure du possible.» Il reconnaît que la décision de partager à moitié – *bras dessus, bras dessous*, selon son expression – risque d'avoir pour conséquence que des troupes britanniques seront laissées sur place. Mais cela est nécessaire «pour le bien de la cause qui nous unit[27]». Les Français, de leur côté, estiment que la proposition d'évacuer un nombre équivalent de troupes françaises et britanniques arrive bien tardivement, alors que les Britanniques ont déjà pu transférer de l'autre côté de la Manche une partie significative du corps expéditionnaire. *Bras dessus, bras dessous* est une formule heureuse, mais les Français sont de plus en plus imperméables à la rhétorique churchillienne.

Il faut maintenir le lien quoi qu'il en coûte, car l'Histoire le jugera sévèrement s'il abandonne ses alliés après s'être tant engagé auprès d'eux, pendant des décennies. Churchill annonce qu'une fois les troupes réorganisées en Angleterre et la protection des côtes du pays assurée, un nouveau corps expéditionnaire sera constitué qui retournera en France. On évoque même Saint-Nazaire comme port de débarquement. Ce BEF *bis* sera constitué notamment de soldats rapatriés d'Inde et de Palestine, ainsi que d'une division canadienne. «Nous allons dans de brefs délais vous transmettre un nouveau plan de renforcement de nos troupes en France. Je vous informe de ce projet dans un esprit de camaraderie totale», explique-t-il à Reynaud. Le 30 mai, Churchill rapporte que les nouvelles qu'il reçoit de France, par l'intermédiaire de Spears, sont de plus en plus mauvaises : «Nous sommes à la limite», a déclaré Weygand. Il ajoute que les demandes sont de plus en plus pressantes et que si ces demandes sont refusées, les Français se serviront du refus comme d'un prétexte pour abandonner la lutte.

L'évacuation de Dunkerque, le «bras dessus, bras dessous», est un succès, miraculeux diront certains. Entre le 29 mai et le 4 juin, selon les chiffres de l'Amirauté, ce sont 198 000 soldats britanniques et 140 000 Français qui seront évacués par une noria de navires de toutes tailles. Mais Churchill n'atteindra pas son objectif quant aux relations avec la France. On ne gagne pas les guerres par des évacuations. Aux yeux des Français, la fuite à Dunkerque est la preuve que, une fois encore, les Britanniques ne pensent qu'à une chose : rentrer chez eux.

Le 31 mai, une nouvelle réunion du Conseil suprême se déroule à Paris, au ministère de la Guerre. Il faut tenter de remonter le moral des Français. «L'atmosphère n'était pas bonne, note un interprète, le capitaine Berkeley. Une suite de déclarations sans intérêt, sauf une ou deux fois lorsque les reproches ont remonté à la surface et ont été presque ouvertement énoncés. [...] La discussion était atrocement décousue, et le Premier Ministre a discouru avec beaucoup de détermination, parlant du début à la fin en mauvais français (c'est la même chose quand il discute avec notre ambassadeur et Ismay à l'ambassade !)[28].» Ismay trouve les Français totalement à bout et se souviendra d'avoir vu s'approcher de lui en traînant les pieds un vieil homme en civil qui lui tendit la main et dit simplement «Pétain»... «Il avait un air sénile, terne, et défaitiste.»

On parle de Narvik, de la disproportion dans le nombre d'évacués de Dunkerque malgré les promesses et les efforts répétés de Churchill, qui de ce point de vue, au risque de mettre en danger ses propres troupes, s'est pourtant montré d'une parfaite loyauté. Churchill confirme l'envoi de nouvelles divisions en France et termine, contre toute vraisemblance, par une nouvelle déclaration optimiste essentiellement destinée à redonner un peu de courage à ses interlocuteurs : «Les Allemands subissent une pression très forte. En dépit de leurs nombreux succès, ils avaient, derrière les troupes techniques qui ont été largement responsables de leur avance des derniers jours, une armée qui est très largement inférieure à celle de 1914. La conscription a été instaurée en Allemagne il y a cinq ans seulement, et il ne pouvait croire que l'armée allemande était aussi forte que la française[29]. »

De retour à Londres, effaré, cette fois, par l'état d'esprit qui règne à Paris dans les plus hautes sphères, il décide d'accélérer l'envoi de troupes vers la France. « Le BEF doit être immédiatement reconstitué en France, sinon les Français ne vont pas continuer la guerre. Même si Paris est perdu, il faut les adjurer de se lancer dans une gigantesque guérilla[30]. » Il envisage une tête de pont et une zone de débarquement en Bretagne, puis précise : dès que le BEF sera reconstitué, 3 divisions doivent être expédiées en France pour rejoindre les deux divisions regroupées au sud de la Somme... Plus loin il explique aux membres du War Cabinet : « Nous devons avoir un projet à présenter aux Français. L'élément principal doit être la division blindée, la 51e division, les Canadiens et les divisions territoriales sous Lord Gort dès mi-juillet, auquel on ajoutera six divisions supplémentaires. » Les généraux britanniques sont consternés : par amitié pour la France, Churchill est en train de jeter dans la bataille une partie des réserves du pays, alors que, dans les semaines qui viennent, les îles Britanniques seront sous la menace nazie.

17

« Nettoyer le ciel »

Durant les semaines dramatiques de mai 1940, un sujet de contentieux a pris une place centrale dans les relations entre les deux pays : le rôle de la RAF dans la bataille de France. Après la guerre, Churchill tâchera de justifier la position britannique dans ses Mémoires. Dès le 13 mai au soir, il a déclaré devant le Cabinet qu'il fallait s'attendre au déclenchement d'une offensive aérienne sur la Grande-Bretagne. « Nous ne pouvions nous permettre de continuer, jour après jour, à épuiser nos réserves de chasseurs. L'armée de terre en France sera renforcée si nous en trouvons les moyens, mais on ne doit pas penser qu'il sera possible d'envoyer des chasseurs en grand nombre, et ce, quelle que soit la suite des événements. » Le lendemain, il a reçu un message téléphonique de Paul Reynaud lui expliquant que seul l'envoi d'une « énorme force de chasseurs » pourrait endiguer la progression allemande. « Vous avez eu la générosité de nous envoyer quatre escadrons, ce qui était plus que vous nous aviez promis, mais si nous devons gagner cette bataille, qui sera peut-être décisive si nous voulons être victorieux dans cette guerre, il est nécessaire de nous envoyer immédiatement, et si possible aujourd'hui, dix escadrons supplémentaires [environ 140 avions]. » Reynaud a précisé que cette demande était effectuée en accord total avec les généraux Gamelin et Georges[1]. Churchill lui promet simplement que sa demande sera étudiée sans délai et avec le plus grand « sérieux ».

Le 15 mai, vers 7 heures du matin, il est de nouveau au téléphone avec le président du Conseil. Celui-ci est ébranlé par la percée allemande. C'est au cours de cet entretien que Churchill a prononcé des mots fatidiques et ce, à plusieurs reprises : quoi que fassent les Français, les Anglais se battront jusqu'au dernier et seuls, si nécessaire. Une phrase qui a un effet immédiat et Reynaud répond que les Français, eux aussi, se battront jusqu'à la fin. Churchill a aussi demandé s'il pouvait parler directement à Georges, ce qu'il fait à 10 heures. Celui-ci paraît beaucoup plus calme que Reynaud et indique que la percée allemande est en voie d'être résorbée. Il se montre même très satisfait de l'aide apportée par la RAF. Lorsque Churchill fait état de cette conversation devant le War Cabinet, il précise bien que son ami Georges, contrairement à ce qu'avait dit Reynaud trois heures plus tôt, n'avait « rien demandé de plus » en matière d'avions de chasse[2]. Churchill saisit aussitôt la balle au bond : son pays va aider la France au maximum de ses moyens mais ne pourra pas baisser sa garde au-delà d'un certain niveau. Il ajoute, pour faire bonne mesure : « Le général Georges a indiqué qu'il comprenait parfaitement la position britannique. » Georges a contredit la plus haute autorité politique du pays et ces contradictions chez les autorités françaises vont être exploitées par Churchill, qui cherche par tous les moyens à justifier le non-envoi de chasseurs et pour lequel cette question va devenir un véritable cas de conscience.

Le maréchal de l'air Dowding, patron du Fighter Command, fait une intervention très remarquée. Il est décidé à dramatiser la situation, et à faire bien comprendre que la chasse est vitale pour la Grande-Bretagne. « Nous étions face à une décision d'une importance capitale au vu de la situation en France. Comment les choses se termineront là-bas, il n'était pas en position de juger, mais si les choses se passaient mal, nous aurions alors à faire face à une attaque dirigée contre notre pays. [...] Si plus aucun chasseur n'était enlevé du système de défense de la Grande-Bretagne, il était confiant que la Navy et la Royal Air Force seraient en mesure d'empêcher les Allemands de débarquer. Si, toutefois, des avions de chasse supplémentaires lui étaient retirés, ils n'arriveraient à aucun résultat décisif en France et il serait laissé dans une position trop affaiblie pour continuer à défendre le pays. Il refusait absolument de se séparer du moindre Hurricane en plus de ceux qui opéraient déjà en France. »

Le War Cabinet décide donc de refuser l'envoi en France d'escadrons additionnels, et demande au Premier Ministre d'en informer Reynaud. Dowding a marqué le premier point et il ne va pas baisser la garde. Churchill est imprévisible et, aux yeux de beaucoup, son énergie et son dynamisme n'ont d'égal que son inconstance. Il ne veut pas que l'on puisse l'accuser d'être celui qui a abandonné la France pour sauver la Grande-Bretagne, et Dowding va continuer à être sur des charbons ardents.

Tiraillé entre réalisme militaire, raison d'Etat et cas de conscience, Churchill va louvoyer. Le matin du 16 mai, en réponse à la demande du maréchal de l'air Barratt, commandant en chef des forces aériennes britanniques en France, le comité des chefs d'état-major décide d'envoyer, malgré l'opposition de Dowding, quatre escadrons supplémentaires. Mais Churchill veut aller encore plus loin et monter à six[3] ! En réunion du War Cabinet, il explique que la principale raison de l'envoi de chasseurs est d'apporter un soutien moral à la France. «Envoyer des chasseurs d'Angleterre à un moment où nous risquons fort d'être attaqués nous-mêmes, en réponse à nos attaques sur des cibles militaires dans la Ruhr la veille, était prendre un risque très grave, mais il semblait essentiel de faire quelque chose pour soutenir les Français... Le Premier Ministre dit que la principale raison de l'envoi de chasseurs est de redonner un coup de fouet au moral des Français.» Le Cabinet ne cède pas et on en reste à quatre, en attendant un rapport plus détaillé confié au général d'aviation Joubert de la Ferté[4].

En début d'après-midi, Churchill reprend l'avion pour Paris. Mais, à mesure que la situation empire, les demandes vont se faire de plus en plus pressantes. La question de la chasse est au cœur des débats du Conseil suprême interallié qui, nous l'avons vu, se déroule au Quai d'Orsay. Churchill explique que la Grande-Bretagne ne dispose que de 39 escadrons pour la défense aérienne du pays. «Nous devons les préserver à tout prix.» Une autre question est soulevée par les généraux français, qui offrent, involontairement, une nouvelle échappatoire au Premier Ministre. Les chasseurs peuvent-ils être utilisés pour l'attaque au sol? Gamelin en est persuadé. Churchill répond tout à trac, sans que l'on sache s'il a vraiment étudié la question, qu'il «n'était pas raisonnable de penser que les chasseurs britanniques devraient être utilisés pour attaquer les véhicules allemands de combat». La chasse a pour mission de «nettoyer le ciel», non de s'attaquer aux tanks. Lui si imaginatif et flexible en règle générale dans les questions militaires se recroqueville soudain : vous nous demandez nos Hurricane et nos Spitfire pour une mission pour laquelle ils ne sont pas adaptés, raison de plus pour ne pas vous les envoyer[5]...

Le soir même, de retour à l'ambassade de Grande-Bretagne après une journée éreintante, Churchill adresse un télégramme au War Cabinet dans lequel il commence, contre toute évidence, par affirmer que la situation n'est pas aussi critique que prévu[6] et ajoute : «Je pense personnellement que nous devrions leur envoyer dès demain les escadrons demandés et, concentrant toute l'aviation française et britannique disponible, dominer le ciel au-dessus du saillant allemand durant les deux ou trois prochains jours, l'objectif n'étant pas d'opérer dans une zone particulière mais de donner une dernière chance à l'armée française de recouvrer son courage et de se reprendre. Il ne serait pas bon du point de vue historique que leurs réclamations soient repoussées et que la ruine du pays en résulte.» Il réclame, de nouveau, non plus l'envoi de deux escadrons en plus des quatre déjà promis, mais de six.

Le maréchal de l'air Dowding est saisi d'effroi et il n'est pas le seul. Comme beaucoup, il pense que le Premier Ministre retombe dans ses travers habituels, fait du sentiment, songe en priorité à sa place dans l'Histoire et risque de mettre en grave danger son pays. Même les fidèles du Premier Ministre sont effarés. Colville qualifie le télégramme de «terrifiant» : les six escadrons devront bientôt être vingt, puis pourquoi pas trente. On persifle : «Il est encore en train de penser à ses travaux littéraires[7].»

Le Cabinet n'ose cependant pas s'opposer à la demande inattendue de Churchill. Il est impossible de résister à son dynamisme et à sa force de conviction, d'autant que, n'hésitant pas un seul instant à sauter dans l'avion pour se rendre à Paris malgré les dangers, il a donné un exemple unique de leadership et il n'a pas de concurrents. A 23 h 30, Ismay, son principal conseiller pour les affaires militaires, reçoit au téléphone la réponse du gouvernement. Au bout du fil son correspondant lui parle en hindustani, langue qui est souvent utilisée pour les communications confidentielles par téléphone par les anciens de l'armée des Indes. Churchill se rend aussitôt chez Paul Reynaud. «Son appartement était presque entièrement dans le noir, le seul signe de vie dans le salon étant un manteau de femme en fourrure. M. Reynaud apparut en robe de chambre et vous lui avez annoncé la bonne nouvelle», se souviendra Ismay. Dans les Mémoires, Churchill, non sans cruauté, ne résistera pas à l'envie d'évoquer la robe de chambre de Reynaud : tandis que pour le Premier Ministre de Sa Majesté, dans Paris menacée – et alors qu'il doit reprendre l'avion très tôt le lendemain –, la journée n'est pas encore terminée, le président du Conseil est surpris au lit. Pudique, il omettra de parler du manteau de fourrure de Mme de Portes ; les histoires de maîtresses des hommes politiques français ne méritent pas que l'on s'y attarde.

De retour à Londres le 17 mai, il doit aussitôt se justifier, explique qu'il a été d'une totale franchise avec les Français, et qu'« à moins qu'ils fournissent un effort suprême, nous ne pourrions justifier l'acceptation du grave risque pour la sécurité de notre pays qui serait la conséquence de l'envoi en France de chasseurs supplémentaires. Si les Français faisaient leur maximum pour combattre l'ennemi, nous ferions tout ce qui était en notre pouvoir pour les aider[8] ». La décision concernant les six escadrons ayant déjà été annoncée, on ne sait pas très bien si Winston parle cette fois de chasseurs supplémentaires. En tout cas, il est redevenu plus optimiste, malgré la rencontre désolante au Quai d'Orsay. « Il existe apparemment un espoir raisonnable que, si les Allemands s'abstiennent de lancer une offensive aérienne pendant quatre ou cinq jours, l'armée française en profiterait pour se reprendre et reconstituer un front solide. » En privé, il explique sa pensée plus simplement : si le ciel est dégagé grâce à l'intervention de la RAF, il n'est pas exclu que les troupes françaises s'assoient quelques instants, fument leur cigarette, et se retournent pour combattre l'ennemi[9]...

Deux jours plus tard, le 19 mai, nouveau changement de cap. Dans une note pour Ismay, il écrit cette fois : « Il n'est plus question d'envoyer des escadrons supplémentaires de chasseurs, quels que soient les besoins en France[10]. » Le sujet est, en réalité, loin d'être clos.

Le 2 juin, Reynaud revient à la charge et réclame, par l'intermédiaire de Spears, l'envoi de bombardiers et de chasseurs. « Les Français hurlent pour qu'on leur envoie de l'aide sur la Somme, écrit brutalement Cadogan. Peut-être devrions-nous faire un geste symbolique... Cela ne servira à rien – ça n'empêchera pas les Français de nous détester. Je préférerais bien mieux que nous coupions les ponts et que nous nous concentrions sur la défense de nos îles... Winston très sentimental et hésitant[11].» A Reynaud, Churchill répond à côté : le «miracle» de Dunkerque a eu lieu et il parle du projet de renvoyer en France plusieurs divisions de l'armée de terre : pas question d'escadrons de chasse supplémentaires, donc.

Deux jours plus tard, nouvel accès de mauvaise conscience. Il a été informé par le ministère de l'Air que le nombre de chasseurs de la RAF maintenant disponibles est supérieur à ce qu'il attendait : malgré les pertes, un total de 45 escadrons, un chiffre plus élevé qu'avant le début de l'offensive allemande. Il conclut aussitôt qu'il est impossible moralement de les garder tous en Angleterre «alors qu'au même moment les Français sont en train de lutter pour leur survie[12]». Churchill, attentif au moindre détail, a d'ailleurs la nette impression d'avoir été mené en bateau par les aviateurs britanniques. «Comment se fait-il que quand je suis allé à Paris et ai demandé si l'on pouvait envoyer 10 escadrons additionnels, on m'a dit qu'on n'en avait plus que 39 et que l'envoi des 10 ferait qu'il n'y en aurait plus que 29 [en Angleterre] ? Le ministère de l'Air me fournit sans cesse des chiffres différents[13].»

«WSC essaie de toutes ses forces d'envoyer des chasseurs pour les aider. Mais cela ne servirait à rien[14]», note Cadogan. Face à une telle force de persuasion, le Cabinet fait preuve de résistance. Le 5 juin, le Premier Ministre a rendez-vous avec Dowding, alors que les Allemands ont lancé l'offensive sur la Somme. Il a reçu un message acrimonieux de Reynaud, que celui-ci a rédigé en présence de Pétain, de Weygand et de l'amiral Darlan : «Vous me dites qu'en raison des pertes subies par la chasse britannique, vous ne pouvez à l'heure actuelle que procéder à la remise à niveau des trois escadrons à présent en France. Vous rejetez donc la demande présentée le 3 juin par le général Vuillemin [...] qui exposait la nécessité d'envoyer en France : 1. 10 escadrons de chasseurs immédiatement. 2. Aussitôt que possible, 10 escadrons additionnels, le tout représentant 20 escadrons, soit la moitié de la force de chasse au Royaume-Uni. Je ne peux pas croire que votre refus sera maintenu face à la nouvelle offensive allemande.» Reynaud conclut sur un ton dramatique que seul l'envoi de ces escadrons peut éviter la défaite et la prise de Paris. Churchill répond, très irrité, que la demande de Vuillemin avait été totalement déraisonnable, avait fait très mauvaise impression et grandement accru ses propres difficultés. Colville écrit que Winston a toutes les raisons d'être en colère, car Vuillemin a décrit l'engagement britannique comme «tardif, insuffisant et néanmoins utile».

Cadogan, parmi d'autres, est inquiet de l'attitude du Premier Ministre : «J'espère vraiment que nous ne sommes pas en train de nous découvrir pour aider une France que plus personne ne peut secourir[15].» Lorsque la défaite en France semble imminente, le refus de Churchill est clair et net, mais, dès que les nouvelles sont un peu meilleures, le cas de conscience revient en force. Comment faire pour aider les Français, demande-t-il à ses principaux responsables militaires, et notamment aux aviateurs, «et d'une manière qui encouragera les Français à penser que nous faisons tout ce que nous pouvons[16]». Dowding est inflexible et Churchill, qui a la sensation qu'on lui joue des tours et qu'on ne lui donne pas toujours des informations exactes, ne va cesser de le harceler durant toute la réunion, sans succès cette fois[17].

Dans son grand discours à la Chambre des communes le 4 juin, il ne mâche pas ses mots. Quel contraste avec celui qu'il a prononcé à la BBC quelques jours plus tôt ! «Ce qui est arrivé en France et en Belgique constitue un désastre militaire colossal.» Plus loin, c'est encore la confiance dans l'unité des deux pays qui prédomine : «L'Empire britannique et la République française, unis pour une grande cause et pour leurs intérêts propres, défendront jusqu'à la mort leur sol natal, se soutenant mutuellement, comme de bons camarades, au maximum de leurs moyens.» Les auditeurs, et l'Histoire, retiendront surtout la célèbre coda : «Nous ne faiblirons jamais. Nous continuerons jusqu'à la fin. Nous ne nous rendrons jamais.»

La contribution militaire britannique a été insuffisante, et il sent bien que les reproches des autorités françaises sont justifiés. A chaque fois qu'il veut en faire plus, ses chefs militaires et la majorité des responsables politiques de son pays freinent des quatre fers. Les militaires ont appris dans les écoles de guerre que la faute cardinale du chef est de «renforcer l'échec». La véritable force morale consiste à résister à cette tentation funeste. Churchill doit tenir compte de la dimension politique des relations avec la France, pourquoi pas ; mais qu'il se laisse aller aux sentiments parce que l'Angleterre n'en fait pas assez et qu'il est nécessaire de « faire quelque chose » leur paraît puéril, voire dangereux.

L'envoi en France d'une ou deux nouvelles divisions d'infanterie semble, en revanche, présenter moins de risques. C'est le corps expéditionnaire *bis*, évoqué précédemment. « Nous devons penser à reconstituer une armée substantielle, afin de nous racheter, autant que possible, de notre déplorable incapacité à soutenir les Français en fournissant un corps expéditionnaire avec suffisamment d'effectifs durant la première année de la guerre[18] », écrit Churchill au ministre de la Guerre, Anthony Eden, le 6 juin. Le lendemain, il annonce qu'une division d'infanterie va embarquer pour la France et qu'elle sera rapidement suivie par d'autres. Pour prendre la tête de ce nouveau corps expéditionnaire, il a choisi le général Alan Brooke. Celui-ci, après avoir brillamment commandé un corps d'armée dans le pas de Calais, a appris, à peine débarqué de Dunkerque, et après avoir dormi trente-six heures d'affilée, qu'il doit repartir presque aussitôt pour la France. Le futur commandant en chef des armées britanniques, le principal artisan de la stratégie britannique à partir de fin 1941, fait part de sa stupéfaction à Eden. Il racontera cette scène dans son journal : « La mission que l'on me confiait n'avait du point de vue militaire aucune utilité et ne présentait aucune possibilité d'accomplir quoi que ce soit. [...] Je continuai en déclarant que peut-être cette initiative avait une utilité politique [...]. Mais je voulais qu'il soit bien clair que l'expédition que l'on me demandait de commander n'avait aucune perspective de succès militaire et toute probabilité d'être un désastre... Je quittai son bureau avec la conviction claire que ce que je devais entreprendre était fondé uniquement sur des considérations politiques, et de ce que j'avais vu des Français jusque-là j'avais justement des doutes profonds que le moindre avantage politique puisse en résulter[19]. »

Si Brooke est si sceptique sur ce qu'on lui demande de faire, les Français le sont encore plus face à une aide qui est perçue comme de l'ordre du symbole et qui, surtout, ne peut en aucune manière compenser le refus de Churchill d'envoyer plus de chasseurs. L'initiative va d'ailleurs faire rapidement long feu et l'effet psychologique sera nul. Le 14 juin, les Allemands entrent dans Paris. Brooke se trouve aux environs du Mans. A 8 h 30, il a été voir Weygand, qui lui apparaît très fatigué et « ratatiné[20] ». Le commandant en chef des forces françaises déclare que l'armée française a cessé d'offrir une résistance organisée. Brooke décide alors qu'il est inutile de continuer et ordonne aux troupes canadiennes sous ses ordres de se diriger vers Brest, et à la 52e division de se replier vers Cherbourg, en vue de réembarquer. Le soir, il reçoit un appel du maréchal Dill, qui passe le combiné à Churchill. La ligne téléphonique est très mauvaise. Le Premier Ministre est mécontent : il ne veut pas entendre parler d'un repli vers les ports. C'est Dunkerque, de nouveau ! Les Français vont être furieux. Brooke se rappellera après la guerre : «On m'avait envoyé en France pour que les Français aient le sentiment que nous les soutenions. J'ai répondu qu'il était impossible de faire sentir quoi que ce soit à un cadavre, et que l'armée française était complètement morte, et certainement totalement incapable de se rendre compte de ce qui avait été fait pour lui venir en aide[21]... »

Selon Brooke, la conversation dure plus d'une demi-heure, et il a le plus grand mal à convaincre Churchill d'arrêter les frais. Brooke est d'ailleurs épuisé. «Il fallait faire l'expérience une fois de sa force de persuasion pour se rendre compte de l'énergie nécessaire pour la contrer.» Churchill relatera plus tard un échange beaucoup plus succinct : «Au bout de dix minutes de conversation, j'étais convaincu qu'il fallait partir[22].» Pour le général Brooke, Churchill a été à cet instant sur le point de commettre une faute irréparable en acceptant de sacrifier plus de 100 000 hommes pour une cause perdue, et tout cela pour se donner bonne conscience et prouver, à la face de l'Histoire, que la France n'a pas été abandonnée par la «perfide Albion». Fort heureusement, ce second Dunkerque est aussi une réussite : 130 000 hommes reprendront le bateau pour l'Angleterre, avec tout leur matériel cette fois. Pour le «cadavre» français, cela n'est plus très important. L'essentiel, c'est encore et toujours la RAF, et au cours des jours précédents, les dirigeants français sont revenus sans cesse à la charge.

Le 6 juin, c'est en effet au tour de Jean Monnet de venir voir Churchill à Londres pour demander l'envoi d'un soutien aérien supplémentaire. Le Premier Ministre explique que 144 chasseurs britanniques opèrent désormais dans le ciel de France, mais il doit reconnaître que la majorité de ces avions restent basés en Angleterre, ce qui réduit évidemment leur efficacité et la durée de leurs missions de combat. A Londres, on continue pourtant à clamer que l'aide est très substantielle. D'ailleurs, l'ambassadeur en France, Ronald Campbell, écrit de Paris que l'aide aérienne constitue « un effort magnifique ». Les Français n'en sont absolument pas convaincus.

Le 8 juin, Churchill explique au War Cabinet que le choix est désormais simple. La première possibilité serait de jeter toutes les forces aériennes dans la bataille dans une tentative suprême pour redresser la situation – au risque de tout perdre. « L'autre possibilité serait de reconnaître que si la bataille terrestre actuelle est de grande importance, elle ne sera pas décisive pour la Grande-Bretagne. Si elle était perdue, et que la France soit obligée de céder, nous pourrions poursuivre la lutte avec de bonnes chances de victoire ultime, à condition que la défense aérienne qui protège les îles Britanniques ne soit pas affaiblie [...]. Il pensait qu'il serait fatal de céder aux demandes françaises et de mettre ainsi en danger notre propre sécurité[23]. » Reynaud ne renonce pas, puisque le lendemain, il envoie le général de Gaulle, qu'il a nommé sous-secrétaire à la Guerre, pour tenter de convaincre une nouvelle fois Churchill.

Celui-ci continue à vouloir montrer aux Français qu'il les aide au maximum de ses possibilités et décide de se rendre de nouveau en France, parfaitement conscient qu'il risque de devoir faire face à une pluie de critiques. Voici la grandeur unique de Churchill : un goût inné pour la prise de responsabilité, qui confine presque au masochisme. Il n'hésitera jamais, dans sa vie, à accepter le rôle de celui qui doit annoncer les mauvaises nouvelles ; c'est en fait, à ses yeux, l'épreuve suprême, celle à l'aune de laquelle on juge les vrais hommes et les grands peuples.

18

La grande désillusion

Le 11 juin 1940, Churchill traverse de nouveau la Manche à bord de son *Flamingo*, sous la protection des Spitfire. Son entourage, ses collègues sont stupéfaits par le dynamisme et le courage physique de cet homme de plus de soixante-cinq ans. Le Premier Ministre n'a pas hésité une seule seconde à braver l'inconfort et les risques d'un vol en avion, la chasse allemande, les pannes de moteur. Pense-t-il une fois de plus au Tigre ? Pour ses interlocuteurs français, cette agitation est de la poudre aux yeux : en venant à leur rencontre, Churchill veut seulement essayer de se racheter de Dunkerque et de la controverse sur la chasse. « C'est de la blague », voilà ce que pensent au fond d'eux-mêmes les dirigeants français, pense Eden.

C'est une France en pleine déliquescence qui l'attend dès l'arrivée sur une très modeste piste d'atterrissage près de Briare, au sud-est d'Orléans. Tout, dans le récit de Churchill, est fait pour donner au lecteur cette impression, et la traduction française atténue quelque peu la subtile cruauté du futur prix Nobel de littérature. Ainsi lorsque son *Flamingo* atterrit, « Il y avait quelques Français qui tournaient en rond. » Bientôt, heureusement, arrive à bord d'une voiture un brave colonel. « J'ai pris un air confiant et souriant, comme il se doit quand les affaires vont mal, mais le Français faisait grise mine et était amorphe. » Ces impressions morbides sont confirmées par Spears qui va d'un trait immortaliser le malheureux officier : « De par son expression, on aurait dit qu'il était venu accueillir des cousins sans le sou qui s'étaient déplacés pour les obsèques d'un membre de la famille[1]. » Quel contraste avec la délégation britannique ! Les pilotes de la RAF sont fringants et de bonne humeur. Churchill est lui-même rayonnant, « comme s'il avait laissé toutes ses préoccupations dans l'avion et qu'il se trouvait au lieu exact de la terre où il souhaitait être à ce moment précis ».

Le Conseil suprême a lieu au château du Muguet, un édifice typique du XIXe appartenant à des bourgeois de la région – Spears trouve le nom absolument grotesque mais parfaitement adapté à ce rêve de nouveaux riches dont la pierre lui fait penser à du camembert trop jeune. Churchill va y passer la nuit. La délégation britannique remarque que derrière une façade imposante, la bâtisse manque cruellement de commodités. Une plomberie des plus sommaire, une seule baignoire pour tout le monde, et un unique téléphone installé à l'entrée même des lieux d'aisance, comme dans un bistrot : symboles d'une France plus soucieuse des apparences que des réalités pratiques.

Churchill ouvre la discussion en apportant des précisions sur l'envoi en France du nouveau corps expéditionnaire[2]. Spears se souvient que Reynaud le remercia mais aussi qu'on sentait que, comme les autres Français présents, il s'efforçait de se retenir d'exprimer son irritation face à cette « goutte d'eau », totalement insuffisante pour éteindre l'incendie. Weygand annonce d'ailleurs sèchement que c'est la fin, « la dislocation ». Il n'y eut cependant pas de reproches ni de récriminations, écrira Churchill, soulagé de ne pas avoir à justifier les décisions britanniques. Il rend hommage aux armées françaises, et parle des profonds regrets de la Grande-Bretagne de ne pouvoir faire plus.

Il est d'ailleurs décidé à ne pas répondre aux accusations éventuelles de ses alliés. Afin de redonner du courage à ses interlocuteurs, il pense qu'il est judicieux de parler de nouveau de la Grande Guerre, de la bataille de la Marne, puis de 1918 : toute offensive est vouée à perdre de sa vigueur au bout de quelque temps et une contre-attaque au bon moment doit alors procurer des résultats décisifs. Spears, qui prend les notes, s'arrête d'écrire, fasciné par la vigueur de son débit. « Je voyais qu'il faisait appel à ses immenses réserves de force morale dans une tentative pour sortir les Français du bourbier de découragement dans lequel ils avaient glissé[3]. » Churchill se tourne alors vers Pétain, qui est resté jusque-là totalement silencieux. Il a critiqué son attitude en mars 1918 dans *The World Crisis*, sans doute sur la foi du témoignage biaisé du maréchal Haig, mais cette fois, ce sont des fleurs qu'il lance au vainqueur de Verdun. En lisant le compte rendu officiel de la réunion au moment de rédiger le deuxième volume de ses Mémoires, il notera en marge que, à ce moment de la discussion, il avait rappelé à Pétain leur rencontre dans le luxueux train à Beauvais et « comment c'était lui Pétain qui, c'est en tout cas les mots que j'ai employés – j'ai pris soin de ne pas mentionner le maréchal Foch –, avait rétabli la situation ».

Pétain ne se laisse pas impressionner par cette tentative de séduction. S'il n'a pas lu *The World Crisis*, il est très probable qu'il a été informé des critiques portées à son égard par l'auteur. Il fait calmement remarquer que lorsque la situation avait atteint son paroxysme en 1918, les Allemands ayant ouvert une large brèche dans le front tenu par la 5e armée britannique, il avait été en mesure d'envoyer très rapidement 20 divisions pour aider les Alliés, suivies immédiatement d'un nombre équivalent de divisions qui se tenaient en réserve. Il ajoute, « marmoréen », que la situation est maintenant toute différente, car il n'existe plus une seule compagnie disponible.

Cet « appel » à Pétain prouve à quel point Churchill est décidé à user, face aux Français, de toutes les ressources de la diplomatie. Dès le lendemain, dans un télégramme à Roosevelt, il exposera d'ailleurs à l'égard du Maréchal un point de vue exactement contraire : « Le vieux maréchal Pétain qui n'était déjà pas à la hauteur en avril et en juillet 1918, est, je le crains, d'accord pour soutenir par son nom et son prestige un traité de paix pour la France[4]. » De retour à Londres, il dira du Maréchal : « Il ne fait pas de doute que le maréchal Pétain est devenu un danger ; il a toujours été un défaitiste même durant la dernière guerre[5]. »

Pétain a sans aucun doute connu des passages difficiles au moment de l'offensive Ludendorff – la question est encore débattue –, mais affirmer qu'il s'est comporté en défaitiste en 1918 tient de la calomnie. Pour Churchill, l'heure n'est pas aux subtilités. La guerre contre le nazisme autorise bien des simplifications et des faux procès. L'impression générale des Britanniques est non seulement que Pétain pense que la défaite est des plus probables, mais il paraît même la souhaiter.

Le général de Gaulle, témoin de la scène, parlera du «ton enjoué» de Churchill lorsqu'il s'est adressé au Maréchal. L'escapade de mars 1918, en compagnie de Clemenceau, avait en effet été mémorable et il l'a certainement à l'esprit. Il pousse également le gouvernement français à défendre Paris, insistant sur l'impact considérable que le combat de rue, maison par maison, peut avoir sur une armée d'invasion au point que celle-ci peut se retrouver prise au piège pendant un temps considérable. Il songe au Tigre, qui avait juré de se battre devant Paris et *dans* Paris. Les nouveaux dirigeants de la France ne sont pas de la même trempe : faire de la Ville Lumière un champ de ruines ne changera rien au résultat final et est une responsabilité qu'aucun d'entre eux ne veut endosser.

Au château du Muguet, Weygand est le plus tranchant des Français présents : c'est la «bataille décisive». Il est par conséquent erroné «de conserver des escadrons de chasse en Angleterre». Dans ses Mémoires, Churchill va encore plus loin : «Il demanda que la totalité des escadrons de chasse britanniques soient jetés immédiatement dans la bataille.» Weygand a-t-il néanmoins présenté une requête aussi extrême? Avait-il la moindre chance de convaincre les Britanniques d'envoyer *tous* leurs chasseurs en France et de n'en garder *aucun* en Angleterre? Deux pages plus loin, Churchill enfonce pourtant le clou. Après avoir appris par Reynaud que Pétain militait en faveur d'un armistice, il écrira que le Maréchal aurait dû avoir «honte» d'apporter un soutien tacite à Weygand alors qu'il s'était déjà fait à l'idée que tout était perdu.

Churchill omet cependant de dire que, lors de la discussion, Paul Reynaud, dans des termes peut-être plus diplomatiques (les deux hommes se sont-ils réparti les rôles? Pour Weygand, la demande «maximaliste»; pour Reynaud, la demande «raisonnable»), a également lancé un nouvel appel au soutien aérien massif. Reynaud ajoute «que c'était le point de vue réfléchi du haut commandement français qu'une attaque de grande ampleur sur les forces allemandes pourrait complètement inverser la tendance et sauver la situation», avant de conclure que la Grande-Bretagne avait le pouvoir, par conséquent, de faire totalement «pencher la balance». Le général Georges lui-même, en qui Churchill a une telle confiance depuis leurs déjeuners au Bois de Boulogne avant guerre et qui, à sa grande satisfaction, ne s'était pas auparavant montré aussi exigeant que Reynaud sur le soutien de la RAF, affirme maintenant qu'il se trouve en plein accord avec les vues du président du Conseil.

Face à la réponse négative de Churchill, Reynaud en appelle à l'Histoire. Il sait que c'est un point sensible chez lui, là où il peut être le plus vulnérable : « Si la bataille en France est perdue, l'Histoire dira certainement que c'était en raison du manque d'avions. » Churchill reste cependant de marbre, au grand soulagement de ses compagnons britanniques, qui craignent que l'éloquence de ses interlocuteurs et l'ampleur du désastre le conduisent à céder sous le coup de l'émotion. Spears est un bon témoin : « Churchill, qui souffrait très visiblement d'observer le martyre d'un peuple qu'il aimait tant, et sur lequel nous nous étions tant reposés sur le plan militaire, était accablé par la si maigre contribution qui représentait tout ce que nous étions en position de fournir[6]. » Le capitaine Berkeley note les mots exacts qu'il a prononcés : « Nous sommes profondément peinés de ne pouvoir aider plus, mais nous ne le pouvons pas. » Malgré cela, la discussion n'est toujours pas close : Churchill ne peut se résoudre à rentrer à Londres sans avoir offert quelque chose.

Weygand lui a offert, consciemment ou non, une porte de sortie en présentant sa demande maximaliste – « toute la chasse ou rien ». Si c'est cela que veulent les Français, alors les choses sont claires, c'est un *non possumus*. Dans cette négociation tragique, Churchill aurait été mis dans l'embarras si Weygand avait présenté une demande plus limitée et plus précise. Le « généralissime » sait sans doute lui-même qu'elle n'a aucune chance d'aboutir et l'on ne peut s'empêcher de penser qu'il cherche ainsi à se dédouaner : puisque vous nous refusez tous vos avions, il ne nous reste plus qu'à demander l'arrêt des combats.

Churchill refuse systématiquement d'envisager le pire et de voir les choses en noir : cette sorte de légèreté permanente qui est un de ses traits de caractère les plus connus est devenue difficilement acceptable pour les Français, qui y voient un manque de sérieux et estiment que le Premier Ministre se comporterait différemment si la Grande-Bretagne n'était pas une île, protégée par le plus formidable des obstacles antichar, la Manche. Le *bras dessus, bras dessous* au moment de Dunkerque, l'envoi en France de nouvelles divisions sous le commandement de Brooke sont de l'ordre du symbole, mais la France ne peut plus se battre avec des symboles et ces gestes n'ont aucun impact, au contraire : trop peu, trop tard, ils sont perçus comme une preuve de l'hypocrisie britannique.

Quelles que soient les turpitudes ultérieures de Vichy et de la Collaboration, le refus de Churchill d'accepter que la bataille de France constitue la bataille décisive est difficile à entendre pour les Français alors que, pour l'Europe dans son ensemble, l'avenir est des plus sombres : l'URSS a signé un pacte avec Hitler, et les Etats-Unis – au grand dam de Churchill lui-même – ont à peine levé le petit doigt pour aider les démocraties européennes. Si la France est vaincue, comme cela est probable, qui pourra s'opposer à Hitler ?

Le 12 juin 1940, Churchill repart pour Londres. Cette fois, durant la première partie du voyage au-dessus de la France, il est sans escorte de protection, car les Spitfire n'ont pu faire le plein de kérosène à Briare. Le pilote l'a cependant rassuré : la couverture nuageuse sera épaisse et il y a très peu de chances que le *Flamingo* soit repéré. Arrivés aux environs du Havre, le ciel se dégage, les passagers peuvent observer avec netteté les incendies dans la zone portuaire. Deux avions non identifiés sont aperçus à plusieurs kilomètres de distance, le pilote décide de plonger vers les vagues et de poursuivre le voyage de retour à très basse altitude. C'est avec soulagement que Churchill et ses collègues voient arriver à leur rencontre une escadrille de la RAF qui leur tiendra compagnie jusqu'à Londres.

Churchill va y rester moins de vingt-quatre heures. Paul Reynaud l'appelle peu après minuit, lui demandant de revenir en début d'après-midi. Lorsque le *Flamingo* atterrit à Tours vers 13 heures, ce 13 juin 1940, personne n'est là pour accueillir une délégation britannique pourtant bien fournie, puisque Churchill, cette fois, est accompagné de ses conseillers habituels mais aussi d'Halifax, Cadogan et Beaverbrook. Winston est en pleine forme : le collégien s'amuse, tandis que l'artiste, le journaliste, le mémorialiste qu'il est en même temps trouve dans ces instants une matière extraordinaire pour nourrir son art. Des voitures sont mobilisées avec quelques difficultés, et tout cet aréopage se tasse à l'intérieur sur les banquettes. Halifax, un peu effaré de ce qui lui arrive, et qui est très grand, se retrouve la tête dans les genoux. Le voyage dans les airs a donné faim. En attendant la conférence, la délégation part à la recherche d'un lieu où se restaurer et finit par trouver un hôtel qui leur sert un repas « excellent » selon certains, en tout cas simple et suffisant.

En arrivant à la préfecture, c'est la consternation. C'est la fin d'un monde et, après guerre, Churchill écrira quelques lignes terribles : « Dans la cour d'honneur, il y avait sans doute plus d'une centaine de Français de haut rang qui tournaient en rond avec un air de détresse affreux. » Le fils du Tigre se trouve parmi eux. Churchill dépeint leur rencontre comme s'il s'agissait de quelqu'un d'un peu retardé. « On m'amena le fils de Clemenceau. Je lui serrai la main. » C'est tout. Il n'y a rien à ajouter. Avec sobriété, il enterre le passé. Le Tigre paraît subitement appartenir à une France bien lointaine. Heureusement, il y a Georges Mandel. Assis derrière un bureau sur lequel Churchill remarque la présence d'un plateau avec une appétissante cuisse de poulet à peine entamée, il n'a pas eu le temps d'enlever son gros pardessus et s'active au téléphone. Mais l'ancien secrétaire de Clemenceau paraît bien seul. C'est peut-être de ce jour que date la véritable rupture affective entre Churchill et la France.

Dans le grand bureau du préfet, le spectacle est insolite. Reynaud prend place derrière la table de travail. Pour l'assister durant la première partie de la rencontre, il n'a que Paul Baudouin, devenu ministre des Affaires étrangères, et que les Britanniques trouvent très « huileux ». Ces derniers sont en force : plus nombreux, plus sûrs d'eux, faisant bloc autour de leur chef, ils prennent position en demi-cercle dans de profonds fauteuils en cuir. Pour Spears, une chose saute aux yeux : « Il y avait maintenant un point de vue français et un point de vue britannique, très nettement divergents. Il n'existait plus, comme cela avait été le cas depuis longtemps, un noyau central solide, une compréhension réciproque, tout ce que les deux pays avaient en commun[7]. »

Lorsque Churchill débarque à Tours, il ne sait pas précisément pourquoi Reynaud a voulu le revoir aussi vite, alors qu'ils viennent à peine de se quitter. Les Britanniques soupçonnent que les Français sont sur le point de se rendre, mais Reynaud, au téléphone, est resté très vague. Le Premier Ministre n'apprend les raisons de cette « convocation » qu'une fois installé dans le bureau du préfet. Le gouvernement britannique accepterait-il de délier la France de son engagement, signé le 28 mars 1940, de ne pas conclure de paix séparée ? Telle est la question que le président du Conseil veut lui poser. Or cet accord, tout le monde, en dehors de Paul Reynaud, semble l'avoir peu ou prou oublié. Une lecture attentive des réunions du Cabinet britannique montre qu'à aucun moment l'accord du 28 mars n'a été évoqué dans les jours précédents, même quand l'éventualité d'une capitulation française a été envisagée. Reynaud, en demandant au Premier ministre britannique de prendre de nouveau l'avion pour venir le voir et discuter, face à face, de cette question, donne à ce texte une importance imprévue. S'il rappelle l'accord, c'est tout simplement parce qu'il l'a signé lui-même, et qu'il se sent totalement engagé personnellement : il est bien le seul. Au bout d'une heure de discussions, la délégation britannique se retire dans le jardin de la préfecture pour conférer et finit par décider de ne pas répondre à la question. Churchill est ému, profondément troublé par la situation dans laquelle se trouve la France, mais l'intervention de son ami et conseiller Beaverbrook l'a ramené sur terre. « Ne prenez aucun engagement. Nous devons gagner du temps et voir comment ces Français vont se reprendre en main... Il n'y a pas de raison de rester ici plus longtemps[8]. » Au fond, rien n'empêche vraiment le président du Conseil de se délier lui-même de cet accord qui n'a pas été ratifié par le Parlement français. Après l'armistice, plus personne n'en parlera.

La réunion de Tours a été « atroce ». De Gaulle parlera dans ses Mémoires de la « compréhension apitoyée » manifestée au cours des discussions par Churchill face à la perspective de l'armistice, reprenant ainsi la thèse colportée par Paul Baudouin selon laquelle Churchill avait dit « comprendre la décision française », et il n'a pas tout à fait tort. D'abord parce que celui-ci est très sincèrement ému par le sort de la France ; et puis, comment faire la leçon à ses dirigeants lorsqu'on a fourni une aide aussi insuffisante ? Il subit aussi les pressions d'un courant de plus en plus fort, en Angleterre, notamment chez les hauts responsables militaires, qui n'attendent justement qu'une chose, que la France sorte de la guerre et qu'ils se retrouvent enfin seuls face à l'Allemagne.

Churchill reprend l'avion en fin d'après-midi. Dès son arrivée à Londres il réunit le War Cabinet. Il est 22 h 15, ce 13 juin. Tous sont d'accord pour que la solidarité de la France et de la Grande-Bretagne soit réaffirmée dans les termes les plus forts. Mais on ne s'arrête pas là. « Nous pourrions dire que la France et la Grande-Bretagne sont désormais "un". » Et puis se produit un glissement, et cette idée somme toute assez vague se transforme quelques minutes plus tard dans la bouche du Premier Ministre en projet d'union en bonne et due forme, qui deviendra deux jours plus tard le projet d'union franco-britannique. A la fin de la réunion qui conclut une journée éreintante, Churchill résume les initiatives qui devraient être mises en œuvre immédiatement : « Il faut publier une déclaration officielle, sous la forme d'un message au gouvernement français, proclamant l'union indissoluble de nos deux peuples et de nos deux Empires. Cette déclaration devrait recevoir la publicité la plus large. » Un télégramme est adressé au gouvernement français qui proclame « l'indissoluble union de nos deux peuples et de nos deux empires[9] ». Ce sont, de la part du Cabinet britannique, des mots très puissants, dont il n'est presque jamais question dans les récits de cette période.

Il semble bien que le projet d'union ne soit absolument pas le fruit du cerveau fécond du Français Jean Monnet, mais celui-ci va lui donner un caractère plus formel. Au cours de la journée du 15 juin, c'est autour de ce dernier que va se rassembler le petit groupe, auquel se joindra de Gaulle. La journée du 16 juin est, de ce point de vue, particulièrement rocambolesque. Ayant donc à l'esprit l'« indissoluble union » proclamée le 13 juin par le War Cabinet, le texte auquel aboutissent Monnet, Vansittart, Leo Amery et de Gaulle a beau être court et un peu obscur, il soulève de nombreuses questions pratiques.

Churchill est sans cesse tenté de tout lâcher ; pourquoi continuer avec les Français ? En tout cas, de Gaulle, qui dira après la guerre, dans des circonstances toutes différentes, que le texte était sans aucune importance, presque de la « blague », appelle Reynaud qui se trouve à Bordeaux pour lui annoncer que « quelque chose d'énorme » est en préparation. A 16 h 30, le 16 juin, il est en mesure de lire le texte au téléphone, après que celui-ci a été – difficilement – approuvé par le War Cabinet. Il a le soutien entier de Churchill, qui prend le combiné. « Allô Reynaud ! De Gaulle a raison ! Notre proposition peut avoir de grandes conséquences. Il faut tenir ! » On prépare même une rencontre à Concarneau le lendemain, qui sera très rapidement annulée avec la démission de Reynaud, le soir même, après un Conseil des ministres au cours duquel le maréchal Pétain a déclaré que s'unir avec la Grande-Bretagne, c'est « fusionner avec un cadavre ».

Que pensaient réellement les Britanniques de ce projet d'union ? Personne n'ose vraiment le dire à Churchill, mais il passe mal : une fois de plus, Winston s'est laissé entraîner par sa nature indomptable, son goût de l'action (et des voyages ?) et sa sensibilité francophile. Au contraire, il est largement temps de larguer les amarres et de laisser la France se débrouiller toute seule. Quoi qu'il en soit, comme il est parfois difficile de suivre Churchill !

Quel sens donner à cette union, si, sur le plan militaire, elle reste sans conséquence ? Au grand soulagement de Dowding, il a, depuis plusieurs jours, refusé d'envoyer en France plus de chasseurs. Il n'a plus envie de « lancer des boules de neige en enfer ». Pour la grande majorité des responsables britanniques, sa décision a d'ailleurs été bien trop tardive. Pourtant, dès le 26 mai, Cadogan – lui-même déjà convaincu que la rupture est proche – avait noté : « WSC semblait penser que nous serions presque en meilleure posture si la France se retirait de la guerre et que nous puissions nous consacrer entièrement à la défense du pays[10] ». Il a longtemps cru que l'offensive allemande était mineure, puis que l'armée française était parfaitement en mesure de l'arrêter. A deux reprises – Gort avant Dunkerque, Brooke à Cherbourg –, ce sont des subordonnés qui l'ont difficilement convaincu qu'il n'y avait plus d'espoir et qu'il fallait se replier. Mi-mai, il avait annoncé qu'il n'y aurait plus de chasseurs pour la France, puis avait progressivement cédé, avant de se raffermir.

En réalité, Churchill, au cours de ces journées, est constamment tiraillé entre le désir d'aider la France et la raison, qui le conduit à penser avant tout à son pays. Un des aspects les plus attachants du personnage est qu'il ne craint pas les états d'âme et est prêt à les exposer. Gouverner, c'est beaucoup plus que simplement choisir. Le grand homme, l'homme victorien, est d'abord un bâtisseur, qui se nourrit de l'action et de l'initiative. Winston supporte très mal l'apathie et le fatalisme.

Cependant, durant ces semaines de mai et juin 1940, lui, le premier défenseur de l'alliance avec la France, fait le constat amer que les belles paroles, et en particulier les siennes, n'ont pas été suffisamment suivies par les actes. Il ne veut pas que cette incohérence apparaisse trop nettement aux yeux des historiens qui, plus tard, raconteront ces heures tragiques.

Il passe cependant à l'étape suivante, comme si tout ne faisait que recommencer, guidé par un bel optimisme. Il sera toujours temps de renouer avec la France dans un futur pas trop lointain, une fois Hitler vaincu. Les sensations des jours passés lui reviennent néanmoins à l'esprit. Lorsqu'il dormait à l'ambassade à Paris, lors de ses visites de mai et juin, il a été frappé par le calme nocturne et l'absence de bruits de guerre. « Très différent en effet fut le sort de Paris de l'épreuve que Londres allait connaître. » Il a cherché à convaincre les généraux français de combattre dans Paris – un point de fixation qui pouvait se transformer en véritable piège pour les envahisseurs. Il a expliqué à Reynaud qu'il ne fallait pas hésiter à saboter les immeubles et à lancer une guérilla sur tout le territoire, faisant appel aux mânes de Clemenceau. Rien n'y fait. La France estime qu'elle a suffisamment souffert.

Au moment de Dunkerque, Churchill avait écrit à Lord Gort que la perspective de retourner à « la maison » était la meilleure motivation qui soit pour les troupes du corps expéditionnaire qui devaient se battre pour atteindre les plages ; et pour les rescapés de la bataille de France, l'arrivée à Douvres durant ce beau mois de juin, la traversée du Sussex en train en direction de Londres, c'est comme redécouvrir un paradis. Il sera difficile de convaincre le *tommy* de repartir au combat pour libérer les *frogs*. Hitler allait pourtant rapidement se charger de redonner au peuple britannique de très bonnes raisons de se remobiliser. Sans aller jusqu'à se mettre à genoux et à remercier le Seigneur à la nouvelle de l'armistice, comme l'avouera « Stuffy » Dowding, Churchill est désormais totalement d'accord avec le maître d'hôtel d'un club de Pall Mall, amateur de football, qui a donné son opinion personnelle à l'un de ses ministres : « Il faut simplement se dire que, maintenant, nous sommes en finale et que nous jouons le match à domicile... »

19

L'irréparable ?

« L'idée que la flotte française puisse être livrée à l'Allemagne est absurde. Cela dépasse l'entendement de supposer que les officiers français pourraient livrer des bâtiments français à l'Allemagne pour permettre à celle-ci d'anéantir leur alliée l'Angleterre. Ils ne feront jamais cela, même si tous les hommes, femmes et enfants de leur pays étaient passés au fil de l'épée. Il n'y a aucune chance que cela arrive. Mais même si cet événement monstrueux avait lieu et que la flotte soit livrée, les Allemands prendraient au moins un an pour former les matelots et les spécialistes qui composeraient l'équipage de ces navires, et entre-temps nous serions presque certainement en mesure de les couler... » L'auteur de ces lignes, adressées à Edward Grey, est le Premier lord de l'Amirauté, Winston Churchill, et nous sommes au début du mois de septembre 1914, au moment où les Britanniques, devant le succès de l'offensive allemande, se sont mis à envisager le cas où la France chercherait à signer une paix séparée[1].

Début juin 1940, Churchill n'est plus Premier lord, mais Premier Ministre de Sa Majesté. Il n'est plus question d'une sorte de solidarité des gens de mer. Le 12 juin, il relate dans un télégramme à Roosevelt les propos tenus par Darlan lors de la réunion de Briare : l'amiral a déclaré que, si l'Allemagne envahissait totalement la France, il était prêt à envoyer la flotte française au Canada. Dans les jours qui suivent, la situation se tend. Après la réunion du 13 juin à Tours, Churchill fait comprendre aux dirigeants français qu'il pourrait ne pas s'opposer à ce qu'ils signent un armistice, à condition que les bâtiments de la Royale rejoignent des ports britanniques. Il a cru ainsi trouver un levier pour faire pression sur le gouvernement français, mais, hormis Reynaud, les Français sont bien décidés à agir indépendamment de la Grande-Bretagne. Dès la formation du gouvernement Pétain, le 17 juin, et l'appel du Maréchal demandant à l'armée française de cesser le combat, il rédige un télégramme dans lequel il dit qu'il lui est impossible de croire que « l'illustre maréchal Pétain et le prestigieux général Weygand accepteraient de causer un grave préjudice à leur allié en livrant à l'ennemi la magnifique flotte française. S'ils commettaient un tel acte, leurs noms mêmes seraient mis au pilori durant les mille ans à venir ». Cadogan, qui qualifie ce télégramme d'« incendiaire », va chercher à convaincre Churchill de l'adoucir, sans succès. « Envoyez-le immédiatement, les minutes comptent[2] », lui enjoint le Premier Ministre.

L'article 8 de la convention d'armistice signée le soir du 22 juin 1940 stipule que les navires français doivent rejoindre leurs ports d'attache de temps de paix pour y être démobilisés et désarmés sous contrôle allemand ou italien. Pour les deux tiers de la flotte, ces ports d'attache sont situés en zone dite occupée. Darlan, confiant, pense qu'il peut empêcher les Allemands de se saisir des bateaux de la Royale, et adresse au gouvernement britannique des télégrammes rassurants et sans aucun doute de bonne foi.

Pour l'instant, une grande partie de la flotte ne se trouve pas en France, mais dans des ports en Angleterre, à Alexandrie, Dakar, et surtout à Mers el-Kébir, près d'Oran. Que se passera-t-il vraiment une fois qu'ils seront rentrés en métropole ? Comme l'avait noté Churchill en septembre 1914, il est pratiquement inconcevable que les Français livrent volontairement un outil aussi magnifique. Mais peut-on faire confiance à Hitler ? Le 27 juin, Churchill évoque pour la première fois devant le War Cabinet l'éventualité de faire usage de la force afin que jamais les Allemands ne puissent se saisir des bateaux français et il propose même une date pour passer à l'action : le 3 juillet. Les débats vont se poursuivre au sein du Cabinet, avant qu'une décision définitive ne soit prise, le 1er juillet. Quarante-huit heures plus tard, près de 200 bâtiments de taille diverse sont saisis en Grande-Bretagne, à Portsmouth et à Plymouth principalement. A Mers el-Kébir, l'amiral Gensoul, commandant la force française, après avoir consulté le gouvernement, refuse de choisir entre les différentes options qui lui sont transmises par l'amiral Somerville, et qui visent toutes à éviter que ses bâtiments rejoignent leurs ports en France. Après expiration de l'ultimatum, Somerville passe à l'action. A 18 h 54, ce 3 juillet 1940, les canons de la Royal Navy ouvrent le feu sur leurs alliés français. Le croiseur *Bretagne* est touché de plein fouet et chavire, le *Provence* et le *Dunkerque* sont gravement endommagés. Mais le *Strasbourg*, une des cibles principales de la Navy, parvient à s'échapper, en compagnie de 5 destroyers, et atteint Toulon. Mille deux cent quatre-vingt-dix-sept marins français perdent la vie.

Le lendemain, Cadogan note que «le résultat des opérations d'hier n'est pas très bon». Le «succès» naval britannique est en effet très loin d'être complet, et Vichy va conserver une flotte très importante, d'autant que, en récompense de son refus d'obtempérer aux Britanniques, le gouvernement français va obtenir des Allemands la suspension de l'article 8 de l'armistice. Un des résultats paradoxaux de l'opération «Catapult» est que la flotte française, loin d'être désarmée ou immobilisée, va pouvoir reprendre la mer, et, dans une certaine mesure, prendre sa revanche. Quatre mois plus tard, Churchill en fera le constat un peu amer : «Comme il est ironique que cette magnifique flotte française, que l'amiral Darlan a édifiée durant tant d'années pour lutter avec nous contre l'agression allemande, soit maintenant le principal obstacle à la libération de la France et de son Empire du joug allemand, et soit employée comme un outil au service de ses maîtres allemands et italiens...»

Le 4 juillet, Churchill défend la décision d'attaquer la flotte française devant les Communes. En raison des conditions d'armistice, celle-ci était devenue une menace mortelle (Vichy n'a pas encore obtenu la suspension de l'article 8). L'action entreprise était nécessaire, et elle a montré au monde que, contrairement à certaines rumeurs, le Royaume-Uni n'a aucune intention de négocier avec Hitler. Mais, avec Churchill, les choses ne sont jamais simples. Il a relaté les événements avec une «sincère tristesse», se dit accablé, et n'omet pas de rendre hommage aux marins français et à leur chef. «J'ai à peine besoin d'ajouter que les bateaux français ont combattu avec la bravoure caractéristique de la marine française et nous devons faire preuve de la plus grande indulgence envers l'amiral Gensoul et ses officiers qui se sont sentis obligés d'obéir aux ordres reçus de leur gouvernement et ne pouvaient voir que ceux-ci lui étaient dictés par les Allemands. » Encore un bel exemple d'hypocrisie, penseront les Français... « Avec confiance, je laisse le Parlement juge de nos actes. Je laisse aussi la nation juger, ainsi que les Etats-Unis. Je laisse aussi juges le monde entier et l'Histoire[3]. » A la fin de son discours, le Parlement se lève comme un seul homme et se met à applaudir frénétiquement, pendant que Churchill reste assis, les larmes aux yeux. En sortant de Westminster, John Colville l'entend s'épancher auprès de l'ancien ministre de la Guerre, Leslie Hore-Belisha : « Ceci me brise le cœur. » Mers el-Kébir est évidemment vécu en France comme une trahison comme l'Histoire en a peu connu. Si, en novembre 1942, au moment du débarquement allié en Afrique du Nord, Churchill fera preuve d'une certaine indulgence à l'égard de l'amiral Darlan, c'est certainement parce qu'il pense encore à la décision brutale qu'il a prise lorsqu'il a autorisé l'ouverture du feu sur ses anciens alliés.

Après guerre, il continuera à recevoir des lettres d'insulte en provenance de France au moment de l'anniversaire de Mers el-Kébir. L'épisode avait été « atrocement douloureux ». Lorsque son secrétaire privé lui demandera de raconter les choses plus en détail, il expliquera que l'amiral Gensoul n'avait pas, pour des raisons inexpliquées, communiqué à Vichy la totalité des solutions qu'il lui avait proposées, omettant surtout la possibilité qui lui était offerte de conduire sa flotte vers un port aux Antilles ou aux Etats-Unis. « J'étais malheureux de devoir ordonner l'opération et elle n'a pas été particulièrement réussie. Mais elle montra au monde notre détermination à continuer à nous battre, A TOUT PRIX ! » dit-il en élevant subitement la voix, ce qui fit sursauter le chat de Lord Beaverbrook qu'il tenait sur ses genoux[4].

20

Un certain 9 juin

Du côté français, un homme seul a dit non. C'est un simple «brigadier», à titre «temporaire», et non un de ces généraux recrus d'honneurs, avec leurs képis à feuille de chêne un peu grotesques, leurs épaisses capotes et leurs bandes molletières et qui songent d'abord à leur retraite. Il a son avenir devant lui. Mieux même, aux yeux de Churchill, il est ambitieux, pour son pays certes, mais aussi pour lui-même. A quel moment se forme, chez lui, cette impression si favorable ?

Nous sommes le 9 juin 1940. La situation est presque désespérée et les dirigeants français ne cessent de réclamer l'envoi d'avions de chasse supplémentaires. En dépit des réponses dilatoires de Churchill, tiraillé entre les pressions exercées par les hauts responsables britanniques et son souhait d'aider les Français autant que possible, Reynaud n'a pas renoncé. Il envoie à Londres Charles de Gaulle, qui vient d'être nommé sous-secrétaire d'Etat à la Guerre, pour effectuer une nouvelle tentative. De Gaulle est accompagné du directeur de cabinet du président du Conseil, le diplomate Roland de Margerie, que les Britanniques connaissent bien. Les deux hommes arrivent au 10 Downing Street vers 17 heures. L'entretien avec le Premier Ministre est impromptu et relativement informel : dans son journal, Margerie ne fait pas état de la présence d'une autre personne, preneur de notes ou interprète, ce qui est assez surprenant. En tout cas, on ne trouve pas de compte rendu officiel de cet entretien et seuls subsistent les récits de Roland de Margerie, les souvenirs de De Gaulle rapportés dans ses Mémoires, ainsi que le récit que fera Churchill, deux heures plus tard, devant le War Cabinet.

Dans les Mémoires de Churchill, cette rencontre du 9 juin a curieusement disparu, et cela a été souvent souligné. En réalité, il est manifeste qu'il la confond avec une rencontre ultérieure, qui aura lieu le 16 juin : de Gaulle est alors accompagné de Jean Monnet. Ce dernier, raconte Churchill, aurait alors réclamé l'envoi de « tous » les escadrons de chasse de la RAF, alors que la bataille de France est perdue. Il explique les raisons de son refus et raconte que, alors que l'entretien se termine et qu'il est en train de quitter la pièce, le général, « qui avait jusque-là à peine prononcé un mot, se retourna, s'avança de nouveau vers moi et dit en anglais : "J'estime que vous avez tout à fait raison [de ne pas envoyer la chasse]" ». Churchill ajoute un commentaire qui est resté célèbre : « Sous un air impassible, imperturbable, il me semblait avoir une remarquable capacité à supporter la douleur. Je conservais l'impression, au contact de cet homme de haute taille, si flegmatique : "Voici le Connétable de France[1]." »

Churchill, donc, s'est trompé de date : l'entretien du 16 a bien existé, mais il n'y est pas question de la chasse, il est bien trop tard. Mais le reste de son récit est-il exact ? De Gaulle a-t-il manifesté aussi clairement son approbation à ce que venait de lui annoncer Churchill : le refus d'envoyer plus d'escadrons ? La question est loin d'être anodine, car de Gaulle aurait, en ce 9 juin, contrevenu à ses instructions et contredit le président du Conseil, Paul Reynaud, qui a parrainé son ascension.

Dans quels termes Churchill rend-il compte de l'entretien au War Cabinet ? « De Gaulle avait donné au Premier Ministre une impression plus favorable du moral et de la détermination français. Il avait fait pression pour que les divisions britanniques en route pour la France, après leur évacuation de Dunkerque et leur réarmement, soient expédiées le plus rapidement possible. » Puis vient la partie la plus délicate de la conversation : Churchill avait « également expliqué au général de Gaulle les raisons pour lesquelles il ne pouvait pas engager la totalité de nos forces aériennes dans la bataille de France ». A cela, de Gaulle avait répondu, parlant en son « nom propre », qu'il était « d'accord avec cette stratégie[2] ». Ce récit paraît difficile à contester : il s'agit des notes officielles prises au cours de la réunion du War Cabinet. On ne voit en tout cas pas très bien les raisons pour lesquelles le Premier Ministre aurait travesti la vérité devant ses collègues au sujet de l'approbation manifestée par l'envoyé officiel de Paul Reynaud.

De Gaulle, dans ses propres Mémoires, contredit le Premier Ministre : «Je devais agir à Londres pour tâcher d'obtenir, à mon tour, que la Royal Air Force – spécialement l'aviation de chasse – continue de participer aux opérations en France.» A sa demande «pressante» de transférer sur les terrains au sud de la Loire tout ou au moins une partie de l'aviation anglaise, Churchill fit une «réponse formellement négative[3]». A aucun moment le Général n'indique qu'il a ouvertement approuvé la position du Churchill, qui est celle de tout le gouvernement britannique. Ce n'est pas la dernière fois que leurs Mémoires respectifs se contrediront, de Gaulle rédigeant les siens après Churchill, et ayant lu son récit des événements.

Reste le témoignage de Roland de Margerie, qui restitue sans doute bien l'ambiance de la rencontre, mais qui, sur la question de la chasse, est un sommet de casuistique. «La conversation avait été chaleureuse et animée, mon rôle d'interprète s'étant réduit à assez peu de chose, Winston Churchill ayant presque constamment parlé en français. Les deux hommes s'étaient visiblement [bien] accrochés.» Mais lorsqu'il est question de la RAF, le diplomate devient subitement très mal à l'aise, et cela donne quelque chose de fort curieux, comme s'il avait le don privilégié de lire dans les pensées du Général : «Si l'on ne peut être sûr, comme l'affirme le général Spears, que de Gaulle ait dit au Premier Ministre "C'est vous qui avez raison", il l'a incontestablement pensé et cela seul compte[4].» Dans la version publiée de ce journal en 2010[5], cette phrase a été supprimée par une main vigilante, peut-être familiale : signe qu'il est encore aujourd'hui hasardeux de vouloir contredire les Mémoires du Général, surtout lorsque, comme Roland de Margerie, on a refusé de le suivre dans sa grande aventure de 1940.

Le récit de Churchill après guerre, son compte rendu au War Cabinet accréditent l'idée que de Gaulle a contrevenu à ses ordres et a peut-être même fait preuve de déloyauté vis-à-vis de Reynaud, en approuvant – certes à titre «personnel» – la décision de ne plus envoyer de chasseurs. Quoi qu'il en soit, c'est ainsi que le

Premier Ministre a perçu les choses. Quant au Connétable, s'il n'évoque pas sa prise de position dans ses Mémoires, c'est qu'il risque fort d'être accusé d'avoir agi par ambition personnelle.

Ce geste a pourtant une grande importance et il est même fondateur. Face aux demandes pressantes et angoissées des autorités françaises, Churchill est conscient et profondément attristé par le fait que l'aide britannique est insuffisante. Conserver les précieux Hurricane et Spitfire en Angleterre pour défendre les îles Britanniques, leurs industries et leurs villes est la seule voie possible. Mais, ce faisant, il sait qu'il risque de perdre, après Dunkerque, l'amitié de tout un pays, et qu'il en sera sans doute fini de l'Entente cordiale. Au cours des discussions avec les dirigeants français, il a à plusieurs reprises imploré que les reproches ne viennent pas ternir un peu plus leurs bonnes relations. Or, voici qu'un général, jeune et brillant – un simple deux étoiles certes – mais ayant l'entière confiance du président du Conseil français, non seulement ne lui fait strictement aucun reproche, n'émet aucune critique à l'égard des Britanniques, mais approuve ses choix.

Un ambitieux qui n'hésite pas à désobéir ? C'est, précisément, ce qu'il faut.

Churchill connaît sans doute mieux l'armée française que la très grande majorité des dirigeants britanniques. Il est vrai que cela n'est pas très difficile, étant donné la faiblesse des échanges entre les deux alliés et le manque de curiosité des deux côtés. Durant la Première Guerre mondiale, il l'a vue glorieusement à l'œuvre. Il a connu personnellement Pétain, Foch, Weygand, Gamelin, Georges. Il a un profond respect pour cette armée, la plus « professionnelle du monde », héritière d'une très longue tradition de respect de l'honneur et de la discipline. Il va pourtant accepter, sans hésiter une minute, de parrainer la rébellion de De Gaulle et c'est au cours de cet entretien qu'il prend conscience, pour la première fois, de sa personnalité hors normes. Ce 9 juin, le futur chef de la France libre a, dans une certaine mesure, commis son premier acte de dissident.

Churchill est persuadé que les guerres ne sont pas gagnées par les officiers traditionnels, loyaux, obsédés par le respect de la hiérarchie, aveuglés par un sens trop aigu de la camaraderie. Premier lord de l'Amirauté, il a appris de l'amiral Jacky Fisher une curieuse leçon : « Le favoritisme est la clef de l'efficacité. » Face aux lourdeurs de la tradition, à la tyrannie de la promotion à l'ancienneté, aux notions abstraites de « devoir », les vrais chefs en temps de guerre sont anticonventionnels, arrivistes, et n'hésitent pas un instant à se faire des ennemis au sein de leur institution. Cromwell, Clive des Indes, Gordon Pacha de Khartoum, Lawrence d'Arabie : le panthéon militaire du descendant de Marlborough est rempli d'insoumis.

Pour gagner la guerre, il faut aussi des voyous, des mauvais coucheurs, et même des faux jetons, dira-t-il un jour à propos d'un autre officier britannique mal aimé de ses pairs, mais particulièrement inventif, le général Hobart, qu'il soutiendra envers et contre tout, et dont les véhicules motorisés de toute sorte joueront un rôle important dans la réussite du débarquement des troupes britanniques le 6 juin 1944. « Un magnifique coquin », s'exclame Desmond Morton après avoir fait la connaissance de De Gaulle. Ce 9 juin, Winston est séduit par l'homme de la rupture, et surtout, après avoir constaté tant de résignation chez les Français, par l'homme de l'ambition.

Un autre trait de caractère le séduit. Il a tout de suite vu en de Gaulle une grande capacité à supporter la douleur, à encaisser, dans la tourmente générale, les chocs les plus rudes. C'est un dur à cuire. C'est la qualité essentielle du grand homme d'Etat, en temps de guerre en tout cas. Un symptôme est une sorte de *douleur exquise* face aux nouvelles les plus mauvaises. Fondamentalement optimiste, Churchill, durant les deux premières années de la guerre, avant que le vent tourne, est ainsi amené à annoncer périodiquement au public britannique des revers militaires et des désastres et, malgré cela, comme le note, admiratif, le diplomate Harold Nicolson, il renforce la confiance en l'avenir et le sentiment d'invincibilité chez ses auditeurs.

Cette excellente première impression est confirmée durant les jours qui suivent : au château du Muguet, le 11 juin, puis le 13 juin à Tours, au sortir de la réunion dramatique à la préfecture. Au Muguet, Spears note que le Premier Ministre s'est tourné à plusieurs reprises au cours de la conférence en direction de De Gaulle pour l'observer quelques instants. Il en conclut qu'il a détecté en lui ce qu'il recherchait[6]. A Tours, Churchill, qui n'a pas répondu positivement à la demande de Reynaud d'être délié de l'accord du

28 mars, interpelle le général, dans une des grandes scènes des Mémoires : « Alors que je m'avançais dans le couloir plein de monde qui menait à la cour, je vis le général de Gaulle qui se tenait près de l'encadrement d'une porte, impassible. Le saluant, je lui dis à mi-voix en français : *l'homme du destin*[7]. » Le général de Gaulle dira plus tard qu'il n'avait pas entendu ces propos et que de toute façon Churchill était un « romantique », sous-entendant qu'il n'avait jamais eu besoin de quiconque pour lui montrer la route, et surtout pas en juin 1940. Il paraît cependant difficile de penser que Churchill, pour des besoins littéraires, ait totalement inventé cette apostrophe ; il sait que son livre va être lu dans le monde entier, et en particulier en France, et que tout ce qui concerne ses rapports avec le Général sera relevé et analysé. Cette scène est d'ailleurs restée comme une des plus connues de son œuvre.

D'ailleurs, ce n'est pas la première fois qu'il l'utilise. Dans *The World Crisis*, paru quinze ans plutôt, c'est ainsi qu'il qualifie Mustapha Kemal Atatürk, *The Man of Destiny*, l'homme du destin[8]. Churchill, journaliste et historien, a en permanence à sa disposition un certain nombre de formules toutes faites, auxquelles il peut faire appel au gré des rencontres et des événements.

Il y a aussi une explication à ce qui n'a peut-être été qu'une incompréhension. Dans le premier jet de son manuscrit, il écrira qu'il a prononcé à cet instant les mots : « L'homme de la *destinée* », ce qui est du « franglais », l'expression en anglais était *« the man of destiny*[9] ». Mais « l'homme de la destinée », en français, cela ne veut pas dire grand-chose. Un de ses assistants le lui fera remarquer, d'où la version finale, correcte cette fois : l'homme du destin. On peut donc supposer que le Premier Ministre a dit en fait : « l'homme de la destinée », et que de Gaulle n'a tout simplement pas saisi ce que voulait dire Churchill, et pour cause.

L'homme du destin deviendra, rapidement, le « Connétable de France ». Churchill est féru d'histoire de France et aurait pu trouver ce titre tout seul sans aucune difficulté, mais c'est son ami Spears, son représentant personnel auprès de l'état-major français durant la bataille de France, puis son officier de liaison auprès de De Gaulle, qui le lui a soufflé. C'est ainsi que ses camarades de Saint-Cyr avaient surnommé le sous-lieutenant Charles de Gaulle. Spears l'avait lui-même appris de la bouche du maréchal Pétain[10]...

Churchill estime qu'il juge très bien les individus, leurs qualités et leurs défauts, le rôle qu'ils peuvent être amenés à jouer. Il considère que le talent pour repérer les meilleurs est un des principaux attributs de l'homme d'Etat. Avec de Gaulle, c'est immédiat. Il est vrai qu'il n'a pas l'embarras du choix, face à la déliquescence qui règne dans les milieux dirigeants français. Au cours de ces journées de juin 1940, alors qu'il émerge comme la seule alternative aux hommes de Bordeaux, personne apparemment ne songe à enquêter à son sujet.

La personnalité du jeune général français intrigue néanmoins. Les préjugés ont la vie dure et l'apparence physique compte beaucoup pour les Britanniques : les expressions du visage sont scrutées de près. Les officiers britanniques notent le moindre signe de laisser-aller. On a parfois le sentiment que leur principal critère pour juger l'état d'une armée est la tenue, le degré de propreté et la précision du rasage. Spears, écrivain talentueux, a laissé quelques portraits qui, si les circonstances n'étaient pas aussi dramatiques, pourraient être pleinement savourés. Voici, par exemple, le plus cruel, celui du général Vuillemin, chef d'état-major de l'armée de l'air : « Rondouillard, le visage empâté, éclatant dans son uniforme trop petit de plusieurs tailles – un défaut que l'on retrouve aussi bien chez les aviateurs que les marins français – son regard bleu et bovin avait la même expression de perplexité teintée d'hostilité que l'on peut observer chez les vaches qui regardent passer un train[11]. »

Chez de Gaulle, ce qui frappe d'abord, naturellement, c'est sa stature, qui le différencie tellement des principaux dirigeants français, presque tous de taille très modeste. Mais, en dehors de cela, qu'en penser ? « Je ne peux rien vous dire à son sujet pour le moment, hormis qu'il ressemble à un ananas et qu'il a des hanches de femme », se lamente Alexander Cadogan.

Les Britanniques auront d'une façon générale toujours quelque difficulté à « situer » de Gaulle. Dans l'ensemble, en dépit de l'Entente cordiale et de la Première Guerre mondiale, ils connaissent mal la France et les Français, qui sont souvent réduits à des caricatures. L'absence de note de synthèse au sujet de la personnalité de De Gaulle est surprenante, même si elle peut s'expliquer par la succession rapide des événements. Ses origines mêmes sont un mystère et son nom paraît presque trop beau pour être vrai. Deux ans après son arrivée en Angleterre, à l'occasion d'un déjeuner en son honneur donné à Londres le 14 juillet, l'homme du 18 Juin tentera de soulever un peu le coin du voile en dressant un tableau un peu étrange de la France contemporaine. Le compte rendu britannique rapporte qu'il a expliqué qu'il existe en France deux sortes de gens de droite : la petite noblesse de campagne (et « j'en suis » a-t-il ajouté) et les classes fortunées. La « petite noblesse de campagne » est inspirée par la plus haute forme de patriotisme et est prête à se sacrifier corps et âme pour la gloire de la France ou pour que le pays soit bien dirigé ; de nombreux membres du clergé appartenaient à ce groupe. De Gaulle cible les classes très aisées : « Les gens des courses, les comtesses de Noailles, les Polignac, les Faucigny-Lucinge. Ces dames portant des beaux noms qui sont les maîtresses d'Abetz ou de Darlan et qui reçoivent à dîner les occupants bien-aimés, se comportent comme les riches industriels, pourris par l'argent[12]. »

Que de Gaulle fasse ou non partie de cette petite noblesse de province n'a aucune importance aux yeux de Churchill. Si celui-ci a une grande qualité, c'est bien son absence de préjugés, du moins en ce qui concerne la France. Il ne juge pas quelqu'un en fonction de son apparence physique, du soin qu'il porte à sa tenue, ou de ses bonnes manières. Premier lord de l'Amirauté, il a lutté contre les discriminations dont étaient victimes certains jeunes cadets d'origine modeste en raison de leur accent trop marqué. Lui-même affectionne les tenues excentriques, et ses manières, à table, sont loin d'être parfaites. Quant à sa physionomie, il assume pleinement et depuis longtemps sa taille modeste, ses traits banals, son crâne dégarni. Il n'a pas de temps à perdre avec les analyses psychologiques, comme ce « complexe d'infériorité » dont serait victime de Gaulle et qui revient très souvent dans les jugements des Britanniques à son propos. Il a une confiance totale en son instinct concernant les êtres humains et ne reniera jamais ses impressions initiales, même lorsque leurs rapports seront devenus très tendus : le Connétable de France est largement au-dessus du lot et c'est un rebelle, comme lui-même.

Il aura cependant toujours des difficultés à accepter que son charme, sa vivacité, son esprit, ses comportements de collégien attardé, qui séduisent tant de ses contemporains, laissent le plus souvent de marbre le Général. De Gaulle a un côté presque inhumain dans les rapports personnels qui le désarçonne. Et Churchill n'acceptera jamais que le dépositaire provisoire de l'honneur de la France puisse avoir la prétention de se confondre totalement avec son destin.

A l'égard de la France elle-même, désormais sous la botte, Churchill fait preuve, en public, de grands élans de sympathie. Le 24 juin, à la Chambre des communes, il appelle à aller de l'avant : «La Chambre ne pourra éviter d'être profondément touchée par le sort de la grande nation française et de son peuple, auxquels nous avons été liés depuis si longtemps en temps de guerre et en temps de paix, et que nous avons considéré comme étant le garant, avec nous-mêmes, de l'épanouissement en Europe d'une civilisation libérale, cultivée et tolérante. Il ne sert à rien de perdre son temps en propos sévères et en reproches. Nous espérons que vie et force nous seront données pour sauver la France de la ruine et de l'esclavage dans lesquelles elle a été précipitée par la puissance et la furie de l'ennemi [un Honorable Membre : «et par les politiciens»] – et pour d'autres causes.» Churchill a d'ailleurs confiance en la France, à un moment où la position de De Gaulle est encore extrêmement fragile, et conclut : «Il me semble difficile de croire que le destin de la France et l'âme de la France ne vont pas se manifester autrement que dans les décisions regrettables qui ont été prises par le gouvernement de Bordeaux[13].»

En privé, cependant, Churchill se montre bien moins indulgent, tout en partageant le sentiment de soulagement très répandu en Angleterre de se retrouver maintenant seul face au nazisme. L'Angleterre connaît d'ailleurs une vague de francophobie. «C'est la fin de l'Entente cordiale», note même John Colville. Churchill va lui aussi participer à la curée. La France, explique-t-il à ses hôtes à Chequers, le 29 juin, «a été minée par la pourriture. Pas seulement les généraux et les hommes politiques, mais le pays tout entier». Il n'y avait jamais eu «rien de pareil[14]». Le 14 juillet 1940, au micro de la BBC, il parle de la puissance monstrueuse de la machine de guerre nazie. Il évoque les pays qui se sont soumis, parfois sans résister. Mais Hitler n'a pas encore eu en face de lui une grande nation avec une volonté équivalente à celle de son pays. Pour la France, le diagnostic est brutal : «Nombreux parmi ces pays ont été ceux qui ont été empoisonnés par les intrigues avant d'être mis à terre par la violence. Ils ont été rongés de l'intérieur avant d'être frappés du dehors. Comment, sinon, expliquer ce qui est arrivé en France ? A l'armée française, au peuple français, aux leaders du peuple français ? [...] La Grande-Bretagne, elle, est en bonne santé, le moral est bon. La nation est saine. Et d'ailleurs tout dépend maintenant d'elle : de la race britannique tout entière, partout dans le monde, ainsi que des peuples qui sont nos partenaires et de tous ceux qui nous veulent du bien[15]. » Le 20 août, aux Communes, il revient sur la défaite française avec une sévérité qui confine à l'injustice : « Nous avons vu la République française et l'armée française si prestigieuse battues et soumises avec moins de morts et de blessés qu'ils n'en ont subi au cours de chacune des principales batailles en 1914-1918. Le corps entier – on a parfois l'impression l'âme aussi – de la France a succombé à des forces physiques incomparablement moins terribles que celles auxquelles ils avaient résisté avec force d'âme et volonté de fer il y a maintenant vingt-cinq ans[16]. » Comparant la France à la Pologne, il affirme encore deux mois plus tard qu'un Polonais vaut désormais « trois Français[17] ».

L'âme même de la France est atteinte. Lui-même s'est totalement trompé en affirmant haut en fort, devant les Communes, à la BBC, presque jusqu'à la fin, sa confiance totale en l'armée française et en ses chefs. Certains de ses contradicteurs ne se feront pas faute de lui rappeler ses erreurs de jugement. Par un effet de balancier, avec une certaine mauvaise foi, il accable l'ancien allié : la France se relèvera un jour, c'est une certitude, mais ce sera uniquement grâce aux armes britanniques et, très probablement, américaines.

En ces dernières journées de juin, de Gaulle reste un marginal. Colville, qui fait partie du cabinet privé, est stupéfait par ses « extraordinaires intrigues » et note, le 23 juin, qu'il « prêche la sédition », ce qui provoque l'indignation de « nombreux Français[18] ». Les Britanniques sont décidément mal à l'aise avec ce général factieux. Churchill est, au contraire, totalement dans son élément. Il agit en chef de guerre, avec un pragmatisme total. Il soutient la diffusion de l'appel du 18 Juin, contre l'avis du War Cabinet. Le 24 juin, dans une lettre adressée à Lord Halifax, sans doute « travaillé » par Spears qui passe, à Londres, pour l'homme sans qui de Gaulle ne serait rien et qui est presque universellement détesté, il propose de reconnaître le « comité » de Gaulle comme gouvernement représentatif et légitime de la France, sur un pied d'égalité avec les autres gouvernements européens qui ont fui l'occupation nazie et se sont réfugiés en Angleterre[19]. Cette fois conscient qu'il s'est peut-être laissé emporter par l'enthousiasme, il précise qu'il ne s'agit là que d'une proposition et demande au ministre des Affaires étrangères de lui faire parvenir l'avis du Foreign Office en ajoutant que ses « connaissances » sur ces questions sont « assez vagues ». Les choses n'iront pas plus loin et le Premier Ministre n'insistera pas face aux objections des diplomates. De Gaulle est reconnu comme chef des Français libres, mais pas d'un gouvernement qui représente la France. Il faudra attendre quatre longues années avant que son statut n'évolue décisivement.

Si Churchill a de tels élans d'enthousiasme, c'est surtout parce que de Gaulle incarne l'aventure et la jeunesse et que l'on peut espérer rassembler autour de lui de « bons » Français, prêts à en découdre, une sorte de légion étrangère, les héritiers des « oies sauvages », ces officiers irlandais venus se mettre au service des rois de France.

Faut-il pour autant parler de « lune de miel » entre les deux hommes, expression parfois utilisée pour qualifier leurs relations durant l'été 1940 ?

Tout un vocabulaire un peu excessif s'est imposé dans la saga des relations Churchill-de Gaulle. Face à un Churchill génial mais cyclothymique, changeant sans arrêt d'opinion, irrationnel, rancunier, entrant dans des colères noires, vociférant avant de tomber dans le pathos – parfois sous l'effet de l'alcool et du tabac –, de Gaulle est dépeint comme visionnaire, tout en se montrant raide et intransigeant. La caricature n'est pas loin. La saga Churchill-de Gaulle prend alors une place très exagérée dans le récit français de la guerre mondiale. Or le Premier Ministre qui est à la tête du combat contre Hitler a bien d'autres préoccupations.

Cette « lune de miel » qui inaugure la saga, qu'en est-il donc réellement ? Le résistant Claude Bouchinet-Serreulles relate que le Général, au cours du mois de juillet 1940, a ses « grandes et ses petites entrées à Downing Street ». Un biographe français note qu'il se rend « régulièrement » à Chequers, où il passe des « week-ends prolongés ». Les deux hommes se voient « presque chaque jour », renchérit l'ancien de Londres Jean-Louis Crémieux-Brilhac dans son grand livre sur la France libre. Malheureusement pour cette illustration romantique de leurs relations, les contacts entre eux sont en réalité significativement moins fréquents. La lecture des carnets des différents conseillers privés de Churchill et la consultation des archives officielles britanniques montrent, après un « coup de feu » fin juin, un net espacement de leurs rencontres durant tout l'été. Quant aux nombreux séjours prolongés de De Gaulle à Chequers, nous en avons identifié avec certitude un seul, le dimanche 18 août. Une « lune de miel » implique, en principe, une certaine intimité. On en est loin.

Très vite, en effet, les multiples problèmes auxquels doit faire face Churchill ont largement pris le dessus sur la question de l'alternative gaulliste au gouvernement de Vichy : la défense des îles Britanniques, dans les airs et sur terre, la remise sur pied de toute une armée, la reprise de l'offensive, notamment en Afrique du Nord. Après Mers el-Kébir et la neutralisation d'une partie de la flotte française, la France est, en ce début d'été 1940, une question relativement secondaire. De Gaulle, contrairement aux espoirs que nourrissait Churchill, n'a pas rassemblé autour de lui de personnalités françaises prestigieuses et ses troupes restent très peu nombreuses. D'autres pays, en général de taille bien plus modeste que la France, fournissent d'ores et déjà des contingents plus importants à la lutte contre l'ennemi, notamment au sein de la RAF. Le Premier Ministre a été impressionné par la solidarité montrée par de Gaulle après le bombardement des navires de la Royale à Oran, une attitude qui confirme son jugement instinctif qu'il a une grande capacité à supporter la souffrance et l'adversité. Pourtant, lorsqu'à l'occasion du 14 juillet il prononce un discours à la BBC, le nom du Connétable n'est pas cité une seule fois. Certes, il rend un hommage à la France libre, mais celui-ci est bref et il reste dans les généralités. « Et je proclame ma conviction que quelques-uns parmi nous vivront suffisamment longtemps pour être présents le 14 juillet lorsque la France libérée fêtera de nouveau sa grandeur et sa gloire, et une fois de plus, rejoindra la tête de la lutte pour la liberté et pour les droits des gens. Lorsque l'aube de ce jour paraîtra, et il est certain que cette aube paraîtra, l'âme de la France se tournera avec sympathie et générosité vers ces Français et ces Françaises, où qu'ils soient, qui dans son heure la plus sombre ne désespérèrent pas de la République[20]. »

Le même jour, après ce beau discours, à déjeuner, il parle devant un de ses invités d'origine française de la «honte» de la France. De Gaulle a certes emporté avec lui, dans le petit avion qui l'a conduit en Angleterre, l'honneur de son pays. Mais, aux yeux de Churchill, cela ne veut nullement dire qu'il *est* la France.

21

Les deux France

Durant l'été 1940, les relations avec de Gaulle prennent une forme « professionnelle ». Churchill a vu en lui un chef de bande qui tire sa légitimité de sa volonté de combattre. Ce n'est pas simplement parce qu'il a dit non à l'armistice qu'il peut prétendre représenter la France tout entière. Vichy est une autre légitimité, concurrente, qu'il faut combattre, mais qui est difficilement contestable. Churchill, en bon Anglais, regarde les faits et n'a que faire des symboles. Il voit bien que le maréchal Pétain est populaire, et qu'une majorité des Français lui font confiance.

Durant tout le mois de juillet – sans qu'il soit question de lune de miel –, Churchill maintient sa totale confiance en l'homme du 18 Juin. De Gaulle est un guerrier, et il a démontré sa grande force morale. Dès qu'il est question de politique, néanmoins, les choses se compliquent. Un premier léger accroc va d'ailleurs troubler le Premier Ministre lors des discussions qui aboutissent à l'accord du 7 août 1940 régissant les relations officielles entre le gouvernement britannique et la France libre. Churchill aurait sans doute préféré éviter une telle discussion et que leurs rapports conservent le caractère le plus informel possible. Dans les relations internationales, il a toujours privilégié une approche pragmatique, fondée sur des liens concrets, plutôt que sur ces traités et accords écrits auxquels tiennent tant les diplomates français.

Avec la France libre, si faible, mais qu'il a soutenue à bout de bras, il se montre plus compréhensif et il fera par la suite souvent référence à l'accord du 7 août, notamment lorsqu'il faudra défendre les liens de la Grande-Bretagne avec de Gaulle face à l'hostilité de Roosevelt. Cet accord, l'aboutissement de discussions menées par le juriste René Cassin, reconnaît la formation, en Angleterre, d'une force militaire spécifiquement française. De Gaulle se voit également reconnaître le droit de mettre sur pied un organisme civil. Jusque-là, rien de bien extraordinaire.

Deux points achoppent. De Gaulle écrira dans ses Mémoires qu'il avait insisté pour que la Grande-Bretagne garantisse «le rétablissement des frontières de la métropole et de l'Empire français[1]». Churchill est évidemment tout prêt à garantir les frontières de la métropole, et en particulier de l'Alsace et de la Lorraine, mais la question de l'Empire français présente beaucoup plus de difficultés, puisque Vichy en contrôle encore presque la totalité.

On peut se demander dans quelle mesure la Grande-Bretagne pouvait «garantir» de telles frontières, même après la victoire alliée. Nourri de l'esprit de Fachoda, de Gaulle semble déjà se méfier des projets futurs de son pays d'accueil concernant l'Empire français. Sans le dire ouvertement, il n'exclut pas que la Grande-Bretagne finisse par signer un jour une paix de compromis avec l'Allemagne dont une des dispositions pourrait être le démantèlement d'une partie de l'empire au profit de cette dernière, voire que, profitant de l'état de faiblesse de la France, elle se saisisse elle-même de territoires de l'empire, au Levant par exemple. Le Général a-t-il si peu confiance en la Grande-Bretagne, en cette fin juillet 1940? On en doute un peu, et si c'est le cas, cela préjuge mal de l'avenir...

Au cours de la réunion du War Cabinet du 5 août, Churchill explique que deux difficultés sont apparues au cours des échanges avec la France libre. D'abord, de Gaulle a souhaité que la première des lettres «interprétatives», signée par Churchill et qui accompagne l'accord, inclue la phrase «rétablissement entier de l'indépendance et de la grandeur de la France» : une formulation moins précise que celle dont le Général parlera dans ses Mémoires. Il n'est pas question de frontières, ni d'ailleurs de «garantie». La formulation choisie est en conséquence que le gouvernement de Sa Majesté se dit «résolu», lorsque les armes alliées auront remporté la victoire, à assurer «la restauration intégrale de l'indépendance et de la grandeur de la France[2]». Mais Churchill ajoute dans une autre lettre à de Gaulle, le 7 août, que cette phrase ne doit pas être comprise comme ayant une relation précise «avec des frontières territoriales[3] ». Il conclut en demandant au Général de confirmer, en retour, son acceptation, et de Gaulle, qui n'est pas vraiment en situation d'imposer sa propre formulation, reprend exactement les mêmes termes que le Premier Ministre, tout en ajoutant qu'il exprime l'espoir « que les circonstances permettront un jour au gouvernement britannique de considérer ces questions avec moins de réserve ». Il n'est plus question de métropole ou d'empire. C'est, par conséquent, un échec pour le Français.

Un mois et demi plus tard, Churchill fera référence à ce *caveat* dans une lettre à Lord Halifax et, alors que certaines informations en provenance de Madrid indiquent que l'Espagne manifeste des velléités d'étendre son domaine colonial au Maroc en profitant de la situation dans laquelle se trouve la France. « Cela ne me dérange pas si les Espagnols pénètrent au Maroc français. Les lettres échangées avec de Gaulle ne nous engagent pas à garantir la restauration exacte et intégrale des territoires de la France, et le comportement de Vichy à notre égard et à son égard a sans aucun doute justifié le durcissement de nos sentiments vis-à-vis de la France par rapport à ce que nous éprouvions au moment du désastre. Je préfère voir les Espagnols au Maroc que les Allemands, et si la France doit payer pour son comportement méprisable, il vaut mieux qu'elle paye à l'Espagne, en Afrique du Nord, plutôt qu'en Europe à l'une ou l'autre des puissances criminelles. J'en conclus que vous devriez leur laisser entendre [au gouvernement espagnol] que nous ne serons pas un obstacle à leurs ambitions en Méditerranée, du moment qu'ils maintiennent leur neutralité dans la guerre[4]. »

Churchill tient à conserver le maximum de cartes en main. Après la victoire, il sera toujours temps de rétablir les choses, mais rien n'est jamais figé. Le Royaume-Uni n'a aucune ambition sur l'Empire français, mais s'ériger en garant de son intégrité est une tout autre question. La neutralité de l'Espagne de Franco, stratégiquement vitale, mérite largement de fermer les yeux sur son ambition de grignoter le domaine impérial de la France.

Fin octobre, en vue de son grand discours à la BBC adressé au peuple de France – dans lequel Churchill prendra soin de ne pas prononcer le nom de De Gaulle –, Desmond Morton lui suggère d'inclure les phrases suivantes : « Nous Anglais n'essayons pas de démembrer l'Empire français, ou de faire main basse sur les colonies françaises. Au contraire, nous avons promis que lorsque la victoire sera nôtre nous aiderons à la restauration de la gloire ancienne de la France. Cette promesse inclut nécessairement la restauration de l'Empire français outre-mer.» Morton semble avoir oublié la «lettre interprétative» d'août dans laquelle l'Empire français n'était pas mentionné en tant que tel; Churchill l'a gardée bien en tête et n'abordera pas la question de l'avenir de l'Empire dans son discours.

Un autre point de la discussion qui a mené à l'accord du 7 août crée une certaine confusion dans l'esprit des Britanniques quant à la volonté de combattre de la France libre. L'accord proprement dit stipule que la force française, constituée de volontaires, sera organisée dans le but de combattre l'ennemi commun, mais de Gaulle demande expressément qu'il soit précisé que cette force «ne pourra jamais porter les armes contre la France». Dans ses Mémoires, il justifiera l'inclusion de cette clause par une explication extraordinairement alambiquée qui témoigne de la position extrêmement difficile dans laquelle il se trouve : «Cela ne signifiait pas qu'ils ne dussent jamais combattre des Français. Il fallait bien, hélas, prévoir le contraire, Vichy étant ce qu'il était et non, point du tout, la France. Mais la clause visait à garantir que l'action militaire, alliée, avec laquelle se confondait la nôtre, lors même qu'elle se heurterait aux forces de la France officielle, ne serait pas employée contre la France réelle, ne nuirait pas à son patrimoine, non plus qu'à ses intérêts[5].» France officielle, France réelle, comprenne qui pourra...

La position de De Gaulle s'explique par le malaise qui existe suite à Mers el-Kébir et par les difficultés de recrutement qu'il rencontre. Ceux qui souhaitent le rejoindre veulent d'abord se battre contre les Allemands, non contre des compatriotes. Mais elle fait assez mauvaise impression chez les Britanniques. La réponse de Churchill montre un léger agacement devant ces arguties : l'assurance donnée aux soldats de la France libre de ne pas porter les armes contre la France «doit être interprétée comme visant une France libre de choisir sa route et ne subissant pas la contrainte directe ou indirecte de l'Allemagne. Ainsi une déclaration de guerre par le gouvernement de Vichy contre le Royaume-Uni ne constituerait pas une déclaration de guerre par la France[6]». De Gaulle se borne à prendre acte de cette interprétation qui, contrairement à ses souhaits, laisse ouverte la possibilité d'hostilités entre Français. Ce qui compte d'ailleurs pour lui est que la lettre « interprétative » du Premier Ministre reste secrète, contrairement à l'accord lui-même. Malgré tout, la demande du Général a laissé les Britanniques dubitatifs. Celui en qui Churchill voyait un chef de bande désireux d'en découdre semble être en train de s'assagir, et c'est regrettable. La politique prend-elle déjà le pas sur la volonté de poursuivre le combat ?

D'ailleurs, si l'accord est signé le 7 août, la veille, de Gaulle a déjà fait valoir sa position de principe à l'occasion d'un cas concret, une première opération politico-militaire d'une grande complexité, la prise de Dakar. L'idée de mettre la main sur le grand port du Sénégal a très rapidement séduit Churchill. Le 6 août donc, devant le Comité des chefs d'état-major, de Gaulle déclare qu'il « ne participera pas à un combat entre Français ». Il confirme un peu plus tard au cours de la discussion que s'il rencontre une opposition armée de la part des forces de Vichy, il mettra aussitôt fin à l'opération.

A cette date, il n'est encore question que d'une opération par la voie terrestre, à partir de Conakry au Dahomey voisin, une approche « indirecte » qui laisserait du temps pour tenter de convaincre les autorités de Vichy de faire allégeance pacifiquement. Le 13 août, un nouveau plan est proposé qui envisage cette fois un coup de main sur le port de Dakar par deux brigades de Royal Marines. De Gaulle fait part de son accord mais demande que les forces françaises engagées auprès des Marines britanniques soient choisies parmi des unités de la Légion étrangère : l'opération doit certes avoir un « caractère » français, mais il refuse toujours que des Français combattent des Français. Faire appel à la Légion étrangère est un compromis satisfaisant, bien que légèrement hypocrite[7].

Puis le plan évolue de nouveau. Cette fois, c'est l'Amirauté britannique qui émet des objections, tandis que Churchill est toujours aussi enthousiaste. C'est au cours d'une réunion du Comité des chefs d'état-major, le 20 août, que le Premier Ministre expose ses nouvelles idées. Une force navale substantielle se présentera devant Dakar. On cherchera à convaincre les autorités de Vichy par la négociation, et si cela ne marche pas, les navires britanniques ouvriront le feu pour accentuer la pression et contraindre Vichy à céder.

Les plus hauts responsables militaires britanniques sont effarés par ce qu'ils entendent. Encore une opération « périphérique » ! Voilà de nouveau Churchill qui joue au grand tacticien, comme à Anvers, comme à Gallipoli, comme à Narvik, avec les résultats que chacun a à l'esprit. Mais, en ce mois d'août 1940, il est presque impossible de s'opposer à celui-ci, qui a été l'inspirateur de tout un peuple et sans qui, très probablement, l'Angleterre aurait cédé face à Hitler. A la suite de cette rencontre, de Gaulle prépare les plans précis de l'opération avec l'amiral Cunningham, mais l'affaire a pris une tournure particulièrement complexe.

Dakar est un échec humiliant. On a pu parler de profonde dépression chez de Gaulle, et même de la tentation du suicide. Le Connétable aurait donc une carapace beaucoup plus fragile que ne le pensait le Premier ministre britannique ?

Une des causes de l'échec est l'arrivée inattendue sur la zone de six bâtiments de guerre de Vichy qui ont franchi le détroit de Gibraltar sans être interceptés ni même repérés par la Royal Navy, ce qui provoquera la fureur de Churchill. Les biographes français de De Gaulle ont ironisé sur le décalage entre les rodomontades du Premier Ministre, décrites par le Général dans un passage célèbre des Mémoires, promettant l'envoi d'une véritable armada – des centaines de bateaux –, et la réalité d'une expédition navale aux moyens beaucoup plus modestes. L'objectif est sans doute de faire porter sur Churchill la responsabilité de l'échec. Lorsque l'on examine les faits, on voit que, s'il ne s'agit pas en effet d'une invincible armada, la flotte britannique expédiée devant Dakar est tout de même très puissante, surtout lorsque l'on pense que la menace d'invasion des îles Britanniques est toujours d'actualité, avec, notamment, la présence de l'*Ark Royal*, l'unique porte-avions de la marine britannique.

A Dakar, les premiers contacts se passent mal, et, devant la menace posée par les croiseurs de Vichy, Churchill décide d'annuler l'opération « directe », par la mer, et de revenir au plan initial par la terre ferme. Mais de Gaulle, fortement soutenu par le général Spears – sans doute pour la dernière fois –, insiste pour poursuivre la tentative maritime et Churchill, convaincu par leur détermination, décide de leur laisser une deuxième chance.

Apprenant la première annulation, nombre de responsables britanniques ont exprimé leur soulagement. « *Menace* est annulé !

Je ne peux honnêtement pas dire que cela m'attriste[8] », note Cadogan. Le diplomate, qui est encore, à cette époque, très réticent à l'égard de De Gaulle et de la France libre, s'est réjoui un peu trop tôt. Il faut attendre en effet dix jours pour que le chef de la France libre et l'amiral Cunningham se rendent à l'évidence. Poursuivre l'opération face aux canons de la flotte de Vichy est bien trop risqué et le résultat très incertain. « Menace » connaît ainsi une fin piteuse et les répercussions dans l'opinion publique, aux Etats-Unis et dans le Commonwealth, sont très négatives, aussi bien pour Churchill que pour la France libre.

Si un terme, aujourd'hui galvaudé, s'applique bien à Churchill, c'est celui de « résilience ». Face aux critiques, son éloquence lui permet d'expliquer l'échec et de le dépasser aisément. Le 8 octobre, devant la Chambre des communes, il défend avec vigueur le chef de la France libre : « J'estime qu'il a fait preuve d'un jugement très sûr, et la bonne opinion que j'ai de lui se trouve renforcée par tout ce que nous avons vu de son comportement dans des circonstances particulières et d'une difficulté confondante. » Il est vrai que Churchill, en se faisant l'avocat de De Gaulle, se défend aussi lui-même et défend sa conception de l'opération. Il se souvient aussi du sang-froid du Général au moment de Mers el-Kébir, et trouve ici l'occasion de lui renvoyer l'ascenseur.

Il ajoute enfin : « Le gouvernement de Sa Majesté n'a aucunement l'intention d'abandonner la cause du général de Gaulle jusqu'à ce qu'elle fusionne, ce qui ne saurait manquer de se produire, avec la cause plus générale de la France tout entière[9]. » Les mots employés ici sont soigneusement choisis. A ses yeux, la France est toujours quelque chose qui dépasse largement le mouvement gaulliste. D'ailleurs, la résistance dont ont fait preuve les hommes de Vichy à Dakar est la preuve qu'une autre France, à laquelle on ne peut dénier toute légitimité, subsiste en métropole et dans l'Empire. La thèse d'un Vichy apathique, incapable de réagir, totalement soumis, est désormais plus difficile à soutenir. Il reste donc quelque chose de la grande tradition militaire de la France, fût-elle dévoyée et au service d'une mauvaise cause imposée par les politiques. Pour Churchill, la renaissance de la France ne viendra pas d'un « sauveur » – qu'il se nomme de Gaulle ou encore moins Pétain –, mais de ces « forces vives », du peuple de France, sans lesquels rien n'est possible. Si des soldats, des marins, des aviateurs sont prêts à mourir de nouveau pour la France, qu'elle soit à Londres ou à Vichy, c'est que tout n'est pas perdu. De nature profondément optimiste, il pense que la France doit et peut se ressaisir. «Rien ne peut empêcher que croisse la haine avec laquelle ils jugeront leurs envahisseurs allemands, rien ne peut empêcher l'émergence de l'espoir que la Grande-Bretagne sera victorieuse, et que la victoire britannique portera en elle, comme cela arrivera certainement, la délivrance et la restauration de la France», clame-t-il dans son discours du 8 octobre.

Le pari sur de Gaulle n'a pas apporté les dividendes escomptés. Tout en restant fidèle au pacte du 18 juin, Churchill regarde ailleurs. Les hommes de Bordeaux et de Vichy ont traité avec l'ennemi, mais ce comportement ne reflète pas ce que souhaite la France réelle. Un jour ou l'autre, tout changera. La colère de Churchill à l'égard d'une France gangrenée a été finalement de très courte durée. De Gaulle a été le premier à se ressaisir, mais il y en aura d'autres.

Le 13 octobre 1940, le Premier Ministre, dans une note au général Ismay, relance le débat sur les relations avec Vichy. Il exclut l'idée de diminuer la pression exercée sur le régime de «l'illustre» maréchal Pétain, mais il n'est plus question de le bannir totalement. Etablir des contacts avec Vichy lui paraît même nécessaire, notamment parce que le régime, contrairement aux prévisions initiales, dispose toujours d'atouts importants, notamment la flotte et l'Empire. Churchill estime que la tendance au rapprochement avec Londres est, à Vichy même, irrésistible. «Il semble probable qu'ils seront de plus en plus enclins à se comporter dans le sens que nous désirons, et je pense personnellement que même si nous maintenons la pression sur eux et conservons une attitude de fermeté, cette tendance favorable ne sera pas freinée [...] le courant général qui pousse en notre faveur sera plus puissant que les petits remous provoqués par le blocus que nous avons mis en place, par notre soutien à de Gaulle, ou par d'éventuels incidents en mer[10].»

Reprendre langue avec Vichy, c'est risquer de se mettre à dos la France libre. Churchill n'est pas inquiet, car de Gaulle, affaibli, dépend presque entièrement de son bon vouloir, mais il est clair que ces tentatives de rapprochement inaugurent une période délicate. Il n'a pas le sentiment de se déjuger ou de trahir ainsi en quoi que ce soit les engagements précédents. Jamais, sauf peut-être une fois, lorsque le 26 juin il a brièvement envisagé que de Gaulle soit reconnu comme chef d'un gouvernement français, il n'a pensé mettre tous les œufs dans le même panier. Son discours aux Français – et en français – du 21 octobre 1940 ménage d'ailleurs la France de Vichy et passe de Gaulle et la France libre totalement sous silence.

Son point de vue évolue quelque peu dans les jours qui suivent la note destinée à Ismay. Le 1er novembre, il confie que de Gaulle est devenu une source d'embarras « dans nos échanges avec Vichy *et le peuple français*[11] ». Une semaine plus tard, il renchérit : de Gaulle, avec son « fief » en Afrique, et son « mouvement », « va maintenant peut-être constituer un obstacle à une sécession d'une partie très substantielle de l'Empire français en notre faveur. Il ne fait aucun doute que des hommes comme Weygand et Noguès, quand ils font leur examen de conscience et constatent qu'ils ont mal agi, se durcissent de nouveau contre nous dès qu'ils songent à la sédition de De Gaulle[12] ».

Churchill n'a pas modifié son jugement à l'égard des dirigeants de Vichy, qu'il exprime notamment au moyen d'une petite leçon de français churchillien : « Il faut se souvenir que ces hommes ont commis des actes d'une telle bassesse qu'ils ont mérité le mépris durable du monde entier... Laval est certainement rempli de la haine la plus féroce pour l'Angleterre, et l'on rapporte qu'il voudrait nous voir *crabouillés*, ce qui veut dire écrasés de telle sorte qu'il ne subsiste plus qu'une tache de gras. [...] Darlan nous est hostile à la mort en raison du coup que nous avons porté à sa flotte. Pétain a toujours été un défaitiste antibritannique et est maintenant gâteux. » Mais les hommes peuvent changer, rien n'est jamais fixé une bonne fois pour toutes. « L'idée que l'on pourrait se fonder sur de tels individus est vaine. Il se peut néanmoins que, contraints par le réveil de l'opinion publique en France, ils changent de position en notre faveur. Nous devons certainement maintenir des contacts avec eux[13]. »

Fin octobre, le professeur Rougier, un proche de Pétain, est à Londres, et il repart pour Alger avec une proposition destinée au général Weygand, devenu délégué général de Vichy en Afrique du Nord. Churchill se dit prêt à faire débarquer un corps expéditionnaire si l'ancien adjoint de Foch franchit le pas et entraîne avec lui dans la sécession l'Algérie et le Maroc. Parallèlement, le Premier Ministre adresse le 31 décembre un message au Maréchal : «Si, à n'importe quel moment dans un futur proche, le gouvernement français décide de se replier en Afrique du Nord ou d'y reprendre la guerre contre l'Italie et l'Allemagne, nous serions prêts à envoyer un corps expéditionnaire composé de six divisions puissamment équipées afin de contribuer à la défense du Maroc, de l'Algérie et de Tunis. Ces divisions pourront embarquer en Angleterre dès que les moyens de transport et de débarquement seront disponibles[14].»

Churchill parvient aussi à convaincre de Gaulle de revenir en Angleterre, sa présence en Afrique étant considérée dans ce contexte comme une forme de provocation à l'égard de Vichy.

Le 21 janvier 1941, il explique à Roosevelt – les Etats-Unis ont maintenu leurs relations diplomatiques avec Vichy – qu'il étudie de nouveaux moyens visant à encourager le maréchal Pétain à reprendre la lutte. Trois semaines plus tard, devant l'absence de toute réaction, il décide de mettre sèchement fin à la tentative. «Nous avons fait à Weygand de solides propositions, auxquelles nous n'avons pas reçu un début de réponse... Ces gens-là n'ont pas fait preuve jusqu'à présent d'une once de noblesse ou de courage, et il vaut mieux les sevrer jusqu'à ce qu'ils retrouvent la raison[15].»

Au cours de cette période de prise de contacts avec Vichy, la France Libre se trouve mise sous l'éteignoir. C'est pourtant à ce moment que Churchill réalise combien avec de Gaulle il a affaire à une personnalité hors normes. Il a vu d'abord en lui un condottiere ambitieux. Par la suite, il a pu apprécier son comportement de véritable homme d'Etat dans les circonstances tragiques de Mers el-Kébir, puis dans la tragi-comédie de Dakar qui a mis fin à la prétendue «lune de miel». De Gaulle ne représente qu'une fraction de la France et un pays ne peut être jugé uniquement à travers ses héros. Son avenir est loin d'être assuré, et pourtant Churchill va être impressionné par la rapidité avec laquelle le Connétable va rebondir.

A Brazzaville, le 27 octobre 1940, celui-ci annonce la naissance du Conseil de défense de l'Empire : le 16 novembre, il publie une déclaration organique, l'un des trois documents fondamentaux de la France libre, selon Jean-Louis Crémieux-Brilhac. Le Foreign Office s'irrite de la forme qu'il a choisie, et notamment qu'il ait commencé par un fier «Nous, général de Gaulle» qui a des relents de monarchie absolue. Mais qu'en pense Churchill lui-même ? Le 20 novembre, il écrit à Lord Halifax : « Ceci est un document remarquable, et il aura forcément un grand impact sur les esprits des Français tant par l'ampleur des réflexions qu'il contient que par la logique qui les gouverne. Il nous montre de Gaulle sous un aspect très différent d'un militaire classique[16]. » Le Connétable a remisé son armure. Il est devenu, avant tout, un politique. Cela n'est pas forcément, aux yeux de Churchill, de bon augure.

Même au plus fort de leurs querelles, il ne reniera jamais son jugement initial. L'homme qui a croisé le destin de la France en juin est d'une dimension supérieure et il faudra en tenir compte. Ce qui, au fil des mois, l'insupportera de plus en plus est que de Gaulle ne daigne jamais descendre de son piédestal du haut duquel il peut contempler les événements du monde avec une certaine condescendance, alors que lui, Churchill, sur lequel repose l'avenir du monde libre, tout Premier Ministre de Sa Majesté qu'il est, est obligé sans cesse de composer, avec son opinion publique, avec ses parlementaires, mais aussi avec sa conscience, cette « bonne fille » comme il dira un jour, avec laquelle les choses finissent quand même toujours par s'arranger.

En février 1941, le mouvement de balancier reprend, cette fois en faveur de la France libre : « Nous ne devons pas trop freiner de Gaulle. Nous n'avons jamais reçu le moindre signe d'amitié ou même de courtoisie de la part de Vichy, et le mouvement de la France libre demeure l'axe principal de notre politique[17]. » Les rumeurs vont bon train sur l'arrivée aux commandes à Vichy de l'amiral Darlan. Churchill a fondé quelques espoirs sur Flandin, qui est devenu Premier ministre et qu'il a bien connu avant guerre, mais il est rapidement remplacé.

Certains pensent même que Darlan va prendre la place du Maréchal lui-même, que les Britanniques considèrent comme gâteux. Pierre Laval, qui a hérité du surnom de *Black Peter*, passe pour une canaille et est méprisé de tous, notamment en raison de son physique ingrat, mais l'amiral de la flotte est perçu comme une menace plus grave. Mieux vaudrait en effet l'homme politique auvergnat : toute la France se lèverait contre lui. Darlan, en revanche, ne connaît pas la réprobation universelle qui vise Laval. Churchill écrit à Roosevelt le 12 mars que négocier avec Darlan revient à négocier avec l'Allemagne[18]. C'est un homme aux vues étroites. Il a d'ailleurs un regard « fuyant ». C'est tout simplement une crapule, « et les crapules navales [*sic*] sont les pires[19] ». Il faut donc remettre de Gaulle en selle, mais sans que le balancier bascule totalement de son côté. « Il faut réchauffer les relations avec de Gaulle et les Français libres qui sont les seuls qui ont fait quoi que ce soit pour nous, et auxquels nous avons fait des promesses solennelles. L'accent doit être, dans une certaine mesure, remis sur eux[20]. »

On a pu ironiser sur les louvoiements constants de Churchill, parler d'inconstance, de cyclothymie. L'Histoire, en tout cas en France, a jugé sans aménité ses tentatives de rapprochement avec Vichy, moralement répréhensibles et politiquement inefficaces. Il est toujours facile de juger après coup. Churchill est le premier homme politique de son pays mais il est aussi chef de guerre. Vaincre le nazisme, libérer l'Europe et la France sont des objectifs qui autorisent à ses yeux bien des compromis. C'est d'ailleurs ce même pragmatisme qui le conduira à annoncer, au moment de l'invasion allemande en juin 1941, son soutien total et sans équivoque à l'URSS, contre ses sentiments politiques personnels les plus ancrés, et contre une bonne partie de ses amis et de ses soutiens, qui verront d'un très mauvais œil cet appui enthousiaste à Staline, sans lequel, pourtant, l'Europe n'aurait pas été libérée.

Malgré le nouveau cap choisi par Churchill, la France libre stagne. De Gaulle n'a toujours pas réussi à rassembler autour de lui des personnalités prestigieuses. Le Foreign Office pense cependant avoir d'autres cartes en main : la plus forte est de loin, devant les refus répétés d'Alexis Léger, le général Catroux, qui porte à son képi les cinq étoiles de général d'armée. Rallié à la France libre durant l'été 1940, il séduit les Britanniques. Onctueux, presque précieux et ondoyant, il est plus policé que son chef. Au physique, il passe mieux que cette grande girafe de De Gaulle. Bref, c'est, contrairement au Connétable, un gentleman, avec des côtés un peu féminins, typiquement français donc. Il est néanmoins affublé d'une épouse *formidable* qui ne comprend pas pourquoi son époux resterait le numéro deux.

Les diplomates britanniques estiment même que Catroux joue un double jeu, qu'il vise en effet la place du patron. Envoyé par de Gaulle au Caire comme délégué de la France libre au Moyen-Orient, très attaché à ses prérogatives, il menace de démissionner en février 1941 suite à la nomination du général Legentilhomme à la tête des forces françaises en Afrique de l'Est, qu'il conteste. Churchill, qui a pourtant bien d'autres soucis, suit l'affaire de près et ne ménage pas son soutien au chef de la France libre. «Je considère de Gaulle comme un homme de plus grande dimension que Catroux. Je dois même dire que je le trouve vraiment exceptionnel, étant donné les difficultés déchirantes de la position dans laquelle il se trouve. Ses décisions devraient être respectées par Catroux, et le gouvernement de Sa Majesté ne reconnaît personne d'autre comme autorité suprême de la France libre[21].» Il prévient Eden, devenu ministre des Affaires étrangères à la place de Halifax, que selon ses informations la principale cause de toute cette agitation est la redoutable Mme Catroux. Un mois plus tard, il interrogera de nouveau le Foreign Office au sujet des intrigues de «Catroux et compagnie[22]». Le 3 avril 1941, Churchill adresse à de Gaulle un télégramme qui constitue une sorte de point d'orgue dans leurs relations : «Vous, qui n'avez jamais failli ou faibli au service de notre grande cause commune, bénéficiez de la confiance la plus totale du gouvernement de Sa Majesté, et vous incarnez l'espoir de millions de Français et de Françaises qui ne désespèrent pas de l'avenir de la France et de son Empire[23].»

22

Premiers vrais heurts

Pour Churchill, les liens forgés avec de Gaulle sont désormais indissolubles. Le chef de la France libre a réagi avec sang-froid et grandeur d'âme chaque fois qu'une difficulté majeure est apparue dans les mois précédents. Mers el-Kébir, Dakar, les contacts pris avec Vichy : l'alliance forgée en juin 1940 n'a pas été remise en cause. L'homme est raide d'apparence, difficile à cerner, pas très sympathique, insensible au charme churchillien, mais il a su paradoxalement faire preuve de souplesse et d'adaptabilité. Cependant, il n'incarne pas la France, mais une cause valeureuse. Aux yeux de Churchill, il existe bien deux France, qui un jour, inévitablement, parviendront à se retrouver.

Le Premier Ministre a désormais une telle confiance en la qualité de ses relations avec de Gaulle qu'il ne va pas anticiper le premier grand accrochage avec la France libre, au Levant. Les Français – de tous bords – soupçonnent les Britanniques de ne pas avoir renoncé à accomplir le rêve de Lawrence d'Arabie, celui d'un royaume arabe indépendant en Syrie, et de Gaulle, qui malgré un séjour au Liban, ne s'est pas beaucoup intéressé à ces questions pense de même. Churchill, lui, ne s'intéresse au Moyen-Orient que pour des raisons stratégiques. Personnellement, il n'a aucun compte à régler. A la tête du Colonial Office en 1921, et bien qu'ayant fait appel aux conseils de Lawrence, il a eu des positions constamment modérées et n'a à aucun moment cherché à provoquer le départ des Français. Il estime cependant que le statut de la Syrie devrait se rapprocher de celui de l'Irak, formellement indépendant mais sous influence britannique. Pour Churchill, il n'y a aucune raison de se montrer particulièrement indulgent à l'égard des Arabes, et il concède qu'il faut éviter, alors que la guerre en Méditerranée est dans une phase très délicate, de donner du grain à moudre aux nationalistes arabes auxquels l'Allemagne a promis son soutien.

D'ailleurs, Vichy conserve le contrôle de l'Empire français au Levant, et ce *statu quo* convient parfaitement aux responsables militaires britanniques, qui sont très engagés en Afrique du Nord et veulent éviter les complications dans la région. Les choses vont radicalement changer avec le coup d'Etat de Rashid Ali à Bagdad, en avril 1941, et la décision des Allemands de venir au secours de l'insurrection avec l'envoi d'une force aérienne, de taille modeste d'ailleurs.

En mai, en application des « Protocoles de Paris » négociés par Darlan, Vichy autorise la Luftwaffe à faire escale sur ses aérodromes en territoire syrien. Churchill a, lui, l'esprit focalisé sur les opérations en Crète. En Ecosse, Rudolf Hess vient de débarquer en avion avec des propositions mystérieuses qui provoquent l'excitation générale. La traque du cuirassé *Bismarck* le tient également en haleine. Quant au général Wavell, commandant en chef des forces britanniques au Moyen-Orient, il est totalement opposé à une intervention en Syrie pour mettre fin à la présence allemande. Le 19 mai, il est encore question de faire pression sur les autorités de Vichy, tout en leur donnant une dernière chance de refuser aux Allemands la possibilité d'utiliser la Syrie comme base arrière.

Le 20 mai, des militaires et conseillers allemands commencent à faire leur apparition en territoire syrien. Malgré l'opposition de Wavell, qui se prépare à des combats difficiles en Libye, Churchill a pris la décision de mettre fin au putsch en Irak, puis de prendre le contrôle de la Syrie. Les campagnes de Syrie et d'Irak sont menées avec des moyens modestes. Pour la première fois, la France libre – contrairement à ce que de Gaulle avait exigé en août 1940 – va se trouver engagée directement contre les troupes de « l'autre France », celle de Vichy.

Quelle est, à ce moment précis, la position de Churchill concernant l'avenir de l'Empire français ? Dans les jours précédant l'offensive, il tient des propos contradictoires. Le 19 mai, une note semble indiquer que les soupçons de De Gaulle sont en partie justifiés. Churchill ne fait plus de différence entre Vichy et la France libre : « Les Français ont de fait renoncé à tous les droits en Syrie avec leur sortie de la Ligue des Nations, et nous avons ainsi le droit d'arguer que le Mandat a pris fin. De plus, aucune de nos promesses à de Gaulle ne couvrait les territoires sous mandat. » La suite de la note du Premier Ministre envisage les différentes hypothèses et la conduite à tenir, à charge pour les diplomates de mettre en application un raisonnement pour le moins complexe : « Si l'armée française en Syrie [Vichy] nous rejoint et agit en coordination avec les forces françaises libres jusqu'à la fin de la guerre, nous devrions nous abstenir de soulever la question de l'expiration du Mandat, et les revendications de la France en Syrie seront adjugées à la conférence de la paix. Si, cependant, ils s'opposent à nous, et maintiennent une attitude de passivité hostile, nous devons mettre les Arabes syriens de notre côté. Dans ce but, nous devrions proclamer que le Mandat a expiré ; que la France n'a aucunement le droit de livrer la Syrie aux Allemands ou aux Italiens ; et que nous proclamons un Etat indépendant en Syrie avec une alliance permanente avec la Turquie d'un côté et la Grande-Bretagne de l'autre. La conséquence serait que les Français en Syrie seraient désarmés. On leur proposera la possibilité de rentrer en France ou d'être internés dans de bonnes conditions durant le reste de la guerre. De plus, les Français libres ne seraient pas utilisés en Syrie mais redéployés en Egypte ou quelque autre théâtre d'opérations. Il faudrait expliquer carrément la situation à de Gaulle, mais l'affaire suivrait son cours quelle que soit sa réaction. [...] Si nous ne pouvons pas obtenir le ralliement des Français [de Vichy], alors nous devons mettre les Syriens de notre côté[1]. »

La France libre n'a pas le choix : elle restera marginalisée. Si les troupes de Vichy se rallient, la question de l'indépendance sera étudiée après la victoire, lors d'une conférence de la paix. S'ils ne se rallient, pas, l'indépendance sera proclamée, et tout sera fait pour que de Gaulle ne puisse s'y opposer. Après la guerre, conscient que cette note pouvait créer une polémique supplémentaire sur les buts de la Grande-Bretagne concernant l'Empire français au Levant, Churchill expliquera que ce mémorandum n'était selon lui qu'un simple projet, n'avait pas été distribué et n'avait aucun caractère officiel...

En quelques heures, la situation va d'ailleurs changer, et la décision est finalement prise, face aux preuves de la collaboration de Vichy avec les autorités allemandes, de faire participer les Français libres aux opérations de conquête. Churchill met néanmoins une condition à cette participation : la France libre doit reconnaître officiellement que la Syrie et le Liban seront indépendants. Le 6 juin, il écrit à de Gaulle : « Vous savez que nous ne cherchons pas à acquérir des avantages spéciaux dans l'Empire français, et que nous n'avons nullement l'intention de profiter de la situation tragique dans laquelle se trouve la France. J'accueille donc avec satisfaction votre décision de promettre l'indépendance à la Syrie et au Liban, et, comme vous le savez, je pense qu'il est essentiel que nous apportions à cette promesse tout le poids de notre garantie[2]. » De Gaulle accepte le principe de proclamer l'indépendance, mais refuse la « garantie » si fortement suggérée par le Premier Ministre. En août 1940, Churchill avait refusé de garantir que l'Empire français serait restauré dans son intégrité, et l'on comprend évidemment que de Gaulle ait pu trouver difficile d'admettre que, cette fois, la Grande-Bretagne se dise prête à « garantir » son démantèlement partiel.

L'invasion de la Syrie est une opération délicate, mais Churchill, qui annonce la nouvelle à Roosevelt, est toujours optimiste lorsqu'il faut passer à l'offensive : « Nous entrons en Syrie demain matin avec des forces relativement importantes afin d'empêcher de futures pénétrations allemandes. Le succès dépend largement de l'attitude des forces françaises sur place. Le groupe de Français libres de De Gaulle sera bien présent mais pas dans l'avant-garde. Il publie une déclaration destinée aux Arabes leur offrant au nom de la France une indépendance complète [...]. Je ne peux dire d'avance comment va réagir Vichy aux événements. [...] Nous n'avons pas d'intérêts politiques en Syrie excepté de gagner la guerre[3]. »

En Libye, le 15 juin 1941, Wavell déclenche l'opération *Battleaxe* contre les forces de Rommel. C'est un échec. Dans ces conditions, une victoire en Syrie revêt tout à coup une importance beaucoup plus grande. Churchill a besoin de pouvoir annoncer des victoires à la Chambre et à son peuple : peu lui importe que les Allemands soient subitement repartis de Syrie et que l'affaire d'Irak ait connu une conclusion favorable, grâce à son agilité d'esprit, sa capacité d'initiative et son goût pour les opérations éclair. Les combats sont cependant plus durs que prévu et la progression des forces du Commonwealth, alliés à la France libre, très laborieuse.

Le Premier Ministre est d'ailleurs impressionné par la résistance des forces françaises de Vichy, et regrettera publiquement, devant des invités, que les soldats français « n'aient pas fait preuve de la même vaillance en mai 1940 ». A la Chambre des communes, c'est même un véritable hommage qu'il rend à l'adversaire : « Le fait que nos relations [...] avec le gouvernement de Vichy ne se sont pas aggravées durant ces semaines de combat si regrettables et alors que les hommes des deux bords se sont comportés avec tant de discipline, d'habileté et de bravoure, est la preuve que le peuple français a une compréhension profonde des vrais enjeux auxquels fait face le monde[4]. »

Un an plus tard, il tiendra des propos similaires lors du débarquement des forces britanniques à Madagascar, qui est encore sous le contrôle de Vichy. « Ces opérations, qui ne sont pas sans dangers de diverses sortes, ont été menées avec panache et vigueur. Les Français [de Vichy] ont aussi combattu avec grande bravoure et discipline. Nous déplorons que le sang ait été versé par les troupes de nos deux pays dont les peuples sont au fond du cœur unis contre l'ennemi commun. Je suis confiant que la nation française en arrivera à juger cet épisode comme une étape dans la libération de tout leur pays, y compris l'Alsace et la Lorraine, de la férule allemande[5]. » Ce nouvel hommage au courage des troupes de Vichy a dû sonner un peu étrangement aux oreilles des Français libres ; mais, d'une certaine façon, elles expliquent que, quelques mois plus tard, au moment du débarquement en Afrique du Nord, Churchill ne tiendra pas rigueur aux Français de Vichy d'avoir effectué un « baroud d'honneur ». Un pays renaît s'il accepte de se battre, et se battre pour une mauvaise cause vaut toujours mieux, à ses yeux, que l'apathie la plus totale. En guerrier respectueux de l'adversaire, il ne peut s'empêcher d'éprouver sportivement une certaine sympathie pour des gens qui ont mené un combat désespéré au service d'une cause perdue et qui l'ont fait sans perdre l'honneur. Et puis, il y a le sentiment que persiste une dette à l'égard de la France tout entière pour n'avoir pas fait assez en mai et juin 1940.

Après la fin des combats en Syrie et au Liban, Churchill n'a pas l'intention de voir de Gaulle profiter de la situation. La résistance des soldats de Vichy le convainc que la France de De Gaulle n'est pas la seule qui combat : si les politiciens de Vichy ont failli, les soldats n'ont pas démérité. A Eden, le 3 juillet 1941, il écrit : «Cela n'a jamais été notre intention de voir les gaullistes prendre les places de l'administration de Dentz [le haut-commissaire de Vichy au Levant] ou de gouverner la Syrie au nom de la France. Leurs pertes et leur contribution n'ont représenté qu'une fraction des nôtres. Il faut leur offrir une certaine présence afin de montrer que les intérêts en Syrie sont protégés contre toute autre puissance européenne, et que nous n'avons aucun désir de supplanter la France dans sa position privilégiée et favorisée en Syrie. Cependant tout ceci ne constitue qu'un aspect marginal de notre position concernant la Syrie, qui demeure fondée sur l'indépendance de la Syrie et de toutes ses populations [souligné par WC]. Aucune initiative d'origine française libre qui entrerait en conflit avec cette décision fondamentale ne doit être entérinée. C'est par conséquent à de Gaulle ou à Catroux de parvenir aux mêmes types d'accords que ceux que nous avons dans le cas de l'Irak, avec cette importante différence que, en dernier ressort, nous avons la force militaire avec nous et lui [*sic*] ne l'a pas, en aucune façon[6].»

Catroux, dans sa déclaration préalable à l'offensive qui accordait l'indépendance aux Etats du Levant, avait indiqué que la négociation d'un traité avec les principaux représentants arabes aurait lieu «aussitôt que possible». Pour Churchill, cela veut dire que quelques jours après la reddition des Français de Vichy, des négociations rapides et énergiques devront débuter, et devront aboutir à une «conclusion rapide dans un esprit de loyauté». Le 15 juillet 1941, devant les Communes, il réaffirme avec force que les Britanniques ne cherchent aucun avantage au Levant et ajoute : «Les intérêts historiques de la France en Syrie, et la primauté de ces intérêts sur ceux des autres pays européens, sont préservés, et ce sans préjudice des droits et de la souveraineté des races syriennes.» Après avoir poussé vigoureusement pour une indépendance rapide, Churchill fait presque volte-face, et revient aux ambiguïtés des accords nés de la Première Guerre mondiale. L'ordre des mots est d'ailleurs important : la souveraineté des «races syriennes» [*sic*] vient en second rang après la réaffirmation des intérêts du pays mandataire. L'affaire étant réglée sur un plan militaire, l'exigence d'indépendance de la Syrie et du Liban, destinée à apaiser le monde arabe, lui apparaît subitement beaucoup moins urgente. Ses louvoiements sur la question du Levant sont presque impossibles à suivre pour le Foreign Office.

Demeure un comportement constant : la primauté, c'est la guerre et la politique y est totalement subordonnée. La bataille une fois gagnée, les questions politiques peuvent attendre. Survient alors la « convention de Saint-Jean-d'Acre », qui régit les rapports entre les forces d'invasion et les autorités de Vichy et qui met de Gaulle en fureur. Churchill soutient totalement son représentant Lyttleton qui l'a négocié. Il n'est pas le seul à commencer à marquer son exaspération. Suite à une nouvelle volée de protestations de De Gaulle, Anthony Eden lui-même, présenté en général comme un grand francophile, confie à Colville, moitié en riant, moitié sérieux : « Je déteste *tous* les Français. »

L'affaire de Syrie est cependant loin de trouver ici sa *happy end* et va rebondir périodiquement jusqu'à la toute fin de la guerre, dans une atmosphère de suspicion mutuelle où les ambitions personnelles des représentants sur place, notamment le général Spears, prennent une place de plus en plus importante. Lorsque dans une des phrases les plus souvent reproduites des Mémoires, de Gaulle évoque « l'Orient compliqué », ce n'est pas, contrairement à ce que l'on croit souvent aujourd'hui, pour parler du monde arabe et de l'islam divisés, mais seulement des querelles entre alliés européens. L'Orient du Général est un Orient colonial, dont les populations et les cultures locales sont totalement absentes.

Le Levant occupe une place très marginale dans les Mémoires de la guerre de Churchill. Les premières escarmouches avec de Gaulle ne sont pas abordées. Il est vrai que Churchill a une fois de plus bien d'autres préoccupations. La traque victorieuse du *Bismarck*, l'arrivée surprise de Rudolf Hess, la campagne de Libye, et surtout, ce qu'il pressent depuis plusieurs semaines, l'invasion de l'Union soviétique : après un printemps désespérant, le temps commence à s'éclaircir. Ce qui se passe au Levant doit être ramené à ses justes proportions.

Quoi qu'il en soit, les discussions en Syrie s'enlisent, et Churchill demande à Lyttleton de faire pression sur de Gaulle pour qu'il rentre en Angleterre. Des Etats-Unis, où il se trouve pour la première grande rencontre avec Roosevelt (le nom de code de son voyage est opération *Riviera*...), le Premier Ministre demande aussi à Eden d'être « très ferme avec de Gaulle, Catroux et les Français libres. Nous ne pouvons leur permettre de mettre la pagaille dans notre position en Syrie et de gâcher nos relations avec les Arabes. Leurs prétentions doivent être sévèrement corrigées, et même l'usage de la force ne doit pas être exclu *a priori*. Il est important de leur faire comprendre en temps et en heure qu'il faudra qu'ils obéissent. Je ne vois pas comment ils peuvent prétendre nous résister[7] ». Décrivant la situation dans une lettre à son fils, il se montre satisfait des progrès au Moyen-Orient, mais aussi, comme Eden, très irrité par les Français – quels qu'ils soient : « Tu peux comparer avec la période précédente pendant laquelle l'Irak était en feu, la Palestine bougeait, et la Syrie aux mains des *frogs*[8]. » Rentré à Londres, il reproche à de Gaulle de croire pouvoir agir en totale impunité. « Toutes les difficultés que vous avez rencontrées avec de Gaulle, écrit-il à Lyttleton le 27 août, tiennent au fait qu'il croit que je serai toujours de son côté. Il est vrai que je l'ai toujours soutenu contre Catroux, mais son comportement récent a porté atteinte à mes relations avec lui. [...] Il est, bien sûr, hors de question de reconnaître de Gaulle comme chef d'un gouvernement français. Après les déclarations très inamicales à l'égard de l'Angleterre qu'il a tenues dans les lieux les plus divers, il a beaucoup de chemin à parcourir avant de recouvrer la position qui était la sienne dans l'estime britannique[9]. »

Ce 27 août paraît dans le *Chicago Daily News* une interview du chef de la France libre. Interrogé à Brazzaville par un correspondant de presse américain, il lance en direction du Royaume-Uni une volée de bois vert qui va profondément choquer le Premier Ministre. De Gaulle rappelle notamment, sur un ton ironique et désobligeant, l'accord entre le Premier Ministre et Roosevelt par lequel les Américains avaient cédé aux Britanniques cinquante vieux destroyers en échange de bases militaires, une concession que certains, en Angleterre, avaient considéré comme une atteinte grave à la souveraineté du royaume.

Churchill sait combien les Etats-Unis s'étaient montrés peu généreux en cette occasion, mais il estime qu'il a fait cela pour le bien de son pays, et pour la cause alliée en général. Ce n'est pas à de Gaulle, qu'il a soutenu et aidé, qui ne serait sans doute rien sans lui, de venir retourner ainsi le couteau dans la plaie. L'affaire tombe d'autant plus mal que le Premier Ministre est rentré des

Etats-Unis les mains presque vides – en dépit des grandes déclarations d'amitié – et il en est péniblement conscient. «J'ai eu avec le président une rencontre très intéressante et loin d'être infructueuse», confie-t-il à Randolph. Loin d'être infructueuse... Churchill n'a perçu aucun signe qu'un engagement des Etats-Unis dans la guerre est proche, et, de surcroît, a été contraint de batailler pour que la Charte de l'Atlantique, une déclaration solennelle qui vise à réguler les relations dans le monde après la guerre, ne devienne une arme aux mains de tous ceux qui veulent le démantèlement de l'Empire britannique. Dès son retour à Londres, il adresse un télégramme très sombre à son ami Harry Hopkins, l'éminence grise du président américain, sur lequel il compte tant pour aider la cause de la Grande-Bretagne à Washington : «Je dois vous dire qu'une vague de dépression a submergé le Cabinet et les cercles informés ici au sujet des assurances proférées publiquement par le président disant qu'il n'avait pris aucun engagement et que les Etats-Unis n'étaient pas plus proches de la guerre, etc., et je crains que nous retrouvions cela dans les débats au Parlement. Si 1942 commence avec la Russie vaincue et la Grande-Bretagne de nouveau toute seule, toutes sortes de dangers vont apparaître. Serais très reconnaissant de me redonner un peu d'espoir[10]. »

Ce qui est insupportable en ce mois d'août 1941 pour une personnalité comme Churchill, à l'esprit fort et indépendant, est ce sentiment de devoir déployer des trésors de diplomatie pour le bien commun, de mobiliser toutes les cordes à son arc pour séduire une «fiancée» américaine qui le fuit, de s'abstenir de toute critique officielle de l'attitude américaine et d'avaler des couleuvres que la presse et l'opinion publique ne tarderont pas à lui reprocher; tout cela pour un résultat très médiocre, pendant que, du fond de l'Afrique, le chef de la France libre se permet, lui qui n'a finalement rien à perdre, de commenter sur un ton sarcastique les difficultés de la Grande-Bretagne.

D'une certaine façon, Churchill envie même à de Gaulle cette liberté : il s'est retrouvé si souvent par le passé dans la même position. Mais la lutte contre le nazisme est une affaire bien trop sérieuse. Malgré une réconciliation de pure forme lors d'un entretien pittoresque à Downing Street le 12 septembre 1941, ayant débuté par une algarade et s'étant achevée dans le calme – les deux hommes fument le cigare pour célébrer la fin des hostilités –,

Churchill est décidé à ne plus rien laisser passer. Son jugement de fond au sujet de De Gaulle n'est pas modifié : c'est un « grand animal ». Mais, alors qu'il avait soutenu à bout de bras en juin 1940 un connétable au service de la renaissance de son pays, il est persuadé d'avoir désormais en face de lui un personnage dénué de scrupules dans sa quête du pouvoir, et même, tout simplement, un ennemi de la Grande-Bretagne.

A aucun moment pourtant, dans les mois et les années qui vont suivre, il ne reviendra sur son engagement : la France aura, après la guerre, une fois l'Allemagne vaincue, toute sa place.

Dès l'automne 1941, par conséquent, le balancier penche de nouveau légèrement en faveur de Vichy, car Churchill a le regard constamment tourné vers l'Afrique du Nord. Revenu très déçu de sa rencontre avec Roosevelt, la rive sud de la Méditerranée lui apparaît comme le seul théâtre d'opérations où il est possible de porter des coups directs à l'Allemagne, en attendant la constitution d'une grande flotte de bombardiers qui portera le fer au cœur même du Reich.

Sa principale idée stratégique est de combiner une offensive à partir de l'Egypte avec, encore une fois, le ralliement de l'Afrique du Nord française. Les démarches auprès de Weygand quelques mois plus tôt ont échoué, mais il pense qu'avec l'appui de Roosevelt, tout n'est pas définitivement perdu, comme le montre son télégramme daté du 24 novembre 1941 : « C'est le moment ou jamais d'obtenir le contrôle de l'Afrique du Nord française. Pour atteindre ce but, il faut offrir à Vichy le choix entre la bénédiction et la malédiction. Ne pourriez-vous pas autoriser l'amiral Leahy à promettre à Pétain l'appui d'un corps expéditionnaire des Etats-Unis, et un ravitaillement massif, tant civil que militaire, escorté par des navires de guerre américains, du moment que l'Afrique du Nord s'oppose à la pénétration allemande qui est en cours ? S'il accepte, nous garantirons que tout sera fait par les peuples américain et britannique pour maintenir l'Empire français dans son intégrité et pour rétablir la France dans ses droits quand viendra la victoire[11]. » En cas de refus de Vichy, la *malédiction* s'imposera, sous forme de menaces diverses. Malgré la Bible, auquel il se réfère en parlant de bénédiction et de malédiction, Churchill, en cette fin d'année 1941, est, pour une fois, à court d'idées.

23

D'abord, vaincre Hitler

Pearl Harbor change tout. Churchill réagit à la nouvelle avec une joie à peine dissimulée : désormais, les choses sont plus simples. Le chemin est encore très long : quelques jours après l'entrée en guerre des Etats-Unis, le *Prince of Wales* et le *Repulse*, deux fleurons de la Navy dont il avait personnellement ordonné l'envoi dans l'océan Indien dans le but de dissuader les Japonais de passer à l'action, sont coulés par des avions torpilleurs. Cette fois, il ne fermera pas l'œil de la nuit. Il faudra encore encaisser beaucoup de mauvaises nouvelles et faire bonne figure avant que la victoire advienne.

Au sentiment profond de soulagement, de Gaulle préfère l'analyse froide et celle-ci n'est pas dénuée de cynisme. Il explique au colonel Passy que la « guerre est finie ». Il y aura des « batailles » certes, mais la guerre est finie « puisque l'issue en est dorénavant connue », puisque rien ne peut résister à la « puissance de l'industrie américaine ». Si ces paroles ont été fidèlement rapportées par son adjoint, elles font tout de même bon marché des épreuves qui suivront Pearl Harbor. Tout expliquer par la puissance de l'industrie américaine, c'est oublier un peu vite les sacrifices et les morts. De Gaulle expliquera aussi à un autre de ses fidèles que « dorénavant les Anglais ne feront rien sans l'accord des Américains ». Quant à Churchill lui-même, de Gaulle dira plus tard : « Il a été magnifique jusqu'en 1942. Ensuite, comme épuisé par un trop grand effort, il a passé le flambeau et s'est effacé devant eux [les Américains][1]. »

Cette lecture singulière de l'histoire de la Deuxième Guerre mondiale est difficile à accepter. Les thuriféraires du Général n'ont eu de cesse de louer la justesse de ses visions, la force tranchante de ses jugements. Rapportées au début des années 1960, elles viennent justifier une vision du monde et la politique d'indépendance gaulliste, en partie fondée sur le paradigme de l'asservissement de la Grande-Bretagne aux Etats-Unis et sur son rôle marginal dans la victoire alliée. Comme le souligne l'historien Robert Frank, par un jeu de miroirs, il s'agit de rabaisser la Grande-Bretagne, afin que, en comparaison, les turpitudes de la France paraissent moins graves et que son rôle – pourtant très marginal – dans la victoire en apparaisse plus grand[2].

Quant au diagnostic un tant soit peu condescendant porté sur Churchill, qu'en est-il en réalité ? Il est vrai que le Premier Ministre a fait preuve d'un courage et d'un dynamisme sans égal jusqu'à la fin de 1941, mais c'est un courage un peu désespéré, avec des moments de doute terribles. L'homme qui part pour les Etats-Unis fin 1941 pour rencontrer Roosevelt après Pearl Harbor n'est pas du tout vieillissant, affaibli, et encore moins docile. Il est bien décidé à ne pas se laisser faire par les Américains, qui ont été si parcimonieux dans leur soutien jusque-là, et à leur imposer sa propre vision stratégique.

Peu de temps après Pearl Harbor, à un ministre britannique qui déclarait qu'il fallait continuer à discuter avec les Américains sur un ton prudent et diplomatique, il répond malicieusement : « Pensez-vous ! C'est comme cela que je leur parlais lorsque j'essayais de les séduire, maintenant qu'ils ont rejoint le harem je m'adresse à eux sur un tout autre ton ! » Il est appuyé par un état-major très professionnel, formé d'officiers qui ont un certain mépris pour l'amateurisme et la naïveté présumés de leurs homologues d'outre-Atlantique. Tout au long des années 1942 et 1943, c'est un combat de haute tenue qu'il va mener, avec un succès certain, et, dans la partie serrée qu'il joue avec les Alliés, de Gaulle et les problèmes de la France vont prendre une place inattendue et seront une source constante d'irritation.

Au vrai, le jugement de De Gaulle – s'il a été fidèlement rapporté par Billotte – n'est pas entièrement inexact. Afin de convaincre les Américains de suivre ses idées, Churchill est prêt à avaler un certain nombre de couleuvres. Quant à la France libre, elle ne doit pas constituer une source de querelle avec les Etats-Unis. Le sujet n'est, pour le moment, pas assez important. L'essentiel est de vaincre le nazisme, sans subir trop de pertes ni de dommages. Et pourtant, sur un plan militaire, la stratégie «méditerranéenne» que défend Churchill va réintroduire la France dans le jeu.

Dès le lendemain de l'attaque japonaise, il a donc décidé de partir pour les Etats-Unis. Il faut à tout prix amener les Américains à accepter que, malgré «l'infamie» japonaise, la guerre en Europe doit être la priorité. L'affaire n'est pas du tout gagnée d'avance, car il a contre lui l'opinion publique américaine et l'influence considérable de l'US Navy, qui veut laver l'affront le plus rapidement possible. Il est déterminé à imposer sa «grande stratégie», qui est l'objet d'un long et ample mémoire rédigé durant la traversée à bord du *Queen Mary* et daté du 16 décembre 1941.

L'Europe en premier : sur ce point fondamental, Churchill obtient satisfaction, notamment grâce au président et à Harry Hopkins. En ce qui concerne la France, sa priorité est une fois encore l'Afrique du Nord. «Il faudra lancer une campagne en 1942 pour obtenir la possession ou conquérir par la force la totalité de la côte de l'Afrique du Nord, y compris les ports atlantiques du Maroc. Dakar et les autres ports français en Afrique de l'Ouest doivent être capturés avant la fin de l'année.» L'avenir de la France libre dépend de l'attitude de Vichy : «Si Vichy se comporte comme nous le désirons en Afrique du Nord, les Etats-Unis et la Grande-Bretagne doivent œuvrer à la réconciliation entre les Français libres (gaullistes) et les autres Français qui auront de nouveau pris les armes contre l'Allemagne. Si, en revanche, Vichy persiste à collaborer avec l'Allemagne et que nous devons prendre possession de l'Afrique du Nord et l'Afrique de l'Ouest en combattant, alors le mouvement gaulliste doit être soutenu et utilisé au maximum[3].»

Tout au long des mois qui vont suivre, Churchill ne va pas dévier de cet axe stratégique. Il s'aperçoit toutefois rapidement que les chefs militaires américains, qui ont cédé sur la priorité donnée à l'Europe, ont une vision radicalement opposée à la sienne : ils préconisent en effet un débarquement massif en France dès l'automne 1942. Ils rejettent avec une belle unanimité la stratégie «méditerranéenne» de Churchill, qui leur apparaît surtout comme une manière d'éviter l'affrontement direct avec les Allemands, qu'ils souhaitent voir, de leur côté, le plus tôt possible, conformément à l'enseignement classique qui est dispensé dans les écoles de guerre. Churchill mène un combat compliqué : l'Europe en premier, certainement, mais pas trop vite... Loin de « s'effacer » devant les Américains, il finira par l'emporter, de haute lutte, grâce en particulier à l'appui très discret du président américain lui-même, qui laisse le débat se poursuivre avant de trancher en faveur du Premier ministre britannique. Il faudra attendre plus de deux ans avant que les Alliés débarquent en France.

Après Washington, Churchill se rend au Canada. Le 30 décembre 1941, il monte à la tribune du Parlement canadien, à Ottawa. Il a réagi avec une certaine indulgence à la prise de Saint-Pierre-et-Miquelon par les gaullistes, et c'est, en dépit de la stratégie qu'il préconise, l'occasion d'une nouvelle charge contre Vichy et le Maréchal. Devant un public totalement acquis, il analyse l'écroulement d'un pays tout entier : « L'armée française s'est effondrée, et la nation française a été plongée dans un état de confusion complète, dont, jusqu'à présent, elle n'a pas pu s'extirper. » Le gouvernement français aurait dû se rendre en Afrique du Nord et ne pas trahir ses engagements. « Les hommes de Bordeaux, les gens de Vichy... sont restés prostrés aux pieds du conquérant. » Heureusement, il y a la France libre : « Mais il existait quelques Français qui ne voulaient pas plier le genou et qui, sous le général de Gaulle, ont continué le combat aux côtés des Alliés. Ils ont été condamnés à mort par les gens de Vichy, mais leurs noms sont l'objet du respect de neuf Français sur dix aux quatre coins de la France, que nous avons connue heureuse et souriante... »

C'est en français, très fautif certes, mais d'autant mieux apprécié des parlementaires québécois, que le Premier Ministre poursuit (nous reproduisons ici les mots tels qu'il les a prononcés, non la version « officielle » qui corrige ses erreurs) : *« Et partout dans la France occupée et inoccupée (car leur sort est égal), ces honnêtes gens, ce grand peuple, la nation française se redresse. L'espoir se rallume dans le cœur d'une race guerrière, même désarmée, berceau de la liberté révolutionnaire et terrible aux vainqueurs esclaves. Et partout, on voit le point du jour, et la lumière grandit, rougeâtre, mais claire. Nous ne perdons jamais la confiance que la France jouera le rôle des hommes libres et qu'elle reprendra par des voies dures sa place dans la grande compagnie des nations libératrices et victorieuses. Ici, au Canada, où la langue française est honorée et parlée, nous nous tenons prêts et armés pour aider et pour saluer cette résurrection nationale*[4]. »

Peu importe la « provocation » gaulliste à Saint-Pierre-et-Miquelon, qui a tellement irrité le State Department et son chef, Cordell Hull, en particulier. Churchill relativise les choses. De retour en Angleterre, il télégraphie au président que l'opinion publique de son pays est « bien sûr enchantée de voir que les vichyssois ont été battus par un vote populaire triomphal. Freiner de Gaulle par la coercition aurait été très impopulaire ».

Les premières semaines de 1942 vont être très difficiles pour la cause alliée, notamment en Asie. La guerre n'est pas gagnée, tant s'en faut, et il faudra de très longs mois et d'énormes sacrifices avant que l'horizon ne se dégage. Churchill repart pour l'Angleterre le 16 janvier 1942. C'est sa première traversée de l'Atlantique par la voie des airs, et lui qui a été une sorte de pionnier du voyage en avion confessera avoir décollé des Bermudes la peur au ventre. Le voyage n'est pas de tout repos, bien que l'hydravion *Clipper* bénéficie d'un certain confort. Une quinzaine d'heures dans les airs, une erreur de navigation qui conduit le *Clipper* tout droit sur Brest et la Flak allemande, et, enfin, l'arrivée à Londres où l'attend une Chambre des communes de plus en plus critique sur sa conduite de la guerre et son incapacité à éviter les désastres en Asie. Le 5 mars, Cadogan note : « Ce pauvre cher Winston, qui est profondément affecté par la situation actuelle et par les attaques qu'il subit, est en train de perdre la main, je le crains[5]. »

Churchill, chef de guerre, se préoccupe peu des questions politiques. Tout doit être subordonné à la destruction du nazisme, ce qui explique son approche totalement pragmatique des questions françaises. Tandis que de Gaulle devient, au fil des mois, de plus en plus « politique », Churchill, au contraire, devient de plus en plus militaire, soucieux avant tout d'en terminer avec Hitler. Leurs chemins divergent.

Madagascar, qui se trouve encore sous le contrôle de Vichy, est une nouvelle source de contentieux. La menace japonaise dans l'océan Indien a rendu nécessaire la prise de l'île. L'état-major britannique s'est saisi de la question fin novembre 1941, et, quelques jours après, de Gaulle a proposé un plan pour prendre le contrôle de l'île au nouveau chef d'état-major, le général Alan Brooke, qui veut justement éviter tout conflit avec Vichy. Churchill prend de son côté la menace japonaise très au sérieux. Après la reddition humiliante de Singapour, c'est aussi l'occasion de redorer un peu le blason de la Grande-Bretagne.

Non seulement le Premier Ministre n'informe pas le général de Gaulle des plans d'invasion, mais il va chercher à tromper sciemment les Français libres et suggérer une méthode très précise pour les intoxiquer. Dakar a laissé des traces profondes : une opération associant la France libre risque fort d'être éventée. Le 30 mars, Churchill détaille son plan dans une note à son conseiller Ismay : « Il est de la plus haute importance que les gens de De Gaulle soient *induits en erreur* à propos de Ironclad [nom de code de l'opération]. S'ils en sont informés, le secret ne pourra être préservé, comme ce fut le cas à Dakar. C'est pour cette raison que nous devons exclure leur participation jusqu'à ce que tout soit terminé. Il doit être possible, par l'intermédiaire du général Smuts, de les amener à croire que des préparatifs très secrets sont en cours pour une opération dirigée par le gouvernement sud-africain. On pourrait même les associer à ces préparatifs. On pourrait prétendre que l'attaque est programmée pour début juin, au plus tôt. Ceci n'est qu'une suggestion. Peut-être qu'un meilleur plan de couverture ou d'intoxication pourrait être mis au point[6]. » Cette fois, Churchill va très loin : en suggérant un plan d'intoxication destiné à tromper les Français libres, il prend sans hésiter le risque de heurter profondément de Gaulle. Les questions de sécurité sont d'ailleurs un peu un prétexte, la véritable raison de cette exclusion se trouvant ailleurs. Les Britanniques craignent surtout les mesures de rétorsion de la part de Vichy si le mouvement gaulliste est ouvertement impliqué.

Malgré un bref baroud d'honneur de la part des forces de Vichy – Churchill se montre de plus en plus compréhensif à l'égard de ce genre de réaction –, la partie utile du nord de l'île passe rapidement sous le contrôle britannique. La réaction éventuelle de De Gaulle ne fait pas partie de ses préoccupations. Lorsqu'il rend compte du déroulement de l'opération à la BBC le 10 mai et évoque l'avenir de la colonie française, il n'est pas une seule fois question de la France libre, mais plutôt de la France dans son ensemble : « Nous avons maintenant la garde de cette île ; nous la gardons pour cette France pleine de bravoure que nous avons connue et avec laquelle nous sommes partis au combat, et dont le retour à la place qui est la sienne parmi les grandes puissances du monde est indispensable à l'avenir de l'Europe. Madagascar est maintenant en sécurité, sous la protection des Nations unies. Vichy, sous le joug allemand, n'a pu qu'enrager et protester. La France qui s'est soulevée à Saint-Nazaire, et qui se soulèvera un jour contre les nazis, avec une rage indescriptible, comprend parfaitement ce que nous avons fait et nous fait confiance. »

Que sont devenus la France libre et son chef ? Celui-ci ne représente pas la France, Vichy la représente encore moins, mais il y a ces « forces vives » – notamment les hommes de la Résistance – qui ont aidé les commandos britanniques lors du raid sur les installations portuaires allemandes à Saint-Nazaire, le 28 mars 1942, et qui, elles, « comprennent » la stratégie britannique et sur lesquelles compte Churchill, comme par le passé.

A Madagascar, le débarquement est un succès. Churchill veut une victoire rapide et à moindre coût et donne pour instruction de convenir d'un modus vivendi avec les autorités de Vichy. De Gaulle reste hors jeu. « Ici en Angleterre nous avons été obligés d'indiquer que les Français libres seront associés à Madagascar, mais cela a uniquement pour but de les maintenir dans le coup et plusieurs mois doivent passer avant que les représentants Français libres n'arrivent sur place – et peut-être jamais », explique-t-il à Roosevelt. L'opinion publique britannique est troublée. Au Foreign Office, certains sympathisants « gaullistes », comme Oliver Harvey, sont consternés : « Le problème est que Churchill a une telle détestation pour de Gaulle qu'il en est presque à préférer Vichy – comme les Américains[7]. » Cadogan s'interroge surtout sur la qualité du jugement de son patron. Pourquoi cet accord avec Annet, le gouverneur général de Vichy à Madagascar, et est-il fiable ? « Annet m'a l'air plutôt d'un brave type : Clemmie l'a croisé dans un train un jour quelque part », répond Churchill. « Cela ne me semble pas tout à fait suffisant[8] », commente le diplomate, pourtant habitué.

Churchill ne supporte plus le chef de la France libre. Ses sentiments de plus en plus violents à l'égard de De Gaulle ont souvent été jugés irrationnels, voire puérils. Parler de haine nous semble cependant très exagéré et il faut revenir au fond de l'affaire :

de Gaulle ne saurait, à ses yeux, prétendre incarner la France tout entière, et il est hors de question qu'il constitue un obstacle à la stratégie britannique.

«Quels que soient nos sentiments parfaitement justifiés de mépris et de méfiance à l'égard du gouvernement de Vichy, nous ne devons pas oublier que c'est le seul gouvernement qui nous offrira peut-être ce que nous voulons obtenir de la France, plus précisément, la flotte de Toulon et les provinces d'Afrique du Nord. [...] De mon point de vue personnel, lorsque j'observe ce qui s'est passé, je n'ai pas le sentiment que le gouvernement de Vichy ait fait plus que ce qui était nécessaire pour s'opposer à ce que nous voulons. Ils ont encaissé Oran [Mers el-Kébir], Dakar, la Syrie, Madagascar, le blocus britannique et les bombardements britanniques avec une colère très mesurée. Ils ont été sous la pression des sentiments antiallemands de la vaste majorité de la nation française, tant en zone occupée que non occupée, et par la conviction largement répandue que la libération de la France est totalement dépendante des Etats-Unis. [...] J'ai toujours été prêt à faire preuve de dureté avec Vichy, et j'ai toujours eu la certitude que Vichy, d'une façon ou d'une autre, n'en ferait pas toute une affaire. J'attends avec confiance le moment où, dans cette guerre, à une date que je ne connais pas mais qui n'est peut-être pas éloignée, le grand basculement dans l'opinion qui a déjà eu lieu au sein des masses françaises et la certitude de la victoire finale des Alliés produiront une soudaine et décisive modification dans les actions du gouvernement de Vichy[9].»

Pour un homme d'Etat de la dimension de De Gaulle, la vraie grandeur, aux yeux de Churchill, serait d'accepter de se comporter en bon soldat au service de la cause alliée, quitte à sacrifier provisoirement les ambitions de la France libre. Au Foreign Office, l'inquiétude ne cesse de grandir, et Anthony Eden commence à allumer des contre-feux, faisant circuler au sein du War Cabinet plusieurs notes qui démontrent que de Gaulle, du fait de sa popularité en France même, est en réalité incontournable.

Churchill n'en démord pas. «Vous semblez donner une valeur considérable à différents documents français qui n'émanent pas des sources les plus autorisées mais qui tendent à favoriser un accroissement de l'hostilité contre Vichy et un enthousiasme renouvelé pour de Gaulle. Je tenais à ce que le Cabinet ne prenne pas parti de façon injustifiée pour une cause facile à défendre et populaire. Trente-cinq années durant j'ai été un ami de la France, et j'ai toujours été en contact aussi étroitement que possible avec le peuple français. J'ai donc un certain instinct, sur lequel je me fonde et en qui j'ai confiance, à leur propos. Il est très facile de défendre un dossier fondé sur toutes les choses honteuses que le gouvernement de Vichy a dites. Mais cela ne laisse pas suffisamment de place aux conditions très particulières qui prévalent dans un pays vaincu avec un gouvernement qui dépend totalement du bon vouloir de l'ennemi. Et cela ne change pas en quoi que ce soit mon souhait ni éteint mon espoir de voir la flotte française de Vichy prendre la mer pour l'Afrique, et que les forces britanniques et américaines soient reçues en Afrique du Nord française comme des invitées. Cela ne remet pas non plus en cause le fait que, pour quelque temps encore, Vichy est le seul parti qui soit en mesure de nous offrir ces dons précieux. [...] La politique britannique vis-à-vis de la France ne se résume pas aux attaques contre Pétain et au soutien de De Gaulle. [...] Vous pouvez très certainement faire distribuer votre note si vous voulez que l'on en débatte au Cabinet. J'utiliserai de mon côté le télégramme de trahison de De Gaulle, qui je crois convaincra la plupart qu'il vaut mieux qu'il reste ici en Angleterre sous notre contrôle. Imaginez un peu ce qu'il se permettrait de faire s'il était libre de fulminer à partir de Brazzaville[10]. »

Trois jours plus tard, Churchill reprend l'avion – un *Clipper*, cette fois encore – pour Washington. Dans le bureau Ovale de la Maison-Blanche, alors qu'il est en train de s'entretenir avec Roosevelt, le général Marshall lui apporte la nouvelle de la chute de Tobrouk en Libye. Les 30000 hommes – Sud-Africains, Indiens, Britanniques – qui tenaient le port se sont rendus à Rommel, après une défense sporadique. On touche presque le fond. Comment, dans ces conditions, prétendre imposer une stratégie aux « amateurs » américains, probablement pas mécontents de voir les donneurs de leçons britanniques remis à leur place ? Churchill a cependant encore un atout maître : le président américain lui-même, qui est plutôt séduit par l'option méditerranéenne, qui songe aux élections de mi-mandat en novembre 1942, et qui ne veut pas être contraint d'annoncer et de justifier devant le peuple américain les pertes humaines qu'entraînerait un débarquement prématuré en France. A la nouvelle de la chute de Tobrouk, voyant son ami Churchill complètement défait, Roosevelt se montre grand seigneur et ordonne l'envoi immédiat en Egypte de 150 chars Sherman tout neufs. Une aide qui arrivera à point nommé au moment de la bataille d'El-Alamein, mais qui signifie surtout qu'il a choisi son camp face à ses propres généraux. Ce geste, si important par la suite, Churchill l'aura toujours à l'esprit : au-delà de l'amitié qu'il manifeste, il est le signe concret que la stratégie méditerranéenne est en train de s'imposer.

De retour en Angleterre, Churchill doit affronter une motion de censure. Le 2 juillet 1942, il est violemment attaqué par une petite minorité de membres du Parlement. Son principal censeur, le leader travailliste Aneurin Bevan, lui rappelle avec cruauté ses déclarations de 1940 : «Personne ne fut plus partisan de la ligne Maginot que le Premier Ministre lui-même», avant de citer les mots mêmes de Churchill : «Pour ma part, j'ai une confiance absolue en l'armée française et en ses chefs[11].» En Libye, l'Empire britannique a été humilié. Ses prétentions de chef de guerre sont contestées et, contrairement à ses habitudes, il n'évoque pas franchement les raisons de la défaite à Tobrouk et donne le sentiment d'éluder sa propre responsabilité. «Je suis profondément désolé pour lui. Toutes les armes qu'il utilise se brisent dans ses mains», note un de ses partisans. «Dans un tel contexte, quel autre chef d'Etat aurait songé à rendre hommage, avec un fair-play sans faille, aux combattants de la France libre de Bir Hakeim qui ont résisté aux assauts de Rommel avec "la bravoure la plus extrême" ?»

Il ne tarde pas à se ressaisir. La motion de censure ayant été rejetée, il veut aller voir ce qui se passe sur place, oublier la Chambre et les 25 «canailles» qui l'ont votée, se replonger dans le bain militaire. Malgré Bir Hakeim, la cote de De Gaulle ne s'est pas vraiment améliorée : les exploits des hommes de la France libre rendent d'autant plus flagrantes les défaillances de l'armée du Nil.

24

Une certaine idée de la France

Le 8 novembre 1942, les forces américaines et anglaises débarquent en Afrique du Nord. C'est le triomphe des idées stratégiques de Churchill, mais «Torch» – nom de code pour le débarquement – est un pari très audacieux. Le 1er octobre, il a écrit à Eden et Attlee : «Je suis fichu et je devrais m'en aller et laisser la place à l'un d'entre vous[1]» en cas d'échec.

De Gaulle a été totalement laissé à l'écart de la planification de l'opération. Des contacts ont été pris avec les hommes de Vichy en Afrique du Nord, afin d'éviter une confrontation armée, avec un succès mitigé, puisque les troupes françaises au Maroc résisteront quelques jours avec acharnement. Autre personnage clé de l'opération : le général Giraud, valeureux officier qui arrive d'Allemagne *via* Vichy après une spectaculaire évasion, et dont la présence doit permettre de convaincre les vichyssois les plus fidèles à Pétain – le général Noguès, gouverneur du Maroc, notamment – de se rallier. Le 5 novembre, Churchill écrit à Roosevelt qu'il lui sera nécessaire de prévenir le chef de la France libre la veille du jour J. Il ajoute : «Vous vous souviendrez que j'ai échangé avec lui des lettres très officielles en 1940, le reconnaissant comme chef des Français libres[2].» Anticipant les objections désormais classiques relatives au risque de fuites, il indique qu'il a toute confiance en son «honneur de militaire», et que toutes les précautions nécessaires seront prises. Churchill sait cependant que de Gaulle risque fort de très mal prendre le fait d'être mis dans la confidence aussi tardivement : il a donc prévu un «lot de consolation» avec la nomination du général Legentilhomme comme gouverneur général de Madagascar. «Ce sera la preuve que nous n'avons pas l'intention de nous débarrasser des Français libres.»

Churchill, loin d'être totalement cyclothymique dans ses relations avec de Gaulle, cherche ainsi à concilier pragmatisme et fidélité aux engagements passés. Au fond, et c'est un trait constant de son caractère, il compte toujours que les choses se passeront bien, que l'homme est en général raisonnable, et que même ces Français versatiles et divisés finiront par s'entendre. Lui qui connaît si bien l'histoire de France et ses soubresauts espère toujours que le modèle en quelque sorte idéal constitué par l'histoire du Royaume-Uni – ce qu'on appelle le point de vue «Whiggish» – finira par s'imposer : à travers les siècles, un progrès, lent mais régulier, sans conflit majeur, sans révolution sanglante, régulé par le Parlement, guidé par le gouvernement, surveillé par le monarque. Le 5 novembre, il reçoit aussi un télégramme de félicitations du chef de la France libre au sujet de la victoire d'El-Alamein. Churchill le remercie chaleureusement et souligne la place prise par les brigades de la France combattante qui se trouvent, sur le flanc sud, dans l'avant-garde qui est à la poursuite des forces de Rommel.

Les relations entre les deux hommes sont donc redevenues cordiales, mais, sur l'insistance de Roosevelt, Churchill se voit contraint de ne rien dire à de Gaulle au sujet de «Torch». Ayant accepté que les Américains aient la responsabilité principale de l'opération, il ne peut qu'obtempérer, tout en faisant part de ses regrets au président américain : «Je continue à être désolé en ce qui concerne de Gaulle. [...] Mais je suis prêt à accepter votre point de vue[3].»

Dans son discours prononcé à Mansion House à Londres le 10 novembre, il rendra hommage aux différents contingents étrangers qui participent aux combats en Afrique du Nord. Les «*Fighting French*» ne sont certes pas les seuls. Il y a les Indiens, les Sud-Africains, les Grecs, les Tchèques et d'autres. Lorsqu'il est question de la France, Churchill ne peut s'empêcher toutefois de faire preuve d'une éloquence particulière, au grand dam d'une partie de ses auditeurs : «A cette heure, nos pensées se tournent vers la France, ployant sous la botte allemande. Beaucoup se posent la question : la France est-elle finie? Cette longue et magnifique histoire, ornée de tant d'expressions de génie et de bravoure, portant en elle tant de choses précieuses pour la culture et la civilisation, et par-dessus tout, les libertés humaines – tout cela doit-il être noyé à jamais dans les océans du passé ; ou est-ce que la France se relèvera et retrouvera la place qui est la sienne dans cet ensemble qui constituera peut-être un jour la grande famille européenne ? Je vous le déclare ici, en cette occasion solennelle, à l'heure même où des Français qui ont été fourvoyés et subornés tirent sur leurs libérateurs, je proclame ma foi que la France se relèvera de nouveau. Tant qu'il y a des hommes comme le général de Gaulle et ceux qui le suivent – et ils sont des légions dans toute la France – et des hommes comme le général Giraud, ce guerrier valeureux qu'aucune prison ne peut séquestrer, tant qu'il y a des hommes comme eux qui sont prêts à prendre les commandes au nom et pour la cause de la France, ma confiance en l'avenir de la France est assurée. Quant à nous, notre seul désir est de voir renaître une France libre et forte, avec son Empire autour d'elle et l'Alsace-Lorraine retrouvée. [...] Nous ne convoitons aucune possession française ; nous n'avons pas d'appétit ou d'ambition en Afrique du Nord ou dans toute autre partie du monde. »

Si cette phrase s'adresse à la France, celle de De Gaulle comme celle de Vichy, la conclusion est un message clair et net adressé au président des Etats-Unis, qui fera frémir les diplomates du Foreign Office. « Laissez-moi, néanmoins, être totalement clair, au cas où il y aurait le moindre doute où que ce soit. Nous avons l'intention ferme de ne pas céder. Je ne suis pas devenu le Premier Ministre de Sa Majesté pour présider à la liquidation de l'Empire britannique. »

En Afrique du Nord, Churchill a pour objectif de parvenir à l'unité des Français, ce qui implique d'abord de convaincre de Gaulle, comme il l'explique à Roosevelt : « Quant à ses relations avec Giraud, je pense qu'ils vont s'allier : j'ai cependant quelques difficultés à anticiper dans quelles conditions et sous quelle forme. » Il sait que les Américains jouent la carte Giraud mais, malgré ses difficultés avec de Gaulle, malgré ce que certains voient même comme de la haine, il prend sa défense. « Je suis certain que vous comprenez que le gouvernement de Sa Majesté a pris des engagements fermes et solennels à l'égard de De Gaulle. Nous devons nous assurer qu'ils [les Français libres] soient traités de manière équitable. Il me semble que vous et moi devons éviter à tout prix l'émergence de gouvernements français émigrés rivaux qui seraient chacun soutenus par l'un d'entre nous[4]. »

Churchill ne sait pas que Darlan, la « crapule navale », est à Alger. Au Maroc, les Américains ont été surpris et choqués par la résistance des hommes de Vichy au moment du débarquement et des journées qui ont suivi. Le général Clark – qui connaît sans doute mal le passé collaborationniste de l'amiral et qui voit avant tout les choses sous l'angle de l'efficacité militaire – prend la décision de signer avec lui un accord destiné à mettre fin aux combats. Le 17 novembre, Churchill écrit à Roosevelt et lui explique que l'opinion publique britannique est très choquée par cet accord, même s'il est présenté comme purement militaire. Il rappelle que Darlan s'est comporté de façon inacceptable et qu'un accord de valeur permanente ou la formation d'un gouvernement Darlan en Afrique du Nord ne seraient pas compris par « les grandes masses des gens ordinaires dont la loyauté franche et simple est notre principale force ». Darlan ne peut donc être qu'un « expédient temporaire[5] ». L'expression, contrairement à ce que l'on pense souvent, est employée en premier par le Premier Ministre, et a pour but de bien marquer les limites très strictes de l'accord. Elle est aussitôt reprise, en public, par le président américain.

Dans un premier temps, Churchill est rassuré par la mise au point de Roosevelt. Curieusement, il va assez vite revenir sur ce caractère « provisoire », séduit par les perspectives offertes par cette alliance contre nature. Darlan a donné aux Alliés l'Afrique du Nord, ou en tout cas il a ordonné la fin de toute résistance : il lui reste à apporter aux Alliés la flotte française fidèle à Vichy et basée à Toulon. Il a d'ailleurs déjà adressé aux Britanniques, en décembre 1941, un message confidentiel dans lequel il demandait dans quelles conditions les Alliés accepteraient de traiter avec un gouvernement qui se rallierait et dont les membres seraient issus de Vichy. Churchill avait commencé par répondre positivement à cette approche, en commentant que si Darlan rend service contre les Allemands, cela devra être mis à son crédit. Dans la lutte contre Hitler – qui est l'« ennemi principal », pour reprendre une expression qui connaît aujourd'hui une certaine vogue –, Churchill ne se formalise pas. Plus tôt dans la guerre, c'est ce même pragmatisme qui l'a conduit à soutenir Staline, une décision absolument cruciale.

Le 8 novembre 1942, Churchill a reçu de Gaulle à déjeuner. A la surprise du Premier Ministre, tout se passe le mieux du monde. «Le général était à son meilleur», rapportera Eden. Il déclare qu'il est nécessaire de penser avant tout à la France et que Giraud est un bon choix. «Il espérait que nous n'allions pas soutenir des mouvements français libres distincts, avec l'Amérique soutenant Giraud et nous-mêmes soutenant de Gaulle; nous devrions essayer de parvenir à l'unité[6].» Avec l'accord signé avec Darlan, Churchill va rapidement changer de point de vue. Il voit bien, dans un premier temps, qu'il est contraint, en raison de sa subordination aux Américains en Afrique du Nord, de soutenir leur politique, qu'il s'efforce de tempérer en la qualifiant d'expédient provisoire. Ce faisant, il est une fois encore obligé de trouver un compromis avec sa «conscience», cette «bonne fille», et il est très irrité de constater que de Gaulle, qui n'a pas les mêmes préoccupations que lui, se place uniquement sur le terrain politique, voire moral. Celui-ci peut en effet s'ériger en défenseur du droit et de la morale politique : il n'a pas des centaines de milliers d'hommes sous ses ordres, ni des alliés surpuissants qu'il faut ménager et tenter d'influencer. «Vous n'avez pas à vous en faire. Vous n'êtes pas souillé comme nous nous le sommes», lui lance, ironique, le Premier Ministre.

L'attitude de Churchill dans les jours qui suivent est caractéristique. L'accord avec Darlan, qu'il a d'abord soutenu du bout des lèvres, est critiqué de toutes parts. Peu importe. Il va non seulement maintenir une solidarité totale avec les Etats-Unis, mais aller encore plus loin que Roosevelt, qui se trouve maintenant engagé par ses déclarations publiques.

Dans un télégramme au président le 20 novembre, il franchit ainsi un nouveau pas : «Il ne fait aucun doute que Darlan et ses amis ont brûlé les ponts avec Vichy et font de leur mieux pour combattre l'Axe [...]. Ce serait une grande erreur de donner l'impression qu'il doit être mis au placard dans de brefs délais. La situation militaire peut exiger qu'il soit maintenu à son poste pour une assez longue période et entre-temps il ne faut pas favoriser, en public, une impression contraire[7].» Lorsque le général de Gaulle, scandalisé comme beaucoup, manifeste le souhait de parler à la radio pour dénoncer l'accord, il essuie le refus du Premier Ministre. De Gaulle est furieux, mais Churchill sait qu'il ne peut pas faire grand-chose, car le gaullisme est ultra-minoritaire en Algérie et au Maroc. Il juge cependant nécessaire de justifier sa position auprès de Staline. Le cas Darlan est sans importance, explique-t-il : « Ne soyez pas indûment perturbé par ce voyou de Darlan. Nous avons projeté une grande armée anglo-américaine en Afrique du Nord et sommes en train de nous y établir fermement. En raison de l'absence d'opposition de l'armée française et du soutien croissant qu'elle nous apporte, nous sommes en avance de peut-être quinze jours sur notre calendrier[8]. »

Comme Churchill l'avait prévu, l'Allemagne envahit la zone sud. Le 29 novembre 1942, parlant à la BBC, il se réjouit, avec une pointe de cynisme, de l'effacement de la frontière entre zone occupée et zone non occupée : « Ces développements doivent être accueillis avec satisfaction par les Nations unies, car ils ont pour conséquence la fin sur tous les plans pratiques de cette triste farce et de cette escroquerie qu'est le gouvernement de Vichy. [...] En France même, tous les Français sont maintenant à égalité, sous la férule allemande, et apprendront à la haïr avec une égale intensité. »

Le jeudi 10 décembre 1942, le Premier Ministre se rend à la Chambre des communes pour y défendre la politique des Alliés en Afrique du Nord. L'accord avec Darlan passe toujours aussi mal dans l'opinion publique. Le pays gronde, mais Churchill n'est jamais meilleur que lorsqu'il se retrouve le dos au mur. La meilleure des défenses est l'attaque : si l'adage s'applique à un grand homme, c'est bien le Premier Ministre de Sa Majesté. Aneurin Bevan a de nouveau déposé une motion de défiance et le gouvernement a décidé qu'il s'agirait d'une séance « secrète », à laquelle seuls pourront assister les membres du Parlement. Ceux-ci n'ont pas le droit de prendre de notes et les discours prononcés ne sont pas reproduits dans le *Hansard*, le « journal officiel » du Parlement britannique.

Churchill va se surpasser. Il commence par rappeler, sur un ton badin, la nature de la grande alliance qui lie la Grande-Bretagne aux Etats-Unis : « Dans la guerre il n'est pas toujours possible que tout se passe exactement comme on le souhaite. Il arrive parfois que des alliés aient leur propre opinion. Depuis 1776, nous n'avons pas été dans la situation de pouvoir décider de la politique des Etats-Unis.» Puis vient un long exposé, détaillé, précis, sans emphase, des circonstances qui ont conduit à l'accord avec l'amiral de la flotte. Churchill prend manifestement plaisir à être à contre-courant. Celui qui refusa de céder à Hitler, qui a parié sur de Gaulle, c'est encore cet homme qui défend tranquillement «l'expédient provisoire», et qui parvient à retourner complètement le Parlement en sa faveur.

Reste, enfin, un long passage visant le général de Gaulle. Il a été qualifié de diatribe vengeresse, d'accès d'antigaullisme aigu, ou de «plus terrible réquisitoire». Pour des raisons «évidentes», précise François Kersaudy, qui le reproduit *in extenso* pour la première fois en 1981, personne, jusque-là, n'a voulu publier ce que dit Churchill du général de Gaulle au cours de cette séance.

Justement si, Churchill lui-même. Début 1946, le magazine *Life* obtiendra les droits de publication de plusieurs de ses discours tenus en «séance secrète», parmi lesquels celui du 10 décembre. Churchill ne voit aucune raison à ce que ses propos sur le chef de la France libre soient censurés. Cependant, comme pour la totalité des documents officiels qu'il utilisera pour son histoire de la Deuxième Guerre mondiale, il est obligé d'obtenir le feu vert d'un haut fonctionnaire, Edward Bridges. Celui-ci met son veto à la publication du passage le plus virulent qui concerne de Gaulle; le Général est toujours, à cette date, président du gouvernement provisoire – il démissionne le 20 janvier – et la publication du texte *in extenso* risque de créer des complications diplomatiques entre la France et la Grande-Bretagne[9]. Par la suite, cette «censure» sera maintenue, *a fortiori* au moment du retour au pouvoir de De Gaulle en 1958, mais Churchill n'y est pour rien et a totalement assumé ce qu'il a dit devant le Parlement de Westminster.

Que dit d'ailleurs de si abominablement choquant le Premier Ministre au sujet de l'homme du 18 Juin? «En 1940, agissant au nom du gouvernement de Sa Majesté, je l'ai explicitement reconnu en tant que chef de tous les Français libres, où qu'ils soient, qui se rallieraient à lui et soutiendraient la cause alliée. Nous avons scrupuleusement respecté tous nos engagements envers lui, et nous avons fait tout ce qui était en notre pouvoir pour l'aider. Nous finançons son mouvement. Nous l'avons aidé dans ses entreprises. Mais nous ne l'avons jamais reconnu comme représentant la France. » De Gaulle ne représente donc pas la France. Churchill ne prononce pas ces paroles à la légère et précise aussitôt : « Nous n'avons jamais admis que lui-même et ceux qui le suivent puissent avoir le monopole de l'avenir de la France parce qu'ils se sont montrés clairvoyants et courageux au moment de la capitulation. »

« Quant à moi, ajoute-t-il, utilisant une formule maintes fois employée, j'ai vécu pendant trente-cinq ans et plus dans une relation spirituelle et dans une large mesure en sympathie avec une abstraction qui s'appelle la France. Je ne pense pas qu'il s'agisse d'une illusion. Je ne puis croire que de Gaulle incarne la France, et encore moins que Darlan et Vichy sont la France. La France est quelque chose de plus grand, de plus complexe, de plus imposant que n'importe laquelle de ces expressions particulières. »

Churchill a donc, comme le général de Gaulle, « une certaine idée de la France ». Parler de relation spirituelle, d'abstraction, dépeindre une France idéale, en quelque sorte désincarnée, est inattendu de la part de quelqu'un qui est toujours resté ancré dans l'empirisme de ses compatriotes et pour qui seules comptent les réalités, celles du passé comme celles du présent. Son argument principal, le fait que de Gaulle ne représente pas la France entière, n'est en revanche que la répétition de ce qu'il a dit et redit depuis fin juin 1940, et, d'ailleurs, personne à la Chambre des communes ne semble en avoir été choqué.

Churchill évoque alors le tempérament difficile de Gaulle. Sur un plan strictement personnel, il y a déjà des mois que le charme est rompu. Il a cru pouvoir renouveler, avec le Général, le même type de relations qu'il avait établies avec le Tigre, mais il a le sentiment de s'être heurté à un mur de raideur, à une personnalité totalement insensible au charme et à l'humour, pourtant indispensables en temps de guerre.

Il affirme qu'il considère que « nous avons été en tout point fidèles à nos engagements envers le général de Gaulle, et nous persisterons dans cette voie jusqu'au bout », mais il enchaîne par un direct : « Maintenant que nous nous trouvons en session secrète, je dis que le Parlement ne devrait pas être conduit à croire que le général de Gaulle est un ami indéfectible de la Grande-Bretagne. Au contraire, j'estime qu'il est un de ces bons Français qui conservent, enraciné au fond de leur âme, l'antagonisme traditionnel contre les Anglais, fondé sur les siècles de guerre. » Le

Premier Ministre rappelle un épisode qui l'a profondément choqué, l'interview de Brazzaville d'août 1941, qu'il a vécu comme une véritable trahison. « Je continue à entretenir des relations personnelles amicales avec le général de Gaulle et je l'aide autant que je le peux. Je me sens tenu de faire cela car il s'est dressé contre les Hommes de Bordeaux et leur reddition méprisable au moment où toute volonté de résister avait abandonné la France. Tout de même, je ne puis pas vous recommander de fonder tous vos espoirs et de placer toute votre confiance en lui, et encore moins de supposer qu'à ce stade il est de notre devoir, pour autant que cela soit en notre pouvoir, de lui confier les destinées de la France. Comme le président, dans le télégramme que j'ai lu, nous nous efforçons de nous fonder sur la volonté de la nation française tout entière, plutôt que sur des mouvements particuliers, si méritants soient-ils[10]. »

Ces propos ont été présentés comme la manifestation la plus extrême de la vindicte de Churchill à l'égard du chef de la France libre. Pourtant, parmi ceux qui assistent à cette séance secrète du Parlement, même les députés les plus « gaullistes », sont plus troublés par sa plaidoirie en faveur de l'accord avec Darlan que par les quelques flèches destinées à de Gaulle. Que le Général, nourri de l'esprit de Fachoda, ne soit pas particulièrement anglophile n'est pas à leurs yeux une véritable révélation. Qu'il faille prendre en compte la volonté de la nation française tout entière, et que celle-ci ne soit pas uniquement incarnée par le Général, voilà qui n'est pas particulièrement choquant. Avec le recul du temps, la prétendue « diatribe » du Premier Ministre semble moins infondée. Elle est, en tout cas, dans la continuité de ses prises de position précédentes, et ce, dès le mois de juin 1940.

L'assassinat de Darlan, le 24 décembre, simplifie cependant considérablement les choses, car Churchill se trouve malgré tout à contre-courant de son opinion publique et d'une presse britannique devenue très critique. A aucun moment, cependant, il ne va revenir sur son plaidoyer en faveur de l'accord signé avec l'amiral de la flotte. Au sujet de Darlan, et de la flotte française restée fidèle à Vichy qui s'était sabordée le 27 novembre 1942, conformément aux promesses de son chef, il écrira dans ses Mémoires : « Toujours il avait déclaré que jamais elle ne tomberait dans les mains des Allemands. Face à l'Histoire, il n'a pas trahi cet engagement. Qu'il reste en paix, et soyons reconnaissants de n'avoir jamais été confrontés aux épreuves qui le brisèrent. »

Le 13 janvier 1943, Churchill prend de nouveau l'avion pour se rendre à Casablanca. Cette fois c'est à bord d'un bombardier américain *Liberator*, au confort très sommaire. Il retrouve avec délice ce Maroc qui l'a ébloui avant guerre. Les ciels d'azur, les bougainvillées, les oranges, la douceur de vivre : la guerre semble tout à coup très loin. Il est en pleine forme et en pleine confiance. « Torch », El-Alamein : il est parvenu à imposer la stratégie britannique pour gagner la guerre. Contrairement à ce que dira plus tard de Gaulle, il n'a pas passé le flambeau aux Américains, et est déterminé à ne pas leur céder : la victoire contre le nazisme passera par la Méditerranée, au grand dam de Marshall, de l'US Navy et des stratèges américains.

L'état-major britannique est venu en force au Maroc. La Grande-Bretagne a concédé aux Etats-Unis la direction des opérations en Afrique du Nord, mais, pour la suite, les généraux britanniques, qui se sont frottés directement à la Wehrmacht, estiment que leurs alliés ont beaucoup à apprendre et qu'ils sont encore loin de se douter de ce que signifie se battre contre les meilleurs soldats du monde. Les généraux américains craignent de leur côté d'être aspirés dans une campagne méditerranéenne dont ils ne perçoivent pas l'issue, et prônent une stratégie directe, plus lisible, tandis que l'amiral King, patron de la Navy, cherche à profiter de ces débats contradictoires pour détourner un maximum de moyens de débarquement vers le Pacifique.

Le débarquement en Afrique du Nord ayant réussi, la question française est désormais, aux yeux de Churchill, entièrement subordonnée à la perspective stratégique. Afin d'imposer ses vues générales, il est prêt à céder aux Américains sur la France. Contrairement à ce qui a été écrit ici ou là (Eric Roussel parle d'« échec cuisant », Kersaudy de « déroute diplomatique »), la conférence interalliée d'Anfa est un grand succès pour les Britanniques, et pour le Premier Ministre en particulier. Six mois plus tard, Oliver Harvey, sans doute le plus « gaulliste » des diplomates britanniques, le reconnaîtra dans son journal : « Le Premier Ministre a tellement bien réussi à convaincre le président de la validité de nos plans stratégiques qu'il se sent certainement obligé, en échange, d'accepter la politique de celui-ci à l'égard de la France[11]. »

Durant les mois qui vont suivre, Churchill sera obsédé par le risque qu'un désaccord sur les questions françaises ne vienne assombrir ses relations personnelles avec le président, auquel, après Tobrouk, il se sent profondément redevable, et qu'il veut à tout prix maintenir dans ce qu'il estime être le droit chemin.

Lorsqu'il part pour le Maroc, Churchill sait que la partie n'est pas gagnée. Il a d'autant plus de difficultés à accepter que de Gaulle se montre aussi récalcitrant et ne paraisse pas comprendre – ou vouloir comprendre – les enjeux et qu'il refuse le rapprochement avec Giraud exigé par les Américains. Face à l'hostilité de ces derniers à son égard, et après la trahison que constitue à ses yeux l'accord avec Darlan, de Gaulle ne veut pas se laisser faire. La suite est digne d'une comédie de boulevard. Le 17 janvier 1943, le Général voit Eden et Cadogan à Londres. « Il a dit qu'il rencontrerait Giraud à Fort-Lamy, mais qu'il ne le rencontrerait pas dans un *Aréopage allié*[12]. » Alors que Catroux a tenté, une nouvelle fois, de mettre de l'huile dans les rouages, de Gaulle parle de son compagnon avec une hostilité à peine cachée. Sa position est désormais que « la voie correcte à suivre est que le général Giraud et tout dirigeant français qui voudrait combattre aux côtés des Alliés doit rejoindre la France combattante. » De Casablanca, Churchill, bien que n'ayant pas l'intention de lâcher l'homme du 18 Juin, devient menaçant : « Ici je me suis battu pour de Gaulle et ai tout fait pour parvenir à une réconciliation entre les différents groupes de Français. S'il rejette la chance qui lui est maintenant offerte, j'en conclurai que la poursuite du soutien du gouvernement de Sa Majesté aux Français libres passe par sa mise à l'écart de la tête du mouvement[13]. »

Après une série de rebondissements, de Gaulle atterrit au Maroc le 22 janvier. Il est reçu par un Churchill d'autant plus crispé que les discussions en cours avec les Américains sont difficiles. Son médecin personnel, le futur Lord Moran, note que le Premier Ministre ne sait pas détester les gens « mais lorsqu'il a les nerfs à vif, certaines personnes le mettent à bout : de Gaulle en est une. Celui-ci est bourré de principes et ne laisse aucune place à un minimum d'indulgence chrétienne ». L'entretien entre les deux hommes se passe donc mal : les manières de De Gaulle, son attitude physique sont pour beaucoup dans l'irritation croissante du Premier Ministre, qui ne conçoit pas ainsi les rapports personnels entre chefs alliés. « Il s'est montré très formaliste, est sorti de la villa et a traversé le petit jardin avec une démarche arrogante et un air très supérieur. »

La rencontre entre de Gaulle et Roosevelt se passe apparemment mieux que prévu. Lord Moran note, un peu étrangement, que le président américain a été attiré par l'expression un peu mystique que le général a parfois dans le regard. Or, ce côté un peu « mystique » est plutôt, pour Roosevelt, un sujet d'ironie, voire d'inquiétude. Le compte rendu de Churchill contredit d'ailleurs celui de son médecin personnel. « De Gaulle n'a pas fait mauvaise impression, bien que le président ait été quelque peu préoccupé par le regard un peu mystique qu'il a parfois. Ils se sont quittés en termes presque affectueux. » La réconciliation française est scellée, en tout cas en apparence – mais personne n'est dupe –, par la célèbre et très laborieuse poignée de mains d'Anfa entre Giraud et de Gaulle. Une première poignée de mains ne suffit d'ailleurs pas et les nombreux photographes présents dans le jardin demandent aux deux anciens de Saint-Cyr de se lever de nouveau de leur siège pour renouveler leur geste. Enfoncé dans son fauteuil, les mâchoires serrées, Churchill s'efforce d'encourager le chef de la France libre, qui est assis entre lui et Roosevelt : « Allez-y, c'est ça la guerre moderne ! », une exclamation qui a échappé aux churchilliens les plus scrupuleux.

La poignée de mains d'Anfa n'a pas l'effet escompté, bien au contraire. « Ce type veut se lancer dans une *jihad* antianglaise », écrit Churchill à Eden, le 19 février, à son retour à Londres... « J'estime qu'il faut le contraindre à rester ici, où nous avons au moins quelques moyens de le contrôler. Je serais prêt à utiliser la force[14]. » Huit jours plus tard, il continue, sur un ton de plus en plus violent : « Je vous prie instamment de ne jamais, pour quelque raison que ce soit, permettre à nos relations avec les Etats-Unis d'être gâtées par notre parrainage supposé de cet homme, qui est aussi notre ennemi juré, et dont l'arrivée au pouvoir en France serait un désastre de première grandeur[15]. » Jamais Churchill n'est allé aussi loin dans sa dénonciation des « méfaits » du Général.

Le 5 mai 1943, Churchill franchit de nouveau la passerelle du *Queen Mary*. Il se rend aux Etats-Unis – sa troisième visite en dix-huit mois – pour la conférence qui aura pour nom de code Trident. Cela fait quatre mois et demi qu'il n'a pas vu Roosevelt en tête à tête et, entre-temps, il lui a écrit et téléphoné à maintes reprises. Le Premier Ministre ne veut pas relâcher la pression sur les Américains : la clef de la stratégie alliée doit continuer à être la Méditerranée, suivie d'une grande offensive vers ce qu'il a baptisé le « ventre mou » de l'Europe. Il a accepté le principe d'un débarquement en France, sur les côtes normandes probablement, mais espère qu'il ne sera pas nécessaire, ou qu'il sera une simple formalité. Dans un premier temps, il veut persuader les Américains que l'invasion de la Sicile doit être suivie par la conquête de l'Italie même. « Je n'avais pas d'autre objectif en traversant l'Atlantique », écrira-t-il.

L'affaire est loin d'être gagnée. Marshall et ses principaux adjoints sont convaincus que les Britanniques feront tout pour éviter un débarquement en Normandie, et que la campagne en Méditerranée n'a pas d'autre objectif. L'armée américaine a accepté le principe « Europe First », mais elle a le sentiment d'avoir été bernée à plusieurs reprises par les promesses britanniques. « Torch », souhaité par Churchill, a mis fin à toute possibilité de débarquement en 1942. Voici que 1943 ne se présente pas mieux. Les chefs américains sont d'autant plus amers que leur *« commander in chief »*, Roosevelt, a fait preuve d'une certaine duplicité à leur égard et, au moment décisif, a tranché en faveur du Premier ministre britannique. Staline, de son côté, se méfie de plus en plus des intentions de Churchill. Il a été échaudé par l'absence de second front en 1942 – « Torch » n'étant à ses yeux qu'une sorte d'ersatz. Les rumeurs qu'il est désormais prêt à envisager une paix séparée avec Hitler se font d'ailleurs de plus en plus insistantes.

Dans cette partie complexe, la France demeure une question marginale. Pour faire triompher ses idées, Churchill, soutenu par ses généraux, est prêt à lâcher de Gaulle.

Trident est une des conférences les plus ardues de la guerre, mais un compromis est finalement trouvé. Une date précise est fixée pour le débarquement en France : ce sera le 1er mai 1944. C'est la première fois que les Britanniques s'engagent ainsi par écrit, mais cela ne suffit pas à lever totalement les soupçons de leurs homologues. Au fond de lui, Churchill espère qu'un débarquement en France ne sera pas nécessaire et qu'un jour le pays tombera comme un fruit mûr : peu importe s'il faut attendre encore des mois, voire des années, avant que la France soit libérée de l'occupation nazie.

La conférence débute le 12 mai 1943. Churchill est parfaitement conscient que le général Giraud n'est pas à la hauteur et que de Gaulle est d'une autre dimension. Mais il est décidé à tout faire pour ne pas heurter Roosevelt et le State Department. C'est donc à Giraud qu'il adresse un télégramme pour le féliciter de la victoire en Tunisie et le général répond par le genre de formule qui le touche toujours : «Une fois encore, je vous donne rendez-vous à Metz.» Devant le Congrès, à Washington, il fait l'éloge de Giraud et ne cite pas le nom de De Gaulle. «Nous avons rallié à nos côtés les forces françaises qui forment une armée déjà vaillante et bientôt puissante sous les ordres du brave général Giraud.» Invité quelques jours à *Shangri-la*, la résidence d'été du président dans les monts Catoctin, qui sera rebaptisée Camp David, il subit les assauts constants de Roosevelt, qui, sur le ton mi-blagueur mi-sérieux qu'il affectionne, le pousse à prendre ses distances avec de Gaulle. «Chaque jour» son hôte le «harcèle» à propos du chef de la France libre, fustigeant son comportement intolérable, ses poses messianiques, et le temps qu'il passe à intriguer plutôt qu'à songer à faire la guerre.

Les discussions en cours revêtent à ses yeux une telle importance que Churchill se décide à alerter le gouvernement britannique, le 21 mai : «Je dois maintenant vous avertir solennellement que la question de Gaulle a pris ici un tour extrêmement grave. Il ne se passe pas de jour que le président ne m'en parle. Bien qu'il le fasse très amicalement et souvent sur le ton de la plaisanterie, je suis sûr que l'affaire lui tient très à cœur.» Churchill ajoute qu'il a reçu quantités des dossiers en provenance du State Department relatant les activités néfastes des «agents» gaullistes. «L'important dans cette affaire, c'est que le président considère que cela se fait grâce aux subventions britanniques dont bénéficie de Gaulle, et c'est uniquement par politesse qu'il s'abstient de rappeler qu'en l'état actuel de nos relations financières avec les Etats-Unis, c'est en un sens de l'argent américain[16].» Un entretien avec Alexis Léger, en exil à Washington, ne fait que conforter l'impression que de Gaulle est un obstacle considérable dans ses relations avec les Américains.

Le même jour, il téléphone à Anthony Eden, resté à Londres, pour lui confirmer de vive voix que les sentiments anti-de Gaulle au sein du gouvernement américain menacent de mettre en danger les discussions. Ce qui exaspère profondément Churchill, c'est qu'une question relativement mineure au regard des enjeux stratégiques – qui doit diriger la France libre – vienne interférer constamment dans ses relations avec les Américains. Il trouve inacceptable que de Gaulle, qu'il a créé et soutenu, dont il a souvent loué la hauteur de vues, ne soit pas prêt à faire taire ses ambitions pour le bénéfice de la cause alliée qui est en grande partie fondée, aux yeux de Churchill, sur sa relation personnelle avec le président des Etats-Unis.

Les hommes les plus influents du Cabinet à Londres – Eden, Attlee – vont garder la tête froide. Ne subissant pas le « harcèlement » de Roosevelt, ils relativisent le problème et maintiennent que l'alliance avec les Etats-Unis est suffisamment solide pour ne pas être menacée par la question du soutien ou non à de Gaulle. Ce n'est pas par un amour immodéré pour l'homme du 18 Juin qu'ils cherchent à calmer le jeu, car celui-ci exaspère tout le monde, mais les perspectives d'union des Français en Afrique du Nord paraissent se rapprocher.

Le 23 mai, le Cabinet britannique répond par conséquent à Churchill par une série de trois télégrammes très détaillés expliquant l'impossibilité de rompre avec de Gaulle au moment où celui-ci va se rendre en Afrique du Nord dans le but de rencontrer Giraud et, peut-être, de sceller l'union. « Tout le monde est opposé [à Churchill] et fait preuve d'une grande bravoure sur la question – en son absence », note Eden. Le lendemain, ayant reçu la réponse du Cabinet qui maintient son opposition à la rupture, Churchill réagit avec fair-play et pragmatisme : « C'est un fait nouveau pour moi que de Gaulle est sur le point de rencontrer Giraud, et je suis d'accord que nous devrions attendre les résultats de leur entretien. Je vais en informer le président et lui dire que le sujet sera examiné de nouveau à mon retour, à la lumière des événements. Je n'ai aucunement l'intention de gâter mes relations avec le président en tentant d'argumenter avec lui à partir de vos différents télégrammes. [...] Je vous ai averti des dangers qui menacent l'unité anglo-américaine en raison de votre soutien à de Gaulle. [...] J'ai été reçu ici dans un esprit de respect et de générosité, et un accord des plus satisfaisants, aux yeux des chefs d'état-major, a été atteint couvrant l'ensemble du champ stratégique. Nous devons cela à l'autorité du président et à mes liens étroits avec lui, les divergences entre les états-majors ayant à un moment donné été des plus sérieuses. [...] Nous recevons également une aide indispensable dans bien d'autres domaines, et il me serait extrêmement pénible d'avoir la responsabilité de briser cette harmonie à cause d'un Français qui est un ennemi juré de la Grande-Bretagne et qui pourrait bien amener la guerre civile en France[17]. »

Répondant aux côtés de Roosevelt aux journalistes qui l'interrogent sur les relations entre les deux généraux rivaux lors d'une conférence de presse, il fait néanmoins preuve d'optimisme : «Je suis très heureux de voir que les choses se sont apparemment améliorées. Je serais très satisfait si ces comportements désinvoltes prenaient fin, et si les Français qui se battent pour faire revivre et libérer leur pays se rassemblent et regardent vers l'avenir, plutôt qu'en arrière en direction du passé, et songent à leur devoir envers la France plutôt qu'aux intérêts de leurs factions respectives.»

Il est par conséquent très simpliste de parler de divagations caractérielles ou de rancœur irrationnelle chez Churchill. En tant que chef des armées de son pays, il sent de plus en plus fortement le poids des responsabilités, alors que se dessine la grande épreuve pour les forces alliées, le débarquement en France. Derrière une confiance de façade, il craint un échec majeur, un désastre même, dont les conséquences seraient tragiques, aussi bien à titre personnel que pour son pays. Il lui est insupportable de voir que de Gaulle – un homme dont il reconnaît les qualités exceptionnelles – ne semble pas prendre la mesure des grandes priorités, au premier rang desquelles Churchill place l'unité anglo-américaine.

Là où Churchill se trompe, c'est lorsqu'il pense que la question de Gaulle peut réellement menacer les relations entre les deux pays. Roosevelt fait pression sur lui, lui fait même un peu peur, dans un jeu un peu frivole. En immense homme d'Etat, le président américain sait bien quelles sont les priorités. Mais, ayant très discrètement soutenu la stratégie militaire britannique contre ses militaires, il s'amuse à mettre le Premier Ministre dans l'embarras. Mis en difficulté par son grand allié, contredit par ses propres ministres, Churchill a le sentiment d'être isolé. Il reporte toute son irritation sur de Gaulle lui-même, par un phénomène psychologique somme toute assez banal.

Finalement, à Washington, Churchill va remporter la partie – sans que de Gaulle passe à la trappe. Il a déployé tous ses immenses talents : énergie, humour, culture historique. Halifax, qui est devenu ambassadeur aux Etats-Unis deux ans plus tôt, est dithyrambique : « A la suite de la visite du Premier Ministre, admiration devenue de routine pour sa personnalité et son talent. Les "Pacific Firsters" [partisans d'accorder la priorité aux opérations dans le Pacifique] incorrigibles ont fait passer l'idée que l'irrésistible M. Churchill et ses adroits conseillers ont, comme si souvent, berné les innocents Américains en leur faisant oublier leurs vrais intérêts qui sont dans le Pacifique, et en poursuivant leurs plans européens... Le fait que les incorrigibles sont véritablement incorrigibles ne diminue en rien l'impact considérable de la visite de M. Churchill et de son discours[18]. »

Des Etats-Unis, Churchill a décidé de se rendre non pas à Londres, mais directement en Afrique du Nord, et a demandé au général Marshall de l'accompagner. En se rapprochant ainsi du théâtre d'opérations, il souhaite maintenir la pression sur les Américains. Le 27 mai, le *Clipper* qui le transporte atterrit à Gibraltar, au terme d'un vol de dix-sept heures et après avoir été frappé par la foudre. C'est sur cette nouvelle traversée héroïque de l'Atlantique que Churchill conclura le volume IV de son Histoire. Lorsqu'il atterrit à Alger, de Gaulle est encore à Londres, Giraud aux Etats-Unis. A Vichy, *Black Peter*, Pierre Laval, a renforcé son emprise. Il n'y a plus rien à faire de ce côté-là, mais Churchill n'a absolument pas perdu espoir de voir les « forces vives » de la nation française se réveiller, et ce, bien que la résistance intérieure connaisse des semaines extrêmement difficiles avec l'arrestation de Jean Moulin.

A Alger, il est accueilli par son représentant en Afrique du Nord, Harold Macmillan, et par le général Catroux, sur lequel il compte beaucoup pour amener de Gaulle à la raison. Il décrit à Macmillan le tir de barrage quotidien qu'il a subi à Washington, mais se montre soulagé lorsqu'il apprend que les négociations avec le Général se passent un peu mieux que prévu. Lorsque de Gaulle décide, lui aussi, de rejoindre Alger, Churchill prévient Roosevelt, en employant le même ton d'humour trivial qu'utilise le président lorsqu'il évoque les affaires françaises : « La future arrive à midi aujourd'hui. J'ai pensé qu'Anthony ferait un meilleur témoin de mariage que moi. Je me suis réservé par conséquent la place du père très autoritaire[19]. »

Le 3 juin, un accord est trouvé, qui institue une direction bicéphale à la tête du Comité français de Libération nationale (CFLN). Les négociateurs giraudistes et gaullistes sont épuisés. De Gaulle et Giraud se donnent l'accolade : les mariés se sont enfin embrassés « physiquement », écrit Churchill à Roosevelt. C'est un assez net progrès par rapport à la poignée de main d'Anfa. L'union, *in extremis*, contrecarre le projet du président américain d'isoler totalement de Gaulle.

Pour célébrer l'événement, un grand déjeuner est organisé à Alger le 4 juin 1943. C'est, pour Churchill, la conclusion naturelle de toute négociation réussie avec des Français. Macmillan le décrit même comme un moment fondateur pour la renaissance de la France. De Gaulle quant à lui semble n'avoir été qu'effleuré par l'importance de l'événement et par l'émotion que va manifester Churchill : il pense déjà au prochain coup. Il parlera d'ailleurs dans ses Mémoires d'un modeste « déjeuner de campagne » alors que le repas se déroule dans la magnifique villa personnelle de l'amiral Cunningham. Le général Alan Brooke, assis à côté de lui et qui parle très bien le français, le trouve toujours aussi « raide » et difficile.

Le récit que fait Macmillan de cette journée fait penser que de Gaulle a été plus touché qu'il ne voudra le laisser entendre. Au moment des toasts, Churchill est, comme souvent, ému jusqu'aux larmes – tout comme son auditoire – et parle en français (le compte rendu, sous forme de paraphrase, est rédigé par Macmillan). Il rappelle de nouveau sa visite à l'armée française en 1907, un épisode sur lequel il s'appuie, en bon orateur : « Depuis cette date, il avait formé de nombreuses amitiés avec des hommes d'Etat et des militaires français. Il n'avait jamais dévié de son affection pour la France, pour le peuple français, et pour la civilisation qu'ils avaient édifiée. Il n'avait pas non plus vacillé dans son soutien politique, même dans les temps difficiles, quand certains de ses compatriotes semblaient s'en détourner ; il avait été loyal aux liens avec la France. Il avait observé avec la plus grande tristesse ce qui s'était passé durant les années qui suivirent son écrasement par un ennemi particulièrement brutal ; mais il avait aussi assisté avec des sentiments de grande admiration à sa renaissance. Il croyait qu'en cette journée historique, alors que tous les Français se retrouvaient de nouveau unis, prêts à reprendre, en coopération loyale avec les Alliés, la lutte contre l'ennemi, chacun pouvait se réjouir, malgré tant de détresse. » Churchill termine en faisant le « serment » de continuer à offrir son soutien le plus total puis, au nom du gouvernement et du peuple de Grande-Bretagne, demande à tous de se mettre debout et de lever un verre *« à la Belle France, la France victorieuse*[20] *»*.

Giraud répond en premier, puis vient de Gaulle. Son discours est, selon Macmillan, « très amical et émouvant », avec, notamment, un hommage appuyé aux qualités personnelles du Premier Ministre et à la force d'âme du peuple britannique. Eden, qui lui succède, tente de voir plus loin et évoque la nécessité pour l'Angleterre et la France d'être ensemble après la victoire pour rebâtir et répandre les valeurs en lesquelles elles croient : la liberté, la tolérance, les droits des gens. Puis c'est au tour du général Georges, le « vieil ami » de Churchill, de prononcer quelques paroles plus laborieuses : il fait une allusion malencontreuse à Jeanne d'Arc, tout le monde sourit de cette maladresse, et Churchill intervient aussitôt pour faire remarquer que ce n'étaient pas les Anglais les vrais coupables mais les Bourguignons, qui avaient livré la Pucelle. Macmillan conclut sobrement : « En quatre mois, nous sommes tout de même parvenus à quelque chose. » Dans le courant de l'après-midi, Churchill reprend l'avion pour Londres et, le lendemain, fait part au War Cabinet de sa satisfaction : « Je leur ai fait un speech dans mon meilleur français anglicisé. »

Sur la photo prise à l'issue du déjeuner, les mines sont en effet réjouies. Même de Gaulle esquisse un semblant de sourire. Churchill ne se fait pas d'illusion, mais c'est un bon début, et ces Français sont tout de même, dans l'ensemble, de bonne compagnie. Il a retrouvé l'atmosphère de la France en paix de l'avant-guerre : les longs déjeuners fastueux avec les militaires et les hommes politiques, les bons vins, les mots d'esprit, le sentiment d'une amitié indéfectible. Sa satisfaction est principalement due au fait que de Gaulle semble avoir perdu une bonne partie de sa marge de manœuvre. Au sein du CFLN, seul André Philip lui est irrévocablement attaché. Quant à Catroux et au diplomate René Massigli, les autres « gaullistes » du comité, tous deux appréciés des Britanniques, ils le « feront marcher droit[21] », et, exaspérés par le comportement de leur chef, ils pourraient même finir par se ranger contre lui. Le 2 juin, quarante-huit heures avant le grand déjeuner donc, Macmillan a noté les propos violents d'un Catroux à bout de nerfs : «Il dit que de Gaulle a vraiment été une tragédie pour la France. S'il n'avait pas constamment cherché querelle aux Anglais, la France libre aurait été mise totalement en charge des affaires nord-africaines. Dans ce cas il [Catroux] se serait retrouvé dans la position de Giraud et il connaissait mieux et avait une meilleure position en Afrique que ce dernier.» Catroux conclut : «Bon, je vais continuer, mais c'est épuisant. Je me retrouve coincé entre un fou et un âne[22].»

Le 6 juin, Churchill explique à Roosevelt les conséquences de la formation du CFLN : «Je considère que la formation de ce Comité met fin à ma connexion officielle avec de Gaulle comme chef des Français libres qui est fondée sur les lettres échangées avec lui en 1940 et d'autres documents postérieurs, et je me propose autant que cela est nécessaire de transférer ces relations, financières et autres, au Comité en tant que tel[23].» A la Chambre des communes, il insiste avec emphase sur l'espoir que représente la diversité des membres du CFLN. «Ces hommes ont une très grande responsabilité; l'avenir brille pour eux. Il leur suffit d'agir ensemble et de faire preuve de loyauté les uns à l'égard des autres, de mettre en sommeil leurs intérêts particuliers et de conserver toute leur haine pour l'ennemi – il leur suffit de se comporter ainsi pour aider à ce que la France récupère tout son héritage : ils mériteront ainsi la gratitude des générations futures de Français[24].»

Le répit est de courte durée. Giraud ne tarde pas à parler de démission, de Gaulle réclame le commandement des forces françaises et Churchill, qui pensait que Giraud disposait d'une majorité, est de nouveau mis dans l'embarras. Roosevelt est furieux de la nouvelle offensive gaulliste. Harvey note dans son journal : «On pourrait espérer que de Gaulle soit un individu plus diplomate et qu'il s'efforcerait de séduire les Américains, mais il n'est pas comme cela et c'est pour cela qu'il a la France avec lui[25].» Harvey, nous l'avons vu, est un des éléments les plus «gaullistes» du Foreign Office; ses jugements au sujet de l'homme du 18 Juin sont souvent justes, mais écrire que la popularité de De Gaulle repose sur son antiaméricanisme est très contestable. Si tant est que les frictions avec Roosevelt et les Américains sont, à cette époque, connues en France même – ce qui n'est pas certain, la propagande de Vichy ne cessant de répéter que le Général est inféodé aux Etats-Unis –, le peuple français, surtout après le débarquement en Afrique du Nord, sait très bien que la libération tant espérée du pays sera l'œuvre des armées anglo-américaines.

Le 12 juin 1943, le Premier Ministre écrit à Macmillan pour l'alerter une nouvelle fois sur l'impact que ces divergences pourraient avoir sur les relations avec les Etats-Unis. Il s'inquiète de ce que les Britanniques puissent encore apparaître comme beaucoup trop gaullistes aux yeux des autorités américaines. Si de Gaulle parvient à prendre le contrôle du Comité, le gouvernement britannique sera contraint de choisir et il serait « impossible au gouvernement de Sa Majesté d'être entraîné dans une querelle avec le président, avec lequel je me trouve en total accord[26] ». C'est la première fois que Churchill expose aussi nettement les enjeux. Ce ne sera pas la dernière.

Pendant ce temps, Harold Macmillan s'efforce d'éviter la rupture au sein du CFLN. C'est maintenant de Gaulle qui menace de démissionner. Le dimanche 13 juin, le Britannique a prévu de se rendre à Tipasa, à l'ouest d'Alger, pour se baigner, comme il en a pris l'habitude. Le Général demande s'il peut l'accompagner, seul, et les deux hommes passent près de quatre heures à discuter et à se promener dans le site antique. Le représentant de Churchill n'a pas renoncé à sa baignade et se souviendra plus tard de cette scène étrange et saugrenue. Tandis qu'il se jette à l'eau entièrement nu, le Général attend, assis sur un rocher au bord de l'eau, en uniforme et en cravate, fumant ses cigarettes. Macmillan conservera de cette escapade une impression curieuse. Peut-être parce que, dans cet environnement idyllique, dans cette atmosphère de Riviera, à aucun moment de Gaulle n'a semblé se détendre un tant soit peu ; il rentre à Alger avec le sentiment d'avoir face à lui un vrai « dur ». « Il est difficile de savoir comment s'y prendre avec lui. [...] Je crois que j'ai réussi à le convaincre de rester au Comité pour le moment et de lui donner une dernière chance de fonctionner correctement. Mais j'ai bien peur qu'il sera toujours impossible de travailler avec lui. C'est, par nature, un autocrate. Comme Louis XIV ou Napoléon. Il pense au fond de son cœur qu'il est là pour commander et que les autres doivent obéir. Ce n'est pas exactement un “Fasciste” (un terme galvaudé d'ailleurs) ; c'est une conception autoritaire du pouvoir[27]. » Si une personnalité pondérée et plutôt « gaulliste » comme Macmillan peut tenir un tel jugement, on comprend un peu mieux les raisons pour lesquelles Churchill parle de plus en plus souvent de comportements presque dictatoriaux. Même Anthony Eden est touché par cette vague d'antigaullisme et écrit dans son journal que de Gaulle « a beaucoup fait pour que l'on perde toute confiance en lui[28] ».

Churchill songe maintenant à utiliser l'arme létale dont il dispose : l'argent. Les relations financières entre la Grande-Bretagne et la France libre ont été marquées dès le départ par une grande confiance. Le grand résistant et inspecteur des finances André Postel-Vinay dira un jour que jamais le gouvernement britannique ne fit usage de ce moyen de pression. Il est pourtant manifeste qu'en ce mois de juin, Churchill est prêt à franchir une nouvelle étape dans les mesures de rétorsion à l'égard du général de Gaulle. Le 12 juin, il écrit à Kingsley Wood, chancelier de l'Echiquier : « Faites-moi savoir quelle est la manière la plus efficace et rapide de serrer la vis financière à de Gaulle et son groupe. Les soldats et les marins devront bien sûr continuer à recevoir leur solde[29]. » A Alger, Macmillan est chargé d'annoncer la mauvaise nouvelle à René Massigli : le gouvernement a décidé de suspendre les versements de fonds au comité national à Londres et tous les versements futurs seront dirigés vers le nouveau Comité formé à Alger. Le Britannique s'attend à une réaction très négative. C'est tout le contraire : Massigli encaisse la nouvelle avec une satisfaction « inattendue et significative », car, explique Macmillan, il sait que « de Gaulle ne peut plus retourner à Londres et qu'il doit maintenant faire le choix entre soutenir l'union et se retirer des affaires[30] ».

Churchill n'a pas proféré des menaces en l'air, comme le prouve sa lettre, estampillée « Secret absolu », à Lord Selborne, grand patron des opérations clandestines du Special Operations Executive (SOE), dont dépend la section RF, la branche rattachée à la France libre : « Durant la période actuelle, tant que le Comité national français n'est pas organisé de telle manière qu'il ait l'entière confiance des Alliés, il est impératif d'empêcher le général de Gaulle d'avoir le moindre contrôle sur des moyens financiers apportés par le Trésor britannique. J'ai été ennuyé d'apprendre qu'il avait reçu des montants en croissance très nette. J'ai été rassuré par le ministre des Affaires étrangères, qui m'a indiqué que l'argent resterait entièrement entre vos mains. Nous devons faire très attention à ce que la direction du mouvement français de résistance ne tombe pas sous le contrôle de De Gaulle et de ses satellites ici ; sinon, il utilisera ces moyens très puissants pour faire prévaloir ses objectifs politiques en France et non pour soutenir les intérêts de l'effort de guerre allié. Plus tard, nous pouvons espérer qu'une autorité française dans laquelle nous pouvons avoir confiance sera instaurée. Entre-temps, veuillez m'exposer vos propositions pour continuer les opérations clandestines sans que de Gaulle ou ses agents y prennent une part effective, et sans qu'ils bénéficient de la moindre aide financière[31]. »

Le 28 juin, l'offensive anti-de Gaulle se poursuit. Les ministres réunis pour le War Cabinet écoutent une longue péroraison du Premier Ministre expliquant qu'il ne laissera pas de Gaulle gâter ses relations avec le président, et qu'il serait « tout à fait prêt à se débarrasser de lui s'il créait trop d'ennuis ». Les soutiens les plus fidèles du Général, comme Clement Attlee ou Leo Amery, se font de plus en plus discrets. Même Eden vacille. « Je crois qu'il a enfin compris qui était de Gaulle[32] », note Alan Brooke à son propos. Sur la question française, sur le général de Gaulle, Churchill est de moins en moins isolé : ce n'est plus un duel, contrairement à la légende. Le 1er juillet, devant la Chambre des communes, il s'en tient à une position claire : ce qui compte, c'est de renforcer la crédibilité du Comité national, non de satisfaire les ambitions des généraux français. Même Oliver Harvey est satisfait de l'intervention du Premier Ministre !

En apparence, les garde-fous qui ont été mis en place doivent permettre de verrouiller de Gaulle. Fort de cette conviction, Eden défend auprès de Churchill la reconnaissance officielle du Comité. Ce dernier répond, primesautier : « Dans un mois. » Et lorsque son ministre réplique que cela paraît très long, il concède : « Bon, alors dans quinze jours. » Mais aux Etats-Unis, Roosevelt y est toujours opposé, car, conscient de la naïveté de Giraud, il redoute que de Gaulle finisse par s'imposer. Pour ne pas froisser les Américains, Churchill fait preuve d'une certaine mesquinerie en s'opposant à ce qu'Yvonne de Gaulle, à la veille de partir pour Alger rejoindre son mari, soit reçue en audience officielle par la reine. « Cela pourrait certainement être interprété comme un signe de notre soutien à de Gaulle, contre le giraudisme du président. »

Il craint aussi que cela soit interprété comme un sujet de contentieux entre la Cour et le gouvernement. «Je trouverai cela suffisant de la recevoir à déjeuner, ou si vous préférez je peux le faire et vous inviter avec votre épouse. Ce serait bien sûr amical et privé. J'aime bien cette idée[33] », écrit-il à Eden.

Le 13 juillet 1943, Churchill fait circuler un long mémorandum intitulé «La politique des Etats-Unis à l'égard de la France», qu'il reproduira dans ses Mémoires tout en prenant soin de supprimer les passages les plus virulents. C'est, en grande partie, un «remake» de son discours du 10 décembre 1942. Il rappelle l'épisode particulièrement fâcheux de l'interview de Brazzaville et attaque violemment le Général. «Partout où il est passé il a laissé une traînée d'anglophobie. [...] Cela fait quelque temps donc que je considère que son arrivée au sommet des affaires françaises serait contraire aux intérêts de la Grande-Bretagne. [...] La personnalité même de De Gaulle s'oppose aussi à ce que je crois constituer les intérêts majeurs de la France. Il est animé par des instincts dictatoriaux et consumé par l'ambition personnelle. Tous ceux qui ont travaillé avec lui savent qu'il présente une grande partie des symptômes d'un Führer en herbe. Il a une forte tendance à vouloir s'ériger en juge suprême de la façon dont tous les Français se sont comportés, au moment du désastre en 1940, et depuis. Il n'existe aucun doute dans mon esprit qu'il amènera la guerre civile et lui-même a parlé, selon le général Giraud, de la nécessité d'une "révolution sanglante". [...] Je suis persuadé que nous aurions tort de nous quereller avec le gouvernement des Etats-Unis au sujet d'un tel personnage. Plus encore, je suis décidé à ne jamais permettre à de Gaulle ou à ses compagnons d'assombrir ou gâter les relations personnelles de partenariat et d'amitié que je me suis laborieusement efforcé de développer, depuis près de quatre ans, entre moi-même et le président Roosevelt et qui ont, j'ai l'audace de le penser, très notablement aidé le cours de nos affaires.» Il n'est cependant toujours pas question de rompre, mais de freiner au maximum les ambitions du Connétable. «J'ai constamment répété que l'un des intérêts majeurs de la Grande-Bretagne est une France forte après la guerre et je n'aurais aucune hésitation à réitérer ce point de vue. Je crains que l'antigaullisme du gouvernement de Washington ne se mue en sentiment général antifrançais. Si, néanmoins, de Gaulle est graduellement intégré et noyé dans le

Comité, et si le Comité se comporte de façon raisonnable et loyale, cette tendance dangereuse qui prévaut aux Etats-Unis peut être réorientée et atténuée[34]. »

Les Etats-Unis ont la volonté de faire de la France, après la guerre, une puissance de seconde catégorie. Tout sera réglé entre les quatre grands : Etats-Unis, Grande-Bretagne, URSS et Chine. Churchill songe, lui, d'abord à la sécurité de l'Europe. A aucun moment durant la guerre, il ne renoncera ainsi à son engagement de faire de la France une puissance de premier rang, d'autant qu'il existe une question primordiale sur laquelle il n'est pas prêt à céder et qui favorise une certaine solidarité avec la France, celle de l'avenir des Empires britannique et français. Le Premier Ministre se méfie des positions américaines, surtout depuis la publication de la Charte de l'Atlantique en 1941. Lorsque Roosevelt a invité à dîner le sultan du Maroc, en janvier 1943, manifestant ainsi ouvertement son soutien à l'indépendance, tous les assistants ont pu remarquer la mine renfrognée du Premier Ministre. Le fait que, par respect pour le « commandeur des croyants », le dîner était *« dry »* – « sans alcool » – n'était qu'une des explications de cette mauvaise humeur. Roosevelt sait que Churchill a l'Empire dans les veines : « Les Anglais ont la ferme intention de s'accrocher à leurs colonies. Ils veulent aussi aider les Français à conserver les leurs », confie-t-il à son fils Elliott. Si Churchill est prêt, en cas de nécessité absolue, à lâcher de Gaulle, il existe dans ses relations avec le président américain un *non possumus*. Sur la question de l'Empire, il aura bientôt l'occasion de manifester ouvertement sa solidarité avec la France.

En ce mois de juillet 1943, la relative aisance avec laquelle la Sicile a été conquise pousse Churchill à retourner voir Roosevelt pour discuter d'une phase nouvelle dans la campagne. Le 20 juillet, il a montré à Eden le télégramme qu'il a adressé au président américain dans lequel il se fait l'avocat de la reconnaissance officielle du Comité. Un télégramme « admirable » note le ministre des Affaires étrangères. Churchill, avec sa fraîcheur de collégien, sa candeur et son sens du fair-play, commente qu'il semble bien qu'il ait ainsi « complètement gobé le point de vue » de son ministre ; celui-ci répond aimablement qu'il serait plus exact de dire qu'il [Churchill] demandait simplement aux Américains d'accepter enfin les réalités[35]. Comment expliquer ce changement de cap ? Churchill est maintenant convaincu que de Gaulle est effectivement « dilué » et que le Comité est en passe d'acquérir une force collective qui dépasse les ambitions individuelles.

Roosevelt, cependant, refuse de reconnaître officiellement le Comité, tout en prenant acte de son existence. La formule séduit Churchill. « Je désespère vraiment de parvenir à faire passer la reconnaissance, écrit Harvey. Le Premier Ministre a fait de nouveau volte-face et pense que la formule Roosevelt n'est pas trop mauvaise. Il souhaite être certain que de Gaulle est le prisonnier du comité avant de le reconnaître. [...] Cela va nous prendre des années pour rectifier le mal qui est fait aux relations anglo-françaises par l'attitude mesquine et pinailleuse de Winston. » En bon diplomate, Harvey se soucie de l'avenir. Une Entente cordiale sera-t-elle encore possible ? Sur ce point, son pronostic se révélera largement inexact : les « pinaillages » de son chef n'entacheront en rien son immense popularité en France dans les années qui suivront la Libération.

Au vrai, les fluctuations de Churchill sont étroitement liées aux événements et il manque parfois du recul nécessaire. Il a en effet bien d'autres chats à fouetter. La question de la reconnaissance du Comité a perdu son caractère d'urgence et l'affaire reprend la place qui est la sienne dans la liste des priorités auxquelles doit faire face le Premier Ministre et chef de guerre. Il y a en effet plus important, notamment la situation en Italie. « Vraiment je crois qu'il est bon que ces Français, qui parlent si haut et fort et qui voudraient que leurs prises de position respectives soient au centre des attentions du monde entier, aient un peu plus de temps pour se rafraîchir les idées. Rien ne les poussera plus à s'unir que de constater qu'ils sont remis à leur place, au fond de la scène, du fait de leurs querelles. [...] Mon objectif est la reconnaissance du Comité en tant qu'instance collective avec le même statut que celui des gouvernements réfugiés rassemblés sous la bannière des Nations unies. Je pense que la France y a droit en raison des navires, des hommes et des territoires qui coopèrent avec nous sous le drapeau français. Le principal obstacle est de Gaulle, sa personnalité et ses actions. Il est de son devoir de regagner la confiance des deux puissances qui sont venues au secours de la France. S'il remplit sa tâche, je remplirai la mienne[36]. » Puis, nouveau changement. Eden note, le 2 août : « WC enfin accepte de reconnaître.» Une semaine plus tard, à bord du *Queen Mary* – les grandes traversées en bateau ont toujours sur lui un effet apaisant –, Churchill prend connaissance d'une première mouture des plans pour le débarquement en France. Il écrit à Macmillan : «Je trouve que ce qui s'est passé dernièrement est très encourageant, et je pense que cela m'aidera à atteindre l'objectif dont je ne me suis jamais écarté, la restauration de la grandeur de la France[37].» Restaurer la grandeur de la France : c'est aussi l'objectif que s'est fixé de Gaulle, mais le Connétable ne tient absolument pas à ce que quelqu'un d'autre, un compatriote ou encore moins un Anglais, puisse prétendre s'en charger.

La situation va s'apaiser durant quelques semaines. Giraud, trop naïf, est rapidement écarté par l'habileté et la volonté sans faille de De Gaulle. Les frictions constantes dues notamment à la situation en Syrie au cours des derniers mois de l'année n'empêchent pas Churchill de télégraphier à Harry Hopkins, début 1944, que «de différentes sources, j'ai acquis le sentiment que de Gaulle est bien plus impliqué dans la force collective du Comité et de l'Assemblée et il est bien possible qu'il devienne plus raisonnable».

Un nouvel incident éclate pourtant à la fin de 1943, alors que le Premier Ministre, de retour des conférences du Caire et de Téhéran, vient tout juste de récupérer d'une grave pneumonie qui l'a obligé à prendre plusieurs semaines de repos complet à Marrakech. A Téhéran, en octobre, il a été la cible des assauts conjoints de Staline et de Roosevelt au sujet de son soutien de la France, le dictateur s'étant montré encore plus antifrançais que le président américain, et il a résisté autant qu'il a pu en réaffirmant sa volonté que la France redevienne une grande puissance. En raison de la faiblesse de la contribution française à la cause alliée, c'est un rude combat, et il a été mis en difficulté, mais il a le sentiment d'avoir accompli son devoir, par amitié pour le pays. Il ne tient pas à s'en vanter, et de Gaulle n'est probablement pas au fait de ce qui s'est dit au cours de la conférence, ce qui n'empêche pas le Premier Ministre d'éprouver le sentiment que ces Français sont décidément bien ingrats.

A Alger, Churchill a voulu rencontrer le général de Lattre de Tassigny dont il a entendu le plus grand bien. De Gaulle estime que le Premier Ministre, qui se trouve en territoire français, doit respecter la bienséance diplomatique, et aurait dû lui en parler d'abord. Il lui adresse un message expliquant qu'il serait totalement « inopportun » que de Lattre soit reçu à dîner, et ajoute pour faire bonne mesure un commentaire inutilement blessant concernant l'état de fatigue de Churchill et la nécessité de prendre encore du repos. Clementine, qui suit l'affaire de près et est toujours inquiète de l'impact de ces algarades sur le moral et l'état de santé de son époux, fait part à sa fille de son exaspération à l'égard d'un homme avec lequel elle a toujours eu, en apparence, des rapports cordiaux : « De Gaulle a encore perpétré une de ses incivilités chroniques en adressant à papa (qui a vraiment travaillé pour les Français durant toutes ces conférences et aussi passé son temps à tenter d'amadouer le président, qui déteste tout bonnement de Gaulle) un message digne d'un mufle. » Duff Cooper, l'ambassadeur auprès du Comité nommé par Churchill, parvient à éviter, *in extremis*, un nouveau clash d'ampleur.

Les deux hommes se voient cependant avant que Churchill ne reprenne l'avion et, quinze jours plus tard, à Londres, guéri et pugnace, il racontera l'entretien à ses collègues du *Other Club.* La conversation s'était terminée mieux qu'elle n'avait débuté et Churchill avait conclu avec sa candeur coutumière : « Ecoutez-moi ! Je suis le chef d'un pays fort, invaincu. Et pourtant, chaque matin quand je me réveille ma première pensée est de savoir comment faire plaisir au président, et ma seconde comment me concilier Staline. Votre situation est différente. Et pourquoi faut-il que tous les matins, au réveil, votre première pensée soit d'essayer de faire la nique aux Britanniques et aux Américains ? »

Le 30 janvier 1944, il adresse également un compte rendu de la discussion à Roosevelt. Ce télégramme a été reproduit de façon tronquée, et il est loin d'être modéré : « Je lui ai expliqué combien il était irresponsable d'attiser des antagonismes inutiles avec vous et moi et qu'en se comportant ainsi il ne favoriserait pas les intérêts de la France. [...] Je lui ai fait des reproches au sujet du Liban et lui ai dit combien il était malavisé de la part d'une nation possédant de grandes colonies de se comporter de manière si dictatoriale alors que deux de ses principaux alliés [les Etats-Unis et l'URSS] ne possédaient pas de colonies qui vaillent la peine qu'on en parle, et pouvaient de ce fait se permettre d'adopter des postures très hautaines sur la question[38]. »

Churchill évoque ensuite les regrets qu'il exprime concernant la démission du Comité du général Georges. Puis vient la touche finale. Elle est destinée sans doute à faire plaisir à Roosevelt, car il reprend les craintes un peu grotesques exprimées par ce dernier au sujet d'une prétendue menace posée par les forces françaises gaullistes. «Je lui ai dit clairement que nous avions toute confiance que le général Giraud ne permettrait pas aux troupes françaises d'être utilisées contre nous, mais que nous n'avions pas la même confiance en ce qui concerne l'attitude du Comité et, par voie de conséquence, de son chef. Il parut touché par ceci.» Il conclut : «J'ai tenté de marquer qu'ils [les gaullistes] devront tout faire pour retrouver notre confiance s'ils veulent qu'elle leur bénéficie. Je n'ai pris aucun engagement de quelconque nature.» Il rapporte également les propos tenus devant lui par le fondateur du mouvement de résistance Libération sud, Emmanuel d'Astier de La Vigerie. «Il m'a dit que de Gaulle pouvait nous paraître déraisonnable mais qu'il ressentait si profondément l'humiliation qu'avait subie son pays qu'il avait un complexe d'infériorité, ce à quoi j'ai répondu sur un ton sentencieux qu'avoir souffert de grands désastres n'était pas une excuse pour commettre de telles folies. [...] Je suis dans un sens désolé pour de Gaulle qui est un homme de plus grande envergure, dans son propre genre, que quiconque dans son entourage. Nous étions personnellement plutôt amis. J'ai assisté à son défilé. J'ai acquis la conviction qu'il est de plus en plus encagé et dompté par le Comité et l'Assemblée et qu'il n'y a plus aucun danger d'un one-man-show.»

La méfiance reste donc de mise, même si elle a été un peu atténuée par le succès de la revue des troupes, le 13 janvier 1944, à Marrakech. C'est le premier grand défilé de troupes françaises auquel ils assistent ensemble, et Churchill, en uniforme de *«air commodore»*, est très ému par l'accueil qu'il reçoit. Les «Vive Churchill» sont d'ailleurs plus nombreux que les «Vive de Gaulle», note un témoin britannique. Il n'en demeure pas moins qu'une «faction» ne doit pas faire main basse sur le pouvoir. «Il y a un réel danger que lorsque nous libérerons des parties importantes de la France, le Comité national français se précipite à notre suite pour imposer leurs revendications monopolistiques, avec de Gaulle essayant de hisser la Croix de Lorraine sur toutes les mairies. Ils doivent vraiment faire l'effort de nous convaincre de leur loyauté et de leur sérieux. Il est bien trop facile pour une poignée d'émigrés de s'appeler le gouvernement de la France et de pousser au-dehors tous les autres comme s'ils étaient des "impurs". Mais, comme vous le savez, j'ai encore l'espoir de les rassembler tous ensemble[39]. »

Au cours du mois de mars, les choses vont de nouveau mieux. Harold Macmillan revoit Churchill en Angleterre, et passe même deux week-ends à Chequers. Il en rapporte l'impression que le Premier Ministre est de meilleure humeur concernant la France. Il lui a même confié qu'il était, au fond, en faveur de De Gaulle.

Durant les semaines précédentes, Churchill s'est pris à nouveau d'intérêt pour un sujet qu'il avait délaissé quelque peu en raison des développements de la guerre en Méditerranée : les résistances intérieures dans les pays occupés. Dès l'été 1940, il a prôné la guérilla contre les Allemands, et il a bien été le seul. Les généraux français l'ont écouté avec ironie – la France, ce n'est pas l'Inde. La guérilla est l'arme des pauvres et il est hors de question que l'armée d'une nation moderne et civilisée se lance dans une entreprise si contraire à tout ce qui a été enseigné dans les écoles militaires. Ses propres généraux sont très sceptiques, mais pour des raisons pratiques : face aux Allemands, face à la Gestapo, la guérilla n'a aucune chance de remporter d'importants succès et ne fera que provoquer de terribles représailles. Les risques encourus par les agents sont apparus extrêmement élevés pour des résultats très incertains. Il a persisté pourtant en lançant, en août 1940, le SOE. Les résultats ont été maigres : la France, comme le reste de l'Europe, est restée très largement passive, le choc de la défaite est encore trop fort.

A Londres, les luttes intestines opposant les différents services spéciaux n'ont jamais cessé. Le MI6, chargé du renseignement en territoire ennemi, voit d'un très mauvais œil les actions de résistance armée et les opérations de sabotage qui concurrencent et peuvent même mettre en danger son propre travail. Churchill a dit non aux tentatives d'unification des services. L'affaire est rendue d'autant plus complexe par les rivalités possibles entre le SOE et les services secrets de De Gaulle, sans parler de la véritable lutte qui oppose giraudistes et gaullistes, nouvelle preuve, à ses yeux, que la France est bien plus diverse que ne le prétend le Connétable. Pour Churchill, l'idée, imprécise certes, mais enivrante des « forces vives» n'est pas un mythe : la renaissance de la France sera le résultat de l'effort de tout un peuple, et un «sauveur» ne pourra y suffire.

Lord Selborne lui adresse régulièrement des comptes rendus de missions, avec en tête les actions de sabotage. Fasciné par les opérations clandestines, Churchill se préoccupe du sort des agents et écoute, avec attention, les récits de ceux qui viennent le voir à Downing Street, comme Jean Moulin, Yeo-Thomas ou Emmanuel d'Astier de La Vigerie. Des actions d'envergure ne sont pas encouragées : celles-ci doivent attendre les jours précédant le débarquement. La crainte de représailles allemandes est forte, et c'est un argument auquel le Premier Ministre est sensible. L'été 1943 est d'ailleurs tragique, avec la mort de Moulin et la chute de plusieurs réseaux importants du SOE, notamment Prosper.

Mais, alors que le débarquement se rapproche, son point de vue change. L'invasion de la zone libre par les Allemands a marqué une première étape et les choses sont désormais plus simples : c'est le moment d'intensifier les opérations de sabotage. A la fin de l'année 1943, il a cru de nouveau qu'une insurrection généralisée était possible, et peut-être souhaitable. Tout à son idée de vaincre l'Allemagne par d'autres moyens que l'action directe préconisée par les Américains, il se remet à croire à la possibilité, en France, d'un vaste soulèvement. Pendant de longues semaines encore, il va poursuivre cette chimère, à laquelle il est pratiquement le seul à croire.

25

Mission accomplie

Le 23 mai 1944, à quelques jours du débarquement, Duff Cooper remet à de Gaulle, qui est resté à Alger, une invitation du Premier Ministre à venir le retrouver en Angleterre. Après des discussions compliquées, le chef de la France libre s'envole, le 3 juin, à bord d'un bombardier *York* envoyé par Churchill. A l'aérodrome de Northolt, près de Londres, il est accueilli comme un chef d'Etat : une fanfare de la RAF joue une «belle» *Marseillaise* et un détachement d'honneur de 50 hommes présente les armes. Churchill l'attend à son quartier général avancé. Le Premier Ministre, qui est sur des charbons ardents à l'approche du jour J, a décidé de quitter Downing Street pour être au plus près des côtes anglaises, d'où partira la flotte de débarquement, et du quartier général d'Eisenhower. Il s'est installé dans un wagon spécial, aux abords de la petite gare de Droxford, à une quinzaine de kilomètres au nord de Portsmouth. Le cadre est bucolique, la voie de chemin de fer est cernée de fleurs. La grande entreprise le passionne, mais il a lu avec inquiétude les rapports en provenance de France qui relatent les effets des bombardements alliés sur les populations civiles. «Nous sommes en train de faire des choses terribles[1]», écrit-il à Eden, le 28 mai. «Vous êtes en train d'accumuler beaucoup de haine contre vous», ajoute-t-il à l'intention du maréchal de l'air Tedder. S'il n'a pas montré beaucoup de scrupules à laisser une liberté totale d'action à *Bomber* Harris dans sa campagne de destruction des villes allemandes, le bombardement de la France, alors que la victoire commence à être en vue, est une affaire beaucoup plus sensible qui risque de laisser un goût très amer à la population française et de compromettre les relations futures entre les deux pays.

Churchill a laissé à l'aérodrome un message parfaitement civil pour son hôte. « Mon cher général de Gaulle, soyez le bienvenu sur ces rivages ! [...] Si vous pouviez être ici pour 1 heure 30, je serais heureux de vous offrir *déjeuner* et ensuite nous nous rendrons au quartier général du général Eisenhower[2]. » Eden se souviendra de l'accueil très chaleureux de Churchill, et comment de Gaulle resta de marbre : « Je suis arrivé à temps pour accompagner de Gaulle le long de la voie de chemin de fer. Le Premier Ministre, mû par son sens de l'histoire, était descendu sur la voie pour accueillir le Général à bras ouverts. » Celui-ci se raidit : « Offensé par l'absence de tout accord avec le Comité français quant à l'administration civile de la France, et peut-être aussi sincèrement incertain quant aux raisons de cet étrange rendez-vous sur une voie de chemin de fer[3]. »

Ce refus total de manifester le moindre signe d'effusion alors que de très grands événements sont sur le point de se dérouler, qui marquent une étape décisive dans le chemin vers la victoire, est, pour Churchill, choquant et incompréhensible. Dans de tels moments, c'est bien un gouffre qui sépare les deux hommes. Pour Churchill, la grande histoire ne peut se faire sans émotion, et quoi de plus historique que le débarquement en Normandie ? De Gaulle ne semble pas touché, et cela explique en grande partie les difficultés qui vont suivre.

Dans le wagon où se déroule l'entretien, Churchill est solidement entouré : il y a là Eden, Ernest Bevin, ministre du Ravitaillement et poids lourd du Parti travailliste, mais aussi le maréchal Smuts, qui a fait des déclarations hostiles à la France. La discussion qui suit a pris une grande importance dans l'histoire des relations entre les deux hommes en raison du récit qu'en fera de Gaulle dans ses Mémoires. Churchill lui explique, dans les grandes lignes, comment se dérouleront les opérations de débarquement, et fait remarquer que des troupes françaises y participeront. De Gaulle répond, avec un enthousiasme pour le moins mesuré, qu'il s'agit clairement d'une affaire de la plus grande importance et que lui-même a pensé que le moment choisi était le bon. Puis on entre dans le vif du sujet : le gouvernement civil de la France. Les Américains ont prévu une administration militaire, l'Amgot, sur le modèle de ce qui s'est passé en Italie, et les troupes seront munies, pour leurs dépenses courantes, de billets imprimés par les Alliés, aussitôt qualifiés de «fausse monnaie» par de Gaulle. Tout cela est en effet inacceptable aux yeux du président du Comité national français qui estime que les territoires libérés doivent passer immédiatement sous l'autorité d'un gouvernement français.

Les divergences sont donc considérables. Arrivé à ce stade de la discussion, Churchill réitère ce qu'il a déjà dit ou écrit à de multiples reprises : «Il doit avertir le général que si tous les efforts de conciliation devaient s'avérer vains, et si le président se trouvait d'un côté, et le Comité national de l'autre, il se rangerait très probablement aux côtés du président, et en tout cas aucune querelle n'éclatera jamais entre la Grande-Bretagne et les Etats-Unis en raison de la France.» Le général de Gaulle répond d'un ton «glacial» qu'il prend bonne note du fait qu'en cas de désaccord entre les Etats-Unis et la France, la Grande-Bretagne «prendra le parti des Etats-Unis». Ce n'est évidemment pas tout à fait ce qu'a dit Churchill, qui a bien précisé que cette prise de position n'aurait lieu qu'après que tous les efforts de conciliation auront été épuisés. Voici pour le compte rendu officiel, rédigé du côté britannique[4].

Quant à la suite, elle est tirée des Mémoires du Général et elle est un des passages les plus connus de l'ouvrage. Un auteur croit bon d'écrire que Churchill s'est alors mis à «vociférer», alors que de Gaulle lui-même parle simplement de «passion» : «Sachez-le ! Chaque fois qu'il nous faudra choisir entre l'Europe et le grand large, nous serons toujours pour le grand large. Chaque fois qu'il me faudra choisir entre vous et Roosevelt, je choisirai Roosevelt !» Une fois de plus, cela n'est absolument pas dans le compte rendu officiel et ne tient pas compte des précisions de Churchill. De plus, l'expression «grand large» laisse un peu dubitatif et il est difficile de trouver un équivalent en anglais – langue dans laquelle se déroule l'entretien. Si le Premier Ministre a bien employé cette expression, ou quelque chose qui y ressemble en anglais, que veut-il dire en vérité ? De Gaulle l'interprète comme signifiant les Etats-Unis, mais on pourrait tout aussi bien arguer que Churchill pense à l'Empire ou au Commonwealth.

Quoi qu'il en soit, les Mémoires de De Gaulle accréditent l'idée que l'alliance entre la Grande-Bretagne et les Etats-Unis est désormais gravée dans le marbre, et c'est ce que l'on a retenu. Cette analyse constituera un des fondements de la politique internationale du général de Gaulle revenu au pouvoir, et elle sera la raison principale de son refus de l'entrée de la Grande-Bretagne dans le Marché commun : les Britanniques placeront toujours les relations avec l'Amérique avant celles avec l'Europe.

Or, la réalité est que Churchill a des idées très vagues sur l'après-guerre et qu'il a constamment refusé de discuter de plans précis, laissant les spéculations aux diplomates, qui, dit-il souvent, n'ont pas mieux à faire. Les alliances sont par nature fragiles, il est dangereux de s'engager à long terme : les réalités se chargeront de les dénouer. Ses propos concernent donc d'abord les relations entre de Gaulle et les Alliés dans les circonstances de la Deuxième Guerre mondiale, et ne constituent pas une exposition de la politique étrangère britannique future et pour tous les temps.

Quatre jours plus tard, Churchill rend compte de l'échange à Roosevelt : «J'ai répété à plusieurs reprises à de Gaulle, et il en a pris note sans manifester de signes d'irritation que *si nous ne trouvons pas d'accord*, je serai de votre côté.» Il ajoute avec le ton un peu badin qui est de mise lorsqu'il s'agit de De Gaulle et qui plaît au président : «Je pense qu'il serait très dommage que vous et lui ne vous rencontriez pas. Je ne vois pas pourquoi je serais le seul à avoir cette chance.»

La réalité du rapport entre Churchill et les Etats-Unis est en fait bien plus complexe que cette envolée sur le «grand large», très probablement apocryphe selon nous, ne l'indique. Contrairement à la très grande majorité de ses contemporains, à commencer par l'ambassadeur Halifax, cet aristocrate britannique est à l'aise aux Etats-Unis. Le fils de Jennie l'Américaine aime la richesse matérielle et le confort, le dynamisme, le fait que l'individu peut toucher le fond et remonter la pente; il est fasciné par l'épopée de la conquête de l'Ouest. L'absence de formalisme dans les relations personnelles lui convient parfaitement.

Mais, dans les affaires du monde, il a été très souvent déçu par les Etats-Unis, à commencer par leur attitude après la Première Guerre mondiale, puis en 1940. Leur absence de soutien, alors que le continent européen s'effondrait, et l'affaire de la cession des bases britanniques lui ont laissé un goût amer, à peine compensé par le lancement du programme prêt-bail qui aura pour conséquence un endettement massif et de longue durée de la Grande-Bretagne.

La rencontre de Placentia Bay en août 1941, les hymnes chantés ensemble sur le pont du *Prince of Wales* ont pu donner l'illusion d'une « relation spéciale ». Mais Churchill n'est pas dupe. Il se méfie des positions de Roosevelt concernant l'Empire et est conscient que l'antigaullisme de l'administration américaine, et notamment de Cordell Hull, confine à l'obsession délirante. Faisant fi de son amour-propre, il a fait la cour à Roosevelt comme un soupirant, mais il estime avoir agi pour le bien de la cause alliée, et pour la victoire finale. Il croit en une alliance anglo-américaine, en une union des peuples de langue anglaise, mais cela reste pour l'instant très vague, car Roosevelt lui a bien fait comprendre que les Etats-Unis rapatrieraient leurs troupes aussitôt après la victoire en Europe. Lorsque Churchill indique à de Gaulle que, en cas de querelle avec la France, il choisira Roosevelt, il ne faut pas nécessairement en tirer des conclusions à long terme.

Le 12 juin 1944, Churchill repose les pieds sur le sol de France, quatre ans presque jour pour jour après l'avoir quittée à bord du petit *Flamingo*, au soir de la conférence dramatique de Tours. Il est accompagné du maréchal Smuts, en qui il a une confiance personnelle presque totale, et du général Alan Brooke. Sur la plage de Courseulles, dans cette étroite bande de terre d'une quinzaine de kilomètres de profondeur qui a été libérée par les forces britanniques, Montgomery l'attend. Brooke, bien qu'ayant passé son enfance à Pau, n'est pas un francophile : c'est pourtant pour lui, comme pour les autres témoins de l'événement, un moment de grande émotion.

Le temps est splendide. Montant à bord d'une Jeep, Churchill parcourt le « domaine » britannique, de taille limitée mais « riche ». Il est frappé par la relative prospérité du pays normand. « Les prés étaient remplis de ravissantes vaches aux couleurs rouge et blanc qui se prélassaient au soleil ou paradaient fièrement. Les habitants avaient l'air plutôt de bonne humeur et biens nourris et nous saluaient avec enthousiasme[5]. » Brooke est lui stupéfait : la France paraît à peine affectée par cinq années d'occupation : « Les cultures avaient l'air prospères, la campagne bien entretenue, peu de ronces, et plein de vaches pansues, de chevaux, de poules, etc.[6]» Autour du quartier général de Monty, installé dans une « cour » du bocage, c'est un pays de cocagne.

Bientôt, les responsables britanniques découvriront une autre Normandie, dévastée par les bombardements alliés ; ils écouteront avec effarement les récits des rescapés de la répression allemande et observeront la justice souvent expéditive de l'épuration, si choquante pour leurs traditions. Mais cette première impression les marquera durablement, de même qu'en retrouvant un Paris presque intact, ils ne manqueront pas de songer au Blitz et à la capitale londonienne dévastée par les bombes allemandes. Pour le lecteur britannique des Mémoires de Churchill, qui vit au début des années 1950 dans un pays qui connaît encore un rationnement sévère, cette image d'une France relativement épargnée renforcera l'idée que de l'autre côté de la Manche, ces années d'occupation ne s'étaient pas trop mal passées. Le pays béni des dieux a échappé au pire.

Si Churchill est enchanté de voir la population locale le saluer chaleureusement, la plupart des Britanniques sont au contraire frappés de constater que les paysans normands ne semblent pas particulièrement heureux de voir arriver les armées de la Libération. D'ailleurs le Premier Ministre avait prévu que les choses ne seraient pas forcément faciles, en raison des bombardements alliés. « Les Français, globalement, ne sont pas enthousiastes de nous voir arriver, note un observateur britannique. Durant quatre années ils ont vendu leurs productions agricoles aux Allemands, qui semblent les avoir plutôt bien traités ; ils ne sont pas ravis d'être "libérés" par une armée d'invasion, dont le passage doit inévitablement perturber le cours régulier de leurs existences, et dans certains cas détruire leurs maisons[7]. »

Quarante-huit heures plus tard, c'est au tour de l'homme du 18 Juin de retrouver le sol de France. Même si, cette fois encore, de Gaulle ne laisse paraître aucun sentiment, c'est un moment d'intense émotion, et l'histoire française en a fait une grande étape de la geste gaullienne, car il est accompagné par un acte de défi à l'égard des Etats-Unis, et accessoirement de la Grande-Bretagne, qui ont voulu imposer leur « Amgot » et leur « fausse monnaie ».

Lorsque Churchill apprend que de Gaulle souhaite se rendre au plus vite en Normandie, le Premier Ministre freine des quatre fers : c'est ainsi, en tout cas, que débute le récit « classique » de cette journée historique, qui est d'ailleurs rapporté par le Général lui-même. Au vrai, Churchill ne s'oppose nullement au projet et le compte rendu officiel de la réunion du War Cabinet du 13 juin 1944 le démontre : «Le Premier Ministre ajouta [...] que le général de Gaulle lui avait dit, à son arrivée ici, qu'il espérait qu'il lui serait possible avant de retourner à Alger de poser le pied en France. Le Premier Ministre avait étudié cette requête avec bienveillance et, en dépit des difficultés rencontrées avec le général de Gaulle depuis son arrivée [en Angleterre] était très désireux que ce vœu puisse se réaliser. En conséquence, il a invité le War Cabinet à l'autoriser à demander au général Montgomery d'organiser au plus tôt une visite en France pour le général de Gaulle, d'une durée de vingt-quatre heures[8]. »

Si l'on en croit les Mémoires du Général[9], Churchill se serait renié et aurait fait part *in extremis* de ses objections dans une note transmise à Eden au cours du dîner auquel de Gaulle assiste. Le War Cabinet, réuni ainsi de façon totalement informelle en l'absence du Premier Ministre, aurait décidé, malgré ce combat d'arrière-garde, qu'il n'y avait aucune raison de revenir sur la décision. Il serait pourtant très surprenant que les ministres britanniques, loyaux au premier d'entre eux malgré leurs divergences, aient confié à de Gaulle ces prétendues dissensions. Nous n'avons d'ailleurs pas retrouvé de témoignage écrit ou oral confirmant cette intervention du Premier Ministre, ni d'une quelconque délibération impromptue du War Cabinet sur la question. Or le War Cabinet ne fonctionne pas de façon informelle : toutes les décisions sont notées et consignées par écrit. Churchill, au début de la guerre, connaissant son tempérament et sa propension à la volubilité, avait d'ailleurs précisé que toutes les décisions ou instructions émanant de lui ne devaient pas être prises en compte tant qu'elles n'avaient pas été retranscrites et relues par lui-même. On ne voit donc pas sur quoi se fonde le Général pour décocher cette nouvelle flèche.

Il faut cependant tenir Roosevelt au courant, car il risque de s'opposer à l'escapade. Le télégramme que lui adresse Churchill le 14 juin nous montre celui-ci sous un jour pas franchement glorieux, celui du collégien pris en faute et qui a peur de se faire taper sur les doigts : «Pour des raisons d'ordre militaire, les manifestations de soutien ne seront pas autorisées, car des rassemblements de foules peuvent attirer les bombardements. Il ne fera pas de discours sur place, mais publiera à son retour une déclaration, que nous pourrons contrôler. Je n'ai pas voulu lui donner l'occasion de se plaindre que nous lui avons refusé de mettre les pieds sur son sol natal [...] j'espère que vous ne penserez pas que j'ai fait une erreur[10]. »

Dans ses Mémoires, Churchill omettra de citer ces obséquiosités, et écrira simplement, pour marquer au contraire son indépendance vis-à-vis du président, qu'il avait arrangé la visite sans consulter Roosevelt au préalable. Celui-ci, contrairement à ce qui était attendu, réagit de façon très positive, dans une note au général Marshall : « Je pense que nous devrions faire pleinement usage de tous les moyens ou de l'influence dont pourrait disposer de Gaulle et de tout ce qui constituerait un apport à notre effort militaire global, à condition de ne pas l'imposer au peuple de France par la force des armes, comme s'il était déjà à la tête du gouvernement du pays. [...] Par conséquent, je ne vois aucune objection à ce que de Gaulle se rende en France comme cela a été arrangé par le gouvernement britannique sans que les Etats-Unis aient été consultés[11]. »

Quant à Eisenhower, également sollicité, il fait part de son accord à la visite de De Gaulle, mais à la condition expresse qu'il ne sorte pas du secteur britannique, que tout soit organisé par les autorités britanniques et que le général ne fasse pas d'allocution radiodiffusée ou de déclaration publique pendant qu'il se trouve en France. Si le débarquement lui-même a été une réussite, les Alliés stagnent dans leur progression, et Eisenhower reproche déjà à Montgomery son incapacité à prendre Caen : qu'il se débrouille donc avec le Connétable...

De Gaulle, décidé à ne pas se laisser faire, parvient à semer dans sa Jeep les officiels britanniques qui le chaperonnent et fonce vers Bayeux, où il reçoit, selon certains témoins qui lui sont acquis, l'accueil délirant d'une foule imposante. D'autres témoignages évoquent un rassemblement d'une taille plutôt modeste et d'un enthousiasme mesuré. « [Le général] Dempsey m'a dit que lorsque de Gaulle est arrivé en Normandie l'autre jour, l'accueil fut loin d'être unanime ; seulement environ les trois cinquièmes de la population se sont montrés heureux de le voir », note un observateur[12]. Problèmes de comptage, déjà... La Normandie du bocage est, de fait, plutôt conservatrice, et le maréchal Pétain y est encore populaire. Dans les semaines qui suivront, le Foreign Office adressera au Cabinet plusieurs notes montrant que de Gaulle est en fait globalement populaire, malgré la «froideur» traditionnelle des Normands.

L'affaire est rondement menée, et les Britanniques ne peuvent que constater que le passage de relais entre les représentants du régime de Vichy et celui qui n'est pas encore chef d'un gouvernement se déroule sans heurts. Le sous-préfet de Bayeux, un fidèle du Maréchal, a accueilli le chef de la France libre dignement : il est limogé, mais sans drame. Il y aura d'ailleurs peu de représailles, sans doute parce que, en Normandie, la Résistance a été plutôt discrète. De Gaulle le politique est maintenant dans son élément : les Britanniques et les Américains en prendront acte rapidement. «Amgot» et «fausse monnaie» s'évanouiront en quelques jours, avant de reprendre une place démesurée dans le récit gaullien de la guerre, et dans sa vision des relations avec les Anglo-Saxons.

26

L'avocat de la France

Le 10 août 1944, Churchill reprend l'avion pour l'Italie. Pendant de longues semaines, il s'est opposé avec acharnement à « Anvil », devenu « Dragoon », le débarquement en Provence, espérant convaincre les Américains de poursuivre la conquête de l'Italie par une offensive au sud de l'Autriche et par la Slovénie. Il a été contraint de céder. C'est à bord d'un destroyer, à une vingtaine de milles au large de Saint-Tropez, qu'il va observer, le 15 août, les opérations, dans lesquelles les forces françaises sont à la première place aux côtés des Américains. Il était prévu que le bombardement par les navires alliés dure pratiquement toute la journée, mais à sa déception, les canons côtiers allemands sont rapidement réduits au silence. Conséquence, le spectacle est un peu « ennuyeux[1] ».

Pour rejoindre Rome, il fait une première escale à Alger, où se trouve de Gaulle. Celui-ci rentre des Etats-Unis, où il a été très bien reçu. Le 2 août, le Premier Ministre a, de son côté, eu des paroles très chaleureuses à son propos devant la Chambre des communes, minimisées par les biographes français du Général. Dans les relations internationales, la situation s'est considérablement améliorée : les choses vont beaucoup mieux entre le Comité français et le gouvernement des Etats-Unis. « Durant les quatre dernières années j'ai eu beaucoup de divergences avec le général de Gaulle, mais je n'ai jamais oublié, et je ne pourrais jamais oublier, qu'il fut le premier Français éminent à se tenir debout pour faire face à l'ennemi commun à l'heure où la catastrophe était tombée sur son pays et menaçait le nôtre, et il n'est que justice qu'il soit à la première place le jour où la France se lèvera de nouveau, et se relèvera d'elle-même, pour rejoindre le rang qui est le sien parmi les grandes puissances d'Europe et du monde. Durant quarante ans j'ai été un ami fidèle et constant de la France et de sa valeureuse armée ; toute ma vie j'ai été reconnaissant à la France pour ses apports à la culture, la gloire et par-dessus tout l'esprit de liberté individuelle et les droits de l'homme qui irradient son âme. Mais ceci n'est pas affaire de sentiments ou d'inclination personnels. C'est l'un des intérêts essentiels de la Grande-Bretagne qu'une France amie retrouve sa place parmi les grandes puissances d'Europe et du monde. Si jamais vous pouvez me montrer une fois où j'ai dévié de cette conception générale, et bien, ce jour-là, je vous le dis, je me suis tout simplement trompé[2]. »

Churchill mène un combat presque vital, car les Etats-Unis, comme l'URSS, sont toujours décidés à laisser une place marginale à la France, désormais puissance de second rang. Pour lui, sentiments et intérêts se conjuguent. Son discours ne passe pas inaperçu dans les rangs gaullistes et René Massigli adresse au Premier Ministre un télégramme de remerciements. Initiative personnelle, car ses propos laissent, en revanche, de Gaulle totalement indifférent. A Alger, Duff Cooper est enchanté : un discours « excellent », dont le Général ne peut que se réjouir. Mais lorsque l'ambassadeur francophile lui rend visite au cours de l'après-midi, de Gaulle n'exprime « aucune gratitude » et n'esquisse pas le moindre signe de satisfaction[3] : la France n'a pas besoin de Churchill pour retrouver la place qui est la sienne.

De Gaulle ne s'en tient d'ailleurs pas là. Churchill doit faire une escale de trois heures à Alger avant de repartir pour l'Italie et lui a fait savoir par l'intermédiaire de Duff Cooper qu'il serait heureux de le voir. Lorsque, à 18 heures, Cooper se rend chez de Gaulle, c'est une fin de non-recevoir. Le Général estime que Churchill s'affranchit un peu trop facilement du protocole. Tout juste accepte-t-il, sur l'insistance de l'ambassadeur britannique et de Massigli, d'écrire une lettre « diplomatique » à Churchill lui expliquant qu'il ne souhaite pas le déranger alors que celui-ci a « besoin de se reposer » entre deux avions. Churchill est furieux : dans une lettre à Clementine, il qualifiera la réponse de De Gaulle d'« insolente ». « J'ai l'impression qu'une France gaulliste sera une France plus hostile à l'Angleterre que n'importe laquelle depuis

Fachoda[4]. » La veille, son épouse, mise au courant de cette nouvelle algarade, avait cherché à le consoler et leurs lettres se sont croisées. «Je suis attristée de constater [...] que le général de Gaulle a exploité ta courtoisie et s'est comporté, comme il en a l'habitude, avec son impolitesse calculée – s'il te plaît ne te laisse pas blesser par cela[5]. »

Si Churchill, immense homme d'Etat, peut rester flegmatique face aux pires désastres, il lui arrive aussi de se montrer d'une extrême sensibilité dans les rapports humains. Winston est, en fait, de nouveau touché au cœur. Il lui est vraiment difficile d'accepter, alors qu'il vient de réaffirmer dans des termes solennels devant le Parlement britannique qu'il ferait tout pour garantir la place future de la France et a rendu un hommage vibrant au Connétable lui-même, que celui-ci le traite comme un quidam...

Le 11 novembre 1944, néanmoins, de Gaulle et Churchill descendent les Champs-Elysées côte à côte. Aujourd'hui encore c'est là, aux abords des Petits et Grand Palais, que l'on peut rendre hommage aux deux géants rassemblés par-delà la mort. La statue de De Gaulle, s'élevant sur son piédestal, attire le regard du passant. Tel un bronze de Giacometti, elle accentue la raideur majestueuse du personnage et reflète un certain manque d'humilité. On peut ne pas la trouver très réussie. Plus discrète, parfois cachée par les feuilles des arbres, beaucoup plus solidement ancrée dans le sol de la capitale, la statue de Churchill est aussi plus humaine, comme celle de Clemenceau non loin de là. Sans doute involontairement, les deux représentations traduisent bien l'abîme qui les sépare : du côté du Général, l'abstraction, les grandes idées ; du côté de Churchill, les faits, la glaise humaine.

En ce 11 novembre, c'est, après des mois difficiles, la grande réconciliation. Cette fois, les deux hommes sont unis, en pleine gloire. C'est le triomphe de l'alliance : tout rentre dans l'ordre, même si, jusqu'à la veille, le voyage a failli capoter. Les Britanniques craignent en effet pour la sécurité du Premier Ministre, la situation en France leur semblant encore trop instable. La popularité de Churchill auprès des Français est cependant au sommet. Un témoin, le général Brooke, note qu'il a reçu un accueil merveilleux : «La foule parisienne est devenue complètement folle en le voyant passer. » Pour la première fois depuis 1940, les Parisiens vont l'entendre parler de vive voix.

Durant l'après-midi du 12 novembre, à l'Hôtel de Ville, Churchill est fait citoyen honoraire de Paris. On lui remet le drapeau allemand qui flottait sur le bâtiment durant l'Occupation, et il remercie par un discours improvisé en français qui reçoit un accueil délirant, et qui a été merveilleusement retranscrit par François Kersaudy. Churchill appelle notamment les Français à se rallier autour de leur chef – de Gaulle – et ajoute : « Et c'est le moment que la France reprend sa place avec les puissances, euh, avec les autres grandes puissances[6]. »

Puis il se rend à la gare de Lyon pour prendre le train qui va le conduire, dans la nuit, à Besançon, avant de rejoindre en voiture le PC de la 9e division d'infanterie coloniale, installé au château Montalembert, dans le village jurassien de Maiche, à 80 kilomètres à l'est. Il fait un froid intense et les routes sont couvertes de neige fondue. La voiture de Churchill crève à deux reprises. « Il arriva sur place complètement frigorifié et recroquevillé en boule comme un hérisson. On l'installa dans un fauteuil avec une bouillotte à ses pieds et une autre sur le dossier du fauteuil ; en même temps qu'il s'installait, une rasade de cognac lui fut administrée afin de le réchauffer intérieurement. L'effet fut merveilleux[7]... » Mary Soames, sa fille cadette, se souviendra avec émotion de ce discours et de son père levant son verre à la fin du repas à la santé de la 1re armée française et de son chef, de Lattre, qu'il qualifie de *« général rusé »*. Après que celui-ci a fait un tour d'horizon de la situation sur sa partie du front, un déjeuner revigorant est servi à l'hôtel du Lion d'or. Churchill renoue ainsi avec cette armée française qu'il a tant défendue avant guerre, mais une armée plus jeune, équipée d'armements modernes et qui, après avoir déjà sauvé l'honneur des armes françaises en Italie, en Normandie et dans le sud de la France, est en train de prouver qu'elle mérite sa place parmi les vainqueurs.

Le futur maréchal, qui est sur le point de lancer l'assaut, a prévu également une de ces mises en scène dont il a le secret. Ayant été bien sustenté, Churchill repart pour le Valdahon, où il va passer les troupes en revue. Emergeant de la pénombre, alors qu'il neige à gros flocons, plusieurs unités de la 1re armée défilent devant le Premier Ministre. Les recrues issues des maquis font très bonne figure, « petits, durs et féroces », mais même Alan Brooke est ému et impressionné lorsqu'il entend approcher les sons stridents de la musique de la Légion étrangère ; enfin, alors que la nuit est tombée, viennent les chars, tous feux allumés. Le soir, Churchill dîne avec de Gaulle à bord du train qui les reconduit à Paris. Winston est dans une forme excellente, note Brooke, et « même de Gaulle se détendit un peu ».

De retour en Angleterre, Churchill écrit à Duff Cooper que le séjour a permis de faire de grandes avancées. « J'ai le sentiment que nous avons relancé de nouveau l'Entente avec grande vigueur. » Mais le sous-lieutenant de hussards n'est jamais loin : « Ce doit être merveilleux d'être français et d'avoir vingt ans avec de bons fusils dans les mains et la France à venger et à sauver », écrira-t-il à de Lattre.

L'enthousiasme du peuple de Paris sur les Champs-Elysées, l'accueil fait à ses propos en français à l'Hôtel de Ville, l'armée française renaissante sous la neige : Churchill est presque subjugué. Il confirme ces bonnes impressions dans son compte rendu à Roosevelt : « J'ai certainement reçu un accueil formidable de la part d'un demi-million de Français sur les Champs-Elysées. [...] J'ai établi de nouveau des relations personnelles amicales avec de Gaulle, qui s'est amélioré depuis qu'il a perdu en grande partie son complexe d'infériorité. Giraud était au banquet, apparemment tout à fait content. Quel changement de fortune depuis Casablanca. » Churchill écrit que de Gaulle posa un certain nombre de questions qui lui firent sentir « combien ils étaient très peu au courant de ce qui avait été décidé ou de ce qui était en cours ». La conclusion est encore plus positive : « J'ai ressenti une impression très forte de stabilité, en dépit des menaces communistes, et que nous pourrions davantage les mettre dans la confidence à l'avenir, sans que cela pose de risque. » L'importance de cette dernière phrase a jusqu'à présent été minimisée, en raison d'une traduction insatisfaisante[8]. Churchill a pourtant franchi une nouvelle étape en faveur de la France. Il veut en effet convaincre Roosevelt d'inviter la France à participer aux discussions sur l'avenir de l'Europe. Les Grands seront désormais bien quatre, mais le quatrième, car la Chine a pris du retard, doit être la France.

En décembre 1941, Roosevelt a utilisé pour la première fois en public l'expression « United Nations ». La Société des Nations a été un échec, et le monde a besoin d'être guidé fermement, d'où le concept des « quatre policiers ». Ce seront les Etats-Unis, l'URSS, la Grande-Bretagne et la Chine. Prudemment, patiemment, Churchill et Eden, dans des styles totalement différents, vont œuvrer au cours des deux années suivantes pour que la France soit réintégrée et rejoignent les autres Grands.

Eden a souvent été présenté comme un francophile, mais il est bien plus un artisan de la realpolitik. S'il soutient la France, c'est par intérêt. La «grandeur» de la France lui importe peu, ce qui compte c'est une France forte. L'alliance se situe dans la continuité de la diplomatie traditionnelle qui vise l'équilibre des puissances : on appelle cela *«old diplomacy»*. Sa note du 8 novembre 1942 expose prudemment ce point de vue. Il faut, au sein des futures Nations unies, que trois au moins des grandes puissances aient le *«leadership»*. «J'ai été amené à la conclusion, [...] que nous devrions considérer le concept des quatre puissances, œuvrant au sein de l'architecture des Nations unies, comme le fondement de notre politique étrangère à l'heure actuelle.» Ces quatre puissances sont les Etats-Unis, la Grande-Bretagne, l'URSS et la Chine. Quant à la France, «nous ne sommes pas en mesure de dire maintenant ce que sera la situation de la France lorsque la guerre sera terminée, ou si elle aura la capacité ou la volonté de reprendre son rôle historique[9]». Début 1943, sa position a subtilement évolué. Le monde sera toujours guidé par les quatre puissances, Etats-Unis, Grande-Bretagne, Russie et Chine. «Le futur de la France demeure obscur, mais de notre point de vue il serait souhaitable que, dans la mesure où elle aurait recouvré une partie de sa “grandeur”, elle soit associée aux quatre autres puissances dans le gouvernement du monde.» Le 7 juillet 1943, il franchit un pas supplémentaire. Il faut donner à la France la «même position que les quatre puissances, ne serait-ce parce que sans l'aide d'une France nouvelle le problème de la création à nouveau d'une Europe libre et saine serait beaucoup plus ardu[10]».

Churchill est peu intéressé par ces spéculations. Il est un chef de guerre, et doit d'abord vaincre le nazisme. Comme il l'écrit à Eden en octobre 1942 : «Ces études spéculatives seront confiées à ceux qui ont du temps libre devant eux. [...] N'oubliez pas la première ligne de la recette pour le civet de lièvre dans le livre de recettes de Mme Glass : d'abord attraper votre lièvre[11].» Il a cependant le même objectif que son ministre des Affaires étrangères concernant la France et comme il est foncièrement optimiste, il pense que les choses se feront naturellement, parce que c'est le sens de l'Histoire, tandis que les accords les plus élaborés peuvent être totalement contre-productifs.

A la conférence de Téhéran, fin novembre 1943, Staline et Roosevelt sont d'accord sur un point : la France ne jouera pas un rôle important à l'avenir. De Gaulle compte pourtant sur une alliance avec l'URSS, mais, d'entrée de jeu, Staline est déchaîné. Il a pu convaincre Roosevelt d'établir ses quartiers au sein même de l'ambassade soviétique, mieux placée dans la capitale iranienne et plus vaste que l'ambassade des Etats-Unis. Dès la première rencontre entre le dictateur et le président, en l'absence de Churchill, le ton est donné. Staline explique qu'il ne connaît pas de Gaulle personnellement mais qu'il considère celui-ci comme étant très éloigné des réalités, et qu'il n'est pas autre chose qu'un symbole. La France réelle, physique, a pris parti pour Pétain et soutient l'ennemi commun, l'Allemagne. Le problème avec de Gaulle c'est qu'il n'a aucune relation avec la France réelle, qui, selon le dictateur, devra être punie pour son attitude durant la guerre. « De Gaulle se comporte comme s'il était à la tête d'un grand Etat, alors qu'au fond, il a très peu de pouvoir. » Roosevelt est naturellement d'accord avec ce point de vue, mais il a une idée plus précise de l'avenir de la France. Aucun Français de plus de quarante ans, et en particulier aucun Français ayant à n'importe quel moment participé au pouvoir français actuel [Vichy] ne devrait être autorisé à participer aux futurs gouvernements[12]. Pour Staline, il faut aller plus loin. Tout est de la faute des classes dirigeantes françaises, et elles ne devraient pas avoir leur part dans les dividendes de la paix. Par ailleurs, l'Empire ne doit pas être reconstitué, et les deux dirigeants sont totalement d'accord pour dire que l'Indochine ne devra pas être restituée à la France. Churchill, cependant, est d'opinion différente. Roosevelt explique d'ailleurs à Staline que « M. Churchill a comme opinion que la France serait très rapidement rebâtie en une puissance forte ».

Au cours du dîner du 28 novembre – Churchill est présent cette fois –, mémorable par l'ampleur et la durée des libations, Staline revient à la charge. Les classes dirigeantes françaises sont pourries jusqu'à la moelle, et ont livré la France aux Allemands. Ce serait non seulement injuste mais dangereux de la laisser en possession de zones ou de villes stratégiques après la guerre. Roosevelt se dit de nouveau – en partie – d'accord, et répète sa proposition d'écarter des positions de gouvernement tous les hommes de plus de quarante ans.

Churchill, face à cette offensive coordonnée, préfère ne pas trop s'engager. Il y a des sujets qu'il estime plus importants que la France : le débarquement, l'avenir de la Pologne. Pour défendre la place de la France à la table des Grands, il n'est pas en position de force, tant s'en faut. En cette fin d'année 1943, les armées françaises sont en train d'être reconstituées certes, mais, par rapport aux Russes, aux Américains et aux Britanniques, les effectifs sont presque dérisoires. Lorsqu'il répond à Staline qu'il ne peut concevoir un monde civilisé sans une France prospère et vivace, le dictateur réplique sur un ton de mépris que la France est peut-être un pays charmant et agréable mais qu'elle ne devrait pas être autorisée à jouer un rôle important dans l'immédiat après-guerre. Tout au long de la conférence, Churchill comme ses adjoints seront stupéfaits par la virulence de Staline à l'égard des Français.

Le Premier Ministre, qui a été constamment taquiné par Staline, revient de la conférence de Téhéran avec le sentiment d'avoir été acculé par ses deux alliés. «Je me suis retrouvé assis entre le grand ours russe d'un côté, les pattes étendues, et de l'autre le grand bison américain, et me voilà entre les deux, le pauvre petit âne anglais qui était le seul à connaître la route.» Il n'est pas encore temps de se lancer dans une grande plaidoirie pour la France; celle-ci est trop faible, trop compromise. Pragmatique, il estime que la question est prématurée. Ce qui compte, c'est que la France retrouve une certaine puissance militaire, qu'elle participe effectivement aux opérations, qu'elle retrouve unité et stabilité.

Si l'idée d'une zone proprement française n'est pas évoquée lors de la deuxième conférence du Québec en septembre 1944 qui aborde pour la première fois la question de l'occupation de l'Allemagne, pour Churchill une participation de la France est acquise : au minimum, elle prendrait une partie de la zone britannique.

Au cours du déjeuner du 11 novembre, à Paris, de Gaulle a insisté très fortement pour que la France obtienne une part dans l'occupation de l'Allemagne, pas seulement comme une sous-participation sous commandement britannique ou américaine, mais sous commandement français indépendant. Churchill et Eden approuvent cette fois en chœur, et le Premier Ministre s'en explique à Roosevelt : « J'ai reçu cette demande favorablement, sachant bien que, dans un temps pas si éloigné, les armées américaines rentreront à la maison et que les Britanniques auront le plus grand mal à maintenir à l'étranger des contingents militaires importants, si contraires à nos traditions et qui seraient disproportionnés par rapport à nos ressources, et l'ai fortement encouragé à bâtir une armée qui sera suffisamment forte pour accomplir cette tâche. [...] Il nous faut prévoir que, dans les cinq années qui suivront la fin de la guerre, une armée française devra prendre en charge l'endiguement de l'Allemagne[13]. »

Roosevelt n'est pas convaincu. Churchill a émis le vœu que la France soit beaucoup plus présente dans les discussions au sommet ? Le président répond sèchement qu'il ne souhaite pas qu'elle participe à la prochaine conférence, car cela rendrait les discussions confuses et éloignerait des sujets « essentiels ». « Tous les trois, nous pouvons discuter entre nous des questions que vous soulevez comme la cession d'une partie de l'Allemagne à la France [*sic*] après l'effondrement du nazisme, ainsi que l'aide à la France pour qu'elle redevienne forte. » Il ajoute, non sans mauvaise foi, qu'il n'est pas en situation de prendre de décisions au sujet de l'équipement de 8 divisions françaises[14].

Churchill est choqué par cette réponse négative. Il est décidé à défendre les intérêts de la France : « Je prends acte que vous ne voulez pas que les Français soient présents. Je pensais qu'ils auraient pu être invités à participer à la fin, du fait que leurs intérêts vitaux sont concernés par les accords au sujet de l'occupation de l'Allemagne, ainsi que par toutes les questions affectant les frontières du Rhin. » Il est aussi très inquiet de la réponse du président au sujet de la future armée française. « Si, après l'effondrement de l'Allemagne, vous devez ramener les troupes américaines à la maison aussi rapidement que le permettent les moyens logistiques [Churchill cite Roosevelt] et si les Français ne doivent pas disposer, après la fin de la guerre, d'une armée solidement équipée ou même du temps pour en constituer une, [...] comment sera-t-il possible de contrôler toute la partie de l'Allemagne à l'ouest de la ligne de front soviétique actuelle ? Nous ne pourrons certainement pas accomplir cette tâche sans votre aide et sans celle des

Français. Tout se désintégrerait rapidement, comme la dernière fois. J'espère, cependant, que mes craintes sont infondées[15].»

Les Américains repartiront chez eux, c'est une quasi-certitude, il faut par conséquent une France forte, avec les attributs des grandes puissances. De Gaulle affirmera dans ses Mémoires que Churchill est même allé au-delà et lui a proposé, sur le chemin du retour de la visite en Alsace, dans le train peut-être, en tout cas en tête à tête, une grande alliance, une nouvelle Entente cordiale. En fait, le texte des Mémoires du Général est passablement embrouillé, et on finit par ne pas vraiment comprendre qui a proposé quoi[16]. Il commence par écrire que la visite de Churchill était «peut-être l'ultime occasion de l'amener à résipiscence», ce qui est une curieuse façon de traiter le Premier Ministre d'un pays libérateur. Il reproche en effet à Churchill de ne pas vouloir, en réalité, adopter à l'égard de la France une politique de «franche solidarité» entre les deux pays dans les négociations de paix à venir, mais, plus généralement contre les «superpuissances» que sont l'Amérique et l'URSS. L'épisode du «grand large» paraît soudainement bien lointain. Churchill, écrit encore de Gaulle, veut en effet une alliance, mais qui ne heurte pas les autres Grands : le Premier Ministre préfère les «éclairer», avant de les amadouer, grâce à son charme et ses talents de diplomate. Quant à la France, rien ne presse : le temps fera son œuvre. Il faut d'abord reconstruire une France forte, ce qu'il a toujours soutenu vigoureusement. Celle-ci retrouvera d'autant plus aisément sa place que les deux Grands ne tarderont pas à avoir d'autres préoccupations. Politique réaliste, qui tient compte des faits, conforme à la longue tradition britannique, alors que de Gaulle, étrangement, se prend à rêver et trace un avenir commun grandiose entre la France et l'Angleterre. Le Cabinet britannique n'est manifestement pas informé de la teneur de ces discussions et Churchill ne dit pas un mot de cet échange dans ses Mémoires. Comme pour l'épisode du «grand large», de Gaulle succombe à la tentation de surinterpréter des propos tenus de façon informelle et d'en faire son miel.

C'est à Yalta, au bord de la mer Noire, dans cette «version austère de la Riviera», comme l'appellera Churchill, que l'avenir de la France se joue, en son absence. Churchill a voulu mettre de Gaulle dans la «confidence», mais son comportement l'a une nouvelle fois hérissé. Lorsqu'au cours du mois de janvier 1945, le Général fait savoir qu'il est indispensable que la France soit invitée, Churchill écrit à Eden qu'il y est totalement opposé et explique ses raisons dans des termes sans concessions. La visite à de Lattre sous la neige est oubliée : « La contribution de la France dans les combats actuels est très marginale. Ce n'est pas du sang français qui est en train de couler aux quatre coins du globe. Le Canada aurait plus de titres à devenir la quatrième puissance. » Il va jusqu'à remettre en cause la valeur au combat du soldat français : « Dans les récentes opérations autour de la poche de Colmar, 80 000 Français ont attaqué 12 000 Allemands, et n'ont pas réussi à progresser. Quant aux troupes issues des maquis, il sera très difficile de les intégrer ; elles ont insisté pour ne pas être amalgamées, pour des raisons politiques qui menacent la stabilité même du gouvernement de Gaulle. [...] Vraiment la France a suffisamment à faire au cours de cet hiver et de ce printemps pour conserver son unité, corps et âme, et ne peut prétendre jouer à la grande puissance. Je ne puis imaginer quoi que ce soit de plus désagréable et insupportable que d'avoir parmi nous cet homme constamment hostile et menaçant, toujours à l'œuvre pour se forger une réputation en France en revendiquant une position bien supérieure à celle qu'occupe réellement son pays, et passant son temps à faire la grimace aux Alliés alors que ceux-ci ne font pas autre chose que leur boulot[17]. »

C'est pourtant Churchill en personne qui va défendre le dossier français au cours de la conférence de Yalta. D'entrée de jeu, il explique que l'occupation d'une large partie de l'Allemagne serait, pour les Britanniques, un fardeau bien trop lourd à porter dans la durée et qu'il serait heureux que les Français prennent leur part. Staline demande alors si une zone française implique que la France soit admise au sein de la Commission de contrôle, au même titre que l'URSS, les Etats-Unis et la Grande-Bretagne. Churchill répond par l'affirmative ; en grandissant, l'armée française sera amenée à prendre plus de responsabilités. Roosevelt intervient pour réaffirmer que l'occupation américaine serait limitée à une durée de deux ans : il ne peut pas laisser indéfiniment une grande armée à 5 000 kilomètres de l'Amérique. « Les Américains sont libres de s'en aller d'Europe mais les Français allaient toujours rester les voisins de l'Allemagne ; et la sécurité de la Grande-

Bretagne exige que la France ait une armée puissante et soit en position d'empêcher la construction de sites de lancement de fusées sur la côte française», constate Churchill, qui ajoute un peu cyniquement que les Français ont une longue expérience de l'occupation de l'Allemagne. «Ils font cela très bien, et ne risquent pas de se montrer trop laxistes[18].»

Staline revient à la charge et explique que les trois Grands, qui ont porté sur leurs épaules presque tout le poids de la guerre, doivent recevoir en récompense le maximum. Il n'y a aucune raison de faire de cadeau à la France : elle a beaucoup moins souffert que la Yougoslavie ou les Pays-Bas et sa participation aux opérations est encore limitée. «A présent la France a engagé huit divisions dans les combats ainsi que quelques bateaux. La Yougoslavie a douze divisions et le gouvernement polonais de Lublin dix[19].» Au cours des séances plénières qui se succèdent, Churchill ne cesse d'argumenter en faveur d'une zone française et de sa participation à la Commission de contrôle. Il rend compte au War Cabinet de ses efforts : «Jusqu'à présent nous avons été les seuls à parler en termes amicaux de la France. Je suis néanmoins certain que la présence de De Gaulle et de ses conseillers à la conférence en Crimée aurait anéanti toute chance de progrès. [...] Les Russes sont aussi déterminés que les Américains à maintenir la France, et spécialement de Gaulle, à l'écart des “Trois Grands”. Les deux grandes puissances résistent à nos tentatives pour permettre à la France d'obtenir un siège à la Commission de contrôle alliée pour l'Allemagne, qui est évidemment absolument nécessaire si les Français ont une zone. J'ai été surpris par l'attitude si antifrançaise des Russes[20].»

La perspective d'une nouvelle Entente cordiale n'empêche pas qu'il faille marquer certaines limites. Le 25 mars 1945, Eden lui suggère d'informer de Gaulle des progrès de la mise au point de la bombe atomique. Les «gaullistes» du Foreign Office sont décidément incorrigibles : «Je ne suis certainement pas d'accord que ce secret soit confié aux Français. [...] Je commence à être assez fatigué par toutes les différentes choses que nous devons faire ou ne pas faire de crainte que les relations franco-anglaises en souffrent[21].»

A Yalta, et dans les semaines qui suivront, Churchill va cependant réussir à faire prévaloir son point de vue. La France obtient une zone d'occupation et, peu après, un siège au Conseil de sécurité des Nations unies. Il est ainsi quasiment certain que, sans Winston Churchill, la France n'aurait pas obtenu aussi rapidement ces attributs si essentiels de la « grandeur ». Pour de Gaulle, cette idée est insupportable. La geste gaullienne ne serait pas la même sans le mythe d'une France libérée par elle-même, avec le simple « concours » des Alliés, et obtenant son siège à New York comme juste récompense de ses efforts et de ses sacrifices. Qu'elle prétende refléter la vérité historique est une tout autre affaire, et pourtant ce « récit » a la vie dure.

Chez les Britanniques, le sentiment que la France est une ingrate se répand. Un francophile comme Duff Cooper, devenu ambassadeur à Paris, note ainsi le 18 juin, après avoir assisté au grand défilé de la victoire sur les Champs-Elysées : « 50 000 hommes, et une énorme démonstration de toutes sortes de véhicules à moteur et d'avions [...] pas un seul drapeau anglais ou américain en vue. Pas le moindre signe de gratitude et on avait le sentiment d'une France qui se pavanait, ayant très peu de raisons de se pavaner[22]. » En faisant porter à l'ensemble des Français la responsabilité de cette ingratitude, plutôt qu'à de Gaulle lui-même, le diplomate britannique fait fausse route. Churchill, lui, sait bien combien la nation française lui est profondément reconnaissante.

Deux nouvelles crises éclateront encore avant la victoire du 8 mai 1945. De Gaulle est toujours fermement convaincu que la Grande-Bretagne a pour objectif d'expulser la France au Levant et, s'il a reconnu du bout des lèvres la souveraineté de la Syrie et du Liban, il est décidé à ne pas leur octroyer l'indépendance complète. Fondamentalement, la politique de la Grande-Bretagne est claire : elle n'a pas l'intention de prendre la place de la France au Moyen-Orient, mais prône une solution à l'irakienne, l'indépendance et l'influence, comme le réaffirme le Premier Ministre devant les Communes. Lorsque les troupes françaises occupent Damas, le 29 mai 1945, Churchill exige leur retrait immédiat. Il prend néanmoins soin de demander au général Paget, qui commande les troupes britanniques sur place, de tenir compte des revendications françaises, comme lorsque après la Première Guerre mondiale il rappelait à Lawrence et ses émules qu'ils ne devaient pas agir sans tenir compte des intérêts de leur Allié : « Aussitôt que vous avez repris contrôle de la situation, vous devez montrer votre pleine considération pour la France. Nous sommes très étroitement liés à la France en Europe, et votre réussite suprême sera d'aboutir à une paix sans rancœur. [...] Puisque des soldats français ont perdu la vie, vous devrez tout faire pour les protéger.» Au président syrien, il écrit le 3 juin que «les Français doivent être traités avec justice comme vous-mêmes, et nous, Britanniques, qui ne cherchons pas à faire main basse sur ce qui vous appartient, attendons de votre part la modération et la coopération que méritent nos efforts désintéressés». De Gaulle refusera toujours de croire à la sincérité de Churchill – il se trompe totalement – et essaiera, tout au long de l'après-guerre, de prendre sa revanche. Son attitude face à la question du Levant est très loin d'être l'épisode le plus glorieux de sa carrière.

Autre crise, au Val d'Aoste cette fois, qui a été occupé par les forces françaises au printemps 1945, et que de Gaulle semble vouloir annexer : il faudra une pression extrêmement forte des Britanniques pour que le gouvernement français accepte de les retirer. Cette fois encore, Churchill conserve son sang-froid, malgré son exaspération. Au président Truman, qui a pris la succession de Roosevelt, il écrit qu'il considère que de Gaulle est «le pire ennemi que puisse avoir la France au milieu de ses malheurs. [...] La France a davantage besoin que quiconque de l'amitié de la Grande-Bretagne, mais je suis certain qu'à long terme, aucune entente avec le général de Gaulle n'est possible[23]». Le 6 juin 1945, au cours d'une réunion du War Cabinet, il constate que la situation s'est enfin améliorée au Levant, de Gaulle ayant dû renoncer à faire valoir ses ambitions, mais que, décidément, il n'existe aucun espoir de «relations confiantes avec la France, tant que nous ne nous serons pas débarrassés de lui».

27

Le sentiment de l'ingratitude

Le monde entier est stupéfait lorsque tombent, le 26 juillet 1945, les résultats définitifs des élections générales qui ont eu lieu trois semaines plus tôt. Churchill et le Parti conservateur sont sévèrement battus. Winston se console en méditant la phrase de Plutarque selon laquelle «l'ingratitude envers les grands hommes est la marque des peuples forts», et en se rappelant comment, deux décennies auparavant, Clemenceau avait subi le même sort. Entre-temps, et avant de participer à la conférence de Potsdam, il est allé se reposer en France. Le 7 juillet, il est sur la côte basque et prend ses quartiers au château Bordaberry, prêté par un ressortissant canadien, le général Brutinel. Sa popularité en France est immense, il est l'attraction de l'été et il en est bien conscient ; confiant dans le résultat du scrutin, son moral est au beau fixe.

Il visite Saint-Jean-de-Luz, se baigne à Hendaye. John Colville, resté sur la plage, est témoin d'un spectacle insolite : «Le Premier Ministre barbotait dans l'eau, tel un hippopotame bienveillant, au centre d'un large cercle de gendarmes français chargés de sa sécurité, qui s'étaient mis en maillots de bain pour l'occasion. Son détective britannique avait été également équipé pour ces devoirs aquatiques par les autorités prévoyantes de Scotland Yard. Une comtesse française opiniâtre nageait tout autour du cercle ; c'était une collaboratrice notoire qui espérait pouvoir parler à Churchill afin d'échapper au sort que l'implacable résistance lui réservait sans doute [...]. Les gendarmes du premier cercle, qui faisaient patiemment du surplace, s'opposèrent à son plan, mais elle réussit à me coincer sur la plage. A la vue de ses boucles dorées je fus saisi de pitié et j'espérais qu'elle ne subirait pas le même sort que les filles tondues que j'avais aperçues à Bayeux l'été précédent[1]. »

Duff Cooper est également témoin de ce nouvel épisode des aventures aquatiques du Premier Ministre : « Winston lorsqu'il est dans l'eau peu profonde a une méthode qui consiste à barboter comme un morse, se laissant flotter au gré des vagues. Une foule d'autochtones observaient cet extraordinaire spectacle avec ébahissement. Il est adulé ici par la population, comme partout en France. » Le diplomate remarque aussi que certains Français sont un peu choqués que de Gaulle n'ait pas fait un geste pour saluer la présence, en France, du Premier Ministre. Winston lui-même en a pris bonne note : « S'il avait pris des vacances en Ecosse je crois que je lui aurais adressé un télégramme pour dire que j'espérais qu'il passait un agréable moment[2]. »

De retour en Angleterre, Churchill va rapidement s'atteler au projet qu'il a en tête sans doute depuis le début de la guerre : l'histoire de la Deuxième Guerre mondiale. David Reynolds a raconté dans un ouvrage passionnant la genèse de cette grande œuvre. Cette fois, Winston va pouvoir faire appel à une source d'une valeur inestimable, les papiers officiels, auxquels il a un accès privilégié. Concernant les documents les plus secrets, il est toutefois contraint d'obtenir le feu vert du gouvernement, représenté par un très haut fonctionnaire, celui-là même qui émit des objections à ce qu'une partie du discours prononcé en séance secrète du Parlement, dans lequel Churchill fustigeait de Gaulle, soit publié par le magazine *Life*. Il s'entoure d'une équipe d'assistants, et, pour les chapitres concernant la France, consulte certains des principaux acteurs français, notamment Paul Reynaud.

Churchill sait que son livre aura un retentissement mondial. Il a prouvé, avec *The World Crisis* et son énorme biographie de Marlborough, qu'il était un bon historien, avec un grand sens de l'observation et un remarquable talent pour mêler faits précis, détails pittoresques, tristes ou comiques, et grandes envolées. Il a été aux commandes de la lutte contre le nazisme, et, pour reprendre le titre de l'ouvrage de Reynolds, il tient à être aussi aux commandes de l'Histoire qui la racontera. Il compte cependant bien revenir un jour aux affaires et fait relire les passages qui peuvent, potentiellement, provoquer la controverse, notamment lorsque les personnages concernés sont encore en activité.

Churchill a signé des contrats extrêmement lucratifs avec ses éditeurs britanniques et américains. En anglais, l'ouvrage a simplement pour titre *The Second World War*, « La Deuxième Guerre mondiale ». En France, on préfère souligner discrètement que l'œuvre sera subjective et cela devient : *Mémoires sur la Deuxième Guerre mondiale*. L'ouvrage comportera six tomes ; en France, chaque tome sera publié en deux volumes, dont la parution s'échelonnera de 1948 à 1954.

Le premier tome, *L'orage approche*, connaît un succès immédiat et n'entraîne pas de polémique. Ce n'est pas le cas avec le deuxième, intitulé en anglais *Their Finest Hour*, et qui devient *L'Heure tragique*. Emery Reves, son agent, a prévenu Churchill : sa description de la chute de la France en mai et juin 1940 risque d'être mal accueillie dans certains milieux, tant la blessure est encore vive. « Ceci serait très regrettable étant donné la popularité immense qui est la vôtre en France », lui écrit-il.

Et, effectivement, le général Gamelin proteste contre le passage particulièrement frappant où Churchill l'interroge, au cours de la conférence du conseil suprême de guerre qui se déroule le 16 mai 1940 au Quai d'Orsay, sur la situation au front. « Où est la masse de manœuvre ? – Aucune, avait répondu Gamelin, en secouant la tête et en haussant les épaules. » Suit la description du fameux autodafé, symbole concret de la disparition de la République : « Au-dehors dans les jardins du Quai d'Orsay des nuages de fumée s'élevaient de plusieurs grands brasiers, et je voyais de la fenêtre de vénérables hauts fonctionnaires qui renversaient dans les flammes des brouettes remplies d'archives. » « Aucune », répète Churchill avec insistance, malgré l'incorrection de l'expression. « J'étais sans voix. Je n'avais jamais pu imaginer qu'un commandant en chef chargé de défendre un front de 800 kilomètres puisse être dépourvu d'une masse de manœuvre. » Gamelin est scandalisé par cette description de l'imprévoyance des militaires français et affirme, notamment, qu'il n'a jamais dit « aucune ». Cette masse de manœuvre avait bien existé, mais il avait été obligé de renforcer les premières lignes de front et n'en avait plus à sa disposition.

Deux autres grandes questions alimentent la polémique en France : Dunkerque et l'aide de la chasse britannique. Après Gamelin, Paul Reynaud et le général Weygand font part de leur mécontentement. La réaction la plus vive concerne l'attitude du général Prioux qui, durant le repli en direction de Dunkerque, « donnait, écrit Churchill, l'impression de vouloir se rendre avec toute son armée ». Prioux s'était en fait très bien comporté, et l'évacuation à Dunkerque n'aurait pu être une telle réussite sans la résistance acharnée d'une partie de l'armée française qui parvint à ralentir la progression de la Wehrmacht, ce que les Britanniques mettront du temps à reconnaître. *Le Figaro* publie une lettre de Prioux contestant avec vigueur les paragraphes de Churchill le concernant. Ces polémiques ont un impact négatif sur les ventes. Emery Reves, qui les avait anticipées, écrit à son auteur que « la campagne contre le tome deux a été si puissante en France et en Belgique que les ventes ont été divisées par deux [par rapport au premier tome] ». Effectivement, au 1er juillet 1950, les ventes en langue française du premier tome totalisent 85 000 exemplaires ; celles du deuxième, 45 000 seulement.

La France tient logiquement une place très importante dans les deux premiers tomes, avant d'être éclipsée. Les premières rencontres avec le général de Gaulle suscitent la curiosité du public, et les difficultés périodiques avec le chef de la France libre ne sont pas passées sous silence, tant s'en faut, et sont, pour beaucoup, une révélation. Certes, Churchill ne parle plus d'un « Führer en puissance », comme il l'avait écrit dans une note de 1943, mais il ne l'épargne pas et, malgré le recul, révise à peine son jugement. « Je ne pouvais le considérer comme le représentant de la majorité de la France qui était captive et en état de prostration ; je ne pouvais le voir comme le représentant de la France dans son ensemble, qui avait le droit de décider en toute liberté son avenir. Je savais qu'il n'était pas l'ami de la Grande-Bretagne. Mais j'ai toujours reconnu en lui l'esprit et les conceptions auxquels, lorsqu'on feuillette l'histoire, on songe en lisant le mot France. [...] Toujours, même quand il se comportait le plus mal, il semblait exprimer la personnalité de la France – une grande nation, fière, sûre d'elle-même, ambitieuse. [...] Clemenceau, auquel il se comparait, dit-on, était un homme d'Etat beaucoup plus sage et expérimenté. Mais ils donnaient l'un comme l'autre la même impression, celle d'être des Français que rien ne pouvait asservir. » Quatre ou cinq ans après les événements, Churchill n'a donc pas fondamentalement changé d'avis au sujet de l'homme du 18 Juin, même s'il l'exprime en termes un peu plus mesurés.

Dans les volumes suivants, une place de plus en plus anecdotique est accordée à la France. Si, par exemple, la libération de Paris est décrite en deux pages, il ne fait pas mention de l'envolée magnifique du Général, qui irritera les Britanniques : Paris, outragée et incendiée ? La Ville Lumière avait en fait très peu souffert comparé à Londres, Coventry ou Plymouth. De Gaulle, le politique, est éclipsé par Leclerc, le maréchal d'Empire. C'est un nouveau petit *morceau de bravoure* parmi tant d'autres : « Vers quatre heures de l'après-midi, on lui amena von Choltitz. C'était la fin du voyage qui l'avait conduit de Dunkerque au lac Tchad avant de prendre le chemin du retour au pays. D'une voix basse, Leclerc livra son sentiment intime : *Maintenant, ça y est.* » Peu importe que le capitaine de Hauteclocque n'ait pas été évacué à Dunkerque : la sobriété avec laquelle le hobereau picard exprime sa joie est, pour le lecteur des Mémoires, saisissante. Dans l'imagination de Churchill, c'était peut-être lui, le Connétable.

Bien qu'il ne soit plus au pouvoir, la parole de Churchill résonne encore à travers le monde. Dès le 12 mai 1945, alors que les armes viennent à peine de se taire, il adresse à Truman un télégramme angoissé concernant l'avenir de l'Europe : « J'apprends que la moitié de *l'US Air Force* en Europe a déjà commencé à être redéployée dans le Pacifique. Les journaux sont remplis des grands mouvements de troupes américaines qui quittent l'Europe. Nos armées, en application de ce qui a été décidé, seront sans doute nettement diminuées. L'armée canadienne va certainement rentrer chez elle. Les Français sont faibles, et travailler avec eux est difficile. Tout le monde peut voir que dans un laps de temps très court les forces armées alliées sur le continent auront disparu, excepté quelques unités employées à contenir l'Allemagne. [...] Quelle sera la situation dans un an ou deux, lorsque les armées britanniques et américaines auront fondu et que l'armée française ne sera pas encore une force majeure, lorsque nous n'aurons plus qu'une poignée de divisions, principalement françaises et que, en face, la Russie aura peut-être décidé d'en maintenir deux ou trois cents en service actif ? Un rideau de fer est tombé tout le long du front et nous ne savons pas ce qui se passe derrière. » Une nouvelle étape est franchie le 5 mars 1946, avec le discours qu'il prononce à Fulton, dans le Missouri, au cours duquel il utilise en public l'expression « rideau de fer » (déjà employée à plusieurs reprises durant la guerre par Goebbels). C'est un grand appel à l'unité des peuples de langue anglaise, un thème qui prend une place de plus en plus importante dans ses réflexions. Trois jours plus tard, à Richmond, en Virginie, en présence d'Eisenhower, il reprend ce thème avec force : « Par-dessus tout, parmi les peuples de langue anglaise, il doit exister une union des cœurs fondée sur les idéaux communs et les convictions communes. C'est cela que je viens ici vous offrir. C'est de cela que je suis en quête. »

Les Français sont inquiets, comme l'exprime dans une note René Massigli, devenu ambassadeur de France à Londres. Il semble que Churchill a perdu espoir en la renaissance d'une Europe qui serait à la fois démocratique et forte, et en la France. Si l'ancien Premier Ministre, *of all men*, a perdu ainsi confiance en la France, l'avenir s'annonce bien sombre pour cette dernière[3]. Est-ce là, déjà, la tentation irrésistible du « grand large » ? La chose est plus complexe. En parlant des peuples de langue anglaise, Churchill ne pense pas uniquement aux Etats-Unis, mais également aux pays du Commonwealth. Les Etats-Unis sont évidemment la puissance qui compte, mais rien n'indique que Churchill a subitement oublié leur repli sur soi après la Première Guerre mondiale, ou leur absence en 1940.

Alors que le gouvernement travailliste et son dynamique ministre des Affaires étrangères, Ernest Bevin, veulent établir les bases d'une nouvelle alliance formelle avec la France – ce sera le traité de Dunkerque, signé en mars 1947 –, Churchill lui recommande de ne rien faire avant de connaître le résultat des élections en France. « J'espère que même une France communiste ne m'interdira pas de retourner à Monte-Carlo[4] », écrit-il à Duff Cooper. Le résultat des élections est finalement meilleur que prévu. « J'ai l'impression que la France est de plus en plus stable, ainsi que l'Europe occidentale en général. Il semblerait que le virus communiste soit nettement en repli. Mes sentiments d'amitié envers la France auraient pris un coup très sérieux si une personne ayant déserté de l'armée française en temps de guerre avait fait son apparition à la tête du gouvernement français. Cela aurait vraiment été un choc », explique Churchill, en faisant allusion à Maurice Thorez, le leader du parti communiste.

Une invitation du maire de Metz est l'occasion de retourner en France, en visite semi-officielle cette fois. Justifiant les raisons de ce voyage au Premier Ministre Attlee, toujours un peu nerveux de voir Churchill partir pour l'étranger, il affirme que « cela ferait du bien aux relations anglo-françaises car j'ai avec ce pays des liens anciens, même avant la première guerre... Je pense que ce sera peut-être l'occasion de prononcer quelques mots d'amitié et d'encouragement aux Français, qui devraient atteindre beaucoup de foyers en France ».

Dans la capitale de la Lorraine, le 15 juillet 1946, il est accueilli par une foule enthousiaste. Reçu à l'Hôtel de Ville, il se lance dans un discours improvisé dont il a le secret et rappelle le jour où, jeune garçon, il est passé devant la statue de Strasbourg recouverte de noir. Puis il évoque, comme il l'avait déjà fait à plusieurs reprises, sa visite en France en 1907.

« Que rien ne vienne nous séparer », implore Churchill. L'Europe doit renaître, afin d'éviter au monde un troisième holocauste. « Il ne peut y avoir de renaissance de l'Europe avec sa culture, son charme, ses traditions et sa puissance, sans une France forte. Bien des nations dans le passé ont souhaité et essayé d'être fortes. Mais jamais le besoin d'une France forte ne s'est fait autant sentir que maintenant. [...] Il y a deux cents ans, en Angleterre, Pitt adressa cette invocation à ses compatriotes, déchirés, et divisés. "Soyez un seul peuple !" [...] Et dans notre île, malgré les brumes et la pagaille qui y règnent, nous sommes un peuple uni aujourd'hui, et les dangers, s'ils deviennent vraiment menaçants, ne feront que nous lier plus fortement les uns aux autres. Usant du privilège qui est le mien d'être votre vieil et fidèle ami, je n'hésite pas à pousser tous les Français, même s'ils sont fatigués ou inquiets, à s'unir dans la tâche de conduire l'Europe dans la paix et la liberté vers des jours meilleurs. En vous sauvant vous-mêmes vous sauverez l'Europe et en sauvant l'Europe, vous vous sauverez vous-mêmes. »

Metz n'est qu'une mise en bouche. Le 19 septembre 1946, à Zurich, il prononce des paroles qui vont prendre de court l'Europe entière. Personne n'est surpris par son plaidoyer pour les Etats-Unis d'Europe. Le coup de théâtre arrive ensuite : le premier pas, le pas essentiel, doit être un partenariat entre la France et l'Allemagne. Il ne peut y avoir de renaissance de l'Europe sans une France et une Allemagne spirituellement grandes et qui trouveront, enfin, les voies de l'amitié.

Churchill est un visionnaire et un optimiste, pour lequel le désir de revanche, la rancune et le ressentiment sont les pires défauts de l'espèce humaine. L'opinion publique en France est stupéfaite par tant d'audace. Cet appel à la réconciliation paraît très prématuré, et peut-être un peu facile de la part du représentant d'un pays qui n'a pas connu l'occupation nazie. Même un quotidien éclairé comme *Le Monde* fait part de son scepticisme, dans un éditorial digne d'un élève de première année de Sciences politiques : « M. Churchill n'hésite pas à bousculer les données du problème de la paix européenne. [...] Suivant sa conception, les Nations unies se subdiviseraient en groupements régionaux ; l'Europe en formerait un, l'Amérique un deuxième ; le Commonwealth britannique et l'URSS un troisième et un quatrième. [...] Un tel plan repose sur une double hypothèse à savoir qu'une entente franco-allemande serait possible et en même temps qu'elle serait efficace. [...] Les conditions psychologiques d'un rapprochement font pour le moment défaut. L'opinion française, déçue par l'échec des tentatives faites entre les deux guerres, est plus méfiante qu'elle ne le fut jamais. Le national-socialisme, l'occupation et ses souffrances, l'horreur des déportations l'ont éloignée de l'Allemagne. Les Allemands seraient-ils mieux disposés ? Ils ont d'autres soucis en tête. Mais les circonstances peuvent changer et M. Churchill a peut-être parlé pour l'avenir[5]. » En effet.

Son prestige est immense. Il est le grand homme du demi-siècle, et lorsqu'il appelle la France et l'Allemagne à la réconciliation, personne n'ose prendre ses paroles à la légère. Mais il faut joindre l'acte à la parole, et, depuis qu'il a quitté le pouvoir, ses moyens d'action sont limités. Il va même, en novembre 1946, reprendre contact avec de Gaulle pour la première fois depuis la fin de la guerre. Le Général s'est retiré de la vie politique, peut-être définitivement. Il n'est pas question d'une rencontre entre les deux hommes, mais Churchill propose prudemment d'organiser un rendez-vous entre son gendre, Duncan Sandys, et un « ami de confiance » que le Général choisirait : « Il me semble qu'un échange de vues dans la plus grande discrétion pourrait se révéler utile pour nos deux pays. La méthode que je propose aurait l'avantage de ne pas attirer l'attention. Cependant, je comprendrais parfaitement et ne me sentirais nullement offensé si vous estimez qu'un tel rapprochement est inopportun[6]. »

De Gaulle accepte finalement de recevoir Sandys, et celui-ci se rend à Colombey, le 29 novembre 1946. Dans la lettre qu'il a confiée à son gendre, Churchill demande l'avis du Général sur le danger représenté par les troupes soviétiques, puis aborde la question qui lui tient à cœur : la formation des Etats-Unis d'Europe, qui bute sur la place de l'Allemagne. « C'est ma conviction que la France peut prendre l'Allemagne par la main, et, avec l'entière coopération de l'Angleterre, l'ancrer à l'Ouest et à la civilisation européenne ; ce serait vraiment une très grande victoire. » Le soir même, de retour à Paris, Sandys lui adresse son compte rendu. La rencontre a été plutôt décevante. De Gaulle s'est montré assez sceptique sur l'ampleur de la menace russe, estimant que les Russes n'étaient pas prêts militairement et étaient en train de démobiliser une partie considérable de leurs forces non permanentes. Leur politique était purement opportuniste : dès que l'occasion se présenterait, ils chercheraient à obtenir des territoires ou de l'influence supplémentaires, mais ils n'étaient pas disposés, de son point de vue, à faire la guerre pour cela.

Quant aux Etats-Unis d'Europe, le compte rendu de Sandys est un peu confus. Il affirme que « de Gaulle croit sans aucun doute fermement à ce projet », mais que son soutien est soumis à d'innombrables conditions et réserves. L'allusion de Churchill dans son discours de Zurich à un partenariat franco-allemand a été « mal reçue en France » a expliqué le Général. L'Allemagne, comme Etat, n'existe plus. Tous les Français sont violemment opposés à la recréation d'un Reich unifié et centralisé, et sont très méfiants à l'égard de la politique des gouvernements américain et britannique. A moins de prendre toutes les mesures indispensables pour éviter une résurrection de la puissance allemande, le danger existe que l'Europe unie, pour laquelle plaide Churchill, devienne une sorte de grande Allemagne.

Ce n'est pas tout : le soutien de De Gaulle à l'Europe unifiée est conditionné au règlement des désaccords existants avec la Grande-Bretagne. C'est un véritable pot-pourri de revendications qui doivent être satisfaites, comme si, au fond, de Gaulle n'avait nulle envie d'une réconciliation franco-allemande : la France doit recevoir chaque année et de façon permanente du charbon de la Ruhr ; la Grande-Bretagne doit, quant à elle, consentir à la poursuite de l'occupation militaire en Allemagne et peut-être à l'intégration du nord de la Rhénanie dans la zone française, ainsi qu'à la mise en place d'un système de contrôle international des industries de la Ruhr qui satisfasse la France. De Gaulle, rancunier et un peu myope, exige également «la pleine reconnaissance des intérêts français en Syrie» et un accord entre Anglais et Français pour adopter une ligne commune à l'égard des pays arabes. «Voilà mes conditions», a conclu le Général.

Alors que Churchill, visionnaire, veut simplement affirmer la nécessité d'une Europe fondée sur l'entente entre l'Allemagne et la France, de Gaulle, profondément suspicieux, retrouve ses réflexes de 1943 et soupçonne l'existence d'un projet d'abaissement de son pays, qui serait noyé dans une Europe allemande, à la grande satisfaction des Anglo-Américains. Son catalogue de revendications est destiné à replacer la France en position de force, mais on pourrait se demander ce que vient faire la Syrie dans cette affaire. De Gaulle mettra longtemps à digérer sa défaite au Moyen-Orient. Alors que le pays est désormais indépendant, il estime pourtant possible d'introduire le Levant dans une sorte de grand marchandage qui concerne avant tout l'Europe, comme lors des grandes négociations internationales du début du siècle. Pour Churchill, la question est réglée : l'Europe a suffisamment souffert des conséquences de la politique de la canonnière et de l'impact des litiges coloniaux.

Une dizaine d'années plus tard, de Gaulle sera l'objet de tous les éloges au moment de la grande réconciliation avec Conrad Adenauer. Fin 1946, il est manifestement bien trop tôt, en dépit de son admiration pour le peuple allemand. Devant cette fin de non-recevoir du Général, Churchill s'efforce de mettre sur pied un groupe d'hommes politiques de tous bords favorables à l'Europe unie et se tourne vers d'autres personnalités françaises de premier plan. Il écrit à Léon Blum en janvier 1947, le poussant à former en France un groupe ayant les mêmes objectifs. En mai, il est à Paris, dîne avec Georges Bidault et est décoré, à titre exceptionnel, de la Médaille militaire. De retour à Londres, il parle à l'Albert Hall, cherchant à promouvoir son idée d'une Europe unie. Pour cela, répète-t-il, il est indispensable que la France et l'Allemagne se réconcilient, ce qui implique, de la part de la France, un véritable acte de foi qui lui permettra de retrouver sa position historique dans le leadership de l'Europe. «Nous ne nous sauverons des périls qui se profilent à l'horizon qu'en mettant de côté les haines du passé, en laissant dépérir les rancœurs nationales et le désir de vengeance, en effaçant progressivement les frontières et les barrières qui aggravent et figent nos divisions ; nous pourrons ainsi jouir ensemble de ces trésors glorieux de littérature, de courtoisie, de sens de l'éthique, de la pensée et de la tolérance ouvertes à tous, qui sont le vrai héritage de l'Europe, l'expression de son génie et de son honneur, mais que, par nos querelles, nos folies, nos guerres affreuses et les atrocités engendrées par la tyrannie, nous avons presque complètement rejetés. »

Après avoir séjourné à Marrakech durant l'hiver 1947-1948, accompagné d'une suite pléthorique et aux frais de ses éditeurs, il passe une partie de l'été à Aix-en-Provence, à l'hôtel du Roi René. Il peint, se rend au pied de la montagne Sainte-Victoire, passe des week-ends au Cap d'Antibes chez le duc de Windsor. Il travaille sur le manuscrit de ses Mémoires, mais est toujours aussi préoccupé par la situation européenne : les ingrédients sont les mêmes qu'au lendemain de la Première Guerre mondiale. S'il est totalement favorable à la condamnation des principaux dirigeants nazis à Nuremberg, les procès des généraux de la Wehrmacht le hérissent, et il craint que la dénazification aille trop loin. Comme en 1919, Churchill et l'opinion publique britannique ne peuvent s'empêcher d'éprouver de la sympathie pour le perdant, le vaincu. La vision des villes allemandes détruites par les bombes britanniques et américaines, et que le peuple est en train de rebâtir, compte bien plus que celle des camps de la mort, qui a été très rapidement effacée. Entre la France et l'Allemagne, le balancier penche de nouveau en faveur de cette dernière.

Churchill accueille avec enthousiasme les premiers signes de la renaissance de la nation allemande. Elle se manifeste dans le stoïcisme des Berlinois au moment du blocus de la ville par les Soviétiques. Les élections démocratiques qui s'y déroulent sont aussi la preuve de la « résurrection » de l'âme allemande : les Allemands sont bien, aux yeux de Winston, une « race forte », sans laquelle l'Europe ne retrouvera pas son passé glorieux.

En août 1949, il est invité à assister à l'assemblée du Conseil de l'Europe qui se déroule à Strasbourg, en tant que représentant de l'opposition de Sa Majesté. L'idée européenne a progressé depuis ses grandes déclarations de 1946. Il fait un temps magnifique et

Churchill prend ses quartiers, avec sa « cour », dans une vaste villa où, pendant quatre jours, il reçoit de très nombreux invités de tous pays. Tandis qu'en Grande-Bretagne le rationnement est encore sévère, la nourriture est, en France, de nouveau abondante. Pour Churchill – et les autres participants britanniques –, ce n'est pas le moindre des attraits de ces conférences que de pouvoir faire de bons repas et, sur ce plan, l'Alsace est particulièrement accueillante. Le 15 août, il fait un grand discours place Kléber. « Churchill a reçu un accueil enthousiaste et a fait un discours de grande portée – écrit en anglais, traduit en français – et prononcé avec un accent meilleur que d'habitude. La place était remplie à ras bord. Tous les balcons et toutes les fenêtres étaient noirs de monde », note Macmillan. Il reçoit les clefs de la ville et Churchill, aux anges, pense même que le jour est férié en son honneur. « Quand on lui a expliqué que c'était en l'honneur de la Vierge Marie, il a paru un peu contrarié[7]. »

Devant le Conseil de l'Europe, le 17 août, il parle de nouveau de l'Allemagne et réclame qu'elle soit, dans de brefs délais, invitée à rejoindre le Conseil. Les auditeurs et la presse retiennent en particulier le moment où, en orateur très sûr de ses effets, il interrompt son discours quelques instants pour scruter l'assistance et la salle, comme s'il cherchait quelqu'un en particulier, avant de lancer, d'une voix nette et claire : « Mais où sont donc les Allemands ? »

Quant au rôle de la Grande-Bretagne, il est toujours porté par son optimisme naturel. Il veut que son pays participe pleinement à l'Europe unifiée, mais sans que le Commonwealth soit remis en cause. Par ailleurs, les liens avec les Etats-Unis doivent être maintenus et resserrés, notamment sous la forme de l'état-major combiné qui avait été mis en place début 1942. Lorsque Clement Attlee, son successeur, lui annonce que cet état-major va être aboli, sa réaction est vive : « La France, en l'absence d'une armée française, est pour la Grande-Bretagne un handicap et non un atout et il n'y a aucune raison que nos liens avec les Etats-Unis soient affaiblis [...] pour lui faire plaisir[8]. » Il est cependant déçu par le refus des travaillistes de participer aux discussions qui aboutissent au plan Schuman, dont l'objectif est la création d'une communauté européenne du charbon et de l'acier. « Les Français ont une expression, *les absents ont toujours tort*[9]. »

Un événement lointain va bouleverser le contexte stratégique. Le 25 juin 1950, les armées de la Corée du Nord lancent une offensive massive en Corée du Sud. En Europe, l'Allemagne aussi est divisée en deux, et le risque d'une guerre européenne paraît subitement très proche. L'OTAN n'y est pas encore préparée, car si l'organisation dispose d'une importante structure de commandement, il est manifeste qu'elle manque cruellement de troupes au sol en comparaison de l'URSS et ses satellites. Les Américains souhaitent la formation d'une armée allemande, mais les gouvernements français successifs s'y sont toujours opposés. Il est cependant très difficile de résister aux pressions américaines, auxquelles se joint Churchill.

Le 6 août 1950, il s'envole une nouvelle fois pour Strasbourg et le 7 assiste à la session d'ouverture de l'assemblée consultative du Conseil de l'Europe. Cette fois, les Allemands sont présents. Il habite à la villa Merckel, aussitôt rebaptisée villa Churchill, appartenant à une certaine Janine Merckel[10]. Il travaille à son discours, dans lequel il va annoncer son soutien à la création d'une armée européenne, agissant en coopération complète avec les Etats-Unis et le Canada. « La Grande-Bretagne et les Etats-Unis doivent envoyer des forces importantes sur le continent. La France doit de nouveau apporter comme contribution sa prestigieuse armée. » Le 13 août, il écrit à Truman : « La fin de la querelle entre la France et l'Allemagne, par un acte sublime de la part des dirigeants français, et la démonstration de la confiance de l'Allemagne de l'Ouest en la bonne foi et la bonne volonté de nos deux pays, constituent, je le sens, un immense pas en avant vers le type de monde que vous et moi nous efforçons d'atteindre. C'est aussi le meilleur espoir d'éviter une Troisième Guerre mondiale[11]. »

Churchill est allé un peu trop vite, car la France hésite encore : le souvenir de deux grandes guerres, la brutalité de l'occupation allemande sont encore dans tous les esprits. Une nouvelle armée allemande peut aider à contrecarrer les ambitions soviétiques, mais comment écarter tout risque que l'Allemagne retombe dans ses très mauvaises habitudes ? Jean Monnet, devenu après la guerre commissaire au Plan, et qui est, dans l'ombre, un des hommes clés du projet européen, voit immédiatement une nouvelle opportunité de faire progresser l'intégration européenne en répondant aux demandes américaines de réarmement de l'Allemagne tout en contrôlant sa renaissance comme grande puissance militaire.

En septembre 1950, Churchill passe plusieurs jours à Paris, et dîne, le 10, avec Paul Reynaud et Jean Monnet. La conversation tourne principalement autour de l'armée européenne, et Churchill est consterné de constater qu'il est prévu d'amalgamer et même de fondre ensemble les contingents provenant des différentes nations. « Une armée a besoin d'esprit de corps et de traditions », selon lui. Il craint la disparition de l'armée française en tant que telle, et d'une glorieuse et ancienne tradition qui incarne l'âme profonde du pays. « En 1914, la France avait 120 divisions au front. Maintenant, avec votre plan, il n'y en aura plus qu'une dizaine. » Selon le compte rendu de l'ambassadeur de Grande-Bretagne, Jean Monnet se charge de répliquer. Si la France conservait une armée nationale, les Allemands insisteraient pour en avoir une également. Cela était inacceptable pour l'opinion publique, et il fallait que la France soit prête à sacrifier sa propre armée. Selon Monnet, les Français étaient tout à fait prêts à accepter une telle révolution. Après la défaite de 1940 et l'occupation allemande, « ils n'étaient plus obsédés par la gloire de la nation ; ils avaient aussi perdu confiance en la capacité de leur propre armée à garder, toute seule, les frontières et voulaient être défendus par une force plus large[12] ». Churchill n'est absolument pas convaincu par cette argumentation et persiste : il faut maintenir des contingents nationaux et éviter cet amalgame « visqueux ». En dehors de problèmes très pratiques comme celui de la langue, une telle force n'aurait pas d'esprit de corps, et son moral risquerait fort de ne pas être très élevé. « Cela ressemblerait à une croisade, pas une armée », écrira de son côté Macmillan.

Lorsqu'en octobre 1951 le vieux lion retrouve le pouvoir, il a plus de soixante-quinze ans et la santé fragile. S'il a de nouveau une machine gouvernementale perfectionnée à sa disposition – et non une camarilla de fidèles –, il veut des idées simples. Ses grandes envolées pleines de prescience sur l'Europe tardent à se concrétiser, et il est surtout préoccupé par la place de son pays dans le monde. A titre personnel, il a désormais l'ambition de laisser le souvenir d'un grand homme de paix et, encore très sûr de son charme et de sa force de persuasion, demande la convocation d'un nouveau Yalta. En politique étrangère, il a aussi un objectif principal :

resserrer les liens avec les Etats-Unis. Sa popularité en France demeure exceptionnelle, mais il s'impatiente devant les débats sans fin qui agitent la classe politique française. Les dirigeants français sont, pour leur part, agacés par ses conseils de plus en plus pressants concernant l'organisation de l'armée française : devant les Communes, il a appelé le Parlement français à étendre la durée du service militaire à deux ans et à autoriser le déploiement d'appelés à l'étranger. Venant de quelqu'un qui a été hostile au principe de la conscription pour son propre pays, c'est une forme d'ingérence un peu condescendante dans les affaires intérieures françaises. S'il reprend son antienne sur le fait que l'Angleterre est la plus vieille amie de la France, le charme est rompu. Toujours aussi favorable à la Communauté européenne de défense (CED), il déclare néanmoins en janvier 1952 que la défense et la sécurité de la Grande-Bretagne sont totalement liées à celles des Etats-Unis. Il critique aussi la guerre en Indochine, qui affaiblit militairement la France en Europe et la conduit à se montrer d'autant plus inquiète face au réarmement éventuel de l'Allemagne. Au cours d'un dîner à l'ambassade de France à Londres, en présence du général [et bientôt maréchal] Juin, il se fait presque menaçant : si la France ne coopère pas avec l'Allemagne et ne lui donne pas sa juste place, la Grande-Bretagne, l'Amérique et l'Allemagne avanceront ensemble sans elle[13].

Le fossé apparaît au grand jour lors de la conférence des Bermudes, en décembre 1953. Les Etats-Unis ont insisté sur la présence de la France. Le président du Conseil, Joseph Laniel, et le ministre des Affaires étrangères, Georges Bidault – que Churchill connaît bien et apprécie –, ont fait le voyage. A bord de l'avion qui le conduit aux Bermudes, il a entamé la lecture d'un roman de C. S. Forester qui se déroule en 1810, l'histoire d'un soldat anglais de l'armée de Wellington qui se retrouve isolé de ses camarades derrière les lignes françaises qui cernent Lisbonne, et qui se lance, tout seul, dans une héroïque guérilla. Il en poursuit ostensiblement la lecture dans un fauteuil sur la véranda du *Mid Ocean Club* où se déroule la conférence, le titre bien en évidence. Les photographes ne ratent pas l'occasion. L'ouvrage s'intitule *Mort aux Français*.

La conférence se présente d'ailleurs mal, Eisenhower se montre très distant. Les Français ne participent pas à toutes les discussions, en particulier celles qui portent sur la bombe atomique et son usage éventuel en Corée. La raison principale de leur présence est la Communauté européenne de défense, soutenue à fond par les Américains qui souhaitent retirer la majorité de leurs troupes d'Europe.

Bidault et le Quai d'Orsay sont en faveur de la CED, mais beaucoup de Français restent opposés à la participation allemande. Au cours de la session de l'après-midi du 5 décembre, Churchill répète son point de vue : il est inutile de continuer à parler de défense de l'Europe contre la Russie sans inclure l'Allemagne – « Il nous faut une armée allemande ». Si la France ne peut se résoudre à une participation allemande, cela n'empêchera pas la formation d'une armée allemande directement incorporée dans l'OTAN. Le compte rendu américain continue : « Il était désolé de devoir parler en ces termes et il ne parlerait pas ainsi s'il ne sentait pas que c'était dans l'intérêt de la France comme du Royaume-Uni. Quarante années durant, il avait été associé intimement aux efforts valeureux de ses camarades français face aux périls. Il connaissait les pertes terrifiantes qu'ils avaient subies durant la Première Guerre mondiale et les grands efforts de la France durant la deuxième. Il connaissait les exploits de la Résistance. A ce moment de la conversation, sa voix s'étouffa un instant et ses yeux devinrent humides. Il connaissait bien la part valeureuse qu'avaient prise Bidault et Laniel dans la Résistance. [...] C'était son devoir de supplier les Français d'aller vers la CED ; l'alternative était d'avoir, à très court terme, une armée allemande, mais au sein de l'OTAN[14]. »

Une séance plénière est consacrée à la situation en Indochine. En présence des Américains, Churchill se montre cette fois solidaire avec la France. Il n'a pas oublié les attaques contre l'Empire britannique qu'il a subies aux Etats-Unis, les réflexions acerbes et humiliantes de Roosevelt. Même après l'indépendance de l'Inde, Churchill reste un homme de l'Empire. Il adresse en conséquence à Laniel et à Bidault ses félicitations « les plus sincères » pour les courageux efforts que fait la France pour préserver son Empire et pour « la cause de la liberté » en Indochine qu'elle défend dans des conditions si difficiles. Il ne se fait pas faute de rappeler combien il admire l'œuvre « magnifique » accomplie par la France en Afrique du Nord et en Tunisie : il y a souvent séjourné et a été frappé par la façon « merveilleuse » dont les Français chérissaient et nourrissaient la civilisation qu'ils y avaient implantée. C'est, poursuit-il, une grande erreur de supposer que les anciennes civilisations européennes n'ont pas permis de faire progresser les races d'Asie et que tout ce qu'elles ont réalisé est obsolète et qu'il serait bon que tout cela parte en fumée : il espère que la France persévérera dans ses efforts. Quelques mois plus tard, pourtant, Churchill répondra fermement et négativement aux appels de Laniel d'une aide militaire au moment où les troupes françaises sont assiégées à Diên Biên Phu. « Il est inutile d'espérer contrôler la jungle avec des troupes au sol », dira-t-il à Lord Moran, avant d'ajouter sur le ton un peu exaspérant du collégien qu'il est toujours resté : « D'ailleurs, je ne vois pas pourquoi nous nous battrions pour la France en Indochine alors que nous avons dû lâcher l'Inde. »

Epilogue

Lentement, sa santé se dégrade et, du coup, son intérêt pour les affaires européennes diminue. Les tergiversations françaises sont aussi pour une bonne part responsables de ce désintérêt. Lorsque Pierre Mendès France arrive au pouvoir en 1954, il est néanmoins satisfait. Affectionnant les jeux de mots, il pense que le nouveau président du Conseil est bien placé pour «*Mend-his-France*», «réparer sa France». A part cela, il est en manque d'inspiration. Après sa démission, le 5 avril 1955, il suit encore les affaires françaises, mais distraitement, même lors de ses séjours sur la Côte d'Azur. La passion de la Riviera ne s'est pas démentie et il envisage même de faire l'acquisition d'une villa, malgré les très fortes réticences de Clementine. Le 9 novembre 1956, Sarah Churchill écrit à sa mère : «Nous avons poursuivi nos visites de villas (monstrueuses pour la plupart) avec des vagues idées d'achat – ne t'inquiète pas, il ne le fera jamais sans ton avis – je ne pense pas qu'il le veuille vraiment – mais il aime tellement le soleil.» Max Beaverbrook, qui passe une bonne partie de l'année dans sa villa La Capponcina, le conseille, mais Churchill tient à faire les visites lui-même. «Je suis en train d'explorer maintenant deux endroits. Le défunt Premier ministre, ou était-il président ?, Tardieu avait trouvé un coin dans les collines derrière Menton à peu près à une quinzaine de kilomètres de la mer. Tardieu a bâti la maison. Il a guillotiné la montagne pour faire un terrain plat et a fait construire au sommet une maison un peu de bric et de broc, qui je pense, avec quelques changements, me conviendrait. Un autre endroit qui pourrait aller est à Eze, du nom du château Saint-Laurent.»

Les visites se poursuivent dès qu'il est sur la Côte, où il séjourne souvent à la Pausa, chez son agent littéraire Emery Reves. Mais son nom est un handicap : le prix monte dès que le vendeur apprend de qui il s'agit. Ces projets d'achat ne vont pas durer très longtemps, car Churchill va faire la connaissance d'Aristote Onassis qui l'invite sur son bateau, le *Christina*, et à bord duquel il effectuera une dizaine de croisières en Méditerranée.

Lors de ses séjours en France, Churchill provoque une énorme curiosité. Sa popularité auprès des Français est intacte. Mais, en réalité, il continue à avoir très peu de contacts avec les *frogs*. Le préfet, un agent immobilier, les croupiers du casino : cela reste largement suffisant, il ne faut pas exagérer.

Dans une lettre à Odette Pol-Roger au moment de l'affaire de Suez, il se dit très heureux que la France et l'Angleterre agissent de concert. « Nasser est la cause de nombre de vos problèmes en Algérie. » Il défend la politique du gouvernement Eden, et regrette le recul sous la pression américaine. Il est choqué par la détérioration de la situation en Algérie et est effaré par les difficultés politiques chroniques. Il a vite compris que le retour de De Gaulle était la seule issue. Lorsque Harold Macmillan, devenu Premier Ministre, s'adresse à lui pour lui demander si les autorités américaines peuvent publier dans leur série de documents diplomatiques cinq télégrammes qu'il a adressés à Roosevelt en 1943 et dans lesquels il attaque de Gaulle, il répond : « Je ne revendique pas de droit de veto sur ces télégrammes. D'un autre côté, j'estime que le *timing* est important, même maintenant. Il me semble inopportun d'attirer l'attention sur mes doutes à l'égard de De Gaulle à un moment où il peut encore rendre des services à la France. » Le 19 mai, il déclare que « de Gaulle a toutes ses chances maintenant. [...] Cela va nettoyer la politique française ». Il salue son retour au pouvoir et, le 6 novembre 1958, de Gaulle le décore de la croix de la Libération dans la cour de l'Hôtel Matignon. Le Premier Ministre a d'ailleurs déjà reçu, quelques années plus tôt, la plus haute distinction militaire française, la Médaille militaire.

Il n'est pas certain que l'homme du 18 Juin, qui a quelque difficulté à accepter l'idée qu'un Anglais ait pu être son mentor, ait apprécié le début du discours de remerciements : « Je me souviens comment, quand je l'ai vu aux jours sombres de 1940, j'ai eu ces mots "Voici le Connétable de France !". Combien il a mérité ce titre.» «Je crois pouvoir dire que j'ai toujours été l'ami de la France», poursuit Churchill, très ému. La suite est plus mitigée : «Nul ne sait ce que nous réserve l'avenir, mais il est certain que si la Grande-Bretagne et la France, qui sont depuis si longtemps à l'avant-garde de la civilisation occidentale, restent unies, avec leurs Empires, leurs amis américains et les autres alliés, alors tous les espoirs sont permis. [...] Vive la France!» Les Empires, les «amis américains» : voilà qui ne correspond pas précisément au programme du Général. Les deux grands se séparent : «Quelle tristesse», dira de Gaulle en voyant repartir un Churchill très affaibli, un hommage un peu surprenant et qui manque tout de même singulièrement de chaleur.

Le Général considère que la Grande-Bretagne est irrévocablement liée aux Etats-Unis et sa quête de la «grandeur» de la France est en grande partie fondée sur ce diagnostic. Il est symptomatique que, lors d'une rencontre particulièrement difficile au château de Rambouillet en décembre 1962, il rappellera à Harold Macmillan l'entretien du 4 juin 1944 au cours duquel Churchill lui avait dit qu'il «choisirait toujours Roosevelt plutôt que de Gaulle et le grand large plutôt que l'Europe». Cette version des propos du Premier Ministre est probablement inexacte, nous l'avons dit, mais c'est en tout cas celle qu'il a retenue. Peut-on néanmoins fonder une politique à l'égard d'un pays sur une phrase prononcée dans les circonstances totalement différentes de la guerre par un dirigeant qui n'est d'ailleurs plus au pouvoir depuis plusieurs années? Devant le regard consterné de Macmillan, de Gaulle racontera après coup à ses ministres qu'il aurait voulu lui poser la main sur l'épaule et lui dire, comme Piaf dans sa chanson : «Ne pleurez pas Milord[1].» L'affirmation de la grandeur de la France passe donc par un nouveau «non». Fachoda, la Syrie, Anfa, Yalta : voici enfin venue, pour de Gaulle, l'heure de la revanche. En annonçant qu'il refuse d'accepter l'entrée de la Grande-Bretagne dans le Marché commun, en enfonçant le clou lors d'une conférence de presse le 16 janvier 1963, il parvient à humilier tout un pays.

Lorsque Anthony Browne fait remarquer à Churchill que de Gaulle est en train de justifier l'adage selon lequel aucun grand pays ne peut se permettre de faire preuve de gratitude, Winston répond mélancoliquement qu'«il serait triste qu'une maxime aussi déprimante et historiquement inexacte serve d'épitaphe à un homme d'une telle envergure». Se plaindre de l'ingratitude de son prochain est d'ailleurs indigne d'un Marlborough. Mais la blessure est bien réelle, d'autant que la Grande-Bretagne est sur le déclin, a perdu son Empire et se cherche un destin, pour reprendre le mot célèbre de Dean Acheson, le ministre des Affaires étrangères de Truman. Le «non» du Général frappe un pays affaibli, tout en ayant de très beaux restes.

La mort approche. Alors que les relations avec la France se détériorent, Churchill décide de faire un geste pour montrer que, malgré de Gaulle, son attachement au pays n'est pas fondamentalement remis en cause. C'est le testament d'un homme qui a toujours souri à la vie. Il songe d'abord à inviter à dîner l'ambassadeur Geoffroy de Courcel, qui avait été l'ordonnance de l'homme du 18 Juin à Londres durant la guerre, mais Macmillan le supplie de renoncer, craignant que cela puisse être interprété comme le signe d'une divergence entre Churchill et le gouvernement britannique. C'est finalement un conseiller à l'ambassade de France, Gérard André, très apprécié à Londres, qui est invité à déjeuner par Churchill et Clementine. Winston est en pleine forme et fait tout pour démontrer son affection pour la France, et pour marquer sa désapprobation face à l'attitude du Général. Il termine le repas en levant son verre en l'honneur de son invité : *« To a good Frenchman ! »* Enfin[2].

Huit jours après la conférence de presse du 16 janvier, Conrad Adenauer et Charles de Gaulle signent à Paris un traité de coopération. L'Europe se construira autour de la France et de l'Allemagne ; la Grande-Bretagne est mise à l'écart. Pour Churchill, c'est, néanmoins, une discrète victoire. Immédiatement après les deux guerres mondiales, en 1919 comme en 1945, il a, le premier, prôné la magnanimité : l'Allemagne, deux fois vaincue par des coalitions immenses, doit au plus vite reprendre sa place parmi les nations civilisées et pacifiques. Il a eu raison. La France, quant à elle, dont il a tant aimé l'histoire pleine de bruit et de fureur, semble prête, désormais, à s'engager dans une voie plus tranquille.

Notes

Préambule

1. Martin Gilbert, *The Churchill Documents*, t. XV, Hillsdale College Press, 2011, p. 979.
2. John Colville, *The Fringes of Power*, Weidenfeld and Nicolson, 2004, p. 230.
3. Gilbert, *Documents*, t. XV, p. 982-984.
4. *Ibid.*, p. 985.

1. L'autre côté du « Channel »

1. *Churchill Papers*, Cambridge, Char 28/138.
2. Martin Gilbert, *Winston Churchill*, vol. VIII, Heinemann, 1988, p. 245.
3. Randolph Churchill, *Documents*, Heinemann, t. I, vol. 1, p. 323.
4. *Ibid.*, p. 257.
5. *Ibid.*, p. 259.
6. *Ibid.*
7. *Documents*, t. I, vol. 1, p. 287.
8. *Ibid.*, p. 290.
9. *Ibid.*, p. 291.
10. *Ibid.*
11. *Ibid.*, p. 297.
12. *Ibid.,* p. 394.
13. *Documents*, t. I, vol. 2, p. 559.
14. *Ibid.*, p. 604.
15. *Ibid.*, p. 721.
16. *Ibid*, p. 835.
17. Randolph Churchill, *Winston Churchill*, t. I, Heinemann, 1966, p. 318.
18. Winston Churchill, *The River War*, Dover Publications, 2006, p. 812 *sq.*
19. *Documents*, t. I, vol. 2. p. 976.
20. *Ibid.*, p. 1041.

2. Churchill, germanophile

1. *Hansard*, 13 mai 1901.
2. Winston Churchill, *Great Contemporaries*, ISI Books, 2012, p. 22.
3. Randolph Churchill, *Documents*, t. II, vol. 2, p. 678.
4. *Ibid.*, p. 689,
5. *Ibid.*, p. 679.
6. *Le Petit Parisien*, 15 juillet 1907.
7. *Documents*, t. II, vol. 2, p. 703.
8. *Great Contemporaries, op. cit.*, p. 35.
9. *Documents*, t. II, vol. 2, p. 909.
10. *Ibid.*
11. *Ibid.*, p. 863.
12. R. Churchill, *Winston Churchill, op. cit.*, t. II, p. 312.
13. *Ibid.*, p. 313.
14. *Ibid.,* p. 512-513.
15. *Documents*, t. II, vol. 2, p. 857.

3. La recherche de l'équilibre

1. Anthony Montague Browne, *Long Sunset*, Indigo, 1996, p. 252.
2. Mary Soames, *Speaking for Themselves, The Personal Letters of Winston and Clementine Churchill*, Black Swan, 1999, p. 51 et 53.
3. R. Churchill, *Winston Churchill, op. cit.*, t. II, p. 527.
4. P. M. H. Bell, *France and Britain 1900-1940*, Routledge, 2013.
5. *Documents*, t. II, vol. 2, p. 1116.
6. *Ibid.*, p. 1117.
7. *Ibid.*, p. 1121.
8. Winston Churchill, *The World Crisis*, Thornton Butterworth, 1923, t. I, p. 53.
9. *Documents*, t. II, vol. 2, p. 1369.
10. Le 13 avril 1912, *Documents*, t. II, vol. 3, p. 1537.
11. R. Churchill, *Winston Churchill, op. cit.*, t. II, p. 576.
12. *Ibid.*, p. 579.
13. *Ibid.*, p. 569.
14. *Ibid.*, p. 596.
15. *The World Crisis, op. cit.*, t. I, p. 113.
16. CID du 11 juillet 1912.
17. R. Churchill, *Winston Churchill, op. cit.*, t. II, p. 560.
18. *Ibid.,* p. 563.
19. *The World Crisis, op. cit.*, t. I, p. 101.
20. R. Churchill, *Winston Churchill, op. cit.*, t. II, p. 571.

4. Peintures de guerre

1. *The World Crisis, op. cit.*, p. 178.
2. *Ibid.*, p. 187.
3. *Ibid.*, p. 195-196.
4. Herbert Asquith, *Letters to Venetia Stanley*, Oxford University Press, 2014, p. 127.
5. *Speaking for themselves, op. cit.*, p. 96.
6. *The World Crisis, op. cit.,* p. 202.
7. *Ibid.*, p. 205.
8. R. Churchill, *Documents*, t. II, vol. 3, p. 1991.
9. Asquith, *Letters to Venetia Stanley, op. cit.,* p. 129.
10. R. Churchill, *Documents*, t. II, vol. 3, p. 1996.
11. P. M. H. Bell, *France and Britain 1900-1940, op. cit.*, p. 58.
12. *The World Crisis, op. cit.*, p. 220.
13. M. Gilbert, *Documents*, t. III, vol. 1, p. 15.
14. Asquith, *Letters to Venetia Stanley, op. cit.,* p. 150.
15. *Documents*, t. III, vol. 1, p. 18.

5. L'honneur est sauf

1. Christopher Bell, *Churchill and Sea Power*, Oxford University press, 2013, p. 48.
2. Michael et Eleanor Brock, *Margot Asquith's Great War Diary*, Oxford University press, 2014, p. 34.
3. *The World Crisis, op. cit.*, t. 1, p. 202.
4. *Ibid.*, p. 55.
5. *Ibid.*, p. 263.
6. *The World Crisis, op. cit.*, t. III, p. 21.
7. *Ibid.*, p. 27.
8. *Ibid.*, p. 22.
9. *Ibid.*, p. 28.
10. M. Gilbert, *Documents*, t. III, vol. 2, p. 1039.
11. *The World Crisis, op. cit.*, t. II, p. 463.
12. *Ibid.*, p. 54.
13. *Ibid.*
14. M. Gilbert, *Winston Churchill, op. cit.*, t. III, p. 419.
15. *Ibid.*, p. 425.
16. *Documents*, t. III, vol. 2, p. 1326.
17. M. Gilbert, *Winston Churchill, op. cit.*, t. III, p. 624.
18. *Ibid.*, p. 1318.
19. Douglas Haig, *War diaries and letters*, Phoenix, 2006, p. 188.

6. Frères d'armes

1. *The World Crisis, op. cit.*, t. III, p. 285.
2. *Documents*, t. IV, vol. 1, p. 61.
3. *Ibid.*
4. Douglas Haig, *War Diaries..., op. cit.*, p. 298.
5. *Great Contemporaries, op. cit.*, p. 299.
6. *Documents*, t. IV, vol. 1, p. 254.
7. *Ibid.*, p. 222.
8. *Ibid.*, p. 254.
9. *The World Crisis, op. cit.*, t. IV, p. 424.
10. *Ibid.*
11. *Ibid.*, p. 449.
12. *Documents*, t. IV, vol. 1, p. 286.
13. *Ibid.*, p. 288.
14. *Ibid.*, p. 287.
15. *The World Crisis, op. cit.*, t. IV, p. 433.
16. Haig, *War Diaries..., op. cit.*, p. 394.
17. W. Churchill, "A Day with Clemenceau", in *Thoughts and Adventures*, ISI Books, 2009, p. 177 *sq.*
18. *Great Contemporaries, op. cit.*, "*Marshal Foch*", p. 183 *sq.*
19. *Great Contemporaries, op. cit.*, "*Georges Clemenceau*", p. 289 *sq.*
20. *Ibid.*
21. Browne, *Long Sunset, op. cit.*, p. 198.

7. Magnanimité

1. M. Gilbert, *Winston Churchill, op. cit.*, t. IV, p. 122.
2. *Ibid.*, p. 171.
3. *The World Crisis, op. cit.*, t. IV, *The Aftermath*, p. 21.
4. *Great Contemporaries, op. cit.*, p. 111 *sq.*
5. *Documents*, t. IV, vol. 1, p. 557.
6. *Great Contemporaries, op. cit.*, p. 302.
7. *Documents*, t. IV, vol. 1, p. 670.
8. *Ibid.*, p. 1054.
9. *Ibid.*, p. 1056.
10. *Ibid.*, p. 1067.
11. M. Gilbert, *Winston Churchill, op. cit.*, t. IV, p. 417.
12. *Documents*, t. IV, vol. 2, p. 1163.
13. M. Gilbert, *Winston Churchill*, t. IV, p. 607.
14. *Documents*, t. IV, vol. 3, p. 1677.
15. *Ibid.*, p. 1687.
16. *Ibid.*, p. 1696.
17. *Speaking for themselves, op. cit.*, p. 230.

18. Aaron Klieman, *Foundations of British Policy in the Arab World*, Johns Hopkins Press, 1970, p. 99.

8. Une Europe unie ?

1. *Documents*, t. V, p. 15.
2. *Ibid.*, p. 27.
3. *Ibid.*, p. 45.
4. *Ibid.*, p. 336.
5. *Ibid.*, p. 338.
6. *Ibid.*, p. 340.
7. *Ibid.*, p. 346.
8. *Ibid.*, p. 395.
9. *Ibid.*, p. 413.
10. *Ibid.*, p. 431.

9. La douceur de vivre

1. P. M. H. Bell, *France and Britain 1900-1940, op. cit.*, p. 165.
2. *Ibid.*
3. *Speaking for Themselves, op. cit.*, p. 129.
4. Browne, *Long Sunset, op. cit.*, p. 116.
5. *Le Monde*, 5 février 1945.
6. *Speaking for Themselves, op. cit.*, p. 312.
7. *Documents,* t. V, vol. 3, p. 1337-1339.
8. *Speaking for themselves, op. cit.*, p. 404.
9. *Ibid.,* p. 408.
10. *Documents*, t. V, vol. 3, p. 15.

10. Le bruit et la fureur

1. *Documents,* t. V, vol. 3, p. 619.
2. *Speaking for Themselves, op. cit.*, p. 362.
3. *Documents*, t. V, vol. 3, p. 42.
4. John Colville, *The Fringes of Power, op. cit.*, p. 358.
5. *Documents*, t. V, vol. 2, p. 97.
6. *Ibid.*, p. 844.
7. *Documents*, t. XV, p. 953.
8. *Documents*, t. XVI, p. 1103.
9. Winston Churchill, *Marlborough*, University of Chicago Press, t. 1, 2002, p. 228.
10. *Ibid.*
11. *Documents*, t. V, vol. 2, p. 625.

12. Winston Churchill, *While England slept*, Bloomsbury, 2015, p. 197-198.
13. Winston Churchill, *History of the English-speaking Peoples*, t. III, Bloomsbury, 2015, p. 175 *sq.*
14. *Ibid.*
15. *Ibid.*, t. I, p. 257 *sq.*

11. La saveur d'une langue

1. Churchill, *Marlborough, op. cit.*, t. I, p. 325.
2. Asquith, *Letters to Venetia Stanley, op. cit.*, p. 418.
3. Ce qui veut dire : nous devons remplir nos obligations, être à la hauteur.
4. *Documents*, t. V, vol. 3, p. 960.
5. *Documents*, t. XVIII, p. 288 *sq.*
6. Alan Brooke, *War Diaries*, Weidenfeld and Nicolson, 2001, p. 374.
7. *Documents*, t. XVIII, p. 285.
8. David Dilks (éd.), *The Diaries of A. Cadogan*, Cassell, 1971, p. 680.
9. Alan Lascelles, *King's Counsellor*, Weidenfeld and Nicolson, 2006, p. 231.
10. *Documents*, t. XVI, p. 1346.
11. John Colville, *The Fringes of Power, op. cit.*, p. 386.
12. Mary Soames, *A Daughter's Tale*, Transworld, 2012, p. 475.

12. Equilibrisme

1. Winston, Churchill, *The Second World War*, t. I, Houghton Mifflin, 1948.
2. M. Gilbert, *Winston Churchill, op. cit.*, t. V, p. 407.
3. *Hansard*, 23 novembre 1932.
4. M. Gilbert, *Winston Churchill, op. cit.*, t. V, p. 456.
5. *Hansard*, 23 mars 1933.
6. *Ibid.*
7. *Ibid.*
8. *Hansard*, 13 avril 1933.
9. *Documents*, t. V, vol. 2, p. 1169.
10. *Le Temps*, 13 juillet 1935.

13. La Grande Armée

1. *Documents*, t. V, vol. 2, p. 1285.
2. *Hansard*, 24 octobre 1935.
3. *Documents*, t. V, vol. 3. p. 66.
4. Harold Nicolson, *Diaries*, Phoenix, 2005, p. 168.
5. *Documents*, t. V, vol. 3, p. 101.
6. *Ibid.*, p. 142.
7. Chips Cannon, *Diaries*, Phoenix, 1996, p. 381.

8. *Documents*, t. V, vol. 3, p. 95.
9. *Speaking for Themselves, op. cit.*, p. 430.
10. *Documents*, t. V, vol. 3, p. 392.
11. Chips Cannon, *Diaries, op. cit.*, p. 198.
12. *Documents*, t. V, vol. 3, p. 894.
13. *Ibid.*, p. 991.
14. *Ibid.*, p. 340.
15. *Ibid.*, p. 341.
16. *Le Matin*, 10 septembre 1936.
17. *Documents*, t. V, vol. 3, p. 342.
18. *Ibid.*, p. 521
19. *While England slept, op. cit.*, p. 97.
20. *Documents*, t. V,vol. 3, p. 866.
21. *Ibid.,* p. 875.
22. *While England slept*, *op. cit.*, p. 154.

14. Un allié en danger

1. *Hansard*, 14 mars 1938.
2. *The Diaries of A. Cadogan, op. cit.*, p. 64.
3. *Documents*, t. V, vol. 3, p. 994.
4. *While England slept, op. cit.*, "The New French Government", p. 169.
5. *Ibid.*, p. 170.
6. *Hansard*, 24 mars 1938.
7. *The Diaries of A. Cadogan, op. cit.*, p. 66.
8. *Documents*, t. V, vol. 3, p. 963.
9. P. M. H. Bell, *France and Britain*, *op. cit.*, p. 211.
10. *Documents*, Cazalet Diary, p. 986.
11. *While England slept, op. cit.,* p. 198.
12. *Documents*, t. V, vol. 3, p. 1121.
13. *Ibid.*, p. 1129.
14. *Ibid.*, p. 1131.
15. *The Diaries of A. Cadogan*, *op. cit.*, p. 101.
16. *Documents*, t. V, vol. 3, p. 1163.
17. *Ibid.*, p. 1196.
18. *Ibid.*, p. 1171.
19. *Ibid.,* p. 1174.
20. Harold Nicolson, *Diaries, op. cit.*, p. 200.
21. *While England slept, op. cit.*, p. 217.
22. *Hansard*, 5 octobre 1938
23. *Documents*, t. V, vol. 3, p. 1208.
24. *Ibid.*, n. 1, p. 1209.
25. *Ibid.*, p. 1232.
26. *Ibid.*

27. Winston Churchill, *The Second World War*, t. I, Houghton Mifflin, p. 302.

15. L'ami de la France

1. *While England slept, op. cit.*, p. 233.
2. Lettre à Clementine Churchill, *Documents*, t. V, vol. 3, p. 1342.
3. *Hansard*, 7 février 1939.
4. Harold Nicolson, *Diaries, op. cit.*, p. 207.
5. *Hansard*, 28 avril 1939.
6. *Documents*, t. V, vol. 3, p. 1572.
7. *Ibid.*, p. 1547.
8. *Speaking for Themselves, op. cit.*, p. 451.
9. *Documents*, t. V, vol. 3, p. 1590.
10. *Le Temps*, 17 août 1939.
11. *Ibid.*
12. *Documents*, t. V, vol. 3, p. 1591.
13. *Ibid.*, p. 1595.
14. *Ibid.*, p. 1597.

16. « Bras dessus, bras dessous »

1. *Documents*, t. XIV, p. 354.
2. *Ibid.*, p. 616.
3. *Ibid.*, p. 667.
4. *Ibid.*, p. 967.
5. *Documents*, t. XV, p. 15.
6. Winston Churchill, *The Second World War, op. cit.*, t. II.
7. *Documents*, t. XV, p. 25.
8. *Roosevelt and Churchill, Their Secret Wartime Correspondence*, Da Capo, 1990, p. 94.
9. *The Diaries of A. Cadogan, op. cit.*, p. 283.
10. *Documents*, t. XV, p. 35.
11. *The Diaries of A. Cadogan, op. cit.*, p. 284.
12. *Documents*, t. XV, p. 53.
13. Winston Churchill, *The Second World War, op. cit.*, t. II, p. 49.
14. Supreme War Council, CAB, papers 99/3, National Archives of the UK.
15. *Ibid.*
16. *Documents*, t. XV, p. 83.
17. *Ibid.*, p. 103.
18. *The Diaries of A. Cadogan, op. cit.*, p. 287.
19. John Colville, *The Fringes of Power, op. cit.*, p. 111.
20. *The Diaries of Lieutenant-General Henry Pownall*, Leo Cooper, 1972, p. 333 *sq.*

21. *Documents*, t. XV, p. 142.
22. *Ibid.*
23. *The Diaries of A. Cadogan, op. cit.*, p. 290.
24. *Documents*, t. XV, p. 173.
25. *Ibid.*, p. 175.
26. *Ibid.*, p. 157 *sq.*
27. *Ibid.*
28. *Documents*, t. XV, p. 206.
29. Supreme War Council minutes, Cabinet Papers, 99/3, National Archives of the UK.
30. *Documents*, t. XV, p. 227.

17. « Nettoyer le ciel »

1. *Documents*, t. XV, p. 31.
2. *Ibid.*, p. 35.
3. *Ibid.*, p. 51.
4. *Ibid.*
5. Supreme War Council, Cabinet papers, 99/3, National Archives of the UK.
6. *Documents*, t. XV, p. 61 *sq.*
7. John Colville, *The Fringes of Power, op. cit.*, p. 105.
8. *Documents*, t. XV p. 65.
9. John Colville, *The Fringes of Power, op. cit.*, p. 106.
10. *Documents*, t. XV, p. 91.
11. *The Diaries of A. Cadogan, op. cit.*, p. 293.
12. *Documents*, t. XV, p. 240.
13. *Ibid.*, p. 252.
14. *The Diaries of A. Cadogan, op. cit.*, p. 294.
15. *Ibid.*, p. 295.
16. Cabinet papers, 127/13, National Archives of the UK.
17. Cabinet papers, 65/13.
18. *Documents*, t. XV, p. 261.
19. Alan Brooke, *War Diaries, op. cit.*, p. 75
20. *Ibid.*, p. 80.
21. *Ibid.*
22. Winston Churchill, *The Second World War, op. cit.*, t. II, p. 193.
23. *Documents*, t. XV, p. 268.

18. La grande désillusion

1. Edward Spears, *Assignment to Catastrophe*, t. II, Heinemann, 1954, p. 138.
2. Supreme War Council du 11 juin, Cabinet papers, 99/3.

3. Edward Spears, *Assignment to Catastrophe, op. cit.*, p. 148.
4. *Roosevelt and Churchill, Correspondence, op. cit.*, p. 99.
5. *Documents*, t. XV, p. 305. En employant le terme *defeatist* ici, Churchill ne veut pas dire que Pétain souhaite la défaite, mais simplement qu'il la pense inévitable. Il est bien évident qu'en 1918, le Maréchal ne souhaitait pas la victoire de l'Allemagne.
6. Edward Spears, *Assignment to Catastrophe, op. cit.,* p. 140.
7. *Ibid.*, p. 200.
8. *Ibid.,* p. 215.
9. Cabinet papers, 65/13, National Archives of the UK.
10. *The Diaries of A. Cadogan, op. cit.*, p. 290.

19. L'irréparable ?

1. *Documents*, t. III, vol. 1, p. 100.
2. *The Diaries of A. Cadogan, op. cit.*, p. 304
3. *Documents*, t. XV, p. 474.
4. Browne, *Long Sunset, op. cit.*

20. Un certain 9 juin

1. Winston Churchill, *The Second World War, op. cit.*, t. II, p. 215.
2. *Documents*, t. XV, p. 273. Il s'agit des minutes du War Cabinet du 9 juin. Cabinet papers, 65/7.
3. Charles de Gaulle, *Mémoires. L'Appel,* Gallimard, « Bibliothèque de la Pléiade », 2000, p. 50-51.
4. Eric Roussel, *De Gaulle*, Gallimard, 2002, p. 97.
5. Roland de Margerie, *Journal*, Grasset, 2010, p. 298.
6. Edward Spears, *Assignment to Catastrophe, op. cit.*, p. 145.
7. Winston Churchill, *The Second World War, op. cit.*, t. II, p. 182.
8. *The World Crisis, op. cit.*, t. V, p. 367.
9. David Reynolds, *In Command of History*, Allen Lane, 2004, p. 167.
10. Edward Spears, *Assignment to Catastrophe, op. cit.*, p. 85.
11. *Ibid.*, p. 17.
12. CAB 66/26/25, National Archives of the UK.
13. *Hansard*, 24 juin 1940.
14. John Colville, *The Fringes of Power, op. cit.*, p. 146.
15. *Documents*, t. XV, p. 516.
16. *Hansard.*
17. John Colville, *The Fringes of Power, op. cit.*, p. 203.
18. *Ibid.,* p. 139.
19. *Documents*, t. XV, p. 404.
20. *Ibid.,* p. 516.

21. Les deux France

1. Ch. de Gaulle, *Mémoires. L'Appel, op. cit.*, p. 83.
2. *Documents*, t. XV, p. 613.
3. *Ibid.*, p. 630.
4. *Ibid.*, p. 883.
5. Ch. de Gaulle, *Mémoires. L'Appel, op. cit.*, p. 83.
6. *Documents*, t. XV, p. 884.
7. *Ibid.*, p. 660.
8. *The Diaries of A. Cadogan, op. cit.*, p. 327.
9. *Hansard*, 8 octobre 1940. Notons que Jean-Louis Crémieux-Brilhac propose une traduction différente de ces propos et qui nous semble inexacte. Churchill a dit «*merge with the larger cause of France*», ce que l'historien traduit par «avant qu'elle ne se confonde avec la cause de la France». Or *merge* veut bien dire «fusionner». Entre fusionner avec et se confondre avec, il y a plus qu'une nuance.
10. *Documents*, t. XV, p. 938.
11. John Colville, *The Fringes of Power, op. cit.*, p. 239.
12. *Documents*, t. XV, p. 1064.
13. *Ibid.*, p. 1093.
14. *Ibid.*, p. 1312.
15. *Documents*, t. XVI, p. 208.
16. *Documents*, t. XV, p. 1113.
17. *Documents*, t. XVI, p. 229.
18. *Roosevelt and Churchill, Correspondence, op. cit.*, p. 133.
19. *Documents*, t. XVI, p. 358.
20. *Ibid.*, p. 232.
21. *Ibid.*, p. 219.
22. *Ibid.*, p. 373.
23. *Ibid.*, p. 445.

22. Premiers vrais heurts

1. *Documents*, t. XVI, p. 686.
2. *Ibid.*, p. 760.
3. *Roosevelt and Churchill, Correspondence, op. cit.*, p. 145.
4. *Hansard*, 15 juillet 1941.
5. *Hansard*, 7 mai 1942.
6. *Documents*, t. XVI, p. 892.
7. *Ibid.*, p. 1036.
8. *Ibid.*, p. 1132.
9. *Ibid.*, p. 1119.
10. *Ibid.*, p. 1125.
11. *Ibid.*, p. 1504.

23. D'abord, vaincre Hitler

1. Jean-Luc Barré, *Devenir de Gaulle*, Perrin, 2003, p. 267.
2. Robert Frank, *"The Second World war through French and British Eyes"*, dans *Britain and France in Two World wars*, Bloomsbury, 2013, p. 187.
3. *Documents*, t. XVI, p. 1636.
4. *Ibid.*, p. 1714.
5. *The Diaries of A. Cadogan, op. cit.*, p. 440.
6. *Documents*, t. XVII, p. 459.
7. Le 18 mai 1942, Oliver Harvey, *War Diaries*, Collins, 1978, p. 125.
8. *The Diaries of A. Cadogan, op. cit.*, p. 478.
9. *Documents*, t. XVII, p. 750.
10. *Ibid.*, p. 787. Le télégramme de «trahison» : Churchill fait référence à un télégramme intercepté, dans lequel de Gaulle exprimait sa méfiance à l'égard des plans «impérialistes» des Américains et des Britanniques.
11. *Hansard*, 2 juillet 1942.

24. Une certaine idée de la France

1. *Documents*, t. XVII, p. 1243.
2. *Ibid.*, p. 1359.
3. *Ibid.*, p. 1363.
4. *Ibid.,* p. 1379.
5. *Ibid.,* p. 1408.
6. Oliver Harvey, *War Diaries, op. cit.*, p. 179.
7. *Documents*, t. XVII, p. 1425.
8. *Ibid.*
9. Le discours, expurgé, paraît dans l'édition du 4 février 1946, après la démission de De Gaulle par conséquent.
10. *Documents*, t. XVII, p. 1515.
11. Oliver Harvey, *War Diaries, op. cit.*, p. 267.
12. *The Diaries of A. Cadogan, op. cit.*, p. 504.
13. *Documents*, t. XVIII, p. 155.
14. *Ibid.,* p. 478.
15. *Ibid.*, p. 528.
16. *Ibid.*, p. 1356.
17. *Ibid.*, p. 1399.
18. *Ibid.,* p. 1466.
19. *Ibid.*, p. 1478.
20. Harold Macmillan, *War Diaries*, Macmillan, 1985, p. 109.
21. CAB 195/2/68, National Archives.
22. Harold Macmillan, *War Diaries, op. cit.*, p. 107.
23. *Documents*, t. XVIII, p. 1516.
24. *Hansard*, 8 juin 1943.

25. Oliver Harvey, *War Diaries, op. cit.*, p. 267.
26. *Documents*, t. XVIII, p. 1582.
27. Harold Macmillan, *War Diaries, op. cit.*, p. 122.
28. *Documents*, t. XVIII, p. 1565.
29. *Ibid.*, p. 1586.
30. Harold Macmillan, *War Diaries, op. cit.*, p. 125.
31. *Documents*, t. XVIII, p. 1650.
32. Alan Brooke, *War Diaries, op. cit.*, p. 424.
33. *Documents,* t. XVIII, p. 1874.
34. *Ibid.*, p. 1894.
35. *Ibid.*, p. 1977.
36. *Ibid.*, p. 2111.
37. *Ibid.*, p. 2217.
38. FDR Library Marist.edu pour le télégramme complet.
39. M. Gilbert, *Winston Churchill, op. cit.*, t. VII, p. 649.

25. Mission accomplie

1. M. Gilbert, *Winston Churchill, op. cit.*, t. VII, p. 784.
2. *Ibid.*, p. 788.
3. *Ibid.*
4. *Ibid.*, p. 789. Record of Conversation between the Prime Minister and General de Gaulle on the 4th of June 1944, CAB 66/40/57.
5. Winston Churchill, *The Second World War, op. cit.*, t. V.
6. Alan Brooke, *War Diaries, op. cit.*, p. 557.
7. A. Lascelles, *King's Counsellor, op. cit.*, p. 235.
8. CAB National Archives.
9. Charles de Gaulle, *Mémoires. L'Unité*, La Pléiade, Gallimard, 2000, p. 493.
10. *Roosevelt and Churchill, Correspondence, op. cit.*, p. 533.
11. George Marshall papers.
12. A. Lascelles, *King's Counsellor, op. cit.*, p. 235.

26. L'avocat de la France

1. *Speaking for Themselves, op. cit.*, p. 500.
2. *Hansard*, 2 août 1944.
3. Duff Cooper, *Diaries,* Weidenfeld and Nicolson, 2001, p. 316.
4. *Speaking for Themselves, op. cit.*, p. 501.
5. *Ibid.*, p. 499.
6. F. Kersaudy, *De Gaulle et Churchill*, Perrin, 2003, p. 403 *sq.*
7. Alan Brooke, *War Diaries, op. cit.*, p. 623.
8. *Roosevelt and Churchill, Correspondence, op. cit.*, p. 599. On a généralement traduit *take into confidence* par « faire confiance » alors qu'il s'agit bien de « mettre dans la confidence ».

9. CAB 60/30/46, National Archives of the UK.
10. CAB 60/38/50.
11. *Documents*, t. XVII, p. 1290.
12. *Foreign Relations of the United States*, the Teheran Conference.
13. *Roosevelt and Churchill, Correspondence, op. cit.*, p. 600.
14. *Ibid.*, p. 602.
15. *Ibid.*, p. 604.
16. Ch. de Gaulle, *Mémoires. Le Salut*, *op. cit.*, p. 638.
17. M. Gilbert, *Winston Churchill, op. cit.*, t. VII, p. 1155.
18. *Ibid.*, p. 1179.
19. *Ibid.*
20. *Ibid.*
21. *Ibid.*, p. 1265.
22. Duff Cooper, *Diaries, op. cit.*, p. 374.
23. Kersaudy, *De Gaulle et Churchill, op. cit.,* p. 436.

27. Le sentiment de l'ingratitude

1. John Colville, *The Fringes of Power, op. cit.*, p. 575.
2. Duff Cooper, *Diaries, op. cit.*, p. 377
3. P. M. H. Bell, *France and Britain, 1940-1994, op. cit.*, p. 73.
4. M. Gilbert, *Winston Churchill, op. cit.*, t. VIII, p. 224.
5. *Le Monde*, 21 septembre 1946.
6. M. Gilbert, *Winston Churchill, op. cit.*, t. VIII, p. 285 *sq.*
7. Harold Macmillan, *The Tides of Fortune*, Macmillan, 1969, p. 168 *sq.*
8. M. Gilbert, *Winston Churchill, op. cit.*, t. VIII, p. 490.
9. *Ibid.*, p. 535.
10. Aucun lien, semble-t-il, avec la chancelière... dont le nom s'orthographie d'ailleurs « Merkel ».
11. M. Gilbert, *Winston Churchill, op. cit.*, t. VIII, p. 540.
12. *Ibid.*, p. 634.
13. *Ibid.*, p. 726.
14. *FRUS*, The Bermuda Conference.

Epilogue

1. P. M. H. Bell, *France and Britain*, *op. cit.*, p. 179.
2. Browne, *Long Sunset, op. cit.*, p. 270.

Bibliographie sélective

Je ne citerai pas ici l'ensemble des œuvres de Winston Churchill. Le lecteur pourra se référer facilement, en français, au *Churchill* de François Kersaudy.

Les plus importants, pour ce livre, ont été ses histoires des deux guerres, *The World Crisis* et *The Second World War*, ainsi que *While England Slept, Thoughts and Adventures* et *Great Contemporaries.*

J'ai largement utilisé les huit tomes de la biographie « officielle » entamée par Randolph Churchill et poursuivie par Martin Gilbert, et surtout la source presque inépuisable de documents churchilliens que représentent les *Companion Volumes* que nous appelons, ici, « Documents ». Cette édition comprend actuellement dix-huit tomes. Les tomes I à XV ont été édités par Martin Gilbert.

Larry Arnn, professeur au Hillsdale College dans le Michigan, a pris le relais et le tome XVIII, dernier paru, couvrant la période janvier-août 1943, compte près de 2 500 pages.

J'ai également utilisé, pour ses discours, le *Hansard*, que l'on trouve en ligne aisément, qui retranscrit les débats au Parlement britannique.

Pour la presse française de l'entre-deux-guerres, j'ai utilisé le site de la Bibliothèque nationale de France, les archives de presse en ligne.

Acheson Dean, *Present at the Creation*, Norton, 1969.

Asquith H. H., *Letters to Venetia Stanley*, selected by M. and E. Brock, Oxford University Press, 1985 et 2004.

Asquith Margot, *Great War Diary*, selected by M. and E. Brock, Oxford University Press, 2014.

Assouline Pierre *et al.*, *A la recherche de Winston Churchill*, Perrin, 2015.

Barré Jean-Luc, *Devenir de Gaulle*, Perrin, 2009.

Barr James, *A Line in the Sand*, Simon and Schuster, 2011.

Bell Christopher, *Churchill and Sea Power*, Oxford University Press, 2013.

Bell P. M. H., *A Certain Eventuality, Britain and the Fall of France*, Saxon House, 1974.
France and Britain 1900-1940. Entente and Estrangement, Routledge, 2013.
France and Britain 1940-1994, the Long Separation, Longman, 1997.
Blake Robert et Louis Wm. Roger (éd.), *Churchill,* Oxford University Press, 1994.
Brooke Alan, *War Diaries*, Weidenfeld and Nicolson, 2001.
Browne Anthony Montague, *Long Sunset*, Cassell, 1996.
Cadogan Alexander, D. Dilks (éd.), *Diaries*, Cassel, 1971.
Cannadine David et Quinault Roland, *Winston Churchill in the Twenty-First Century*, Cambridge University Press, 2004.
Charmley John, *Churchill's Grand Alliance,* Faber and Faber, 2009.
Channon Henry, *"Chips", the Diaries of Sir Henry Channon*, R. R. James éd., Phoenix, 1996.
Clark Christopher, *The Sleepwalkers*, Penguin, 2013.
Clarke Peter, *M. Churchill's Profession*, Bloomsbury, 2012.
Colville John, *The Fringes of Power*, Weidenfeld and Nicolson, 2004.
Cooper Duff, *Diaries*, Weidenfeld and Nicolson, 2001.
Crémieux-Brilhac Jean-Louis, *La France libre*, Gallimard, 1996.
Destremau Christian, *Le Moyen-Orient pendant la Seconde Guerre mondiale*, Perrin, 2015.
Dockter Warren, *Churchill and the Islamic World*, I. B. Tauris, 2015.
Duroselle Jean-Baptiste, *La Décadence, 1932-1939*, Imprimerie nationale, 1985.
– *L'Abîme*, Imprimerie nationale, 1986.
Egremont Max, *Under Two Flags, The Life of Major General Sir Edward Spears,* Phoenix, 1997.
Fenby Jonathan, *Alliance*, Simon and Schuster, 2006.
Gaulle Charles de, *Mémoires*, Gallimard, 2000.
– *Lettres, notes et carnets*, Plon, 1980.
Gilbert Martin, *Winston Churchill and Emery Reves, Correspondence*, University of Texas Press, 1997.
Haig Douglas, *War Diaries and Letters*, Phoenix, 2006.
Harvey John (éd.), *The War Diaries of Oliver Harvey*, Collins, 1978.
Hastings Max, *Finest Years, Churchill as Warlord,* Harper Press, 2010.
Hendrickson Jon, *Crisis in the Mediterranean, Naval Competition and Great Power Politics, 1904-1914*, Naval Institute Press Annapolis, 2014.
Hinsley F. H., *British Foreign Policy under Sir Edward Grey*, Cambridge University Press, 1977.
Horne Alistair, *To Lose a Battle*, Penguin, 1984.
Jackson Ashley, *Churchill,* Quercus, 2012.
Jackson Julian, *The Fall of France,* Oxford University Press, 2003.
Kersaudy François, *Churchill*, Tallandier, 2015.
–, *De Gaulle et Churchill*, Perrin, 2003.
Klieman Aaron, *Foundations of British Policy in the Arab World*, The Johns Hopkins Press, 1970.
Lacouture Jean, *De Gaulle*, Seuil, 1984.

Landemare Georgina, *Churchill's Cookbook*, IWM, 2015.
Langhorne Richard (éd.), *Diplomacy and Intelligence during the Second World War*, Cambridge University Press, 2003.
Lascelles Alan, *King's Counsellor*, Weidenfeld and Nicolson, 2006.
Lukacs John, *Five Days in London, May 1940*, Yale University Press, 2001.
Macmillan Harold, *Tides of Fortune*, Macmillan, 1969.
–, *War Diaries*, Macmillan, 1984.
Manchester William, *The Last Lion*, Bantam, 2013.
Margerie Roland de, *Journal 1939-1940*, Grasset, 2010.
Massigli René, *Une comédie des erreurs*, Plon, 1978.
May Ernest, *Strange Victory*, I. B.Tauris, 2000.
Morrisey Will, *Churchill and de Gaulle*, Rowman and Littlefield, 2015.
Nicolson Nigel, *The Harold Nicolson Diaries, 1907-1964,* Phoenix, 2005.
Nong Van Dan, *Churchill, Eden and Indochina, 1951-1955*, Anthem Press, 2011.
Mangold Peter, *Britain and the defeated French*, I. B. Tauris, 2012.
Pedroncini Jean-Louis, *Pétain*, Perrin, 1989.
Plokhy S. M., *Yalta*, Penguin, 2010.
Pownall Henry, *Chief of Staff, Diaries 1933-1940*, Leo Cooper, 1972.
Reynolds David, *In Command of History*, Allen Lane, 2004.
Roberts Andrew, *Hitler and Churchill*, Phoenix, 2003.
–, *Masters and Commanders*, Penguin, 2009.
Rose Norman, *The Cliveden Set*, Pimlico, 2001.
Roussel Eric, *Charles de Gaulle*, Gallimard, 2002.
Sandys Celia, *Chasing Churchill*, Unicorn, 2014.
Sebba Anne, *Jennie Churchill*, John Murray, 2007.
Sherwood Robert, *The White House Papers of Harry L. Hopkins*, Eyre and Spottiswoode, 1949.
Smith Colin, *England's Last War against France*, Weidenfeld and Nicolson, 2009.
Soames Mary, *A Daughter's Tale*, Transworld, 2012.
Spears Edward, *Assignment to catastrophe*, William Heinemann, 1954.
–, *Liaison 1914,* Pen and Sword, 2014.
Stafford David, *Churchill and Secret Service*, Abacus, 2000.
Steiner Zara, *The Lights that Failed*, Oxford University Press, 2005.
Steiner Zara et Neilson Keith, *Britain and the Origins of the First World War*, Palgrave, 2003.
Thomas R. T., *Britain and Vichy*, Palgrave, 1979.
Tombs Robert et Chabal Emile (éd.), *Britain and France in Two World Wars*, Bloomsbury, 2013.
Tooze Adam, *The Deluge, The Great War and the Remaking of Global Order*, Penguin, 2015.
Toye Richard, *The Roar of the Lion, The Untold Story of Churchill's World War II Speeches*, Oxford University Press, 2013.
Weinberg Gerhard, *Visions of Victory*, Cambridge University Press, 2005.
Wilson Keith, *Channel Tunnel Visions, 1850-1945*, The Hambledon Press, 1994.

Index

Table

La photocomposition de cet ouvrage
a été réalisée par
GRAPHIC HAINAUT
30, rue Pierre-Mathieu
59410 Anzin

CET OUVRAGE
A ÉTÉ ACHEVÉ D'IMPRIMER
SUR ROTO-PAGE
PAR L'IMPRIMERIE FLOCH
À MAYENNE EN DÉCEMBRE 2016

N° d'impression : 90540
Dépôt légal : janvier 2017.
Imprimé en France